日本精神史

近代篇

下

長谷川 宏
HASEGAWA Hiroshi

講談社選書メチエ
le livre

日本精神史　近代篇（下）

凡例

一、引用文については末尾の（　）内に引用文献の書名・出版社・刊行年・該当ページを示した。
一、引用文は、その多くを、依拠した文献の原文ではなく、著者（長谷川）による現代語訳で掲出した。
一、長歌、短歌、俳句については原文のまま引用し、必要に応じて著者の現代語訳を付した。
一、それ以外にも、原文のまま引用した箇所がある。その際、難解な語句については〔　〕内に説明を加えた。
一、原文のままの引用に際しては、漢字・仮名の表記、改行のしかた、ルビの有無など、類書・研究書を参考にしつつ著者の判断により改めている場合がある。
一、実在の人物の年齢については、原則として満年齢を記した。
一、文中で取り上げた著作、論文、作品その他において、書籍については『　』でくくり、論文、エッセイ、メモ、日記、書簡などについては「　」でくくり、造形作品については《　》でくくる形で示した。
一、参考文献の詳細は、下巻巻末に各章ごとにまとめて示した。

目次　日本精神史　近代篇（下）

目次　日本精神史（上）

第十一章／軍国ファシズム下における表現の可能性

ヨーロッパを主戦場とする第一次世界大戦は、一九一八年、三国協商（イギリス・フランス・ロシア）の勝利、三国同盟（ドイツ・オーストリア・イタリア）の敗北をもって終わった。以後、国際紛争の火種はあちこちに残ったものの、先進列強国の主導する国際関係は協調外交と軍縮をめざす動きを見せるようになり、日本も外交・内政の両面でさまざまな問題をかかえつつ、武力の行使には慎重にならざるをえなかった。

国際情勢を大きく変えたのは、ニューヨークのウォール街で株価が大暴落し、世界恐慌へと進んだことだった。イタリアではムッソリーニのローマ進軍（一九二二年）で成立したファシスト内閣が全体主義体制の確立へと向かったし、ドイツではヒトラーの率いるナチス党が大きく躍進した。日本では、以前から山東出兵や張作霖爆殺事件など中国への武力攻撃を行なってきた陸軍が、満州国の占領を策して一九三一年九月に柳条湖の鉄道を爆破し、ここに満州事変が始まった。時の第二次若槻内閣は六日後、不拡大方針を発表したが、出先の関東軍や軍部はこれを無視し、朝鮮駐屯《ちゅうとん》軍が越境して満州に侵攻した。戦機の高まるなか、戦争準備のため満州の鉄・石炭の獲得は急を要するし、また、対ソ戦遂行のためには南満州の確保が必須の条件だというのが陸軍首脳の考えだった。

満州事変による戦線の拡大は、六年後の一九三七年、北京郊外で日中両軍が衝突した盧溝橋事件をきっかけに日中戦争へと発展していった。

盧溝橋事件に続く日本軍の中国侵攻は中国側の激しい抵抗と反撃を呼びさました。国民党と共産党は抗日民族統一戦線を構築し、日本軍と中国軍は一九四五年までの八年間、中国各地でたたかう全面戦争に突入した。

中国の戦線は講和の見通しの立たないまま泥沼化していった。国内の状況に目を向ければ、戦時下の政治は、軍部と官僚と政党が明確な方針をもてないまま右往左往する三すくみの状態が続き、戦費がうなぎ登りに増大し、経済は悪化の一途をたどった。しかし、さまざまな矛盾や対立をかかえつつ軍部と財閥と軍需産業を中心に推進されてきた戦争拡大策は、明るい展望を見出せないまま、さらなる戦争体制の強化へと進むほかはなかった。国家総動員法の制定も大政翼賛会の結成も戦争完遂の意志を広く内外に告知するものにほかならなかった。

戦争反対や戦争批判の声はこの時期にはほとんど挙げることができなくなっていた。大正デモクラシーと呼ばれる潮流のなかで育ってきた労働組合や農民組合、社会主義政党や無産政党の活動が官憲の弾圧の対象となり、下層の農民や労働者の組織化がむずかしくなるとともに、組合や政党に分裂が生じることにもなった。

反体制の組織や結社や運動の弾圧に大きな力を発揮したのが一九二五年に制定された治安維持法だった。この法律は第一条で、

国体ヲ変革シ又ハ私有財産制度ヲ否認スルコトヲ目的トシテ結社ヲ組織シ又ハ情ヲ知リテ之ニ加入シタル者ハ十年以下ノ懲役又ハ禁錮ニ処ス

と明確に述べているように、国体（天皇制）の変革と私有財産制度（資本主義制度）の否認を法

律上の罪と規定するものだった。

　治安維持法が最初に本格的に適用されたのは、制定の三年後、一九二八年三月一五日のことだ。いわゆる三・一五事件である。一月ほど前の総選挙で田中義一《ぎいち》内閣は未曽有の露骨な選挙干渉を行なったが、にもかかわらず無産諸党の代議士八名が当選した。選挙での日本共産党の活動を察知していた司法当局と特高警察は一体となり、三月一五日未明、検察が指揮し、特高が従うという形で大検挙を断行した。共産党員をふくむ社会主義者の検挙は全国で一五六八名に及んだ。検挙者にたいしては特高による残虐な拷問が行なわれ、やがて拷問は治安維持法の取り調べにおける常套手段となった。

　三・一五の大弾圧によって中国侵略に反対する共産党や無産政党の社会主義運動は後退を余儀なくされたが、逮捕をまぬがれた活動家たちを中心に公然・非公然のたたかいが粘り強く続けられた。運動の徹底弾圧をめざす政府は緊急勅令によって治安維持法を改正し、国体変革を目的とする結社を組織した者、および結社の役員その他の指導者には死刑または無期懲役をも科しうるとしたが、反戦・反体制の思想と運動は容易におさまらなかった。

　三・一五のほぼ一年後（一九二九年）、検挙者八百余名に及ぶ大弾圧が行なわれる。四・一六事件と呼ばれるものだ。常套手段の拷問によって共産党幹部を自白に追いこんだ特高は、四月一六日払暁、一道三府二四県の活動拠点に出動し、居合わせた党関係者を根こそぎ逮捕した。逮捕をまぬがれた幹部もそののちに次々と逮捕された。以後、共産党の政党としての活動はほとんど形をなさなくなった。ちなみに、反戦・反体制運動の弾圧と並行して政権による言論統制が着々と進行し、四・一六事件についても事件から六ヵ月あまり経った一一月五日にようやく新聞に報道された。

もう一つ、共産党の衰退を決定づけたものとして獄中の最高幹部佐野学と鍋山貞親《さだちか》の転向声明とそれに続く獄中の党員の大量転向を挙げなければならない。

満州事変以降、中国およびソ連との緊張が高まり、軍部・政界・財界の主導のもと軍国体制が強化・拡大されるとともに国内の好戦気分が高まり、反戦・反軍国の思想はしだいに民意を離れた異端の思想になりつつあった。国体の変革と私有財産制度の否認を目的とした結社を取り締まるという治安維持法にもとづき、司法当局と官憲が積極的に思想弾圧に乗り出したのも、そうした軍国思想の広がりを背景とする出来事だった。検察と特高が一体となった大量検挙と残虐な拷問、さらには自分たちの思想が民意から離れていく苦しさのなかで守られてきた反戦・反軍の大義は、みずからの政治組織の内部から発せられた転向声明によって激しくゆさぶられた。声明の要旨は、コミンテルン指導のもとに自分たちがこれまで唱えてきた天皇制打倒、帝国主義戦争反対の方針は根本的に誤っていた、今後は自分たちは天皇を戴く一国社会主義の政党結成に向かう、というものだった。この声明が出ると獄中の共産党幹部の何人もがこれに同調し、獄中の下部党員からも転向者が続出した。声明のわずか一月後に、治安維持法による検挙者のうち、未決囚一三七〇人中四一五人、既決囚三九三人中一三三人が転向した。

転向は残虐な拷問の結果として生じたのだった。無防備な被疑者や被告人に情け容赦なく暴行を加える拷問の苛烈さゆえに、苦痛の極限に追いやられ、死の恐怖を突きつけられた獄中の人びとが、ぎりぎりの選択として思想信条の変更に至る、それが転向だ。拷問の残酷さ、執拗さ、非人間性に身が震える。転向をする人びとの無念、屈辱、敗北感に胸が痛むとともに、卑劣きわまる暴力行使によって相手を極限にまで追いつめる権力者たちが、ことばを失うほどにむごたらしい自分たちの暴力をどう見、どう考えていたかを想像すると、人間であることの恐ろしさが胸にせまってくる。

拷問の引き起こす物理的・精神的なむごたらしさは暴力を抑制する方向には働かなかった。社会主義者のあいだに転向が広がるとともに、自白の強要をねらいとする拷問はさらに活動家の転向をもねらいとするものになった。それに乗じて活動家の側に、官憲の目を晦《くら》ましてひそかに活動を継続する偽装転向の策が案出されたりもしたが、人間にあって思想と行動はたやすく分離できるようなものではなく、偽装転向は思想の混乱や頽廃を招くことにもなった。

社会全体の軍国主義化と治安維持法にもとづく社会主義思想の暴力的弾圧によって、満州事変以降、日本の左翼勢力は大きく後退していったが、代わって右翼勢力や軍隊の一部勢力によるクーデターの試みやテロ事件が社会を騒がすようになった。なかで一九三二年の五・一五事件と三六年の二・二六事件が突出した出来事だったが、それらは戦争推進勢力の内部に潜在する矛盾や対立や混乱が、暴力的な形を取って噴出したものにほかならなかった。ほかにも未遂に終わった三月事件（三一年）、十月事件（同年）や、要人の暗殺に至った血盟団事件（三二年）、相沢事件（三五年）など、暴力は政治の中枢部にまで及び、社会の不安と危機意識は高まる一方だった。不安と危機意識は、国家間の利害が激しく衝突し、戦争熱が高まる国際情勢のもとでは、人びとをいよいよ戦争態勢に巻きこむ力として働かざるをえなかった。

盧溝橋事件をきっかけに日中の武力衝突が中国全土に広がるとともに、日本の社会全体が政治的にも経済的にも明確に軍事国家へと歩みを進めることになった。九ヵ月後の三八年四月には国家総動員法が制定され、「戦時に際し国防目的達成の為、国の全力を最も有効に発揮せしむる様、人的及物的資源を統制運用する」権限が政府にあたえられた。戦争の規模が大きく、期間が長期にわたることを考えれば、資源も軍事物資も生活物資も足りないのは目に見えていたから、政府の人的・物的統制は細かい点にまで及んだ。人的統制としては国民徴用令、学徒勤労令、女子挺身勤労令などが出され、物的統制としては価格等統制令、賃金統制令、生活必需物資統制令、株式価格統制令、新聞紙等掲載制限令などが出され、国民の生活は確実に切りつめられていった。

それだけではない。国を挙げて戦争に邁進《まいしん》するには、国民に耐乏生活を押しつけるだけではまったく不十分だ。国民が戦争の大義を受け容れ、進んで戦争に協力するように仕向けねばならない。それが国民精神総動員運動と呼ばれるものだった。「滅私奉公」「贅沢《ぜいたく》は敵だ」「撃ちてし止まん」「欲しがりません勝つまでは」といったスローガンが日々人びとの目に触れ、耳に触れ、また、毎月一日の興亜奉公日には節約貯蓄が強制され、食堂、喫茶店、風呂屋は休業を義務づけられた。人的・物的統制と精神的統制が進むなかで戦争反対の声が根絶やしになった社会では、人びとは消極的に戦争に巻きこまれるか積極的にその一翼を担うかという以外にほとんどなすべがなかった。戦争を肯定し讃美する言説は子どもの世界にも容赦なく入りこみ、教科書が愛国心や軍国主義を鼓吹するのはもとより、たとえば少女向けの羽子板にも「一億一心」「百億貯蓄」

「胸に愛国、手に国債」といった標語が書かれるようになった。

最後に、治安維持法による思想弾圧、言論弾圧のその後をざっと見ておきたい。

国体の変革と私有財産制度の否認を目的とする政治結社の中心部隊と見なされた共産党とその同調者が、残虐きわまる弾圧によって潰滅したあとも、弾圧の手は戦争体制ないし軍国体制に批判的な組織や個人に向かって容赦なく伸びていった。一九三七年には、京都で雑誌「世界文化」や「土曜日」を拠点に反ファッショの人民戦線運動を展開していた学者、知識人のグループ二十数名が検挙され、続いて、別の形で人民戦線運動を担う日本無産党、日本労働組合全国評議会、労農派教授グループなどが反戦・反軍の思想団体だとの嫌疑を受け、同年一二月に全国一八府県で四四六名が検挙され、翌年二月には九府県で三八名が検挙された。

思想弾圧は宗教界にも及び、いわゆる第二次大本教事件（一九三五年）では検挙者が九八七名に上り、加えて結社禁止命令が下され、建造物が徹底的に破壊され、開祖出口なおの墓が破壊された。時代の狂気を大映しにしたかのような弾圧だった。大本教に続いて、三六年には新興仏教青年同盟が、三九年にはキリスト教系の日本灯台社が治安維持法違反で苛酷な弾圧にさらされた。

権力と荒廃と虚無と非人情を示してあまりあるのが、横浜事件と呼ばれる弾圧だ。

発端は、長くアメリカで労働問題を研究していた川田寿《ひさし》・定子夫妻が神奈川県特高警察に検挙されたことにある。一九四二年、太平洋戦争開始の翌年のことだ。三日後、植民地問題・労働問題の研究者細川嘉六が、雑誌「改造」に掲載の論文「世界史の動向と日本」が治安維持法違反に当たるとして検挙された。川田寿の関係で世界経済調査会や満鉄調査部に司直の手が伸び、関係者の押収品から細川が改造社や中央公論社の編集者を富山県泊《とまり》の温泉に招いたときの記念写真が見つかった。この写真をもとに、神奈川県特高は日本共産党再建のための「泊会議」なるものをでっち上げ、中央公論、改造、日本評論、岩波書店、などの出版関係者、執筆者や、細川嘉六が講師をしていた昭和塾の関係者など約六〇名を検挙した。

泊《とまり》での共産党再建準備の会なるものは、根も葉もないでっち上げだから、物的証拠などあるはずもなかった。となれば、事件を作り上げるには検挙された人たちの「自白」に頼るしかない。架空の話を事実だと「自白」させるのだ。そのための拷問がどんなにすさまじいものであったか。事件の被告たちの談話や手記にそれはなまなましく語られるが、検挙者六三名中、獄死者四名、拷問による失神の経験者一一名、流血・傷害の経験者二九名という数字だけからもその残虐さは知られよう。拷問された人びとの屈辱と無念は読むだけで胸が痛くなるし、事実無根の罪をなすりつけていることを知りつつ、苦痛にのた打つ相手にさらなる苦痛を加えていく権力の担い手たちの行状には、心を奈落の底に引きずりこまれる思いがする。

満州事変に始まり、やがて日中の全面戦争へと発展し、続いて南アジア諸地域への侵略、さらにはアメリカ・イギリスを敵とする戦いへと拡大の一途をたどったアジア・太平洋戦争は、横浜事件のような、陰惨な暴力によって人としての矜持《きょうじ》を奪い、みずから矜持を放棄するような底なしの暗部を内に作り出しつつ進んだのだった。

1　谷崎潤一郎――『細雪』

軍部と翼賛政権による思想統制は反戦・反軍・反体制の思想の取り締まりの域をはるかに超えて広がり、一九四三年五月には、現下の戦争とはおよそかかわりをもたない、大阪・船場の四人姉妹の日々を描いた谷崎潤一郎の小説『細雪《ささめゆき》』が陸軍報道部の圧力で連載中止に追いこまれた。連載誌「中央公論」に載った社告は以下のごとくである。

　お断り

引きつづき本誌に連載の予定でありました谷崎潤一郎氏の長篇小説『細雪《ささめゆき》』は、決戦段階たる現下の諸要請よりみて、あるいは好ましからざる影響あるやを省み、この点遺憾に堪えず、ここに自粛的立場から今後の掲載を中止いたしました。
右、読者諸兄の御諒解をえたいと思います。

敬白

昭和十八年五月

中央公論編集部

軍部の命令とあれば連載を継続するのは不可能だったが、谷崎は命令を受けて執筆を断念するのではなく、ひそかに書きつづけ、翌一九年（一九四四年）七月に上巻を二〇〇部限定で自費出版し、友人知己に贈呈した。『細雪』への思い入れと権力の表現規制にたいする抵抗とがともども感じられるふるまいだった。

だが、いうまでもないが、『細雪』は軍国ファシズムに正面切って対決する抵抗の書ではおよそなかった。むしろ、小説中に戦争の影が入りこまないよう細心の注意を払って書かれた作品といえる。扱われるのは一九三六年から四一年にかけての時期だから、アジア・太平洋戦争のまっただなかに当たるが、たとえば二・二六事件、盧溝橋事件、ノモンハン事件などについてまったくといっていいほど触れられない。軍部に迎合したり戦争を煽ったりする気配もまったくない。人びとの日常生活に戦争が容赦なく入りこんでいる時代に、これだけ戦争臭を消して時代の社会と生活を描くところが、まぎれもなく『細雪』の異とするに足る特色であって、そこに、消極的ながら谷崎の時代にたいする頑《かたくな》な抵抗の姿勢を見てとることができる。

谷崎潤一郎

が、作家谷崎潤一郎はイデオロギーの人ではない。戦争への抵抗をもってよしとする人ではなく、時代の社会と生活をゆたかなもの、価値あるものとして提示することを作家の使命と心得る人だ。公表を危ぶまれる作品をひそかに書きつづる場合でもその志に変わりはなかった。

戦争の時代に戦争の影がいかにも稀薄な主題として谷崎が選んだのは、大阪は船場の、かつて富裕な商家であった蒔岡《まきおか》家の、いまは羽振りが悪くなってはいても、家の格を守ろうとする意識の強く働く四人姉妹の暮らしぶりと、たがいの交流および気づかいのさまだった。

四人姉妹といっても、四人に等分の出番があたえられるのではなく、長女の鶴子は物語の主要な舞台となる兵庫県芦屋から離れて、最初は大阪に、途中から東京の渋谷に一家の主婦として暮らすから、ほかの三人に比べて脇役の位置に置かれる。主役の三人——年の順に、幸子、雪子、妙子——は小説がまだ始まったばかりのところで、次のように並べて紹介される。

……全く、この姉妹はただいたずらに似ているというのとは違って、それぞれが異なった特長を持ち、互いに良い対照をなしながら、一方では紛《まご》う方《かた》なき共通点のあるところが、見る人の目にいかにもよい姉妹だという感を与えた。まず身の丈《たけ》からして、一番背の高いのが幸子、それから雪子、妙子と、順序よく少しずつ低くなっているのが、並んで道を歩く時など、それだけで一つの見物《みもの》なのであるが、衣裳、持ち物、人柄、から云うと、一番日本趣味なのが雪子、一番西洋趣味なのが妙子で、幸子はちょうどその中間を占めていた。顔立ちなども一番円顔《まるがお》で目鼻立ちがはっきりしてい、体もそれに釣り合って堅太りの、がっちりした肉づきをしているのが妙子で、雪子はまたその反対に一番細面の、なよなよとした痩形《やせがた》であったが、その両方の長所を取って一つにしたようなのが幸子であった。服装も、妙子は大概洋服を着、雪子はいつも和服を着たが、幸子は夏の間は主《おも》に洋服、その他は和服という風であった。そして似ているという点から云えば、幸子と妙子は父親似なので、大体同じ型の、ぱっと明るい容貌《ようぼう》の持ち主で、雪子だけが一人違っていたが、そういう雪子も、見たところ淋《さび》しい顔立ちでいながら、不思議に着物などは花やかな友禅縮緬《ゆうぜんちりめん》の、御殿女中式のものが似合って、東京風の渋い縞物《しまもの》などはまるきり似合わないたちであった。

いつも音楽会といえば着飾って行くのに、分けても今日は個人の邸宅に招待されて行くのであるから、精一杯《いっぱい》めかしていたことは云うまでもないが、折からの快晴の秋の日に、その三人が揃って自動車からこぼれ出て阪急のフォームを駈け上がるところを、居合わす人々は皆振り返って眼を欹《そばだ》てた。

（谷崎潤一郎『カラー版日本文学全集14　細雪』河出書房新社、一九七〇年、二三ページ）

戦争の拡大とともに生活物資が欠乏し、「贅沢《ぜいたく》は敵だ」「欲しがりません勝つまでは」といったスローガンが叫ばれる時代だ。服装といい趣味といい優雅な三人姉妹のすがたを好ましい絵として提示する谷崎の姿勢が、時代の雰囲気にそぐわぬものであるのは断るまでもない。谷崎は政治的に反戦や反体制を唱えるような作家ではまったくなかったが、時流に反しようと反しまいと、おのれの嗜好《しこう》や美意識を信頼して物語の世界を造形するという点では足元のぐらつかない表現者だった。おのれの嗜好と美意識に誠実であることが、表現の規制が極端に強まる軍国ファシズムの時代には表現の自由へのやむことのない希求となり、時代への粘り強い抵抗となったのだった。

三姉妹の優雅は下り坂にある蒔岡家にあって、にもかかわらず保たれているものだったが、物語をつらぬく太い軸ともいうべき三女雪子の縁談は下り坂にあるがゆえにうまく事が運ばないといった話柄である。雪子の縁談についても、小説の始まりに近い箇所で次のような説明がなされる。

幸子のすぐ下の妹の雪子が、いつの間にか婚期を逸してもう三十歳にもなっていることについては、深い訳《わけ》がありそうに疑う人もあるのだけれども、実際はこれというほどの理由はない。ただ一番大きな原因を云えば、本家の姉の鶴子にしても、幸子にしても、また本人の雪子にしても、晩年の父の豪奢《ごうしゃ》な生活、蒔岡という旧《ふる》い家名、――要するに御大家であった昔の格式に囚《とら》われていて、その家名にふさわしい婚家先を望む結果、初めのうちは降るほどあった縁談を、どれも物足りないような気がして断り断りしたものだから、次第に世間が愛《あい》憎《そ》をつかして話をもって行く者もなくなり、その間に家運が一層衰えて行くという状態になった。

（同右、九―一〇ページ）

右の引用文のすぐあとに、破談になった縁談が例として出てくる。雪子の義兄（幸子の夫）の貞之助が乗り気になった話で、雪子の結婚観、および雪子と幸子夫婦との間柄にも触れるところのあるくだりだ。引用しておきたい。

それ〔相手〕は豊橋市の素封家《そほうか》の嗣子《しし》で、その地方の銀行の重役をしている男で、義兄の勤める銀行がその銀行の親銀行になっている関係から、義兄はその男の人物や資産状態などをよく知っているというわけであった。そして豊橋の三枝家《さいぐさけ》ならば格式から云っても申し分はないし、現在の蒔岡家に取っては分に過ぎた相手であるし、本人もいたって好人物であるからと、見合いをするまでに話を進行させたのであったが、雪子はその人に会ってみて、どうにも行く気になれなかったのであった。というのは、別に男ぶりがどうこうというのではないが、いかにも田舎紳士という感じで、なるほど好人物らしくはあるけれども、知的なところがまったくない顔つきをしていた。聞けば中学を出た時に病気をしたとかで上の学校へははいらなかったというのであるが、おそらく学問の方の頭は良くないのであろうと思うと、女学校から英文専修科までを優秀な成績で卒業した雪子としては、さきざきその人を尊敬することができそうもない懸念《けねん》があった。それに、いくら資産家の跡取りで生活の保証はあるにしても、豊橋というような地方の小都会で暮らすことは淋《さび》しさに堪えられない気がしたが、それには誰よりも幸子が同情して、そんな可哀《かわい》そうなことがさせられるものかと云ったりした。義兄にしてみれば、義妹は学問はよくできたかも知れないけれども、少し因循《いんじゅん》過ぎるくらい引っ込み思案の、日本趣味の勝った女であるから、刺激《しげき》の少ない田舎の町で安穏《あんのん》に暮らして行くのには適しているし、さだめし本人にも異存はあるまいと極めてかかったのが、案に相違したのであったが、内気で、含羞屋《はにかみや》で、人前では満足に口が利《き》けない雪子にも、見かけによらない所があって、必ずしも忍従一方の婦人ではないことを、義兄が知ったのはその時が最初であった。

（同右、一〇―一一ページ）

縁談がうまくまとまって結婚にまで至ったら雪子の将来はどうなるか、雪子、幸子、貞之助の三者三様の展望が短いながら述べられていて、そこに人間模様の複雑さが浮かび出てくる。長編小説の手法だ。合わせて、縁談と見合いが旧来の社会では向き合う二人の男女を超えて、それぞれの男あるいは女を包む家族という集団の営みであることがおのずと得心される。

旧家の四人姉妹にまつわる物語だという登場人物の設定と、三女雪子を目当てにやってくるいくつかの縁談が物語の展開の軸になるという話柄の設定とが、戦争に色濃く染まった時代に『細雪』を戦争から遠い小説にする力となっているのはすでに述べた通りだが、その二つと並んで、これまでの引用にもうかがわれる谷崎の悠揚せまらぬ文体が、『細雪』の世界を殺伐たる戦争から遠ざける大切な要因であることも言っておかねばならない。

潤《うるお》いのある、ゆったりとした文体の例としては、『細雪』のなかでも名場面として名高い京都の桜見の情景を引くのがふさわしかろう。幸子、雪子、妙子の三姉妹は戦時下でも花見ごろには欠かさず京都の寺院や社《やしろ》に桜見に出かける。「上巻」一九の観桜は京に宿を取った二日の物見遊山で、一行は三姉妹に幸子の夫・貞之助と娘・悦子の加わった五人連れだ。引用は五人の二日目の優雅な遊びを描写した一節である。

大沢の池の堤の上へもちょっと上ってみて、大覚寺《だいかくじ》、清凉寺《せいりょうじ》、天龍寺《てんりゅうじ》の門の前を通って、今年もまた渡月橋《とげつきょう》の袂へ来た。京洛の花時の人の出盛りに、一つの異風を添えるものは、濃い単色の朝鮮服を着た半島の婦人たちの群れがきまって交っていることであるが、今年も渡月橋を渡ったあたりの水辺の花の蔭に、三々五々うずくまって昼食をしたため、中には女だてらに酔って浮かれている者もあった。幸子たちは、去年は大悲閣《だいひかく》で、一昨年は橋の袂の三軒家で、弁当の折詰を開いたが、今年は十三詣《まい》りで有名な虚空蔵菩薩《こくうぞうぼさつ》のある法輪寺《ほうりんじ》の山を選んだ。そして再び渡月橋を渡り、天龍寺の北の竹藪《たけやぶ》の中の径《こみち》を、

「悦ちゃん、雀《すずめ》のお宿よ」

などと云いながら、野の宮の方へ歩いたが、午後になってから風が出て急にうすら寒くなり、厭離庵《えんりあん》の庵室を訪れた時分には、あの入口のところにある桜が姉妹たちの袂におびただしく散った。それからもう一度清凉寺の門前に出、釈迦堂前の停留所から愛宕《あたご》電車で嵐山に戻り、三度《みたび》渡月橋の北詰に来て一休みした後、タキシーを拾って平安神宮に向かった。

あの、神門をはいって大極殿《だいごくでん》を正面に見、西の廻廊から神苑に第一歩を踏み入れた所にある数株の紅枝垂《べにしだれ》、——海外にまでその美を謳《うた》われているという名木の桜が、今年はどんな風であろうか、もうおそくはないであろうかと気を揉みながら、毎年廻廊の門をくぐるまではあやしく胸をときめかすのであるが、今年も同じような思いで門をくぐった彼女たちは、たちまち夕空にひろがっている紅《くれない》の雲を仰ぎ見ると、皆が一様に、

「あー」

と感歎の声を放った。この一瞬こそ、二日間の行事の頂点であり、この一瞬の喜びこそ、去年の春が暮れて以来一年に亙《わた》って待ちつづけていたものなのである。

（同右、六三―六四ページ）

桜があちらにもこちらにも美しく咲きほこって人の心を浮きたたせるなか、ここぞと着飾って名勝の寺々や神社を楽しげにそぞろ歩く蒔岡家の人びとの遊興のさまは、場所が京都ということもあって、王朝の雅《みや》びを思い起こさせる。年譜によると、谷崎は数年前に『源氏物語』の全編を現代語に訳して出版しているから、花見の風景に王朝文学の雰囲気を取りこもうとしたことは十分考えられる。

しかし、そこが見事なところだが、王朝風の雅びは取ってつけたように外からかぶせられてはいない。三人姉妹および貞之助、悦子の性格やふるまいのうちに血肉化され、その血肉化された雰囲気が桜の風景にも広がっていくから、蒔岡家の五人は平安時代の寺々や神社を歩くのではなく、一九三〇年代後半から四〇年代初頭の戦時下の京都を歩いていると感じられる。引用文中、平安神宮の枝垂桜《しだれざくら》を見て皆が一様に「あー」と歓声を挙げるところなど、王朝風の気取りと感じられなくはないが、こういう場面でこういう声を挙げるのが蒔岡家の姉妹の性格ないしは気質なのだ。

とはいっても、京都の花見のような雅びな場面が続けば、『細雪』は戦時下の現実を置き去りにした王朝風のファンタジー（幻想物語）に向かったろうが、谷崎にそんな心づもりはなかった。下り坂にありながら過去の家格にこだわる蒔岡風の一家は時代とずれた存在であり、だからこそ戦争と深くからまない小世界として造形することも可能だったのだが、その小世界を作家として、また一人の人間として愛惜してやまない谷崎は、その小世界を幻想の世界としてではなく、戦時下という現実にあってもそれなりに位置をあたえられる小世界として現出させたかった。その意味で谷崎はリアリズムの土台を踏み外す作家ではなかった。作品によっては美意識や生活感覚に——とりわけ、女性のとらえかたに——特異さが際立つとしても。

京都の花見の情景は大阪の旧家に残る雅びの伝統の典型例で、谷崎は力をこめて奥行きのあるその美しさを外形からも心理的にも描き出そうとしているけれども、その一方、『細雪』には、蒔岡家にまつわって雅びとはおよそ結びつきそうもない出来事が物語の展開を大きく左右する重大事として活写される。中巻の「四」から「九」にかけて詳しく語られる阪神の大洪水の話がその代表的な例だ。大洪水は実際に起こったことで、岩波書店刊『近代日本総合年表』を見ると、一九三八年七月五日の項に、「関西地方に豪雨。六甲連山の各河川決壊、阪神間未曽有の被害（死者九三三人、流失破壊一万三二〇〇戸）」とある。その洪水のすさまじさを谷崎は、芦屋にある幸子の家と、幸子の娘・悦子の通う近所の小学校と、妙子の通う四キロほど離れた洋裁学校を三つの基点とし、その三点を結ぶ線内の空間の状況の変化を通して描き出そうとする。自然災害に痛めつけられながら、それとたたかう人びとの必死の努力のなかから未曽有の洪水の猛威が浮かび上がる。

洪水の当日、芦屋は明け方から豪雨だったが、悦子はいつも通り七時前後に小学校に出かけていった。遅れて九時前に妙子が雨外套を着、ゴム靴を履いてバスで洋裁学校に向かった。雨は激しかったが、未曽有の大洪水になることなどだれにも予想できなかった。

が、豪雨で近くの寝屋川と住吉川の水が増し、堤防の決壊の恐れも出てくると、会社に出かけるのを見合わせていた貞之助は防水服、防水靴、防水帽に身を固めて悦子を迎えに小学校へと向かう。女中のお春も心配してあとに尾《つ》いてくる。行きも途中で国道が水に覆われて、長靴の中に水が入るありさまだったが、帰りは場所によって腰まで水に浸かるほどで、悦子はおぶって行かねばならなかった。一帯が水びたしの上に流れる水の勢いが強く、悦子をおぶう貞之助は前を行くお春が体で水流をせきとめてくれたおかげでなんとか前へと進むことができたのだった。

娘をわが家に送りとどけた貞之助は、休むまもなく、妙子のいる洋裁学校へと向かう。鉄道も国道も不通のなか、まわりより一段高くなった線路を歩いての救援行だ。途中、視界が開けたところで貞之助の目に映る洪水のさまが、次のように記述される。

いったいこの辺は、六甲山の裾が大阪湾の方へゆるやかな勾配をもって降りつつある南向きの斜面に、田園があり、松林があり、小川があり、その間に古風な農家や赤い屋根の洋館が点綴《てんてい》しているといった風な所で、彼〔貞之助〕の持論に従えば、阪神間でも高燥《こうそう》な、景色の明るい、散歩に快適な地域なのであるが、それがちょうど揚子江や黄河《こうが》の大洪水を想像させる風貌に変ってしまっている。そして普通の洪水と違うのは、六甲の山奥から溢れ出した山津波なので、真っ白な波頭を立てた怒濤《どとう》が飛沫《ひまつ》を上げながら後から後から押し寄せて来つつあって、あたかも全体が沸々《ふつふつ》と煮えくり返る湯のように見える。たしかにこの波の立ったところは川ではなくて海、――どす黒く濁った、土用波が寄せる時の泥海である。貞之助の立っている鉄道の線路は、その泥海の中へ埠頭《ふとう》のごとく伸びていて、もうじき沈没しそうに水面とすれすれになっているところもあり、地盤の土が洗い去られて、枕木とレールだけが梯子《はしご》のように浮かび上がっているところもある。（同右、一二三ページ）

このあとしばらく線路伝いに歩いた貞之助は、やがて線路上に停車している列車に行き合い、そこらの人が乗りこむのを見て自分も乗りこむ。車内には高校生やら朝鮮人の一団やら雑多な人が不安気にたむろしている。ふと外を見ると、広がる水のなかを屋根やら畳やら材木やら自転車やら自動車やら、さらに生きた犬までが流されてくる。

そのうち線路の南側の水が減っていき、ところどころに砂があらわれてきた。列車内の人びとはがやがやと動き出し、列車を降りて思い思いの方向に散っていく。貞之助も気を取り直して独り洋裁学校へと向かう。洋裁学校は土地の低いところにあって、たどり着くまでに激流にぶつかりもするが、貞之助はどうにか学校の門内に入ることができた。貞之助が着いたとき、妙子は学校の隣にある経営者・玉置女史の邸宅の屋根の上で、寒さに震えながら救援の手を待ちかねていた。

玉置邸での妙子たちの危機的な被災のようすを、谷崎は、妙子当人の経験談の形で記述する。

のんきな塾みたいな洋裁学校は、豪雨を見て玉置女史が早々と休講を決め、贔屓《ひいき》の妙子だけに特別に声をかけて二人でゆっくりコーヒーを飲んでいると、女史の息子で小学校に通う弘が息を切らして帰ってくる。外は水が道に溢れて、追いかけっこで帰ってきた、という。見るまに女史宅の応接間に水が入りこみ、水かさが増してくる。以下、本文を抜萃し引用する。

妙子が記憶するところでは、あッと思う間に乳の辺まで水が来たので、カーテンに摑《つか》まって壁に寄り添っていると、多分そのカーテンが触ったのであろう、頭の上から額が落ちて来て眼の前に浮かんだ。それは女史が秘蔵している岸田劉生の麗子ちゃんの像であったが、その額がぶくぶくと浮きつ沈みつ部屋の隅の方へ流れて行くのを、女史も妙子も恨めしそうに見送っているよりほかはなかった。弘や、大丈夫かい、と、女史がさっきとは全く違う声を出した。うん、――少年は一と言そう云って、背が立たなくなって来たので、ピアノの上に登っていた。……その時三人の位置はバラバラに離れていて、弘少年は東側のピアノの上、妙子は西側の窓際のカーテンの所、玉置女史は突っかい棒にしたテーブルが部屋の中央へ押し戻されて来ていたので、その上に上っていた。妙子も背が立たなくなる危険を感じて、カーテンに摑まりながら何か踏み台になりそうなものを足で間探《まさぐ》っていると、好《よ》いあんばいに三つ組のテーブルの一つが触ったので、それを横に倒して、その上に乗った。……三人は無言で、それぞれの間を隔てている水の面を視詰《みつ》めていると、水面がまた少し高まって、天井との間の空間が三四尺〔一メートル〕ぐらいに縮まった。妙子は横倒しにしていたテーブルを普通の位置に立て直して、その上に乗り、（立て直す時テーブルが泥に埋まって重くなっていて、足に絡《から》み着いた）窓の頂辺《てっぺん》のカーテンの金具をしっかり握っていたが、わずかに首だけが水面から出ている程度であった。中央のテーブルの上に立っている女史も大体同様であったが、これは都合よく頭の上に、太い三本の鎖で吊《つ》るされている、間接照明の、杯を仰向けにしたようなジュラルミン製のシャンデリアが垂《た》れていたので、倒れそうになるとそれに摑まっていた。……妙子は水面に首だけ出している女史を見ながら、死の運命が寸前に迫った人間の顔はああいうものなんだなと思ったが、自分も今あれと同じ顔をしていることがよく分かっていた。そしてまた、人間は、もうどうしても助からない、もう死ぬのだという時になると、案外落ち着いて、恐《こわ》くも何ともなくなるものであることも分った。

（同右、一三五―一三六ページ）

十数メートル四方の洋室に水が確実に上昇していくようすと、三人の男女が水面下に没することだけはなんとか避けようと無意識のうちに、あるいは意識的に行なう動作が、克明に描かれる。雅びとはほど遠い情景だが、谷崎の筆は場のありさまを具体的に、明確にとらえようと力がこもっている。

いまの引用がすぐ目の前の水の動きや物の配置や三人の人間の行動を事こまかに観察しているのにたいして、貞之助の目を借りた一つ前の引用では、多くが水に覆われた野や町の広い地域が俯瞰的に眺められるが、そこでも、何十年に一度という異常事態を明確に、具体的に浮かび上がらせようとことばが慎重に、丁寧に選ばれている。京都の春の花見とは趣きを異にする自然の猛威だが、洪水は洪水で関西の蒔岡家の物語を組み立てる重要不可欠な出来事として構想されたから、谷崎は作家としての魂をこめて筆を進めているのだ。

たいしていえば、谷崎は戦争に作家の魂をこめることはなかった。『細雪』がアジア・太平洋戦争のまっただなかで書かれながら戦争の影をほとんどとどめない、というのはそういうことだ。戦争は長い期間にわたって日々谷崎の目に触れ、耳に触れる時代の風景であり、雰囲気であり、状況であったが、谷崎はひそかに書きつづる『細雪』のなかに戦争を取りこもうとはしなかった。関西の大洪水は、豪雨はわずか一日だったが、『細雪』の柱をなす出来事として表現され、その影響は後々まで蒔岡家の暮らしに影を落とす。戦争の時代に抗する谷崎の物語構築の姿勢がそこに見てとれるように思う。

洪水が貞之助と妙子の目を通して描かれるのは小さなことではない。蒔岡家の人物としてはもう一人幸子が現場にいて、芦屋の家と隣家のドイツ人一家のようすはおもに幸子の目を通して描かれる。さきに引いた二つの引用文からも知られるように、谷崎は起こった出来事をできるだけ客観的にことばにするとともに、出来事が蒔岡家の人びとにどう受けとめられ、どう生きられたかをも語ろうとしている。広域に被害を及ぼした出来事を事実として小説中に取りこむだけでなく、蒔岡家の生活に内面的にかかわり合う出来事として表現したかったのだ。

貞之助や妙子や幸子の目を通じて出来事を描くのは、歴史上の事実を蒔岡家の人びとの生きた生活の現実として再構成することを意味する。洪水について述べる中巻四から中巻九までの長い記述は、上巻一九の京都の花見の場面に優るとも劣らぬ筆の冴えが見られるが、谷崎はここで洪水という歴史的現実と蒔岡家の物語という虚構が、筆を運ぶ営みのなかで精神的に行き来するその交流を、文学本来の喜びとして感受していたのではなかろうか。規模の全体からすれば所詮は一小世界の特殊な事実にすぎない出来事をきちんとことばにし、それをバランスよく組み上げ現実のゆたかさに拮抗する全体像を構築する、——細かい観察と広い視野とがともども要求されるそうした粘り強い作業のなかで、谷崎は作品世界が充実していくことを確かな手応えをもって感じていたと思う。話の筋からすると、女史宅の応接室で水に首までつかっていた妙子を、アメリカ帰りの写真家・板倉某が不意にあらわれて救い出し、それを機縁に板倉と妙子の恋愛が公然化し、板倉の主人筋に当たる貴金属商の息子もからむ面倒な三角関係へと発展していくのだが、そのことよりも、貞之助、妙子、幸子、悦子、お春の動きを通して大洪水が蒔岡家の生活に組みこまれ、その後の蒔岡家の日常が一段と影と深みの増したものになることのほうが長編小説にとってはるかに重要な意味をもつのだ。

とはいえ、蒔岡家の日常はもともとけっして平穏でも無事でもなかった。長女と次女は結婚して普通に主婦として一家を切り盛りしているが、三女雪子は結婚に乗り気になれないまま三〇を越えたいまも独り身で、幼い姪の悦子と気が合って次姉の家に寝泊まりすることが多いし、男女関係のスキャンダルが新聞種にまでなった四女の妙子は、人形制作や洋裁で身を立てようとする一方、男とのうわさ話も絶えることがない。蒔岡家は不安定の要因をあちこちにかかえた落ち目の旧家なのだ。が、谷崎は憐憫の目をもってそれを見はしない。むしろ、そこに多様でゆたかなものを見出し、人間的に魅力のあるものとして一家の暮らしを表現する。京都の花見や芦屋の洪水が一家の日常と通い合うのも見事だが、首尾よく行かないで立ち消えになる何回かの雪子の縁談も、旧家の人びとの願望や思惑、立居ふるまいや他人とのつき合いかた、といった日常によくなじんで、読むうちに人間がこの世を生きていくおもしろさが実感されてくるのだ。やや視野を広げていえば、やれ国体の本義だ、尽忠報国だ、やれ一億一心だ、八紘一宇だ、と勇ましい標語が飛び交う軍国ファシズム体制に背を向けるようにして、谷崎は落ち目とはいえ地に足のついた蒔岡家の日々の暮らしのうちに文学本来の領分を見出そうとしていたように思える。戦時下、人びとの日常にもはやかつての安定は望むべくもなかったが、とはいえ、社会の表面を覆うファシズム体制の虚無と頽廃に比べれば、人びとの暮らしにはなお堅固なものがあることを谷崎は感じとっていた。

日常の危うさと堅固さは『細雪』では四女妙子の言動をめぐってもっとも明瞭な形を取る。末娘の妙子は上の三人が古風な要素を多分に残しているのに反して、跳《は》ねっ反《かえ》りの近代娘で、世間体を気にせず、自分のやりたいことにどんどん突き進んでいく行動力のある女だ。上の三人はそういう妹にハラハラさせられながら、肉親として愛し、必要なときには救いの手を差しのべる。それが妙子のわがままを増長させるが、妙子は妙子で姉たちの気持ちが分からないではなく、気にはしつつ、つい身勝手なふるまいに出るといったふうだ。幸子の家に同居しているときも、夜の帰りが遅かったり帰ってこなかったりでまわりに心配をかけるし、外で独り住居をするようになっても不審な行動が目に立つことがある。

そんな不安定な日常だが、話の軸をなす雪子の縁談をふくめて一家の物語には人間的な息づかいがあり、ふくらみがある。谷崎にとって、それを書きつづけることは作家としての生き甲斐《がい》だったと思える。いま、長編小説の終わり近く、珍しく雪子と妙子が口争いをする場面を日常の一《ひと》齣《こま》として引く。妙子（引用文中の呼び名は「こいさん」）が古くからの恋人（「啓坊」）と別れるつもりだというのを聞いて雪子が、啓坊の婆やさんの話だとあなたは啓坊に金銭的な義理があるはずだと責める場面だ。


「……こいさん去年の冬ロン・シンで拵えた駱駝《らくだ》のオーバーコートな、あれは啓坊が拵えてくれはったんと違うか」

「あれはあのとき云うたやないの、あの勘定が三百五十円かかったのんを、薔薇《ばら》の羽織と、立枠《たてわく》と花丸の衣裳を売って払うたんやわ」

「けど啓坊の婆やさんは、あれは啓坊が払うたげたんや云やはって、ちゃんとロン・シンの受取まで見せてはるねんで」

「………」

「それからあの、ヴィエラのアフタヌンドレスな、あれかてそうやてな」

「あんな人の云うこと、信用せんとおいて欲しいわ」

「信用しとうはないねんけど、婆やさんの方には一々証拠の書付が取ってあって、それに基づいて云やはるねんもん。こいさん、それ譃《うそ》や云うのんやったら、何かそれに対抗する帳簿のようなもの見せてくれたらどうやねん」

妙子も同じように平然として、例の顔色一つ変えるではなかったが、でもそう云われると、無言でじっと雪子の顔を見据えているばかりであった。……

「なるほど、啓ちゃんは働きがないかもしれんけど、その働きのない人に店の品物まで取るようなことさせといて、今になって義理がないなんて云えるやろか。……」

申し開きの道がないのか、あっても無駄だと観念したのか、もう妙子は何を云われても答えなかった。ただ雪子のくどくどと繰言《くりごと》のように繰り返す言葉ばかりが長々と続いた。雪子の口調はどこまで行っても同じように物静かであったが、妙子の眼にはいつの間にか涙が潸《さん》然《ぜん》と浮かんでいた。それでも妙子は、相変らず無表情な顔つきをして、頬を流れる涙を意識していないかのごとくであったが、やがて、突然立ち上ると、バタン！　と、部屋じゅうが震動するほど荒々しくドーアを締めて廊下へ出て行った。それからもう一度、表の玄関のドーアをバタン！　と云わせる音が聞えた。

(同右、三二八―三三〇ページ)


雪子、妙子の、いずれも簡単に膝を屈しないところが良家の子女らしいといえばいえようか。こういう諍《いさか》いは起こってさほどふしぎではないのが蒔岡家の日常であって、むろん諍いによって秩序が壊れたりはしない。読む側にとっては、この一家にはこういうきつい一面があったかと改めて思い知らされて、一家の日常もおもしろさが増幅されるようだ。この諍いのあとも妙子は幸子の家に来たり来なかったりだ。

その妙子が物語の最後の最後で、さきの引用文の啓坊とは別の男の種を宿したことが発覚する。雪子の縁談が進行中のこととて、お腹《なか》のふくらみが目につくようになると世間体を憚《はばか》って妙子を温泉地に送り出すことになるが、臨月で幸子の知る産院に帰ってきての妙子のお産は死産に終わる。

日ならずして雪子は貞之助・幸子夫婦にともなわれて結納の式のために上京する。これまでになく縁談が段取りよく進行して結納にまで漕《こ》ぎ着けたのだ。ただ、当の雪子は下痢で体調が思わしくないこともあって、うれしそうではない。大長編小説の幕切れの数行を引用する。

小槌屋に仕立てを頼んでおいた色直しの衣裳も、同じ〔上京の〕日に出来て届けられたが、雪子はそんなものを見ても、これが婚礼の衣裳でなかったら、と呟《つぶや》きたくなるのであった。そういえば、昔幸子が貞之助に嫁ぐ時にも、ちっとも楽しそうな様子なんかせず、妹たちに聞かれても、嬉しいこともなんともないと云って、きょうもまた衣えらびに日は暮れぬ嫁ぎ行く身のそぞろ悲しき、という歌を書いて示したことがあったのを、はからずも思い浮かべていたが、下痢はとうとうその日も止まらず、汽車に乗ってからもまだ続いていた。

（同右、三七二ページ）

人びとの暮らすさりげない日常のゆたかさに注目してきたわたしとしては、晴れがましさをあえて抑えたこの幕切れに同じゆたかさを見たい気がする。妙子の死産もそうだが、雪子の結納式のための上京もそこで区切りがつくのではなく、先へと続く布石が打たれているように思える。戦争を超えて続く日常を表現することは、作家谷崎にとって一つの希望だった。

2 松本竣介——街の風景、街の人びと

国を挙げて戦争へと向かう軍国主義の時代に、戦争に背を向けるようにして関西の市井の一家の物語を坦々とつづっていった谷崎潤一郎のあとに、同じ時代を同じように息苦しさを感じて生きつつ、表現者としておのれの志をつらぬこうとした若き画家・松本竣介《しゅんすけ》を取り上げる。物質的にも精神的にも国家権力による上からの統制が強まり、社会生活にも個人の暮らしにも大小さまざまな制限や抑圧が及ぶのは戦時社会の常だが、そのなかで表現を生き甲斐とする人びとはどう表現の自由を守りぬこうとしたのか。若き画家として戦時下を生き、敗戦後わずか三年を生きただけで三六年の短い生涯を終えた松本竣介をもう一つの例として、そこのところを考えてみたい。

一九一二年（明治四五年）に東京に生まれた竣介は、二歳のとき父が林檎酒醸造業に参加したため、家族とともに岩手県花巻に移った。師範学校付属小学校を卒業ののち、岩手県立盛岡中学校に入学したが、入学式の当日、激しい頭痛のため帰宅、流行性脳脊髄膜炎にかかり、聴力を失った。一年留年して中学に通ったが、二九年に中学校を退学、兄・彬の東京外国語学校入学を機に、兄、母とともに上京し、上野谷中の太平洋画会研究所に通った。若い画家仲間との交流に積

極的で、三一年（竣介一九歳）にはかれらと太平洋近代芸術研究会を結成している。靉光《あいみつ》、麻生三郎と知り合うのもこのころのことだ。

上京後七、八年、竣介は若い仲間との交流のなかで人物画と風景画の制作に励むが、人物画にはモディリアニ風の優雅な曲線と憂愁の表情が、風景画にはルオー風の太い輪郭線と建物の沈黙の佇《たたずま》いが見てとれる。岩手県の田舎町から東京に出てきた竣介にとって、田舎と都会のちがいは風景のちがいとしても、人の暮らし向きやつき合いかたのちがいとしても強く意識されたが、画学生としての竣介の苦闘は、近代とはなにかを明らかにする試みにつながるものであったように思われる。

松本竣介［Wikimedia Commons］

都会が新しい時代を体現するものであり、都会を考えることが近代を考えることだとの思いが絵にうかがわれるのは、三八年の《街》あたりからだろうか。技法的には、アメリカで活躍した日本人画家・野田英夫やドイツの風刺画家ゲオルゲ・グロスの影響が指摘される絵だ。青を基調にした広い画面の中景から後景には白を交えた屋根と壁、黒っぽい窓の並ぶ集合住宅の塊《かたまり》が四つ、近景には、中央に赤い服の若い女性がすっくと立ち、まわりに正装にソフト帽の男や、靴みがきや、犬を連れた少年などが不揃《ふぞろ》いに配される街の情景は、都会生活にしだいに慣れ親しみつつもそこに見てとれる溢れるようなエネルギーと活気を画面に包摂しきれぬ画家の焦燥をも示している。絵に戦争の影はまったくといっていいほど認められないが、軍国色の強まる都会は透明な合理性と、焦燥感を強いる猥雑さを合わせもつ近代として、画家の前に立ちあらわれていた。

翌三九年に描かれた《序説》も、人工的な都会の風景と、それとは次元を異にする人間たちの動きがモンタージュ風に組み合わされる点は同じだが、人物たちの動きと配置がいっそう大胆に、無秩序になり、風景との違和が強まっている。新しいなにかへの出発を告げる題名の「序説」が画中の左下にローマ字の署名と同じ大きさで記されていることからすると、画家は人と街とのこういう違和のうちに近代の新しさを探ろうとしていたのだろうか。あるいはそこに近代の危機を見ようとしていたのか。全体を一つのまとまった画面として見ると、画面中央を流れる黒く太い川、そこに横一直線に架けられた橋、橋につながるようにして立つ右岸の堅牢な三階建てのビルと、左岸のごちゃごちゃした平屋群および、そのむこうの高層ビル群、——それと、前景に、これまた不揃いに、なにやら中途で投げ出されたような、体の輪郭線もうまくたどれず、なにをしているのか、なぜそこにいるのかもはっきり分からぬ人物たち。そんな雑多な物たち、建造物たち、人間たちの不整合な同居が、見る者を戸惑わせずにはいない。

むろん、それは画家の意図したところで、不整合を際立たせるために黒い川に架かる橋と右岸の三階建てのビルは幾何学的な直線と、青および茶の落ち着いた色調で清楚に仕上げられ、やや複雑さの加わる左岸の描写ともども目を楽しませてくれるし、それと対照的に幻想性に富む人物たちは見る者の想像力をかき立てないではいない。また、右岸のビルと左岸のビルのほぼ対称的な位置から、なにやら得体の知れない二本の白煙が渦巻くように上へと昇っている。ちぐはぐな構成に加えてそういう謎めいたものがあちこちに配されているのは、当時ヨーロッパやアメリカに広がっていた前衛芸術の、頽廃的ともいえる風潮が思想弾圧下の重苦しい日本の画壇にも流れこんでいたことを思わせる。《序説》は解放感を求める画家のエネルギーが画面全体を不気味に波立たせる狂躁の絵だともいえるのだ。

さて、竣介は二〇代の初めから作品を仲間のたまり場だった茶房「りりおむ」に展示し、二科展やNOVA展に出品していたが、四〇年（竣介二八歳）には日動画廊（銀座）で自作三〇点を展示した初めての個展を開催している。その案内状に以下の文言がある。

絵を描くことが好きでありながら、画家になる望みを一度も持たなかった僕が、十四歳の時に聴覚を失い、この道に踏み迷い十五年の迂路を経た今日、ようやく、絵画を愛し、それに生死を託することの喜びを知り得たということ。それが、今、言い得る唯一の僕の言葉です。

（朝日晃『松本竣介』日動出版部、一九七七年、一五四―一五五ページ）

いまの心境を静かな口調で簡潔に吐露した素直な文章だが、「それ〔絵画〕に生死を託することの喜びを知り得た」という一節には強い思いがこもっている。東北の町から東京に出てきて、近代に触れ文明に触れ、なんとかその感触を、さらにはその実体をカンバスに定着したいと努力を続けてきた竣介が、ここに来て、自分のやってきたことに納得できるようになった。絵画に「生死を託することの喜びを知り得た」ということばにはそんな自信らしきものがこめられている。《序説》について見たように、時代の社会と画家とのあいだには違和と矛盾がわだかまり、絵も調和の取れた、整った完成形を示してはいなかったが、そういう違和と矛盾を自覚しつつ、本当の街と人びとのすがたを表現することに竣介は積極的な意義を見出す境地に至ったように思われるのだ。

《序説》を描き、日動画廊の個展の案内文を書いたのは竣介が二七―二八歳のときだ。日中戦争は始まってすでに三年を経過し、中国全土に戦線が拡大し、日本国内も、政治・経済・社会・文化のあらゆる面で軍国体制が強まっていた。

絵を描くという仕事がもともと戦争からは遠く、また、竣介自身の思想・信条と生きかたも、社会への関心はけっして稀薄ではなかったものの、戦争と強い接点をもつものではなかったから、軍国体制からは比較的自由な位置にいることができた。しかし、治安維持法にもとづく思想統制は共産主義者、社会主義者の取り締まりから自由主義者、個人主義者への取り締まりへと対象が広がり、画家も、なにをどう描くかは自由、というわけにはもはやいかず、絵を描くことによって戦争に協力することが求められた。

画家にまで戦争協力を求める典型的な事例として、雑誌「みづゑ」（一九四一年一月号）に掲載された「国防国家と美術（座談会）――画家は何をなすべきか――」がある。座談会の出席者は、秋山邦雄少佐、鈴木庫三《くらぞう》少佐、黒田千吉郎中尉、という陸軍省情報部員に、美術批評家の荒城季夫《すえお》が加わった四人だ。美術雑誌で「画家は何をなすべきか」を討論するのに陸軍省の関係者が三人も出てくるというのはなんとも異例のことだが、そんなところにまで軍のにらみが利《き》くようになったということだろう。座談はその三人が国防国家の確立という観点から画家のありかたを美術批評家荒城に――荒城を通して画家一般に――説諭するという形で進む。放言、暴言のたぐいが随所に出てくる。時代の雰囲気を知るためにいくつかを引用しておこう。「絵画、彫刻をやる人でも、或は音楽をやる人でも、演劇をやる人でも、やはり国防国家建設の一部面を担当しなければいかぬと思う。……それを担当出来ないような人は要らないから外国へ行ってもらいたいと思う。」(一二九ページ)「〔私は〕二科展の絵しか見ていないが、亡国的な絵が非常に多い。絶望的な絵が非常に多い。力のない絵が多い。いやしくも民族的な理想に輝いて天をにらんでいるような絵画、彫刻は一つもなかった。」(一三二ページ)「絵具は単なる商品にあらずということを言いたいと思う。言うことを聴かない者には〔絵具の〕配給を禁止してしまう。また展覧会を許可しなければよい。そうすれば飯の食い上げだからなんでもかでもついてくる。」(一三五ページ)「武力や道徳や経済力がなくて国が滅びたということはあるが、芸術がなくて国が滅びたという例はない。」(一三六ページ)

権力に連なる者たちの独善性と傲慢さと卑小さにはやり切れぬ思いがするが、権力側の横暴がここまで肥大したとなれば、絵を生き甲斐とする同時代の画家の多くはやり切れぬ思いを外に向かって、あるいは内に向かってなんとかせざるをえなかったであろう。といっても、絵具までが配給の対象になる逼迫した状況の下では、抵抗の声はうまく聞きとれぬほどに小さくなるほかはなかった。が、竣介は黙ってはいなかった。「みづゑ」一月号に座談会記事の載った三ヵ月後、同じ雑誌の四月号にそれに反論する竣介の一文「生きている画家」が掲載された。

権力側の監視や検閲を意識して書かれた「生きている画家」は、分かりやすくはない。一月号の座談会について「諸説の中から私は知らんとする何ものも得られなかった」というほどだから、批判の目が働いているのは確かだが、なにをどう批判したいのかとなると真意がつかみにくい。絵画が日本国家、日本民族のためにあり、画家は国防国家の一翼を担うべきだとする軍国イデオロギーに竣介が同調できないと思っているのはまちがいないが、竣介自身の立つ位置がはっきりしない。国家もしくは民族にたいして竣介は人間もしくはヒューマニティを対置するが、その国家（民族）と人間（ヒューマニティ）との対立がイメージとしても論理としても明確に見えてこないのだ。たとえば、

芸術の普遍妥当性ということについては、芸術を所有するのが「人間」であるということによって成立する。更に人間は民族であり国民である故に、芸術は民族的ないし国家的性格を紙の表裏の如き関係において同時に有っている。（「みづゑ」一九四一年四月号、五五ページ）

といった竣介の一文がある。

人間が普遍妥当性をもつ概念として提示されているのは明らかだが、ではそれに対置される民

族ないし国民は普遍妥当の存在なのか特殊な存在なのか。そこがはっきりしない。少しあとには次のような一文もある。

ヒューマニズムのみを固執するとき、芸術の超国家性、超民族性が成立つのであるが、それは抽象的論理上の存在であり、民族国家において具体的にありえないことはしばしば述べた通りである。（同右、五五ページ）

人間と民族ないし国家とを、あるいは人間性と民族性ないし国家性とを、それぞれ別個の概念として明確に定義し、その異同を論理的に追求することを竣介は怖れているように見える。西洋の、とくに同時代のモディリアニやゲオルゲ・グロスの絵に強い衝撃を受け、かれらから学んだところをおのれの制作に生かすなかで、芸術が民族や国家を超える美へと向かうことを実作者として熟知していた竣介だが、日本民族ないし日本国家が絶対の存在へと祀《まつ》り上げられる天皇制ファシズムの下では、民族ないし国家への批判めいた言及は差し控えざるをえなかったのだろうか。政治的には無力な一画家と物質的にも精神的にも圧倒的な力を手中にしている公権力との力関係を考えると、警戒しつつ論を進める竣介の苦渋は並一通りではなかったと思えるが、その一方、ここまで妥協しても論を進める必要があったのかという思いも消しがたい。民族ないし国家にたいして論理の鋒先が鈍ることは、論じる当人を民族ないし国家のほうへ引き寄せかねない。わたしが危惧するのは、たとえば、文末近くの次のような文言だ。

鈴木少佐はこの座談会の結びに「極端に言えば国策のために筆を執ってくれ、……それが同時に世界的な価値を表現するようなもの〔であってほしい〕」と言われているが、それは出来ると思う。……

私は信じる。私達もまた国家百年、千年の営みに生きているものであることを。

（同右、五六ページ）

国家への抵抗の文と読めなくはないが、国家と張り合おうとして国家に歩みよる気配の感じられる文だとも読める。

これは文章の上での——ということは観念上の、あるいは論理上の——危うさだが、この論文のあとに描かれた四点の絵——《画家の像》（四一年）、《立てる像》（四二年）、《三人》（四三年）、《五人》（同）の四点——には、危うさが具体的な形をとってあらわれていると思う。

四作の最初に位置する《画家の像》が、それまで竣介の描いてきた都会の情景と趣きを異にする絵であるのは一見して明らかである。

街の風景と三人の人物が描かれるが、街と人物はもはや交錯はしない。街は背景として遠くに小さく置かれ、その前に大きく立ちはだかる画家本人とその妻、その息子の三人は、描かれた街とは別の存在としてそこに位置を占める。肩をいからし前方を見つめ、地面を踏みしめてまっすぐに立つ画家は、なにかに強く対決する姿勢を示しているし、大きな木の箱に身を固め肩をすくめてむこう向きに坐り、右に向けた顔が半分だけ見える妻と、箱に右手をついて妻に（当人にとっては母に）寄りそう息子との二人には、まわりの世界を警戒し、そこから身を守ろうとする気配が見てとれる。これまでの街の絵ではばらばらの人物がモンタージュの手法で一画面に配置されていたのとちがって、三人のあいだには気持ちが通い合い、まとまりをなしてそこにある。描きかたも前衛風からは遠いリアリズムの手法だ。

三人はなにに対抗しようとしているのか。絵を見る者はだれしもそう問わざるをえないし、そう問うとき、リアルな三人が対抗するのは現実のなにかだと考えざるをえない。そして、絵の制作された一九四一年の現実としてまずもって思い浮かぶのは戦争の現実だ。なるほど、三人は戦争に対抗しているのか、と、そう思うことで、戦争とは遠かった竣介の絵があえて戦争の近づこうとしている心理の機微がつかめる気がしなくはない。

が、画家が戦争と向き合う姿勢を示したとなれば、戦争の現実とはなにか、戦争の現実はどう絵に表現されているのかが、改めて問われよう。そして、そう問うとき、《画家の像》では戦争の現実がきわめてつかみにくいと感じられる。

松本竣介《画家の像》
[Wikimedia Commons]

もう一度、三人の人物の姿勢にもどって考える。若い画家は戦争に正面から力強く立ちむかおうとし、妻と息子は画家の姿勢を認めつつも半ばは戦争を恐れて身を固くしている。「みづゑ」四月号掲載の「生きている画家」の論旨からして、竣介は軍部の思想統制には強く反発し、自分の主体性にもとづいて戦争をとらえ、戦争態勢のなかを生きていこうとしているから、絵のなかの強い姿勢は、その延長線にあるものと解することができる。が、妻と息子の恐れはどこから来るのか。思想統制という観念性の強い施策が芸術ないし思想の表現とは遠い二人に恐れを抱かせるとは思えない。恐れの気分はもっと身近な生活上の不如意からやってくると考えるのが自然だろう。とすれば、背景をなす街の風景こそが恐れと結びつくものとして描出されてしかるべきだ。が、絵の構図からしてそうなってはいない。街の風景は静かな遠景として背後に退いて、妻と息子は、目には見えないがもっと身近ななにかを恐れているように見える。すっくと立つ画家も街の風景ではなく、それとは別のなにかに立ちむかっている。

が、画家の立ちむかうなにかも、妻と息子の恐れるなにかも、時代状況からして戦争と関係づけられるとしても、絵の形として見えてこない。この絵の描かれたのが四一年八月、四ヵ月後には海軍がハワイの真珠湾を攻撃し、太平洋戦争へと突入する時期だ。無謀な戦争と軍部・財界・政府主導の強力な総力戦体制のもと、人びとは物質的・精神的な重圧を感じつつも、こぞって軍国体制に協力する——あるいは協力させられる——というのが時代の大きな流れだ。その流れが見えないまま、なにかに立ちむかう画家の姿勢と、なにかを恐れる妻と息子のすがたを大写しにしたのが《画家の像》だ。三人の姿勢と心情は時代に根を下ろしたリアルなものとして見る者にせまってくるけれども、時代のありさまがはっきり見えてこないため、三人の姿勢や心情に立体感がともなわず、なにかしら虚しさがつきまとう。とりわけ、力強くすっくと立つ画家のすがたに虚しさがつきまとう。息のつまるような時代の、その核をなす戦争の実体をとらえ切れぬまま、自分がそこにあることだけはなんとしても強く押し出そうとする気負いが感じられるのだ。

かつての街の風景や人びとを描いた絵には、自己を押し出す気負いはなかった。風景と人びとが異次元の存在としてモンタージュ風に配置される絵のなかで、街と人びととの疎隔感は近代社会の宿命のごときものとして見つめられていた。竣介はそこに自分の生活実感に通じる社会の奥行きを感じとり、それを絵に表現する試みは、近代という時代の謎と魅力に絵筆をもって挑戦するという意味を担っていた。

近代の探究という知的・思想的課題に立ちむかう街の絵が、自己を押し出す気負った絵に転じていく。変化を促した要因として戦争の拡大と深化を挙げないわけにはいかない。ひたひたと押しよせる戦争の重圧ゆえに、街の風景と人びとの暮らしのうちに近代の魅力と謎を探るという好奇心の発動はもはや許さず、画家として生きていくためには、なによりもまず自己の存在を社会に向かって明らかにする必要があったということだろうか。いずれにせよ、「絵画を愛し、それに生死を託することの喜びを知り得た」若き竣介にとって、戦時社会がいかに荒廃し、表現の自由がいかに抑圧されようと、絵筆を執らないという選択、あるいは、もう少し自由な時代が来るまで公表をひかえてひそかに描きつづけるという選択はありえなかった。

《画家の像》を継ぐものとして、翌年に描かれた《立てる像》がある。《画家の像》の妻と息子

松本竣介《Y市の橋（二作目）》［Wikimedia Commons］

が画面から消え画家とおぼしき青年が画面中央に一人だけですっくと立つ絵で、自分を押し出す気合いはいっそう強まっている。背景に描かれる街の風景は中央に立つ青年の近くに引き寄せられ、しかも、民家やビルの高さは青年の腰の高さまでしかなく、その上は雲のかかった白い空が広がるから、仁王立ちの青年の気負いはいよいよ際立ってくる。竣介に限って戦争に同調することなどありえなかったが、青年の威勢のよさは戦争翼賛のヒロイズムと見られかねないほどだ。軍国ファシズムの息苦しさを思えば、このヒロイズムには虚勢の影さえ読みとれて、竣介がそんなふうにして戦争に耐え絵を描きつづけていた、と思うと痛ましい。戦争に引きずられまいとする意志は論文「生きている画家」にもはっきり表明されているが、戦争の荒波は戦争に引きずられまいとする意志をも呑みこむほど激しいものになっていたといえるかもしれない。

が、この系統の絵は四三年《三人》《五人》の二作に類例らしきものがあるだけで、風景画にも人物画にも戦争と対決する自分を打ち出した作品は描かれない。代わって登場するのが、日頃見なれたいかにも都会らしい風景を、画面に記録としてしっかりととどめようとでもするかのように、構図を整え、客観的に、精密に描いた風景画だ。なかでもっともよく描かれたのが、〃Y市の橋〃と呼ばれる横浜駅近くの月見橋と跨線橋をモチーフとした絵だが、同じ情景を角度を変え、構図を変え、色調を変えて制作した何枚もの素描や油彩画を見ていくと、対象を細かく厳しく見つめる画家の鋭い視線のとらえた情景が、まさしくそのときそこにあった一回限りの存在として画面に定着されているように思えて、絵から目を離せなくなる。《Y市の橋》のなかでもとりわけ透明度の高い、四四年制作の三作目の油彩画は、戦争末期にもかかわらず、明るい画面構成の力もあって、絵に人をほっとさせるような静かな落ち着きが広がっているが、そのもとをたどると、なじみの情景に向き合う画家の心の平穏と安定に行きつくように思う。竣介は戦争に心乱されはしたろうが、そうしたなかでも絵を描きつづけることによって、鉛筆や絵筆をもって風景に向き合うときには束の間の心の安定を得ていたように思われる。

松本竣介《Y市の橋（三作目）》[Wikimedia Commons]

三作目の油彩画《Y市の橋》にも、二作目の

《Y市の橋》にも影絵のような人物が描かれる。二作目は三人、三作目は一人だが、この人物たちはかつてのように異次元の存在ではなく、風景のなかに違和感なく入りこんでいる。画家は街の風景と街に住む人びととのあいだの矛盾と疎隔に注目するのではなく、風景と人びととのあいだに調和を求めようとしている。風景と人とがうまく折り合えないという近代の矛盾と複雑さを突きつめようとするところから、目の前にある街のすがたに人間の基本的な居場所を見出すところへと作画の姿勢が移っていったように思える。近代の疑問を問い質《ただ》す場としての街に向き合うところから、人の生きる場として街を肯定的に受け容れるところへ移っていったといってもよい。

戦争の息苦しさが人びとの暮らしに重くのしかかる時代にこれだけ澄明な情景を描けたということは、竣介の精神の強さを示すものといってよかろう。戦争の巨大さと苛酷さを日々に実感しつつ、竣介は、なじみの風景に向き合い、かけがえのないその存在を画面に定着させるというささやかな営みが、戦争を超える普遍性をもつことを感じていたのではないか。澄明かつ静謐な街の佇《たたずま》いはそんなことを思わせる。

ちなみに、竣介が好んで描いた月見橋は一九四五年五月の横浜空襲で、コンクリート部分は残ったものの、跨線橋その他は大きく破壊された。その変わり果てたすがたを竣介は敗戦直後に三枚の紙にインクと墨で素描し、二年後の一九四七年に油彩画に仕立てている。かつて愛した橋が永久に失われてしまった虚脱感は素描からも油彩画からも伝わってくるが、それはそれとして、いま目の前にある風景をきちんと見つめようとする冷静なまなざしは、どの絵にも生きて働いている。とくに油彩画は被災の跡がなまなましく、無残な絵といいたくなるほどだが、針金のもつれた線や白絵具の使いかたなどに竣介らしい美意識の冴えがうかがえて、心情のゆらぎを思うとかえって切なくなる。

　中学時代に聴力を失ったまま回復することのなかった竣介は、アジア・太平洋戦争下でも兵員として戦場に送られることはなく、ずっと日本国内で暮らした。多くの若者が出征するなか、やむをえぬ障害のためとはいえ自分が直接に戦争を担わない負い目のようなものが《画家の像》や《立てる像》のヒロイズムには反映しているかもしれない。が、一時の気負いのあとには自己への沈潜と外界の観察という理知的態度がその生きかたと画業を支えるものとなり、虚無の時代におのれの生きた証しを刻みこもうとする穏やかな抵抗感が絵に見てとれるようになった。戦争の末期、竣介は風景画を中心に肖像画や静物画も描いているが、一作ごとに心を整えて対象に向かうその絵画群は、いまいう穏やかな抵抗感を持続することが竣介にとって戦争を生きることだったのだと思わせる。

松本竣介《建物》[Wikimedia Commons]

　東京の空襲が激しくなると、竣介は妻子を疎開させ、単身、東京に残って絵を描きつづけた。絵を描くあいまに眠ったり、食べたり飲んだり、外に出かけたり手紙を書いたりといった日々をなんとか凌いで終戦を迎える。三三歳のときのことだ。

穏やかな、静かな、しかし苦しい抵抗の末に戦争が終わったのだ。解放感はどれほどのものだったか。ポツダム宣言受諾の二〇日後の妻あての手紙にかれは書いている。「思想的に無キズのまま、前途のある俺がいるじゃないか」と。

が、竣介の前途は三年に満たなかった。戦後の竣介の絵は「思想的に無キズのまま」と自負するほどに絵の普遍的価値を確信しえた戦争末期の画業を踏まえて、軍国ファシズムを脱した新しい時代にふさわしい新たな人間と世界の造形に向かおうとするものだったが、時代の大転換を画面にしっかりと受けとめるには、三年という歳月はいかにも短かった。作品の多くが新しい境地に赴こうとする意欲を示しながら、それが明確な形を取るところまでは行かず、模索の段階にとどまっている。死の前年(四七年)に描かれたキュビスム風の絵など、進取の気性が見る者を戸惑わせるほどだ。

それとちがって、絶筆となった《建物(茶)》(四八年)は孤独の影が深い。細く鋭い曲線と直線の力強い引きかたや、茶色と白色の、たがいに相手の領域を侵しつつ、それぞれが分を守ってなんとか均衡を保ってもいるような色の使いかたは、三九―四〇年の《序説》その他の技法の延長線上にあるものだが、暗い背景に茶と白の聖堂がぽつんと置かれるのはかつての街の情景ではない。絶筆と思って見るためでもあろうが、画家の孤独に胸の痛むような情景だ。書き残したものや友人たちの評言によれば、竣介は実生活では社交的な人間だったようだが、時流に抗しておのれをつらぬこうとする絵が孤独の作業となるのはどうしようもなかった。戦争の惨禍を見すえつつ戦争の非人間性に同調することのなかった竣介は、貧困と混乱の戦後においても、一方で解放感に浮き立ちつつも、孤独と背中合わせの、時代への抵抗意識と批判意識を失うことはなかったように思える。

第十二章

中野重治——持続する抵抗と思索

中野重治

中野重治は強靱で繊細な思考の人であり、知の冷静さを保ちつつ世界に働きかける行動の人だった。自分で考え、自分の考えにもとづいて行動するという点では、日本では類例の容易に見つからないほど一貫した人だった。

生まれたのが一九〇二年（明治三五年）。日本社会が比較的平和で安定した時代に福井県の農村地帯で少青年期を過ごし、二二歳で東京帝国大学に入学したころからプロレタリアの旗を掲げる文学活動や政治運動に積極的に参加した。大学卒業の二七年に仲間と機関誌「プロレタリア芸術」を創刊し、編集に携わるとともに同誌に詩・小説・評論を発表した。三〇年に左翼劇場団員の原泉と結婚。三一年に日本共産党に入党。

三二年、中央協議員だった日本プロレタリア文化連盟（コップ）に弾圧の手が伸び、三度目の逮捕で、豊多摩刑務所に収容された。三三年二月、プロレタリア作家・小林多喜二が東京築地署の取り調べ中に拷問死。六月、日本共産党幹部佐野・鍋山の転向声明。三四年五月、中野は東京控訴院法廷で日本共産党員であったことを認め、共産主義運動から身を退《ひ》くことを約束して、懲役二年執行猶予五年の判決を受け即日出所（いわゆる「転向」）。しかし、出所後も官憲にとっては要注意人物で、「思想犯保護観察法」の実施された三六年には保護観察処分を受け（敗戦まで）、三七年には執筆禁止の措置を受けている。

軍国ファシズム体制の崩壊した四五年一一月に日本共産党に再入党、戦時中とは大きくちがう平和と民主主義の社会のなかで政治・文化運動に力を尽くした。しかし、米軍占領下の新たな抑圧や反動とたたかい、左翼運動内部の分裂や党派抗争を克服し、自由かつ平等で、人間的にゆたかな社会を作り出すのはなま易しいことではなかった。政治の領域でも、文化の領域でも、思想の領域でも、篤実で素朴で一徹だった中野は、それゆえにかえって深く傷つくことも少なくなかった。わたしは第十一章では、三一年の満州事変に始まり、四五年のポツダム宣言受諾をもって終わるアジア・太平洋戦争の惨状をたえず意識下に置いて筆を進めてきたが、この第十二章では、一五年にわたる戦争をあいだにはさみ、それ以前をも以後をもふくむ時代を、一人の文学者として政治的・思想的に生きぬいた人物の軌跡をその作品に即してたどってみたいと思う。

1　戦前の作品——詩「夜明け前のさよなら」、詩「歌」、詩「雨の降る品川駅」

最初に取り上げるのは、二六年、中野が大学生時代に同人誌「驢馬」に発表した詩「夜明け前のさよなら」である。全文を引用する。

夜明け前のさよなら

僕らは仕事をせねばならぬ

そのために相談をせねばならぬ
しかるに僕らが相談をすると
おまわりが来て眼や鼻をたたく
そこで僕らは二階をかえた
路地や抜け裏を考慮して

ここに六人の青年が眠っている
下にはひと組の夫婦と一人の赤ん坊とが眠っている
僕は六人の青年の経歴を知らぬ
彼らが僕と仲間であることだけを知っている
僕は下の夫婦の名まえを知らぬ
ただ彼らが二階を喜んで貸してくれたことだけを知っている

夜明けは間もない
僕らはまた引っ越すだろう
かばんをかかえて
僕らは綿密な打合せをするだろう
着々と仕事を運ぶだろう

あすの夜僕らは別の貸ぶとんに眠るだろう

夜明けは間もない
この四畳半よ
コードに吊るされたおしめよ
すすけた裸の電球よ
セルロイドのおもちゃよ
貸ぶとんよ
蚤《のみ》よ
僕は君らにさよならをいう
花を咲かせるために
僕らの花
下の夫婦の花
下の赤ん坊の花
それらの花を一時にはげしく咲かせるために

（『中野重治詩集』岩波文庫、一九七八年、六二―六四ページ）

詩が書かれた一九二六年は、大逆事件（一〇―一一年）以降社会主義運動がまったくできなか

中野重治『中野重治詩集』

った一〇年間の「冬の時代」が過ぎて、労働組合や農民組合が各地に結成され、普通選挙運動の広がりとともに労働争議や小作争議が多発する時期に当たっている。田舎出身の正義感の強い青年が都会の空気に触れ、社会的に抑圧された人びとの側に立って、共に時代の現実を変えていこうとするのは、ありうる選択だった。二年前に東京帝国大学に入学した中野は文学同人誌の創刊に参与するとともに、大学内の社会運動団体「新人会」に入会している。入会後、共同印刷株式会社でストライキが起こり、中野はその支援に赴いているから、詩の秘密会議もそのときの経験をもとにしているのかもしれない。

すでに治安維持法も制定された時期のこととて、緊張感の漂う詩だ。が、詩人は緊張を解きほぐすように、個別具体の事物に即し、場面を客観的に、くっきり浮かび上がらせる。「コードに吊るされたおしめ」「すすけた裸の電球」「セルロイドのおもちゃ」「貸ぶとん」「蚤」……労働争議とは直接に結びつくことのない物たちだが、ことばを追ううちに争議をたたかう人びとやそれを支援する人びとの貧しくむさくるしい暮らしがそれとなく浮かび上がる。階下の夫婦は自分たちの政治思想と政治行動を理解して部屋を貸してくれている点で、詩人にとって信頼の置ける人たちだが、その信頼感がおしめや裸電球やセルロイドのおもちゃへの慈しみとなり、物たちにわずかな温もりの感じられるのがこの詩の清々しさだ。政治的な事柄を主題とする詩でありながら詩に透明な抒情性が汲みとれるのは、物につきまとう暮らしの影を愛情と敬意をもって詩に表現しようとする中野の姿勢によるところが大きいと思う。

共にたたかう六人の青年についても詩人は多くを語らない。行為としては仕事、相談、眠る、引っ越す、という四つのことばしか費やさない。共通する政治思想や政治信条がそれとして語られることもない。その意味では政治的に寡黙な政治詩だ。

では、中野はなにを表現しようとしたのか。

すぐ前にわたしは階下の夫婦にたいする詩人の信頼感をいったが、赤ん坊は別として、六人の青年と階下の夫婦に自分の抱いていた信頼感、そして、その六人と夫婦が自分に感じていてくれそうな信頼感、それこそが中野のどうしても表現したかったものではなかろうか。

信頼感はありきたりの共同行動のあいまに、あるいは激したことばのやりとりや穏やかな微笑の交換のうちに、ふと心をかすめるものだが、それ自体をことばにするのはむずかしい。声高に表現することはできない。相手との意思疎通がなければ懐きようのないものだから、自他の心に明るさが保たれていなければならない。厳しい思想弾圧体制が敷かれている状況の下では、仲間のなかに名も知らぬ人、素姓を知らぬ人も入りこんでこようが、そうした異例のつながりのなかでどう信頼感が育《はぐく》まれるのか。

信頼感の生まれる道筋を明らかにするのは若い中野の手に余ることだったかもしれない。が、通例・異例を問わず、人と人とのあいだに通う信頼感の瑞々しさを受けとめる感受性は中野にはたしかにあった。のみならず、その瑞々しさを詩のことばに表現する文学的感性もかれには備わっていた。おしめや裸電球やセルロイドのおもちゃや、さらに貸ぶとんや蚤までが、いうならば信頼感の隠喩として詩中に置かれていることがその証《あか》しだ。人のつながりの純朴さとゆたかさが、なんの変哲もない日常の品々に気持ちの安らぎをまといつかせる。中野にとってそれはなにものにも替えがたい経験だったにちがいない。その経験なくしては、「僕は君らにさよならをいう」という卓抜な表現は生まれようがなかった。

その行のあと、詩人は、やや遠い未来に光を求めるように「花を咲かせるために」と書きつける。「花」とは無造作ともぎこちないとも取れることばだが、自分たちの作り出そうとする新しい社会のイメージがそこにこめられているのはたしかだ。そして、その「花」を多少とも肉づけしようとして、「僕らの花」「下の夫婦の花」「下の赤ん坊の花」という三行が置かれる。

いかにも中野らしい三行だ。

体制の根本的変革をめざす社会運動は未来に向かって大きくイメージをふくらませる。「僕らの花」の「僕ら」が主として貸ぶとんに眠る六人の青年を指すのなら、「僕らの花」は若き活動家たちの夢や願望に大きくふくらんだ政治的展望を意味することも十分に考えられる。が、そのあとに「下の夫婦の花」と続き、さらに「下の赤ん坊の花」と続くとなると、未来には遠大な政治的展望とはちがうなにかが見えてくる。

下の夫婦はたぶん政治的活動家ではないだろう。まして、赤ん坊はそうではない。が、未来に咲くべき花は夫婦の花でもあるし、赤ん坊の花でもある。詩人はそう歌っている。そして、夫婦や赤ん坊にかかわるとなれば、詩の流れからして花はおしめや裸電球やセルロイドのおもちゃにかかわることになろう。それが運動の渦中にある若い中野の、未来についてのイメージだった。マルクスやレーニンの著作を熱心に学び、同時代の詩や文学にも強く引かれていた中野のこととて、思い浮かべる未来の花は観念的な政治思想や文学的美意識に彩《いろど》られていたのでもあろうが、それが現実から離脱した別個の世界をなすことはなく、花は日常のさまざまな雑物・雑品をふくんで咲く花だった。そうでなければ中野は社会運動に身を投じることはなかったかもしれないし、投じたとしても途中で引き返してきたかもしれないと思う。日常を生きる無名の人びとと、その人びとの日々の生活を大切に思う気持ちは、中野にあってそれほどに深かったのだ。

＊

次に取り上げるのは、右の詩の数ヵ月後に同じく同人誌「驢馬」に発表された詩である。全文を引用する。

歌

おまえは歌うな
おまえは赤ままの花やとんぼの羽根を歌うな
風のささやきや女の髪の毛の匂いを歌うな

すべてのひよわなもの
すべてのうそうそとしたもの
すべてのものうげなものを撥《はじ》き去れ
すべての風情《ふぜい》を擯斥《ひんせき》せよ
もっぱら正直のところを
腹の足しになるところを
胸さきを突きあげてくるぎりぎりのところを歌え
たたかれることによって弾《は》ねかえる歌を
恥辱《ちじょく》の底から勇気を汲みくる歌を
それらの歌々を
咽喉をふくらまして厳しい韻律に歌いあげよ
それらの歌々を
行く行く人びとの胸郭にたたきこめ

（同右、七四―七五ページ）

中野が大学生のときに書いたこの詩を、三十数年後に大学生となったわたしが読んで襟《えり》を正すような思いをさせられたことをよく憶えている。若かったことと政治の季節を政治的に生きようとしていたことが共鳴板になっていた、といまにして思う。

そのときも、「赤ままの花」「とんぼの羽根」「風のささやき」「女の髪の毛の匂い」を禁止の対象とすることは詩の表現として厳しすぎるとの思いがなくはなかったが、「おまえは歌うな」と切り出し、「おまえは赤ままの花やとんぼの羽根を歌うな」と畳みかけてくる詩のリズムに潔《いさぎよ》さを感じ、政治にかかわる自分の中途半端な姿勢が反省されもしたのだった。

中野は詩においても小説においても評論においても、道義もしくは倫理の声に静かに耳傾ける知性の人としてあらわれるのだが、この詩のように倫理観があからさまに表明されるのは珍しい。歌ってはならないものと歌うべきものとが明快に区別され、一方がきっぱりと禁止され他方が文句なく推奨される表現のよどみのなさからして、確固たる命令形は、詩人すべてに、というより詩人が自分個人に向けた自戒と取るのが自然ではあろう。が、それにしても、くもりのないこの峻厳な二分法は文学表現として異とするに足る。若い詩人の心に政治的な情熱がそれほど大きくせり上がってきていたということだろうか。情熱の純粋さ、穢《けが》れのなさは分かる。が、倫理熱が高まることは政治の世界をゆたかにするゆえんではなく、そういう人間の存在は政治集団においても人と人とのつながりを窮屈にするものではなかったろうか。自分が大学生だった遠い過去においても、それから五〇年以上を経過した現在も、詩の割り切りのよさをいかにも中野らしいと感じつつ、それはしかし中野の一面であってすべてではないと考えるわたしは、それとは別の一面のあらわれた詩として、たとえば、この詩の一年半前に書かれた「たんぼの女」を横に並べておきたいと思う。

稲刈りのあとであろうか。田舎道を歩いていた作者とおぼしき大学生がたんぼでくつろぐ三人の遊女と顔を合わせる。その遊女たちとの束の間の心の交流を描いた詩の第一連七行を、左に引く。

そうです
なんというおだやかな日和でしょう
空はすっかり晴れあがって黒いつぐみが渡ってくる
そしてたんぼに　稲の刈株《かりかぶ》にはひこばえが生じ
そこにあなた方は坐っている
あなた方は三人　ちいさなむしろの上で話をしている
そして通りすがりの私にむかっていかにもなつかしげに言葉をかけてくる。

（同右、二八ページ）

晴れあがった空につぐみが飛び、稲の刈られた田んぼには三人の遊女がむしろの上に坐って談笑している。ゆったりと時間の流れるのんびりとした田園風景だ。女たちに声をかけられて作者も半ばその風景に引きこまれている。

詩「歌」の二分法に従えば、「たんぼの女」の情景は「歌うな」といわれた「ひよわなもの」「ものうげなもの」に属するものと考えるほかはなかろう。かつて中野はそういう情景を心にこめて歌っていたのだ。

二人の中野がいるといってもいいが、この二人は簡単に切り離せるものではない。若き詩の表現者であれば、なおさらのことだ。短歌の伝統と切っても切れぬ関係にある日本の近代詩は、一編一編の詩が単一の情緒や意志の表出となる傾向が強く、となると同じ作者の詩が作者のうちにある別の心事を映し出すことはけっして珍しいことではない。中野自身、「たんぼの女」を書くときと「歌」を書くときのおのれの情緒と意志のちがいを自覚した上で、それぞれの情緒と意志にふさわしいことばを選び詩を組み立てていったにちがいない。二つの情緒と意志は、詩の形を取ってあらわれたかぎりでは、そこに大きなちがいがあるように見えても、そのいずれもが詩人の内面から生まれ出たものであることに変わりはないのだ。

自分で自分を叱咤激励するようにして社会運動に邁進する、緊張感に満ちた「歌」の政治的心情は、その後、「県知事」「帝国ホテル」「ポール・クローデル」「待ってろ極道地主めら」といった、権力者たちへの激越な怒りの詩へと受け継がれていく。感情の昂ぶりが詩としてのまとまりを壊していると思えることもある。治安維持法が制定され、官憲による反体制の思想と行動にたいする弾圧が日に日に苛烈に、緻密に、巧妙になっていった事実を反映しているのでもあろう。痛ましい。ただ、若き詩人の怒りは真率そのもので、それは非道な状況にたいするかすかな光だ。

＊

軍国主義のイデオロギーが世論としてしだいに定着し、それに力を得て官憲は二八年三月に治安維持法違反容疑で一五六八名の日本共産党員および関係者を逮捕した（三・一五事件）。さらに同年六月、緊急勅令による治安維持法の改正によって、国体変革をめざす結社の指導者には死刑または無期の刑を科すことになり、また七月には全都道府県の警察に特高課が設置され、思想弾圧体制は一段と強化された。中野個人も二八年二月には、第一回衆議院議員普通選挙に香川県で立候補した労働農民党の大山郁夫の応援に行き、高松市で逮捕されているし、三・一五事件でも検束されている。

反体制思想の取り締まりと並行して、国体護持、国威発揚、戦意昂揚の儀式も機会をとらえて盛んに行なわれた。その一つが二八年一一月一〇日に挙行された昭和天皇即位の御大典である。

権力にとってどうしても許しておけぬ不埒な、不敵な反体制思想の暴力的な弾圧と、天皇を神格化することによって万人の心を国家へ帰一させようとする忠君愛国の儀式と、——国家権力の側からやってくるこの二重の攻撃を、感情の昂ぶりを抑えるようにして、しかし目をしっかりと見開き抵抗の姿勢を崩すことなく冷静に記しとどめた中野の名編が、詩「雨の降る品川駅」である。二九年二月発行の雑誌「改造」に発表されたもので、そのときには「＊＊＊〔三字の伏字〕記念に　李北満・金浩永におくる」という副題のようなものがつけられていた。伏字は中野の記憶では「御大典」の三字だったという。初出の詩にはほかにも伏字がいくつかあるが、ここでは一九九六年刊行の『定本版　中野重治全集　第一巻』によって全文を掲げる。

辛《しん》よ　さようなら
金《きん》よ　さようなら
君らは雨の降る品川駅から乗車する

李《り》よ　さようなら
も一人の李よ　さようなら
君らは君らの父母《ちちはは》の国にかえる

君らの国の川はさむい冬に凍る
君らの叛逆する心はわかれの一瞬に凍る

海は夕ぐれのなかに海鳴りの声をたかめる
鳩は雨にぬれて車庫の屋根からまいおりる

君らは雨にぬれて君らを追う日本天皇を思い出す
君らは雨にぬれて　髭　眼鏡　猫背の彼を思い出す

ふりしぶく雨のなかに緑のシグナルはあがる
ふりしぶく雨のなかに君らの瞳はとがる

雨は敷石にそそぎ暗い海面におちかかる
雨は君らの熱い頬にきえる

君らのくろい影は改札口をよぎる
君らの白いモスソは歩廊の闇にひるがえる

シグナルは色をかえる
君らは乗りこむ

君らは出発する
君らは去る

さようなら　辛
さようなら　金
さようなら　李

さようなら　女の李
行ってあのかたい　厚い　なめらかな氷をたたきわれ
ながく堰《せ》かれていた水をしてほとばしらしめよ
日本プロレタリアートのうしろ盾まえ盾
さようなら
報復の歓喜に泣きわらう日まで
（『定本版　中野重治全集　第一巻』筑摩書房、一九九六年、一一三―一一五ページ）

御大典――昭和天皇即位の儀式――は、権力側にとって、不測の事態の発生など絶対に許されぬ国家の大行事だ。警備当局はかねてから社会主義運動、無産者運動、労働運動、農民運動、水平運動、朝鮮人運動などに目を光らせ、要注意人物は容赦なく検束した。詩の献辞にある李北満と金浩永はともに日本における朝鮮人芸術運動・労働運動の中心メンバーで、御大典を前に朝鮮に強制送還されたのだった。

もう会えぬかもしれぬ朝鮮の友人たちとの別れに際して、詩人は沸き上がる万感の思いをごくわずかなことばで表現している。詩の文言からすると、別れゆく朝鮮人たちとやや離れた位置に詩人は立っているようだが、近づこうにも近づけなかったのか、あえて距離を取って立っていたのか。

別れの切なさと悔しさに耐えて立ちつくす詩人の目は、詩の一行ごとに場所を移す。第三連「君らの国の川はさむい冬に凍る／君らの叛逆する心はわかれの一瞬に凍る」では、遠い朝鮮の川から目の前の仲間へと移動し、とともに心の目は被植民地国の寒々とした状況から闘う同志の悲しい離別の情へと移動する。第四連「海は夕ぐれのなかに海鳴りの声をたかめる／鳩は雨にぬれて車庫の屋根からまいおりる」では、日本列島と朝鮮半島のあいだに横たわる海からすぐ目の前の駅舎の鳩へ。無心の海の海鳴りと無心の鳩の降下するすがたに、別れゆく人びとの湿った心がかぶさっていくようだ。そして、一連（二行）飛んで第六連「ふりしぶく雨のなかに緑のシグナルはあがる／ふりしぶく雨のなかに君らの瞳はとがる」では、上一〇字で同じことばがくりかえされたあとに、対象がシグナルから君らの瞳へと移動し、「あがる」と「とがる」という鋭利な動きを示す動詞の鮮やかな対比をもって二行がおさめられる。

二行に表現されるものは、ふりしぶく雨、緑のシグナル、君らの瞳、の三つだが、選びぬかれた三つの対象が時代状況の厳しさと状況に抵抗する人びとの困難を、外界の情景として、また内面の主体的意志のあらわれとして、象徴的に表現している。世界と張り合い、時代と張り合う詩人は目と心を研《と》ぎすましてし歴史の真実にせまろうとする。その目と心がとらえたのがふりしぶく雨であり、緑のシグナルであり、君らの瞳だったのだ。

さて、わたしの飛ばした第五連二行は、ざらりとした不快感を読む者に突きつける詩行だ。「君らは雨にぬれて君らを追う日本天皇を思い出す／君らは雨にぬれて　髭《ひげ》　眼鏡《めがね》　猫背《ねこぜ》の彼を思い出す」――神聖な存在のごとくに装《よそお》って国家儀式に登場する日本天皇を、権力の最上段にある実在の人物として見すえ、その人物像を個別・具体のすがたにおいて造形しようとする一連行だ。朝鮮人の思い出という形を取ってその人物像が造形されていることが印象的だ。被植民地たる朝鮮の人びとの目に浮かぶ髭、眼鏡、猫背の人物像こそが、権力者たる日本天皇の個別・具体の真のすがただと詩人は考えたのだろうか。

いずれにせよ、日本天皇の人物像を髭と眼鏡と猫背という具体物によって造形することは、鋭い批評性につらぬかれた卓抜な詩的表現法だった。神聖さを装った拝跪《はいき》すべき対象として提示される日本天皇と、髭、眼鏡、猫背を特徴とする具体的な人物像とは、天皇制の擁立者にとっても批判者にとっても、滑稽なまでにそぐわなさの残る二つの像だ。が、そぐわない二つの像が詩的表現として目の前に並べられると、そのそぐわなさが天皇制の本質とつながるように思えてくる。卓抜な詩的表現たるゆえんだ。ことばの紡ぎ出すイメージにたいする鋭敏・繊細な感受性と、そぐわなさに踏みこんで考えぬこうとする中野なればこそ想到しえた対比表現だと思える。

日本人にそぐわなさの残る神聖な権威・権力の像と髭・眼鏡・猫背の具体像の二つは、では朝鮮人の目にはどう映るのか。問うわたしに明確な答えはないが、中野には明確な答えが用意できていたのかどうか。一九一〇年の韓国併合により韓国の全統治権が日本国皇帝陛下のもとに置かれたことからすれば、神聖な権力者像と個別・具体の像はグロテスクなまでに背反するとも考えられるが、実際はどうだったのか。

いえるのは、朝鮮人にも当然ある天皇像の矛盾に思いを凝らすことで中野が異国の仲間に歩みより、友情を深めようとしていることだ。社会変革をめざす運動に尽力する自分たちが日々天皇制ファシズムの重圧を感じ、朝鮮人の仲間がそれに輪をかけるような重圧にあえぎながら生きているとき、権力の中枢に位置する天皇のイメージを掘り下げていくことは、たたかう者の連帯に必須の作業だと中野には思われたのだ。

改めていえば、「雨の降る品川駅」には異国の同志への連帯感と友情が終始、静かに響いている。書き出しの二行「辛《しん》よ　さようなら／金《きん》よ　さようなら」の訣別の辞にすでに連帯感と友情を予感させるものがあり、第二連の二行「李《り》よ　さようなら／も一人の李よ　さようなら」で、詩人が植民地化された祖国へ強制送還される仲間の一人一人を個としてとらえ、個として大切にし、個として記憶に刻もうとしていることが思われる。

同じような別れのことばが最終連の一つ手前で、別辞と人名を上下入れかえて四行で再登場する。「さようなら　辛／さようなら　金／さようなら　李／さようなら　女の李」と。も一人の李が女性であることが日朝の集団に新鮮さと広がりを添えるように思える。国家や民族を超えた人のつながりが、個を個としてとらえ、個として大切に思う連帯感や友情に支えられていることが「雨の降る品川駅」に人間的なゆたかさと美しさをあたえていることはぜひ言っておかねばならないと思う。

いまの四行の前に来るのが、詩のなかで一番短い連「君らは出発する／君らは去る」という二行だ。「出発する」と「去る」とのあいだにはやはりニュアンスのちがいが感じられる。「出発する」がなにかに立ちむかう姿勢であるのにたいして、「去る」にはさびしさが漂うというちがいだ。中野は日本を追われる異国の仲間に積極的な抵抗の姿勢とどうしようもないさびしさをともども見てとり、感じとり、それを歴史の事実として書きとどめたかったのではなかろうか。この短い二行にも異国の仲間にたいする詩人の連帯感と友情が滲《にじ》み出ている。

権力の非道と横暴にたいする憤《いきどお》りを抑えるようにして簡潔に冷静につづられた別れの詩に、友情のこまやかさがつい露出する。抒情味ゆたかな表現の流れからすると、最終連五行は政治性が強すぎるとの印象を拭いがたい。一方しかし、辛や金や李やもう一人の李と中野との友情が政治思想の共有の上になりたつものであることも厳然たる事実だ。詩の最後でそのことを確認するのは過去の友情を未来へとつなげる上で欠くべからざる思想行為であり、表現行為であったろう。

日本近代史上、類を見ないほどの思想弾圧体制のもとで叙景と抒情の融合したこれだけ瑞々しい世界を表現しえた詩人の、文学的力量の大きさと、文学を生きる志の高さを思わないではいられない。

2　戦時下の作品——小説『村の家』、小説『空想家とシナリオ』

一九三一年九月の柳条湖事件をきっかけに日本の軍事的侵略の姿勢が内外に明らかになるとともに、天皇制ファシズムに反対する国内勢力への権力の弾圧はいよいよ苛烈なものとなった。三〇年に治安維持法違反容疑で逮捕・起訴され、同年一二月に保釈出所していた中野は、三二年に日本プロレタリア文化連盟（コップ）にたいする弾圧で逮捕され、保釈を取り消された。以後三四年五月まで獄中にあったが、その期間中に小林多喜二が官憲の拷問によって殺されたこと、共産主義運動の指導者たちのあいだにいわゆる「転向」が生じ、検事局がそれを利用・発展させつつあることを知った。

指導者の「転向」のあとには、中堅の活動家や下部の活動家の転向が相ついで起こった。天皇制ファシズム下の転向は、とくに、「治安維持法にもとづく官権の弾圧によって共産主義者、社会主義者などがその思想を放棄すること」といったふうに定義されるが、ことが個々人の思想信条と生きかたにかかわる以上、一口に転向といってもそのありかたは人によって大きな、また微妙なちがいがあった。

中野重治は自他ともに認める転向者の一人だった。獄中にあった三四年五月、東京控訴院の法廷で、共産党員であったことを認め、共産主義運動から身を退《ひ》くことを約束し、懲役二年執行猶予五年の判決を受けて豊多摩刑務所から出所したこと——それが転向と目される事実だった。

ただ、思想を軸として考えると、中野は転向者とはいいにくい。共産主義思想を捨ててほかの思想に——たとえば忠君愛国思想に、あるいは軍国主義思想に、あるいは家族主義思想に——転じたのではないからだ。理論（思想）と実践の結合・統一を重要な課題とする共産主義思想にとってそれまで共産党員として活動していた人物が法廷で「運動から身を退《ひ》くことを約束」するのは当時の状況からして転向と見なされる可能性は高く、中野自身、そのことを十分承知の上での法廷発言だったが、出所後の中野の動きを見ると、まわりから転向者と見られるなかで自分の思想信条をどう立て直し、どう修正し、どう持続するかはかれがなにより切実な問題としてみずからに問わねばならぬものだった。そして、出所の一年後に発表された小説『村の家』は、その問題を正面に見すえて書かれた作品だった。

作者とおぼしき人物（名は勉次）が故郷の実家に帰り、夏のこととてふんどし一つで翻訳の筆を進めているところから話は始まる。畳敷きの土蔵で仕事をしていた勉次が単衣《ひとえ》ものを着直して母屋に行くと、家じゅうあけっぱなしでだれもいない。板の間の真っ黒な竹組み天井からは煤《すす》だらけの太鼓が下がり、真っ黒な框《かまち》には沢瀉紋《おもだかもん》のちょうちん箱が掛かり、紅殻《ベンガラ》ぬりの中柱には古ぼけた柱時計が掛かっている。勉次の実家は自作農で小地主を兼ね、父・孫蔵は農作業のかたわら生命保険の村代理店をしている。

やがて、あけっぱなしの玄関から近所の農家の田口が「おとっつぁんいならんのかア」と言って入ってくる。孫蔵と組んで保険の村代理店をしている男だ。孫蔵の奔走《ほんそう》で首尾よく多額の保険金をもらうことのできた加入者が、謹厳な孫蔵を敬遠して気さくで剽軽《ひょうきん》な田口にお礼の金を渡したのを、本来の受取人に手渡そうともってきたというわけだ。

孫蔵はどこへ行ったのか帰ってこないが、いないあいだに孫蔵の性格が村でのふるまいにからめて簡単に紹介される。以下に要点のみを抜萃・引用する。

孫蔵は正直もので通っている。それも百姓風な頑固ものではない。ながくあちこち小役人生活をして、地位も金も出来なかったかわりには二人の息子を大学に入れた。先代〔孫蔵の義父〕の太兵衛はわけもわかるかわり名うての頑固ものだったが、孫蔵のほうは十七、八貫もあるからだで口喧嘩ひとつしたことがない。……長男の耕太が、大学を出て一年たたずに死んだときも孫蔵は愚痴ひとつこぼさなかった。どこかに火事でもあれば、一里半や二里のところは真夜中でも草鞋《わらじ》ばきで見舞いに出かける。代々酒のみの家《うち》で、孫蔵も酒量ではひけを取らなかったが、声が大きくなるくらいで乱れたことはない。……ながい腰弁生活〔役所勤め〕のうちに高くないながらおとなしい教養を取りいれて、妻のクマがすっかり元の百姓女に返ったのちも、子供たちの世界に遠慮がちな理解を持っている。

（『定本版　中野重治全集　第二巻』筑摩書房、一九九六年、六五—六六ページ）

右の文は、孫蔵がいまだ登場しないときの記述だから、人物像がやや遠くにあると感じられるが、以下の孫蔵の風貌描写は孫蔵、クマ、勉次の親子三人が晩めしを食っている場面での間近な記述だ。

大きな五分刈りの頭、額の太い横皺と太い眉のあいだの縦皺、高くて長い鼻、馬のような大きな二重瞼《ふたえまぶた》の眼、眼尻のいくつにもわかれて重なった皺、大きなくちびる、盛りあがった顎、おとがい、どこもかしこも立派で大きい。首の皮膚には縦のたるみがあって、それが大きな肩へ続く。はだけた胸も、手も、顔も、渋紙いろに焼けている。ただ足のふくらはぎが白い。大きな耳の横でびんの毛が白く光っている。口ひげはごま塩だ。ときどきからだをゆする。

（同右、七〇ページ）

孫蔵についてのこの記述は、孫蔵といっしょに食卓を囲んでいる勉次の目に映った父親の風貌の記述とも、作者・中野による第三者的な記述とも取れる。同じことが一つ前の、孫蔵の、目配りのよくきいた知的なふるまいの記述についてもいえる。

そうなるのは作中人物の勉次と作者・中野とがきわめて近い位置にあるからだ。すでにいったように、中野はこの小説では自分の転向の問題に正面から取り組もうとしていて、かりに小説の形でそれを問うとしても、問題を虚構化することには慎重の上にも慎重でなければならないと考えていたようなのだ。しかも、問題の核心には、中野の転向にたいする父のとらえかたと中野自身のとらえかたとのちがいが容易に埋めがたい裂け目として横たわっていて、そこはどうあっても冷静に、リアルに見つめられねばならなかった。それが作者・中野の覚悟であって、となれば、その覚悟は作中人物の勉次にも共有されねばならなかった。

さきの二つの引用文には、中野のすぐれた観察眼と細部に行きとどく筆力とともに、思想の対立と矛盾を、人間と人間との生活全体を賭けたたたかいとして考えぬこうとする緊張した姿勢がうかがわれると思う。

とはいえ、孫蔵はただの一個人として勉次の前に立っているのではない。穏やかで実直な人柄ゆえに村の人びとに敬愛され、また、自分の子どもたちの世界にもそれなりの理解をもつといわれるような、六十数年に及ぶ村での生活、役人生活、家庭生活を背負う、成熟した生活者として勉次の前に立っている。そして勉次は——また作者の中野も——社会とゆたかな関係を保ち、村の人びとの信頼を得ている孫蔵を相手としておのれの転向の問題を考えようとしている。

小説では、親子三人の夕食の場面から話が五年前に飛ぶ。勉次が結婚し、やがて逮捕された頃のことだ。孫蔵は老衰を感じつつなんとかいつも通りの暮らしを心がけていたが、二年後に勉次がまた逮捕され、さらに次女のトミとトミの赤ん坊が続けて死んだときは、妻のクマが半狂乱になり、その世話で孫蔵は疲労困憊《こんぱい》した。

その後、孫蔵は元気を回復し、獄中の勉次に手紙を書き、田舎の農事の具合や家の暮らしのありさまを伝えたりした。勉次に保釈の可能性が出てきたときには、孫蔵は公判廷に傍聴に行き、保釈願を書きもした。

逮捕から二年間の獄中生活を経て、勉次は保釈を認められ刑務所を出所する。出所後しばらくは妻タミノの居候している女友達のアパートで暮らすが、部屋の狭さと蒸し暑さに耐えかねて、大森に住む友人宅に移る。

別に用事があって上京した孫蔵が、勉次に会いに来る。そして、自分といっしょに田舎に帰るようにと言う。親類の人たちも心配しているし、暑い東京よりも過ごしやすかろう、家の話もいろいろあるし、と言って。勉次はどうしたものかと迷うが、結局、いっしょに帰省することに決める。そうやって話がいまにつながる。

帰省して何日か経って、孫蔵がそばにいたクマに席を外すように強く命じ、勉次と二人、徳利をあいだに置いて差し向かいで話をする場を設ける。勉次はいよいよ来たなとの思いで緊張して対面する。

向かい合って酒を飲みながらの親子の時間は父・孫蔵が息子・勉次の政治活動、逮捕、転向にまつわるあれやこれやを一方的に話すという形で進む。これまで出てきた孫蔵一家の話や村の話も混じるが、それらも孫蔵が事態をどう受けとめ、どう対処したかという視点から語り直される。

話は勉次の妹トミの出産、赤ん坊の死、トミの死に始まり、そこから勉次の逮捕へと続く。勉次逮捕の話を聞いたクマのショックとそのあとのごたごたはこう語られる。

「……〔クマは〕村の衆に恥かしいというて外へ出たがらんのじゃ。外へ出たがらんたって、百姓の仕事ア外へ出にゃできん。恥かしいこっちゃないっちゅうことを話してもわからん。頭からわかろうとせんのじゃから手がつけられん。それで妙なもんで、わかることもあるんじゃね。それが一ぺんわかってもすぐけろっと忘れてしまうんじゃ。そうしておとっつぁんの教育の仕方が悪いからだというんじゃろがいねして。」孫蔵は〔酒を〕がぶっとあおって、乾《ほ》してある勉次についだ、「うらの教育方針は決して悪うない。いい悪いは知らんがまちごうてはいぬつもりなんじゃ。」

（同右、八二―八三ページ）

孫蔵の話しぶりには、思っていることをきちんと相手に伝えようとする知的明晰さと、さまざまな困難に遭遇しつつ棟梁として一家を支えてきた自負の念が底流している。いまの引用でも、クマにたいする怨みつらみは並一通りではないと想像されるが、それを抑えるだけの自制心が備わっている。

引用文中の「教育方針」とのつながりで孫蔵は長男・耕太の結婚と死の話や、勉次の落第の話を取り上げ、さらには家の資産の問題へと話題が広がっていく。娘の嫁入り、トミの病気、家を出たツネへの仕送りなどで借金がふえ、勉次の訴訟で上京するにもあちこちから借金して旅費を工面しなければならなかった、という。

そういう話の流れのなかで、それらをしめくくる最後の話題として「転向」が出てくる。これまで感情を抑えて冷静に話してきた孫蔵が、ここに来て語気を強めて勉次にせまってくる。


「転向と聞いたときにゃ、おっかさんでも尻もちついて仰天したんじゃ。すべて遊びじゃがいして。遊戯《ゆうぎ》じゃや。屁《へ》をひったも同然じゃないかいして。……いままで何を書いてよが帳消しじゃろがいして。……おまえがつかまったと聞いたときにゃ、おとっつぁんらは、死んでくるものとしていっさい処理してきた。小塚原《こづかっぱら》〔刑場〕で骨《こつ》になって帰るものと思て万事やってきたんじゃ……」

孫蔵は咳払いをして飲んだ。勉次も機械的になめた。

「いったいどうしるつもりか。」孫蔵はしばらくして続けた、「つまりじゃ、これから何をしるんか。」

「…………」

「おとっつぁんは、そういう文筆なんぞは捨てるべきじゃと思うんじゃ。」

（同右、八七ページ）

勉次の理想とする共産主義思想の内実を問おうとする気は、孫蔵にはない。共産主義運動から身を退《ひ》くという形で信奉する思想から離れた勉次が以後どうその思想とかかわるか、孫蔵はそこを問うている。そして、苦労を重ねて生きてきた長い人生経験を踏まえて、転向したからには文筆を捨てるべきだ、それこそが思想を生き甲斐としたものの取るべき道ではないか、というのだ。

筆を断つことを強く求められて勉次は考えこむ。考えが錯綜する。錯綜のなかから答えを見つけ出していく過程は、以下のように述べられる。

勉次は決められなかった。ただ彼は、いま筆を捨てたらほんとうに最後だと思った。彼はその考えが論理的に説明されうると思ったが、自分で父にたいしてすることはできないと感じた。彼は一方である罠《わな》のようなものを感じた。彼はそれを感じることを恥じた。それは自分に恥を感じていない証拠のような気もした。しかし彼は、何か感じた場合、それをそのものとして解かずに他のもので押し流すことは決してしまいと思った。……彼は、自分が気質的に、他人に説明してもわからぬような破廉恥漢なのだろうかという、漠然とした、うつけた淋しさを感じたが、やはり答えた、「よくわかりますが、やはり書いて行きたいと思います。」

「そうかい……」

孫蔵は言葉に詰ったと見えるほどの侮蔑の調子でいった。彼らはしばらく黙っていた。勉次は自分の答えは正しいと思った。しかしそれはそれきりの正しさで、正しくなるかならぬかはそれから先きのことだと感じた。彼は何の自信もなかった。彼は多少の酔いを感じ、ふぬけのように労《つか》れた。

「ふうむ……」

孫蔵は非常に興ざめた顔をして大きな眼を瞼《まぶた》の奥の方へすっこましていた。

（同右、八九ページ）


勉次の苦渋と逡巡は筆を断つか断たないかの選択に迷うところから来るのではなかった。「転向」後、すでに中野はいくつかの評論や小説を書いていて、それらはそれなりの覚悟と方向性をもって書かれたものだったから、孫蔵と話す勉次にその点の迷いはなかった。苦渋と逡巡は自分の選択が父に理解してもらえるかどうか、理解してもらうにはどう話したらいいか、にかかわっていた。父は思想に生きる人でも文筆に生きる人でもなかったが、勉次は——そして、中野も——思想と文筆に賭ける自分の思いを父に理解してもらいたかった。理解してほしいと思うほどに父に敬愛の念を抱いていたのだ。

孫蔵と勉次の長い対話場面の前に、村のようすや家のようすが丁寧に記されるのも、小説の世界に人びとの生きる息吹をあたえたいという思いとともに、一家の棟梁としての父を風格のある人物として造形したいという思いがそこにこめられていた。過去から現在へと続く勉次の政治的な行動と思想をめぐっては、勉次と孫蔵はいうならば好敵手の位置にあるが、勉次は——そして、中野も——敵を敵なるがゆえに低く小さく見ることはまったくなかった。敬愛する父親に自分の思いを理解してもらいたいという思いは、もの分かれに終わった二人きりの対話のあとにも変わらずにあり、その思いが『村の家』を書く大きな動因の一つであったように思える。

だとすれば、中野が「転向」後になおも書きつづける作品は、孫蔵の暮らしてきた村や家の奥深さに対峙しうるだけの思想性と文学性をもたねばならなかった。

*

中野重治『空想家とシナリオ』

『空想家とシナリオ』は『村の家』の四年後の三九年に雑誌「文芸」の八—一一月号に連載された。

それまでも中野はいくつかの評論や小説を書いてはいたが、官憲による検閲は厳しく、不適切と判断された箇所は伏字になったり削除されたりして自由な執筆からはほど遠かった。加えて、三六年には思想犯保護観察法が施行され敗戦まで保護観察処分を受けることになるし、三七年には宮本百合子、戸坂潤などとともに一年間の執筆禁止の措置を受けた。

中野は厳しい監視体制のもとでも書く意志を燃やしつづけたが、苛酷にして陰湿な官憲の弾圧のもと、みずからの志を曲がりなりにも表明しつづけていくことは容易ではなかった。当時の作に『小説の書けぬ小説家』という短編小説があるが、題名が作家・中野の苦しい位置をよく示している。書けないことを書く、といったねじれた関係が書くことと中野とのあいだにはあり、それを自覚しつつ中野は書きつづけねばならなかった。痛ましい境遇というほかないが、筆を断つことを拒否した作家にとっては、そういう境遇でも書きつづけることが抵抗の意志の証《あか》しだった。

『空想家とシナリオ』もなにをどう書くか焦点が定まらないまま、取りあえず身辺雑記ふうに目についたこと、思いついたことを書きつらねるところから始まる小説である。

車善六という東京の一区役所の戸籍係に勤める男が主人公だが、その男の家柄と性格と仕事について簡単な紹介がなされたあと、区役所にやってきた西洋人の若い女のことが語られ、それとの関連でだいぶ前に窓口にきた日本語のうまい白系ロシア人の男に話が移り、そこでいったん話題がとぎれる。西洋人二人の話はそのあとはもう出てこない。

次には、仕事を終えた善六の帰宅のようすが記される。

路面電車の駅まで若い西洋人女性の境遇をあれこれ空想しながら歩いた善六は、こみ合う電車のなかで右足の親指をぎりっと踏まれる。踏んだ男はうしろを向いて自分の踵《かかと》のあたりを見たが、踏んだことは分かっているはずなのに謝りはしない。しばらく車中にいたが、途中、ポケットからハンカチを出して額を拭きはじめたものの、謝ることはなく何駅か目に降りていった。その次の駅でもう一つ小さな事件が起こる。降りようとする中年の婦人が床に置いたかばんを一つだけもって外に出ようとして、残りの二つに気づき、あわてて「それを!」と叫んだのだ。近くにいた善六が二つを手に取って渡すと、婦人は礼もいわないで三つを並べてプラットホームに置き、やがて連れの婦人とともに行ってしまった。車中の男と婦人もそれっきりで、あとの話には出てこない。

善六は自宅の近くの駅で電車を降り家まで歩く。途中に表具屋があって、そこのかみさんを善六は界隈《かいわい》随一の美人だと思い、前を通るのを楽しみにしているが、今日は別の屋敷町のほうを通って帰ることにした。立派な家々を見て歩くうちに未来の自分の家が空想され、家を詠んだ石川啄木やゲーテの詩が頭に浮かぶ。

家に帰ると、田舎から電報が来ている。父が重態だというのだ。すぐにも帰省しなければならない。交通費をどうするか。父が死んだ場合、葬式の費用をどうするか。お金の話が、空想家の善六の頭のなかで、しばらく前に友人の編集者から提案されていた、映画のシナリオを書く話といきなり結びつく。「よし、シナリオを書こう」と。

善六は文学青年で、区役所に勤めるあいまに原稿を書いて金を稼いではいるが、映画にさほど興味はもたず、シナリオを書いたことなどない。だから、シナリオを書くというのも身辺雑記ふうの思いつきといえなくはないが、この思いつきはこれきりで終わらない。思いつきに内実があたえられ、以後、ふしぎな展開がなされる。

善六が構想するのは「本と人生」と題する教育映画ふうのシナリオだ。イリーンの『書物、その起りと発達との歴史』や、博物学者ファーブルの、本を作るには考えて書く仕事と印刷する仕事との二つがある、といった考えが善六の頭に浮かぶ。イリーンやファーブルの名が挙がったとなると、洋の東西における文化のちがいに目が行き、具体例に即して西洋のおとぎ話と日本のおとぎ話の構成上の性格のちがいが分析される。映画の話にしても、たとえば女優の微笑と普通の人の日常の微笑とのちがいが掘り下げられ、そこには中野の観察眼の鋭さと表現の的確さとこまやかさが見事に生きている。

映画会社から金を借りることができて善六は田舎行きの汽車に乗る。車中でも善六は夢と現《うつつ》の境界線のようなところでシナリオ「本と人生」のことを考える。本も人生も中野が長く考えつづけてきた主題だ。思想犯として当局の監視下にあるいまは、本や人生が政治に相わたることには十分な警戒が必要だが、空想ならば格段に自由度が増す。しかも、本や人生が主題だとなれば、空想の連なりにも本と人生の歴史的・社会的な意味をこめることができ、空想が生気を帯び、まとまりのあるものになる。車中のうつらうつらのなかでの思いは、本の素材たる紙の製造過程に始まって、活字の製造過程、印刷の過程、製本の過程と進み、さらには、できた本がどう読まれるかと考えるところへと進む。次の一節など、空想とも構想ともつかぬ思考を重ねるなかで、作者がしだいに興に乗ってきたことが読者に伝わってくる。

字引を繰る中学生は、それの校正がどんなに困難で、字引の著者自身でさえRとLを間違えたほどであったことには決して気がつくまい。ピアノをひく娘は、その楽譜印刷がどんなに面倒な歴史を持っているか、ジャン・ジャック・ルソーが楽譜の写しで日暮しを立てていたことさえあったことを決して想像すまい。……日向《ひなた》の縁側に腹ばいになった子供が、おじいさんを教師にして口うつしに絵本を読んでいく光景はほほ笑ましい。行燈《あんどん》に胴服を着せてこっそり勉強する金次郎さえ今となってはほほ笑ましい。しかし誰がそのとき、いまから五百年まえに活字を発明したドイツ人グーテンベルクに感謝の心を持つのだろうか。まして誰が一人、グーテンベルクの発明のおかげで、やくざな本が世界じゅういっぱいになり、人間の言葉が劣等な混乱を招いたことに気づくだろうか。ギリシャ人どもがあんなに美しい言葉を残したというのも、彼らの時代には活版印刷術がなく、……弁論が大事な政治生活であったことにもよって人と議論したり語り合ったりすることが多く、そのうちのすぐれた言葉、美しい議論、おもしろい話だけが口から口につたえられ、そのうちの優《すぐ》れたものだけが貴重な紙の上に書きとめられ、それらのうち最もすぐれたものだけが写しをとられ、それらのうち最もすぐれたものだけが今日《こんにち》まで伝わってきたためではないか。

（同右、三六五―三六六ページ）

グーテンベルクの活版印刷術が知の普及に大きく貢献したことを認めつつ、他方で、古代ギリシャには活版印刷術がなかったからこそ美しいことばが残されたというところなど、いかにも中野らしい論の運びだ。しかし、ファッショ的な思想統制下でこの道を先へと歩むことはむずかしかった。シナリオ「本と人生」は一行も書かれることなく、『空想家とシナリオ』は書けない境遇を苦々しく見つめる文章をもって終わる。

善六の生活は、追いたて追いまわされることのなかに次第に静止してくるようである。役場での彼の仕事も、ますますものを静止させて取り扱う性質を強めるようである。最近のある日には、役場の正面にある大時計の針までもがすっかり静止してしまったようである。

その後その時計は、ガラスの上に紙をはられることもなしにとまったままでそこにはめこまれている。そして善六の頭のなかで、ほんのときどき、一行も書かれていないうす青い罫《けい》の例の大きな帳面の紙がぱらりとめくられるのである。

（同右、三九三ページ）

夢と現《うつつ》の境界線上をたゆたう、多少とも生気のある空想ないし構想の基底にあるのは、砂を噛むような、停滞した生活だった。「撃ちてし止まん」「尽忠報国」「一億一心」といった叫びは生きる虚しさを打ち消すための大合唱でもあった。「転向」後にも筆を断つまいと覚悟を固めた中野にとって、書くことは生きる虚しさを見つめること、見つめるなかから生きる力を探り出すことでなければならなかった。シナリオ「本と人生」の空想と構想のあわいに生き、そこになにがしかの慰めを得るというのでは、なにかが決定的に足りない。書くことがおのれを見つめ社会を見つめることである以上、空想ないし構想の基底にある停滞した生活——生きる虚しさ——をこそしっかりと見つめ、表現しなければならない。『空想家とシナリオ』は小説の展開そのものがそう語っているように思われる。

3　戦後の作品――評論「冬に入る」、小説『萩のもんかきや』、小説『梨の花』

一九四五年八月一五日の敗戦とともに、九年にわたる保護観察処分は無効となり、中野は文筆面でも行動面でも格段に自由の身となった。九月に「召集」解除されて東京に帰り、一一月には日本共産党に再入党し、一二月には秋田雨雀《うじゃく》、壺井繁治《しげじ》、宮本百合子らとともに発起人となって新日本文学会を創立している。

その中野が戦後のもっとも早い時期に発表したのが評論「冬に入る」（雑誌「展望」四六年一月号）である。新聞に載った三つの文章を取り上げ、その一つ一つについて自分の感想と意見を述べた時評文だ。

敗戦後数年間は「焼け跡闇市《やみいち》」の時代といわれるほど不法な闇取引の横行した時代だった。政府は取り締まりに力を入れたが、戦中からの生活物資の不足に加えて、敗戦による公権力の失墜を目にした人びとは多くが闇取引に手を出した。闇をやらずに餓死した正直一途な大学教授・亀尾英四郎の話が珍しい例として新聞に出たりもした。

中野が最初に取り上げたのは、その大学教授を「愚者の典型」とこきおろした石川達三の文章だった。中野は亀尾氏を「闇で買うことそのことに精神的に堪えられなかった人びと」の一人ととらえ、亀尾氏を愚者の典型といっていいのか、と反問する。

亀尾氏には家族があった。わけて青年の子供があった。そして青年は、父の行き方に全部的には賛成しかねつつも、ある悲痛な憤りでこれを見送らざるをえなかったのではなかったろうか。私は想像する。そしてこのことは一般に想像できることなのではないか。私は亀尾氏に同情し、また父の死を見送った想像裡のこの青年に同情する。私は私の空想を押し売りしようというのではない。「闇をやらずに餓死した大学教授」は、「闇をやらずに餓死した」ことにおいて同情されねばならぬ存在だということ、それが一般的にそうあらねばならぬということ、……を主張したいまでである。

（林淑美編『中野重治評論集』平凡社ライブラリー147、一九九六年、二一七ページ）

闇をやらずに餓死した大学教授の新聞記事が一般にどう受けとめられたかは詳《つまび》らかにしないが、全国の主要都市に闇市が広がる状況のもとでは、闇をやらずに餓死するのは世間離れした大学教授にありがちな、要領の悪い生きかたと見なされ、憫笑《びんしょう》されたのではなかろうか。そういう見かたからすれば、大学教授への同情という中野もきまじめにすぎるということになろうが、時代への向き合いかたとして中野はどうしてもそういわないではいられなかった。

時代は極度の貧困と混乱のさなかにある。戦争の終結と権力による統制の解除は、生活上、自由な裁量と行動の範囲を広げるものだったが、社会的な貧困と混乱は容易におさまらず、かえって増大していく気配すらあった。貧困と混乱ゆえに人びとは闇市に殺到し、闇取引の横行することが貧困と混乱に拍車をかけることにもなった。

そういうなかで不法な闇取引に手を出さない——あるいは、出せない——というのはたしかに要領が悪いし、倫理過剰に思える。餓死の危機が身近に感じられるとき、闇取引に手を出す人を声高に難じることなどどうしてできよう。

それはそうだが、では貧困と混乱の時代にはきまじめさは不必要であり、倫理は出番がないのか。そんなことはない。どんな時代のどんな境遇のもとでも自分の生きかたを律するものとしてきまじめさは必要であり、倫理に思いを致すべきではないのか。そういう考えが中野の根底にあって、闇をやらずに餓死した大学教授を愚者の典型だとする言に強く反発させたのだと考えられる。

とともに、世の流れに合わせて生きられない不器用な人を、時代の風潮に安易に乗る形でからかう姿勢への違和感が中野にあったように思われる。戦争一色の戦時下では戦争を疑い、戦争に同調しない者が軽蔑され敵視され排撃され、闇取引の蔓延する戦後になると、闇をやらない人、やれない人が愚者として軽蔑され揶揄される。時代の風潮に流されるという点でそこにどんなちがいがあるというのか。「転向」後も天皇制ファシズム体制の下で圧倒的少数派として戦争反対の信念を守りぬいた中野には、時流に乗る論調の危うさはよく見えていたにちがいない。

中野の取り上げた二つ目の新聞記事は、評論家・河上徹太郎の「配給された自由」と題する文章だ。

「配給された自由」ということばは河上自身の造語であろう。自由が配給されるわけはなく、むろんそのことを承知の上で河上は戦中・戦後に米や砂糖やマッチが配給された経験に重ねるようにして、敗戦後に人びとの享受している自由は外からあたえられたお仕着せの品だというのだ。河上の文の書き出しはこうだ。「八月十六日以来、わが国民は、思いがけず、見馴《みな》れぬ配給品にありついて戸惑いしている。——飢えた我々に『自由』という糧が配給されたのだ。」

国民を見下すようなこのもの言いに中野は我慢がならなかった。

私にはこういう言い方が自由を穢《けが》しているもののように思えてならなかった。こういう言いまわしが、自由と国民とに或るよごれをつけようとして、文学的に頭で考えだして書かれた言葉であるように思われてならなかった。

「配給された自由」という言い方は、気がきいているようにみえる。いまの日本の自由と民主主義とが、全的に国民の手でもたらされたものでないという事実から、この気のきいてみえることがいっそうそういうものとして通用しそうな外観をもってもいる。

しかし、それだからといってそれが正しい言いあらわしであるかどうか。

（同右、二一八—二一九ページ）

闇取引の横行する貧困と混乱の戦後社会にあって、闇をするかしないかはなにより個人の倫理の問題だった。同じ戦後社会にあって配給された自由をどう生かし、どう自分のものとするかは個人の倫理の問題であるとともに、多くの人びとの生きる場をどう作り上げていくかという、個人を超えた社会の問題でもあった。戦中の社会が国家権力の厳しい統制下にある、不自由きわまる全体主義社会であったことからして、社会における自由のありかたは人びとにとって切実このうえない問題だった。戦争中、日本文学報国会の審査部長として活動した河上とは対照的に、長く保護観察処分を受けて生活上、文筆上、不自由な思いを嘗《な》めさせられた中野は、配給された自由であってもそれを気軽に手軽に扱うことはできなかった。

日本の国民にとって与えられた自由は決して「思いがけぬ」贈りものではなかった。それは日本の国民が喘《あえ》ぎかわいて待ったものであった。……日本の国民は、与えられた民主主義が自己の力で独立に獲《え》られたものでないことを泣かねばならぬほどよく知っている。……与えられた民主主義の糸ぐちを大事なものとして、貴重に取りあつかわねばならぬことをよく知ってそれをそのように扱っている。

(同右、二一九―二二〇ページ)

こう書くとき、中野は「日本の国民が喘《あえ》ぎかわいて待った」自由の対極をなす時代的経験として、戦争中の軍閥と軍国主義による物理的・精神的な自由の抑圧をしっかりと見すえていた。そして、戦争中に権力を恣《ほしいまま》にした軍閥や軍国指導者と一般の軍人とはけっして同列には扱えないことを明確に認識し、肝に銘じていた。軍人の多くは権力に強制されて無謀な戦争へと駆り出され、傷つき斃《たお》れた戦争の犠牲者なのだ。滅私奉公、国体護持の唱和のなかで戦争肯定・戦争讃美へと向かった人びとといえども、軍隊、政界、財界の中枢にあって戦争を指導した軍閥・軍国主義者とは戦争とのかかわりかたに大きなちがいがあり、当然の戦争責任にも大きなちがいがあると中野は考えていた。配給された自由を真の自由として社会に定着させていくことは戦後の日本社会の担うべき大きな課題だと中野は考えていたが、その課題は戦地で辛酸を嘗めた兵士たちと手を取り合って戦争指導者たちの責任を追及するなかで果たされねばならなかった。

「身命を抛《なげう》って」戦った兵隊はそのことにおいて、「身命を抛って」戦って「身命を抛って」しまった兵隊はそのことにおいて、病気になり不具になった兵隊はそのことにおいて、そのすべての遺家族を連れつつ、その他の国民とともに、軍閥・軍国主義の国民的問責陣の主軸の一つをなしているのである。軍閥・軍国主義にたいする国民的追及の根拠の一つは……「純真な将兵」そのもののなかにある。連合軍の手に俘虜となってその俘虜であることに日夜不安を感じている無数の同胞のその魂の苦痛のなかにある。
（同右、二二四ページ）

身を捨てて戦い死んでいった兵たち、病気になり不具になった兵たち、あるいは俘虜になった兵たち、そんな兵たちに思いを馳せることが自由をわがものにする道だと中野は言う。「闇をやらずに餓死した」人の生きかたに思いを寄せるべきだという意見同様、貧困と混乱の時代のただなかにあって、世に抗して冷静に思考を進めようとする姿勢が際立っている。権力の統制がゆるんだとき、中野はまずはそういう形で自由を享受しようとした。

時流に乗った石川達三や河上徹太郎の言には中野は十分に批判的だったが、三つ目の新聞記事――無名の主婦の手になる「或る日の傷心」と題する投書――には深い共感を示した。

投書は、お茶の水駅のプラットホームで骸骨《がいこつ》のようにやせ細り、顔が白い粉《こ》をふいたように白い白衣の兵を見た場面に始まり、投書の筆者が「御苦労様でした、大変でございましたでしょうね」と泣きながらいうと、うまく返事もできないほど弱り切ったその兵隊さんがそばの子どもに自分の乾《かん》パンを差し出した事実に深い感銘を受けたことを述べている。投書はこう締めくくられる。「皆さんデモクラシー運動も大いにやって下さい。婦選運動も結構でしょう。しかしこういった兵隊さんが各処に居られることを忘れないで心に銘記してからやって下さい。……大口買出《おおぐちかいだ》し部隊に一言申します。闇買出しに使用するトラックにこの兵隊さん達を柔い蒲団を敷いてせめて上陸地から目的地に運んで上げる親切心を起して下さい。」

主婦の言に「これを泣かずに読める日本人はあるまい」と中野は強い共感を示す。が、共感することと泣かないで済む世界を作り出すこととは別だ。白衣を着た骸骨同然の不幸な兵は、長期にわたる悲惨な、非人間的な時間のなかで生み出されていったのだが、不幸に終止符を打ち、人が人として生きていくのに値する自由な世界を創出するには、さらに長期にわたる苦闘の時間が必要なのかもしれない。「冬に入る」という評論の題名からしても、敗戦数ヵ月後の中野は楽観とはほど遠い位置に立っていたように思われる。

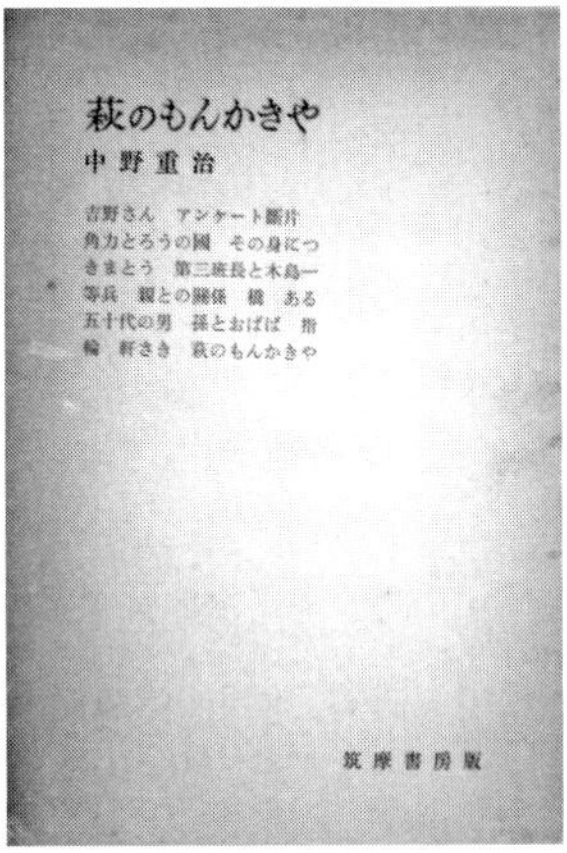

中野重治『萩のもんかきや』

＊

「冬に入る」は、息のつまる戦争の時代から、ポツダム宣言の受諾による敗戦を経て、自由の光の射す混乱の時代へという歴史の大変動のなかで、時代とともにみずから新しい思想と行動に生きようとする一知識人が、心身の昂《たか》ぶりを自覚しつつ、時代の困難とおのれの前途の困難を冷静に見定めようとした文章だった。中野の予期にたがわず、時代とかれの前途は困難に満ちたものだったが、日本共産党員として、新日本文学会員として、参議院議員として、また一個の思想家として、文学者として中野はその困難に力を揮って立ちむかおうとした。

そのかぎりで中野の精神にはつねに緊張と苦渋がつきまとったが、他方、精神の軌跡を示す文章には、緊張と苦渋をやわらげ、もみほぐす温かさ、清らかさ、ゆとりが備わっていた。その温かさ、清らかさ、ゆとりは文学者・中野の力であるとともに、文学固有の力でもあって、それを感じることのできるのが中野文学の大きな魅力をなすといえよう。

『萩のもんかきや』は旅先の半日ほどの経験をつづった短編小説だ。旅でくつろいだ気分になれたことが文章にゆとりと柔らかさをあたえているのは確かだろう。書き出しはこうだ。

そのとき私は萩の町をあるいていた。私はぶらぶら歩いていた。私の用事はすんでいた。私はひとぶらつきぶらついて、それから汽車に乗って東京へ帰ればそれでいいのだった。

（『ちくま日本文学全集39　中野重治』筑摩書房、一九九二年、三〇九ページ）

萩の町をやや広く見わたした印象を述べたのが次の文だ。観察が丁寧なのはいかにも中野らしいが、のんびりした気分も伝わってくる。

旅の人間なことで気が楽だ。私は歩いて行った。天気もいい。それは、小さな、しずかな町だった。松下村塾《しょうかそんじゅく》というのもおととい見た。川の水が澄んでいる。家並《やなみ》が低い。大きな家《うち》のところへ出た。そこは四つ辻《つじ》で、その家は四つ辻の一角をいっぱいに占めている。一方は土塀《どべい》でびっしり仕切り、それに直角に、おそろしく大きな長屋の長屋門が立っている。門でしきられて、玄関の敷台のところが覗《のぞ》ける。門のうちが掃《は》いてあって、大きな石がある。人間は見えない。しんとしている。古い家なのだろう。豪家《ごうけ》なのだろう。しかし侍屋敷ではない。町かたの金持ちで、旧幕時代からの御用商人といった素封家なのだろう。四つ辻のあと三方には、そんな家は一軒もない。

（同右、三一〇ページ）

ぶらぶら歩きは続いて、やがて郵便局が見えてくる。郵便局の前には菓子屋がある。作者は菓子屋に入っていく。これまでにないことだったが、中学三年の娘におみやげを買ってやろうという気になったのだ。菓子屋のようすはこんなふうだ。

いろんな菓子がある。いくらか上等の店らしい。年とったおかみさんがいる。するとそこに夏蜜柑《なつみかん》の砂糖漬《さとうづけ》があった。大きなガラスケースのなかにバラではいっている。そのケースの上に大中小の箱入りが並べてある。中身の量がわかるように、蓋をあけた見本箱も並べてある。私はこの砂糖漬が気に入った。店の菓子全部のなかで、砂糖漬の置いてある場所、それから置き方、そういうものから見て、この菓子屋そのものがこの砂糖漬を重要視しているらしい。箱に貼った紙にも、現に萩名物という文字が書いてある。じつは、私は、これが好きだったのだ。

（同右、三一七ページ）

砂糖漬が好きだというところから、話は戦争の真最中《まっさいちゅう》の一九四〇年か四一年に淡路島の洲本の友人宅で、物資欠乏のなか砂糖漬を幼い子どもといっしょに大喜びで食べた思い出へと移っていく。旅の解放気分にぴったりの心楽しい思い出話だ。

話はすぐに萩の菓子屋にもどる。そして、作者が萩で交わした、短編小説中唯一の会話が記される。

「これを一ついただきましょう。」と私は年配のかみさんにいった。「一つ、包んでください。郵便で送りますから……」

「はい……おつかいものでしょうか。」

「いえ、自分で食うんです。」

旅の人間と見てぞんざいに扱う人間もいる。かえって親切にやってくれる人間もいる。かみさんは親切に、ていねいに包装してくれた。念入りに紐をかけてくれる。

「それから、すみませんが筆を一つ貸してください。」

子供あての裏表を書いて、包装料を取ってくれというとそれはいらないという。私はありがたくお礼をいって向う側の郵便局の扉を押した。

（同右、三二〇ページ）


郵便局に入った作者は、しかし、砂糖漬の入った包みの底がちょっとへこんでいるのに気づき、郵送の途中で放り出されて包みが割れるのを恐れ、郵送をやめて旅かばんに入れてもって帰ることにする。

ぶらぶら歩きの道はだんだん狭くなり、店の数も少なくなってくる。町の端《はし》にやってきたのだ。そこで目についたのが、店かどうかもはっきりしない小さな「もんかきや」だった。

鼻の高い女性が、ガラス戸のむこうでこちら向きに坐り、一心に作業をしている。若い女性のようだが、下うつむいて作業しているから黒い髪と、額《ひたい》の一部と、眉《まゆ》の線と、高い鼻すじしか見えない。見ると、右手に細い筆をもち、その穂の先を左手にもつ壺のなかの黒い油薬《あぶらぐすり》にちょっ、ちょっとつけて、竹の筒にぴんと張った布の部分に塗りつけていく。見ているうちに羽織かなにかに紋所を描きこんでいるところだと分かる。若い女性が日々こんな仕事を、と思うと、見ていられないようなつらい気持ちになってそこを離れようとする。そのとき、家の看板が目にとまる。

「もんかきや」

木の小さい板に、仮名《かな》でそう書いて打ちつけてある。

ああ、「も、ん、か、き、や」か。もんかきや、もんかきや……

……

それにしても、あの紋というのは、あんなにして、いちいち人が筆で書くものなんだろうか。なんという芯のつかれる仕事。それにしても、あんなことで商売が成り立つのだろうか。

（同右、三二五―三二六ページ）

のんびりした旅先の気分がくもりがちになるのは避けられない。が、中野はもんかきやの情景を忘れ去ろうとも無視しようともしない。あえて強調することもしない。過小視することも過大視することもなく、その場での自分の心情をもふくめて事実をきちんとことばに定着しようとする。そうすることによって事実の意味が自分にも他人にも明らかになり、思考が広く深く展開していく力となる。そう考えるところに中野の文学者としての自負があった。

開放気分にくもりが生じたところに、追い打ちをかけるようにもう一つの事実がつけ加わる。

以下の引用は、(文庫本にして四行ほど中略してはいるが)短編小説の最後に来る文章である。

歩きだした私にもうひとつ表札のようなものが見えた。「もんかきや」の板の下に、たてに並べて打ちつけてある。

「戦死者の家」。

「もんかきや」より大分ちいさい。

してみると、女は後家《ごけ》さんなのだろう。寡婦《かふ》なのだろう。この家《うち》が「戦死者の家」で、あの女はそこへ職人として雇《やと》われているのでは決してあるまい。あの人が、つまりこの「戦死者の家」の主人なのにちがいない。

……

「もんかきや」——言い方が古いだけ、その分量だけ逆にあたらしい辛《つら》さがそこからひびいてくるようにも思う。いくらかだらけたような、気楽で無責任な感じだった私がいきなり別の気持ちになったわけではない。それでも、「もんかきや、萩のもんかきや……」といった調子で私はいくらか急いで歩いて行った。

(同右、三二六—三二七ページ)

『萩のもんかきや』が雑誌「群像」に発表されたのが一九五六年、戦争が終わって一一年目の年だ。わたしの育った山陰の田舎町でも「戦死者の家」という札のついた家があったような気がする。

が、その札を見て心に波立ちを覚える人はもうほとんどなかったと思われる。中野の心の波立ちは時代からすれば例外的なことだったと思う。例外的な波立ちは中野における戦争へのこだわりの強さ、かかわりの深さを思わせる。と同時に、それが例外的であるだけに、時代に抗してそういう心の保たれていることが抒情の美しさに通じているようにも思える。時代の変化とともに戦時の悲惨と苛酷、戦後の貧困と混乱がしだいに過去へと押しやられるなか、戦争の意味を問いつづけること、戦争といまとの関係を問いつづけることは、中野にとって、思想を生き文学を生きる基本軸であり、『萩のもんかきや』は思想の強靱さと抒情の美しさが水の流れのように自然に結びついた名作だった。

＊

最後に取り上げる中野の作品は、小学一年から中学一年までの少年時代を回想した自伝的小説『梨の花』である。苦しみ悩む人びとに身を寄せ、みずから納得できる正しさを求めて悪戦苦闘する詩、評論、小説が多いなかにあって、作品の世界が全体としてほのぼのと明るく、作者もしあわせそうに自分の過去を追想している長編小説だ。

少年時代の中野とおぼしき主人公の名は高田良平という。良平の両親と兄（大吉）と妹二人（すず、はま）は海のむこうの朝鮮に暮らしていて、良平は福井の村の農家の子として祖父母と三人暮らしをしている。

小学校に入ったばかりのその良平が一升徳利をさげてやや遠くの酒屋（高瀬屋）に酒を買いに行くところから『梨の花』は始まる。酒を買った良平は家への帰り道、めぼしい家を一軒一軒確認していく。松岡屋、竹田屋、こんにゃく屋、田中屋……。こんにゃく屋のおばさんは大阪の人で「じょろしゅあがり」だという。「じょろしゅ」も「あがり」も良平にはなんのことか分からない。大阪といえば、良平は若い衆が大阪へ「ぬげて（逃げて）」いく話をよく聞く。女は逃げてはいかない。女は奉公に行って病気になって帰ってくる。

徳利をさげた良平はやがて川のほとりに出る。川っぷちには板塀に何枚もの看板が貼ってあって、そのうちの三枚には人の顔が描かれている。一つは、白い鳥の毛の三角帽子を冠った八字髭の人の顔で、これは「仁丹」の看板だ。禿頭《はげあたま》で、鉄ぶち眼鏡をかけ、真っ黒な長い顎《あご》ひげをつけた顔は「大学目薬」の看板、三つ目が「ダンロップタイヤ」の看板だ。この人も顎ひげを生やしているが、髪の毛は長目の角刈りで、大きくて長い鼻をしている。良平は西洋人を見たことはないが、この人は西洋人だろうと思う。

中野重治『梨の花』

川にはいつも釣りに来ている変わったおんさん（おじさん）がいて、今日も来ている。それにちょっと触れたあと、話は次に通る小さな西里の村へと移る。この村には良平と同級生の女の子が二人、上級生が四人ほどいる。上級生は変ないじめかたをするので良平はこの小村が苦手だが、この日はだれにも会わないで済んだ。あとは、一人ぶらぶら歩きながら歯の痛みが気になったり、いつか祖父の代理で招かれた家で盃に口をつけて酔っ払ったことなどを思い出しているうちに家に着き、話は一段落する。

次の節（算用数字の「2」で示される）は翌日、良平がふとんのなかで目を覚ますところから始まる。

一〇畳ほどの板の間の一部に畳を敷き、そこにふとんを三つ並べて祖父母と良平が寝る。板の間には大きな戸棚が置かれて、雑多な家財道具や食料品がごちゃごちゃに入っている。箸、しゃもじ、胡麻《ごま》、銀杏《ぎんなん》、小豆《あずき》、黒豆、鰹節、乾大根の千切り、おろし金、欠けたお椀、取れたからかみの引手、……。物品の目録はまだまだ続く。

台所に行くとおばばが「おぶっけさま（仏に供える膳）」をつめている。良平がそれを「おぶったんさま（仏壇）」に運ぶと、そこにはおじさん（祖父）がいて、灯のともる仏壇を整えている。やがておじさんは正信偈《しょうしんげ》の小型本を開いて読誦《どくじゅ》する。良平も小声で唱和する。

読誦が終わると朝食だ。いつもは三人の食卓に今朝は、昨夜来て一泊した四っ柳の「おんさん（おじさん）」が加わって、いつになく異安心《いあんじん》が話題になったりする。おとなに囲まれた良平の日常の雰囲気を知るよすがとして、また『梨の花』の落ち着いた文体の一例として、朝食の終わりの一節を引用する。

飯がすんでも良平は茶は飲まない。おじさんもおばばもお茶を飲む。わけてもおばばが何杯も飲む。あのお茶というものが何でうまいのか良平には全くわからない。

「ほんなら、行ってくるわの。」といって良平は鞄をかけて立つ。

「ああ、行ってらっしゃい。」と四っ柳がいう。こんな言葉で送りだされて良平は恥ずかしくて仕方がない。

（『日本文学全集35　中野重治集』新潮社、一九六一年、二一一ページ）

このあと良平は朝食で話題になった異安心が気にかかるが、小学一年の頭ではそれが仏の信仰にかかわることだと思われはするものの、それ以上のことは分からない。関連する「ほんねん様」だの「ご開山様」だのといったことばがちらちら頭に浮かぶなか、登校する小学生の集合場所に来てみるともうだれもいない。見ると、良平たちとは別の、町の小学校に通う大地主の三男坊が下男の辰さんにつき添われて立派な石垣から出てくる。良平は途中の別れ道までこの二人といっしょに歩いていく。異安心のことは頭から消えている。

大地主は名を林という。林家の話は次の「3」の節に続く。林家が村のなかで特別の存在であることがさまざまな側面から語られる。それもおとなの目から見て俯瞰的に、あるいは客観的に特別のありかたが語られるというより、良平の目を通すようにして驚きを混じえて語られる。林家の特別さに照らされて村の普通さを浮かび上がらせ、さらには良平の心のもちかたをも伝えようとする意図による。たとえば、和子《わこ》さん〔村では林家の子だけ特別に「和子さん」と呼ばれる〕の顔はほんとに美しい。第一、器量がいい。鼻が高い。色が白い。ふっくら肥えている。それから背が高い。辰さんもいい男だ。それでも、和子さんのは辰さんのとはちがう。……

良平らのところでは屋敷うちに畑がつくってある。木を植えて「せんざい」(前栽)にしている家でも、どれだけかを畑にして蕪や杓子菜《しゃくしな》をつくっている。ねぶかや唐きびも植える。しかし林では、屋敷のうしろに「農園」を持っていて、せんざいはせんざい一方に仕立ててている。大きな藪があるが、それも「もうそうちく」(孟宗竹)で、これは林にだけある。そのもうそう藪のはずれに、界隈一の大欅が立っている。(同右、二一八―二二〇ページ)

広大な邸に住み、まわりは高い塀で囲まれて中の様子は分からない。使用人がたくさんいて、それが男も女もみんな美しく品がよい。当の家族はそれに輪をかけて美しく品よく色が白い。おとなは貫禄がある。良平のような普通の村の子には容易に近づける存在ではないが、遠くにある別格の家として村に確固とした位置を占めている。小説の始まりの二節で『梨の花』の舞台装置ともいうべき村の地理の大枠と家の構えの大枠が示されたあと、村のありさまを具体的に肉づけしていくに当たってまずは林家が取り上げられたのも、村における一家の存在の大きさをものがたるものといえよう。

そうやって北陸地方の小さな農村の佇《たたずま》いとそこに住む人びとの暮らしのさまが、読者に身近な、親しいものに感じられてくるのだが、それと並んで、いや、それ以上といっていいほどに読者の心に響くのがその村で共同体に包まれ、自然とともに生きていく良平少年の成長ぶりである。

「はあるがきいた
はあるがきいた
どこにきたあ
やあまにきいた
さあとにきいた
のにもきたあ……」

学校で習ったばかしの歌が、良平の咽喉の奥でごとごという。そうやって良平は、柘榴《ざくろ》の木の下を通って、横手の木戸から隣りの一郎をさそいに行く。袖なしも脱いでしまった。綿入れの胴服も脱いでしまった。肌子に袷《あわせ》で、からだが軽くて気持ちいい。耳たぶの雪やけが黒むらさき色にかたまって、つい痒くて掻いて血だらけになるのが、いつの間にやらそのかさぶたが縮んできた。山のほかは、どこにももう雪がない。地面が、しめったままで乾いている。下駄ででも、草履ででも、はだしででも踏んで行くのが気持ちいい。良平は二年生になった。隣りの一郎はこんどから一年生にはいった。良平は毎朝さそいに行く。

「一ちゃあん、学校いこさあ……」

そのときは、歌はもう歌っていない。良平は、歌がうまくない。

「唱歌は、うらは、下手じゃなア……」

自分でもそう思う。

(同右、二二八—二二九ページ)


唱歌のうまい、下手など小学一、二年の子どもにはどうでもいいともいえるが、良平にはそうではない。下手だと分かってかえって安心するような、良平はそんな内省的な子だ。またさきに出てきた、「異安心」ということばに引っかかり、それと仏の信仰とを関係づける頭の働きなどを考え合わせると、知的な少年だともいえる。そして、実際に中野自身がそういう内省的で知的な少年だったろうが、内省的で知的な少年を主人公に据えることができたのは、この小説に独特の客観性を賦与することになった。

良平が内省的で知的であるとは、良平と外の世界とのあいだに一定の心理的な距離があり、その距離を良平が半ば意識していることを意味する。徳利をさげて酒屋から家に帰る道すがら何軒かの店や川べりの広告に描かれた人間の絵が記憶にとどまったのも、自分の家の部屋のつながりや各部屋の間取り、あちこちの戸棚や物置におさめられた家具・調度がくっきりとイメージできるのも、それらが少年時に全身で親しんだ場所であり物であるというだけでなく、なんらかの機会に見たこともない異物に出会うようにそれらに出会い、改めてそれらを見つめ直すような経験が——まさしく内省的・知的と呼ぶにふさわしい経験が——あったからにちがいないと思えるのだ。

良平少年の心理に近づき、その心理に寄りそいつつ自分のかつて生きた過去を親しみのある客観的な世界として造形することは、中野にとって文学的に充実した営みであったことを合わせていっておかねばならない。良平の生きた村の世界は、『梨の花』の書かれた五〇年後には現実にどこにも存在せず、一文学者の書くという行為を通じて改めてイメージとして、観念世界として、存在をあたえられねばならなかったのだ。良平が小学二年生になった春を述べたさきの引用文も、雪国の春の開放感が大きな季節のめぐりとして表現されるとともに、「いつの間にやらその〔耳たぶの〕かさぶたが縮んできた」とか、「地面が、しめったままで乾いている。下駄ででも、草履ででも、はだしででも踏んで行くのが気持ちいい」とか、良平の子どもらしい感覚に寄りそうようにして語られる。心にくいばかりだ。

良平は内省的で知的であるだけに自分の心のうちに分からぬこと、疑問に思うことを少しずつためこむようにして生きていくほかないが、それがおとなにたいする不審の念として残る場合もなくはない。おとなと子どものそのような齟齬を社会の倫理としてどう考えるか。中野は『梨の花』でそんな問題にもぶつかっている。

小学二年の正月、良平は風邪のため門松や注連飾《しめかざ》りや書初《かきぞ》めなどを焼く左義長《さぎちょう》に行けなかった。隣家の一郎も風邪で参加できなかったため、後日、二人だけで火祭りをすることになった。門松その他はもうないから藁束《わらたば》を庭にもち出し、囲炉裏《いろり》の付木《つけぎ》を使って火を付けた。用心のためバケツに水を汲んでそばに置いた。藁が湿っていたのかなかなか火がつかなかったが、ようやく火がついて二人がほくそ笑んでいると、いきなり、二人はうしろから恐ろしい大声でどなられる。どこかから何人かのおとながやってきて二人を取りまき、気がつくとそこら一面が水でびしょびしょになっていた。

わけの分からぬまま良平は一人で囲炉裏ばたに坐り、奥座敷でおとなたちが話すことばを漏れきいている。

そのうち誰やらが良平のところへ座敷からやってきた。

「良ちゃん。危なかったと思うじゃろう。」

「危なかった。」とは、良平には思えない。危なくは、なかったのだ……

良平は黙っていた。

「もうちっとで、火事になるとこじゃったが……。」

しかし良平は、どんなことがあっても火事にはならなかったと思う。そんな筈はない。バケツに水も用意してた……

良平は黙っていた。

男は座敷へ引きかえしていった。

(同右、二五二―二五三ページ)

しばらくして別のおじさんがやってくる。そして「良ちゃんは、いいことをしたとは思わんじゃろう」と尋ね、良平が「思わん」と答えると、じゃ、おじさんにお辞儀一つしなさい、それでいい、といって奥につれていき、みんなのいるところで祖父にお辞儀をさせ、すぐに囲炉裏のほうにつれもどす。一人になった良平を描いてこの節は終わる。

良平は、何でだか知らぬが目からぼろぼろ涙が出ているのがわかった。

「大人は、勝手なことをしる〔する〕。大人は勝手なことをしる……」

泣いても泣いてもこれには埋め合わせがつかぬように思う。良平はつっ伏していた。どれだけつっ伏していたか良平は知らなかった。囲炉裡の火の消えたのも、座敷の人がいつ帰ったのかも良平は知らなかった。

（同右、二五四ページ）

良平の強情ぶりもなかなかのものだが、村のおとなたちも良平を年端《としは》の行かぬ子どもだと見くびって一方的に押さえつけるのではなく、その気持ちを慮《おもんぱか》って丁寧につき合っている。読んでいて、村の共同体がおとなの共同体でありながら少年をも内に組みこんだ共同体であるのが感じられる。

少年良平の心情に近づき、その心情に寄りそうようにして村の世界を浮かび上がらせようとする中野の文学的な営みは、自然の情景や人びとの暮らしのさまを具体的に定着していくリアリズムの筆法と相俟《あいま》って、二〇世紀初頭の一地方の村を厚みと温もりのある共同体として表現しえたということができる。内省的で知的な良平が、であるがゆえに全身でぶつかり合う子どもの集団にまるごと入ってはいけず、どこか孤独の影を引きずって生きながら、にもかかわらず全体としては安定した澄明な少年時代を送っていると見えるのも、厚みと温もりのある共同体が生きる土台としてあればこそだと思えるのだ。共同体の外からやってきて良平が多少とも関知する大きな事件として皇太子嘉仁《よしひと》（のちの大正天皇）の地方巡行、伊藤博文の暗殺、韓国併合、大逆事件、明治天皇の死などが出てくるが、共同体がそれらに大きくゆさぶられることはない。

共同体が土台の役を果たせなくなるのは、良平が成長して共同体を離れざるをえなくなるからだ。その兆しはすでに『梨の花』にあらわれている。小学六年の終わりに中学受験をする場面と、受験に合格して福井市に下宿し中学に通う場面だ。まわりには町並みが広がり、日々顔を合わせるおとなも子どもも一変して、新たに一から関係を作っていかねばならない。良平は福井の学校の日々にも下宿の日々にもなじめず、しきりにかつての村の暮らしを思い出し、村に帰りたいと思っている。

そういう中学生活が始まったところで『梨の花』は終わる。ぶっきらぼうな終わりかたからして、そこからはこれまでとはちがった、いうならば近代風の生活に良平が足を踏み入れるわけで、作者はこれまでの記述の延長線上にそれをつづる気にならなかったようにも考えられる。

いずれにせよ、内省的で知的な良平の心情を通して浮かび上がってきたかつての村の共同体が、さまざまな問題や困難をかかえつつ同じ世界を生きる者の信頼感に支えられた人間的にゆたかな場であることは、過去へと記憶の糸をたぐりつつ中野がしかと実感しえたことであった。ここで中野の感じているかつての共同体とそこに生きる人びとへの愛惜の情は、その純朴さからして人間と人間世界へのゆったりとした肯定と敬意に通じていると思える。

が、この肯定と敬意は中野の思考と感情の全域を覆うものではなかった。厚みと温もりのある村の共同体にたいしても中野は疎隔感をもたざるをえなかった。典型的な例として思い浮かぶのは、小説『村の家』における父と子の対決の場面だ。転向した以上は文筆を捨てろと父がいう。父の声は家族共同体の声であり、村落共同体の声だ。それにたいして子は、やはり書いていきたいと答える。共同体をはみ出し、共同体にさからってでも自分の思考と信念をつらぬこうとする意志の声だ。その意志の声は『梨の花』における良平の内省や知や孤独にはるかに響き合っているようにわたしには思える。

共同体がつねに視野のうちにあり、とともにおのれ一個の意志と思考が強靱に自己を主張するというのが、中野の終生変わらぬ生きかただった。その生きかたゆえに、波乱に満ちたその生涯には消えることのない抵抗の赤い線がつらぬいていた。

第十三章　敗戦後の精神——貧困と混乱のなかで

一五年にわたるアジア・太平洋戦争は、一九四五年八月一五日の日本の降伏をもって終結する。敗戦に至る半年間の主だった出来事を並べてみる。

四五年三月九—一〇日　東京大空襲（死者一〇万人）。
三月一二日　名古屋空襲。
三月一四日　大阪空襲。
三月一七日　神戸空襲。
四月一日　アメリカ軍、沖縄本島に上陸（六月二三日、沖縄守備軍全滅、死者二〇万人）。
六月八日　天皇臨席の最高戦争指導会議、「本土決戦方針」を採択。
八月六日　広島に原爆投下（死者一四万人）。
八月八日　ソ連、対日宣戦布告。
八月九日　長崎に原爆投下（死者七万人）。
八月一四日　御前《ごぜん》会議でポツダム宣言受諾を決定。
八月一五日　天皇「戦争終結」の詔書を放送。

太平洋上に広がる日本軍基地を次々と攻め落としたアメリカ軍は、四五年になって沖縄を始めとする日本本土に本格的な攻撃を開始した。軍事力でどうしようもなく劣勢の日本軍は、外地での戦闘ではあちこちで潰滅的な攻撃を受け、多数の死傷者を出し、後退に継ぐ後退を重ねた。本土に戦火が及んでも、有効な反撃策や防衛策を構想・構築できるはずもなく、空疎な「尽忠報国」論や「徹底抗戦」論や「国体護持」論を呼号して、いたずらに犠牲をふやすばかりだった。

戦況の悪化のなかで、人びとは前線でも銃後でも命の危険にさらされ、日々の生活は困窮の度を増していった。しかし、国家権力による政治統制・経済統制・言語統制がゆるむことはなかったから、反戦、反軍、反体制の声が大きく挙がることはなかったが、厭戦気分や現状にたいする怨嗟《えんさ》の気分は、部分的にせよ広がりつつあった。

しかし、国家権力中枢のポツダム宣言受諾が人びとの厭戦気分や怨嗟に応えるものでなかったのはいうまでもなく、権力者にとっては人びとの困窮よりも国体護持という権力的かつ神話的な観念のほうがはるかに大切だった。

権力者と一般の人びととのあいだには戦争と国家の受けとめかたに大きな落差があったが、一五年にわたる戦争状態ないし戦争体制の結果を「敗戦」として受け容れ、ともかくもその状態ないし体制を脱したいという思いは支配層にも被支配層にも共通するものであった。こうして、支配権力者による敗北と降伏の決定は被支配層の人びとにも受け容れられたのだが、ひとたび戦争が終わって軍国支配とは異質な社会が登場してくると、支配層と被支配層のあいだだけでなく、さまざまな階層のあいだで、戦時下の国家社会のありさまと戦後の新しい国家社会のありさまについて、そのイメージにちがいがあるのが明らかになっていく。そこに留意しつつ戦後日本の精神史を追っていきたい。

1　戦後の詩

四人の詩人を取り上げて敗戦直後の時代のとらえかたを見ていきたい。最後の菅原克己を除く三人はいずれも二〇年代の生まれで、敗戦の年には二十数歳の若者だ。多感な青年期にみずから戦場に赴き、また同世代の友が何人も戦場で亡くなってもいて、死を身近に感じないではいられない世代だった。当然のこと、その詩には死が重い影を落としている。

最初に取り上げるのが、二三年生まれ、大学卒業後、横須賀第二海兵団に入団した田村隆一の詩だ。

幻を見る人

空から小鳥が墜ちてくる
誰もいない所で射殺された一羽の小鳥のために
野はある

窓から叫びが聴えてくる
誰もいない部屋で射殺されたひとつの叫びのために

世界はある

空は小鳥のためにあり　小鳥は空からしか墜ちてこない
窓は叫びのためにあり　叫びは窓からしか聴えてこない

どうしてそうなのかわたしには分らない
ただどうしてそうなのかをわたしは感じる
小鳥が墜ちてくるからには高さがあるわけだ　閉されたものがあるわけだ
叫びが聴えてくるからには

野のなかに小鳥の屍骸があるように　わたしの頭のなかは死でいっぱいだ
わたしの頭のなかに死があるように　世界中の窓という窓には誰もいない

（『現代詩文庫1　田村隆一詩集』思潮社、一九六八年、八ページ）

がらんとして空虚な風景が広がっている詩だ。見えてくるのは空と射殺された一羽の小鳥と野。そして、部屋の窓と射殺された人の叫びと世界。小鳥の死と人間の死が同じ重さをもつ同類の死として並列されている。小鳥の死が人間の死のようなのか、人間の死が小鳥の死のようなのか。詩人にそれを尋ねても詩人はやはり「分らない」と答え、「わたしは感じる」と答えるだけ

田村隆一

なのかもしれない。

「分らない」と言い、「感じる」と言いつつ、しかし、詩人は「感じる」ところから「分る」ところへと歩み出そうとしている。詩の後半の二連には分かろうとする努力の跡が見てとれる。分かろうとして空と野を見つめ直すと「高さ」があるのが分かる。窓と世界を見つめ直すと「閉されたもの」があるのが分かる。が、「高さ」といい、「閉されたもの」といい、いかにも抽象的なもの言いだ。どんなものがどんなふうに見えたのか。抽象的なもの言いには、分からないことを安易に分かったことにしない警戒心が働いているようにも思う。

そして、最終連で詩人は自分の頭のなかを見つめる。見ると、そこは「死でいっぱいだ」。死でいっぱいの世界を充実した場とはいえないだろう。そこにもまた荒涼たる空虚な風景が広がっているはずだ。が、その荒涼と空虚は、一つ前の詩連で出てきた「高さ」や「閉されたもの」よりも少しく具体的で、詩人の感じるものに近いのかもしれない。詩の最終行ではもう一度視線が外界に向けられて、「わたしの頭のなかに死があるように　世界中の窓という窓には誰もいない」と、内面にも外界にも死がどこまでも広がることが確認される。

戦争が終われば、死者の数は急に少なくなる。そこに戦中と戦後の決定的なちがいがある。が、死者の数が少なくなり、死が日常から遠ざかっていくにつれて、かえって死者のイメージが、死者の顔や横たわる体や声が、死者の思い出が、身近にせまってくる。おびただしい数の人が死に、自分も仲間もいつ死ぬかもしれない、いつ死んでもおかしくない、という思いで戦中を過ごした若者にとっては、重苦しい死者と死のイメージがつきまとって離れないのが、戦後という時代だった。田村隆一の戦後の詩はそういう世代の息苦しさを表現すべく、必死にことばを絞り出すところにかろうじてあらわれ出るものにほかならなかった。引用の詩にしても、死が身近にあり、詩人が死に囲まれて生きているのは感じられるが、死を追いかけることばにふくらみもゆたかさも感じられない。荒涼と空虚な風景が広がっていると評したゆえんだ。そして、それは若い詩人たちの幾人かにとっては、敗戦後の時代風景と大きく重なるものだった。

次に、「立棺」と題したやや長い三編の連作詩のうち「II」の前半部分を引く。

わたしの屍体を地に寝かすな
おまえたちの死は
地に休むことができない
わたしの屍体は
立棺のなかにおさめて
直立させよ

地上にはわれわれの墓がない
地上にはわれわれの屍体をいれる墓がない

わたしは地上の死を知っている
わたしは地上の死の意味を知っている
どこの国へ行ってみても
おまえたちの死が墓にいれられたためしがない
河を流れて行く小娘の屍骸
射殺された小鳥の血　そして虐殺された多くの声が
おまえたちの地上から追い出されて
おまえたちのように亡命者になるのだ

地上にはわれわれの国がない
地上にはわれわれの死に価いする国がない

（同右、二六―二七ページ）

がらんとした空虚な風景のなかで、死と死者を身近に感じつつ、居場所のない落ち着かぬ気分であたりを見まわしていた「幻を見る人」とはちがって、右の詩では詩人は自分が現実世界から冷たく拒否されているのを実感し、そういう現実世界に自分も拒否の姿勢をもって対峙しようとしている。

立棺のイメージが強烈だ。立棺は方形の座棺の別名のようだが、この詩では、現実を拒否するその姿勢の強さからして、そんなものはないのかもしれないが、立ったまま死体をおさめて土に埋めこむ棺を想像してみたくなる。やがてはくずおれるにしても、その立ちすがたは死者の意志にかなうように思える。

戦争に斃《たお》れた死者は言う。「地上にはわれわれの墓がない」、と。また「地上にはわれわれの国がない」、と。

それは死者の声であるとともに、敗戦後の荒野に立つ田村隆一の声でもあった。詩人は戦後の現実が若き戦死者たちを排斥し拒否するだけでなく、死者の無念の思いを胸に戦後を生きようとする自分たちをも排斥し拒否していると感じた。どうするか。死者と同じく亡命者となって地上から、祖国から追い出され、それでもなお、地上と祖国に立ち向かい、死者の声に耳を傾け、死者の思いを自分の思いとする以外にはなかった。

田村隆一にとって、詩を書くことはそのように敗戦後の現実と対峙することだった。

＊　＊　＊

次に取り上げる三好豊一郎は、二二歳の徴兵検査で丙種合格とされ、戦争に行かないで済んだ詩人である。病弱だったかれは社会が戦争一色に染まる時期にも、東京郊外の八王子にひっそりと暮らし、時代と自分を見つめる詩を書いていた。

戦中と戦後に書かれた内向的なそれらの詩は、四九年に詩集『囚人』にまとめて刊行された。時代が大きく変わるなかで、変わらぬ個の孤独と不安を見つめつづけた詩は、目立たぬながら、戦争に傷ついた心の共感を呼んだ。

代表作とされる「囚人」の全編を引く。

真夜中　めざめると誰もいない——
犬は驚いて吠えはじめる　不意に
すべての睡眠の高さにとびあがろうと
すべての耳はベッドの中にある
ベッドは雲の中にある

孤独におびえて狂奔する歯
とびあがってはすべり落ちる絶望の声
そのたびに私はベッドから少しずつずり落ちる
私の眼は壁にうがたれた双ツの孔

夢は机の上で燐光のように凍っている
天には赤く燃える星
地には悲しげに吠える犬
（どこからか　かすかに還ってくる木霊）
私はその秘密を知っている
私の心臓の牢屋にも閉じこめられた一匹の犬が吠えている
不眠の蒼ざめたvieの犬が（『現代詩文庫37　三好豊一郎詩集』思潮社、一九七〇年、一〇ページ）

三好豊一郎［共同通信イメージズ］

戦争と死は詩人の身近にあっただろうが、詩には色濃く反映してはいない。強くおもてに出ているのは、どこにも居場所の見つけられない詩人の孤独と焦燥感だ。犬も同じ感情にとらえられていて、犬といっしょにいても心の安らぎは得られない。

犬は何度も吠える。ほかにも、どんな動きか判然としないが、とびあがる、狂奔する、すべり落ちる、ずり落ちる、赤く燃える、といった動きが記述される。動きにはけだるさが漂う。「囚人」という標題が詩の閉塞感によく見合っている。

しかし、詩人はまわりの圧力に押しつぶされてはいない。圧力をきちんと押し返せるとは思っていないそうだが、圧力に抗して自分を観念的にもせよ守ろうとする意志を失ってはいない。たとえば、「私の眼は壁にうがたれた双ツの孔／夢は机の上で燐光のように凍っている／天には赤く燃える星／地には悲しげに吠える犬／（どこからか　かすかに還ってくる木霊）」の五行など、詩人の抵抗の意志が詩行に微光をもたらしている。

孤独と抵抗が真夜中のベッドでかろうじてもちこたえられている。それがこの詩の情景だ。戦争中もそうだったろうし戦後もそうだろう。そう思わせる時間の持続が詩に感じられ、それが、詩を書きつづける詩人の芯の強さとどこかでつながっている。詩の世界は一見ひよわに見えながら、自己を失うまいとする詩人の内面の力によって、ひよわなままに存在を保っている。軍国ファシズムのもと、共同体と個がともどもも崩壊の危機にさらされたとき、自己を失うまいとする生きかたは社会に同調しえぬ人びとにとって観念的な魅力をもつものだったと考えられる。戦争が終わったあとも、その生きかたは若き詩人たちを引きつける力をもっていた。

三好豊一郎の詩をもう一つ、これも全編を引用する。「壁」と題する詩だ。

壁――独り居の夜毎の伴侶
壁の表に僕は過ぎ去ったさまざまの夢を託す
壁の表では奇妙な影が　伸びたり縮んだりして　しばしかなしく形を変える

壁は曇ったり晴れたりする
ある曇天の日の曠野の片隅を
小さな影がとぼとぼと歩いてくる

影はだんだんに大きくなる
（どうやら口もありそうだ　それから眼も）
起きあがって　僕は彼の手を握る　つめたい掌を

疲れた　とかすかな声で彼が言う
入れ替って　僕は
壁の中へ這入ってゆく

（同右、一一一―一一二ページ）

「囚人」では、詩人は、犬、ベッド、壁、机、天の星、そして心臓の牢屋に目をとめていたが、この詩では壁と壁に映る影にもっぱら目をとめ、それを架空の話し相手としている。孤独は孤独だが、自分とはちがう人間が壁に映っているというのは、まったくの一人ぼっちとはちがう。わずかながらも人とのつながりが感じられ、空間が外に向かって広がっているのが感じられる。

そう思って「囚人」を読み返すと、この詩にも「吠える犬」「雲」「絶望の声」「天の星」「木霊」など、外界とのつながりを示唆することばがなくはなかった。閉塞感は外からの力によって作られる面が大きく、詩人自身は「囚人」でも孤独に徹する気も安住する気もなく、こまごまとしたものを手がかりにしてでも、なんとか外とのつながりを確保しようとしていた。詩に抵抗の意志のうかがわれるのも、外とのつながりを求める志向があればこそのことだった。

「壁」では、もう少し心が外に向かって開かれているように思える。像の映る壁を「伴侶」というのは、親しみのこもった呼びかただし、詩人の夢の託された像は穏やかな落ち着いた気分で眺められている。像は伸びたりちぢんだりするし、背景の壁は曇ったり晴れたりするが、孤独な詩人はその変化に戸惑ったり苛立ったりはしない。むしろ、変化をおもしろがっているようにさえ見える。気楽さがなければ、起き上がって手を握るといった動きに出ることはありえないだろう。次行の、

疲れた　とかすかな声で彼が言う

という詩句が心に響く。映像の「彼」とそれを眺める「僕」の心が融け合って一つになったことをさりげなく、しかしぴたりと言い当てたことばだ。

「疲れた」は直接には「彼」の心身の疲れをいうが、それはそのまま「僕」の疲れであるし、さらに広く、生きることが疲れることである時代のありさまを言うものでもあろう。言って、「彼」は安堵し、「僕」もほっと息をつく。疲れを共有することは「彼」と「僕」の心がおのずとつな

がり、重なり合い、時代を共にしていることを確認することだ。その共同性ゆえに「僕」は「彼」に替わって壁に入っていくことができるのだ。そんな大切なことばがかすかな声で言われる。ひかえ目なのが好ましい。

見落としてならないのは、壁に映った「彼」と「僕」とのつながりが壁の外へと通じているらしいことだ。壁が詩人を幽閉するのではなく、外へと向かう通路が小さいながらそこに開いていることだ。「彼」もひょっとしてその通路を通ってきて壁に映っているのかもしれない。

そのように外へと開かれていることが、死と敗北の重苦しい時代にあって、詩的表現のぎりぎりの可能性を保証するものだった。

＊　＊　＊

苛烈な戦争のなかで、死は一人一人の人間の死でありながら数万、数十万、数百万と積み重なっていった。積み重なる茫々たる死者の山のなかに一人一人の死は埋めこまれていく。埋めこまれてたんなる塊に、たんなる符牒に、たんなる記号に化していく。数の多さが犠牲の厖大さを示す指標となる。

予想を超え、想像を超えた事態を突きつけられたとき、思考がそのような抽象化の道をたどるのはやむをえない。死が統計的な数字とは別次元の存在だと分かっていても、おさまりのつかぬ事実の破天荒さを、せめて数字にしてでも記憶にとどめたいと思うのは、思考の道筋の一つではあるからだ。

が、それは詩の思考の道筋ではない。死の厖大さに驚愕し、思考の限界を超えるかに見える死の事実をどうにかして想像力と知の網にかけようとするのが詩の営みだが、そこでは一人一人の具体的な死が視野を去ることはない。普遍的であるとともに個人的であるのが詩なのだ。

戦後にあってそういう死の表現に徹底してこだわった詩人の一人が鮎川信夫だった。

いま、親しい友の死を悼む「死んだ男」の後半部分を引く。

いつも季節は秋だった、昨日も今日も、
「淋しさの中に落葉がふる」
その声は人影へ、そして街へ、
黒い鉛の道を歩みつづけてきたのだった。

埋葬の日は、言葉もなく
立会う者もなかった、
憤激も、悲哀も、不平の柔弱な椅子もなかった。
空にむかって眼をあげ
きみはただ重たい靴のなかに足をつっこんで静かに横たわったのだ。
「さよなら、太陽も海も信ずるに足りない」

Mよ、地下に眠るMよ、
きみの胸の傷口は今でもまだ痛むか。
（『現代詩文庫9　鮎川信夫詩集』思潮社、一九六八年、一〇―一一ページ）

最初の四行は思い出に残る死者Mの影絵のようなすがたを詩のことばに定着したものだ。「淋しさの中に落葉がふる」というせりふは、おそらくMがつぶやいたことばなのだろうが、生前のMと作者の交友のさまをあらわしてもいよう。詩を書く作者の心境にも通じていよう。

そのあとに、埋葬の日の死んで横たわるMのすがたが描かれる。冷静な描写だ。冷たいといってもいいほどだ。親しい友の死を前にして心が波立たぬはずはないが、波立ちを抑えて目の前の事実だけを文に刻もうとし、それがかえって心の騒ぎを推測させる詩行だ。立ち会う者のいない場で一人静かに横たわるMは、それがいかにも似つかわしい死にかたとも思えるし、人の死として寂しすぎるとも思える。そして、そうした心のゆれは、読み返すうちに、鮎川の心のゆれが読む者の心に呼び起こす反響のように思えてくる。

鮎川信夫

死が身近にあり、自分をふくめて仲間のだれが死んでもおかしくない戦争の時代の若者にとって、「太陽も海も信ずるに足りない」というニヒリズムが日常感覚に底流していたとしてなんのふしぎもない。が、事実として死が身近な当たり前の出来事であったとしても、生き残ったものがその死をさらっとやり過ごせるわけはない。きみの傷口はまだ痛むか、と思いやるのが人として自然なことだ。が、思いやりの問いに死者は答えない。ひっそりと横たわったままだ。

そのとき、身近な、当たり前の死が近づきがたく遠いものに感じられる。思いがどんなに強くても思いやりの声は相手にとどかないし、相手の思いもこちらにはとどかない。死が身近で、当たり前であれば、死によるあちらとこちらの断絶がかえって強く意識されることにもなる。

戦争末期から戦後にかけて、詩を書く鮎川にとって死こそは心に執拗につきまとって離れない出来事であり観念だ。つきまとう死と死者は近づきがたいものであり、手に負えぬ厄介なものではあったが、鮎川は死と死者に目をふさぐことはなかった。抒情の基礎に論理のレールを敷き、論理の追求を生き甲斐とする鮎川は、死と死者の近づきがたさに戸惑いつつ、そこをおのれの思考と表現の本領としたのだった。

死を境にした死者と生者の距離は容易に埋まらない。また、具体的な一人一人の死と統計の数に集約される厖大な死の塊との落差は、一方が他方に包みこまれるという関係へと容易に移行しない。鮎川は割り切れぬ思いを胸に二つの死の前に立ちつくす。少しずつ視界が明るくなり、思考と表現の道筋が見えてくる。一人一人の死については、具体的な死のありさまの記述を出発点とし、そこから死者の生きかた、資質、思想、行動、人とのつき合いかたに説き及ぶ。大量の死については、それを誘発し生み出す戦争の時代の特質、さらには、その時代に特有の人びとの人間観、死生観に思いを及ぼす。そのように死と死の時代に正面から切りこもうとするのが鮎川の基本姿勢で、その思考と表現は、行く手に生と死の普遍的なすがたを遠望しようとするものではあったが、しかし、そこに論の終点があるのではなく、普遍の網からこぼれ落ちる個の死に、たえず留意して進むのが鮎川の論法なのだ。当然のこと足取りは乱れるが、足取りの乱れは死にたいする誠実さであり、大量死の時代への誠実さであると鮎川は考えていた。「死んだ男」の最終行「きみの胸の傷口は今でもまだ痛むか」という問いは、Mをも読者をも途方にくれさせるような問いかけだが、問う鮎川もまた途方にくれる思いだったのではなかろうか。

次に、詩「死んだ男」より視界にもう少し広がりのある詩「神の兵士」の後半部分を引く。

一九四四年五月のある夜……
ぼくはひとりの兵士の死に立会った
かれは木の吊床に身を横たえて
高熱に苦しみながら
なかなか死のうとしなかった
青白い記憶の炎につつまれて
母や妹や恋人のためにとめどなく涙を流しつづけた
かれとぼくの間には

もう超えることのできない境があり
ゆれる昼夜灯の暗い光りのかげに
死がやってきてじっと蹲っているのが見えた

戦争を呪いながら
かれは死んでいった
東支那海の夜を走る病院船の一室で
あらゆる神の報酬を拒み
かれは永遠に死んでいった

(ああ人間性よ……
この美しい兵士は
再び生きかえることはないだろう)

(同右、四六—四七ページ)

病院船の一室で木の吊床に身を横たえ、母や妹や恋人のためにとめどなく涙を流しつづけて死んだ兵士が「美しい兵士」であったことは素直に認めていいのだろう。しかし、その死が美しいか、と問われるとやはり困惑する。詩人は自分と死んだ兵士とのあいだに「超えることのできない境」があるというが、詩を読むわたしたちと兵士とのあいだにも境のようなものがあって、死を美しいとは言い切れないのだ。

詩人はこの境にたいしてきわめて自覚的だった。境の超えがたさを表現するためにこの詩を書いたといってもいいほどに自覚的だった。死のおびただしさ、死の苛酷さ、死の切実さ、死のむなしさは、まぎれもなく時代のもっとも深刻な象徴だったから、叙事と抒情の精神を合わせもつ鮎川が死を見つめることで時代と渉り合おうとするのはいかにもと思える選択だった。とはいえ、死は、個別の死も大量の死も、安易な接近を許さない。度重《たびかさ》なる試行錯誤のすえに、詩人は接近のむずかしさを——超えることのできない境を——死の表現の焦点に据える。こうして、生と死の境を直視することが時代を見つめることに重なった。

が、生と死の境の直視は詩人を謎に満ちた世界へと導きかねない。さきの、兵士は美しいが兵士の死は美しいかという問いもそうだが、引用の詩の最終行「(兵士は) 再び生きかえることはないだろう」も謎めいている。この詩の引用しなかった前半には「いくたびか死に／いくたびか生きかえる兵士たちが／これからも大陸に　海に／幾世紀もの列をつくってつづくのだ」という文言が置かれているのだから。さらにいえば、終わりから三行目の「ああ人間性よ……」と詩の題名「神の兵士」とのあいだにはどんな意味のつながりがあるのか。

鮎川自身、謎の世界に深入りするようにことばを選んでいると思える。生と死の境に自覚的であるというゆえんだ。明快な回答は得られなくても、生と死の割り切れなさに光を当て、そこに人間的な意味を見出せるのなら、それが時代を理解し、時代とともに生きる精神的な力になるのではないか。そう考えるところに若き鮎川の、詩の思想と世界があった。

最後に取り上げる菅原克己は一九一一年生まれ、これまでの三人と比べると一〇年ほど年長だが、兵士として戦場に立つことはなかった。

二〇歳のときに満州事変が起こり、三四歳で敗戦を迎えるという年回りだから、青春期はまるごと戦争のなかにあった。市井の片隅で一庶民として地味な暮らしを続けながら、人とのつながりのなかで、治安当局が危険な反戦集団と見なした日本共産党の末端につらなることになり、一時期は党の機関紙「赤旗」の印刷を引き受け、逮捕の憂き目に遭ってもいる。が、戦中・戦後に書いた詩をまとめて一九五一年に発表した詩集『手』の諸編や、ずっとのちの自伝的小説『遠い城』に見るかぎり、菅原はいわゆる反戦運動家とか反体制活動家とはほど遠い実直な生活者だ。若いころから詩が好きで、室生犀星や中野重治や伊藤整の詩に親しみ、みずからも詩を書いていることや、エンゲルスやクロポトキンの著作に触れていることなどには地味な生活者をぬけ出すロマン的雰囲気が感じられなくはないが、党の末端につらなって一定の任務を担う場面でも、夢を追ったり理念に深入りするよりも目の前の仕事を黙々とこなすことに専念し、このことによって人の信頼を得るような人柄だった。詩や小説に登場する身近な人びとのすがたも、その庶民的な暮らしぶりを庶民的な視点からとらえて表現するものだった。

ここでは、そんな詩人の目に映った戦争末期から戦後にかけての焼け野原の光景を主題とする、詩二編を取り上げたい。一つ目は「自分の家」と題する詩だ。

もう帰ろうといえば、
もう帰りましょうという。
ここは僕らの家の焼けあと。
きのうまでのあの将棋駒のような家は
急にどこかに行ってしまって、
今朝はもうなにもない、なにもない、
ただ透き通るような可愛らしい炎が
午前四時のくらい地面一めんに
チロチロ光りながら這いまわっているばかり。
ゆうべ水と火の粉をくぐったオーバーの
よごれた肩先をぼんやり払って、
もう帰ろうとまたいえば
もう帰りましょう、と
お前は煤けた頰で哀れに復唱する。
光子よ、帰ろうといってもここは僕らの家。
いったいここからどこへ帰るのだ。

自分の家から帰るというのは
いったい、どういう家だ。（『現代詩文庫49　菅原克己詩集』思潮社、一九七二年、一九ページ）

暮らしのなかで体で、肌で、感じたところをことばにしようとする姿勢がこの詩でもゆるがない。東南アジアと太平洋の諸地域に戦火が広がり、敗色濃厚のなかでアメリカ軍による空襲によって目の前の焼け跡は生み出されたのだが、詩には戦争に言及することばは書かれない。戦争への言及はないが、まわりになにか異変が起こったことは詩から確実に伝わってくる。そして、異変に戸惑う作者と作者の妻の心事は、戦争への言及がないだけにかえってなまなましく伝わってくる。家の焼失と戦争を結びつけることは住む家のなくなった災厄を納得する手段の一つという側面をもつが、その道を断つことは家の焼失と日々の暮らしとのつながりをいっそう濃密に意識することになるからだ。「もう帰ろう」「もう帰りましょう」という会話のくりかえしは、さりげない日常のことばに戸惑いの切なさと不条理を定着した見事な詩句だということができる。

戸惑いの根本にあるのは日々の暮らしを取りもどせない欠如感にある。きのうまで家のあったところに「もうなにもない」という、欠如感の深さが思われる。家とともにこれまでの暮らしも失われたのだ。が、家の焼け跡を目の前にしていながら、夫婦は日々の暮らしが失われたことをにわかに受け容れられない。「もう帰ろう」「もう帰りましょう」という、いかにも日常的なせりふのやりとりは、暮らしの喪失を受け容れられない夫婦の、あえて暮らしが継続しているかのごとくにふるまう擬態のようにも見える。かつての暮らしが取りもどせないことを承知した上での、失われたものをこの上なく大切に思う気持ちを二人のあいだだけでも確かめ合おうとする擬態だ。同じせりふのやりとりがくりかえされるのは、擬態になにかしら心に響くものがあったということか。

しかし、詩は擬態をもって終わらない。最後に来るのは家の焼失、暮らしの喪失を確認する苦いことばだ。「ここからどこへ帰るのだ」「自分の家から帰るというのは……どういう家だ」と。

地味な生活者たる詩人にとって、日々の暮らしの持続を願うことも、そのために擬態の助けを借りて苦難を心理的に軽減することも、また、おのれ一個の努力や擬態でもってしては太刀打ちできない災厄に出会って苦い思いをすることも、戦中・戦後を通じて変わることのない実生活上の経験だった。

一九四五年八月一五日の戦争終結は日本の社会全体に大きな変化をもたらす出来事であり、戦争に振り回されつつ積極的ないし消極的に体制に協力した庶民にとっても、積極的ないし消極的に反戦・反体制の姿勢を取った庶民にとっても、暮らしの実質に、また心理に、大きな変化をもたらす出来事ではあったが、変化に戸惑う人びとが事態にどう対処するかとなれば、人びとの多くは日々の暮らしを守るという生活の基本に足を据えるほかはなかった。その点からすれば、治安当局から危険人物と見なされた菅原の、焼け跡を前にしたふるまいと心情はけっして特異なものではなかった。田村隆一や三好豊一郎や鮎川信夫のような若き詩人たちが死を物理的にも精神的にも身近なものに感じ、死を見つめ、死者とことばを交わすことが戦後を生きることだと考えたのが特異でなかったように、不安と不自由な日々を右往左往しながらなんとか生きぬいてきたやや年配の詩人・菅原克己が、破壊と荒廃が広がるなかで成算なきままに日々の暮らしを継続していこうとすることは特異なことではなかった。

さきに引いた「自分の家」は空襲の翌日に取材した詩だったが、「やけあと」と題する以下の詩は、それからやや時が経った日の情景を描いたものだ。

配給物をとりに出かけると、
お前はきまって
焼けた我家の土台石に腰かけて
しばらく休んで来る。
すっかりひろびろとしたこの界隈。
ぽつんと焼けのこった石門のそばで
今日もあかい格子縞のツウピイスが
のんきそうにあたりを眺めている。
そこは玄関跡の石だたみ、
最後にお前が
衣類を一抱え持って出たところ。
区役所、町会、友人の家と

自転車で一廻りした僕は、
汗をふきふき遠くからお前を呼ぶ。
夢からさめたような笑顔で
お前は焼けあとから僕を見る。
野菜物をさげ、
ゆっくり立ち上りながら
何か告げたい笑顔が僕を見る。

（同右、一九―二〇ページ）

前の詩からやや時が経って、この詩には多少とも日常の明るさがもどってきているように感じられる。家が焼け落ちた直後に比べれば、配給物を取りに行けるようになり、区役所や町会や友人の家を自転車でまわれるようになったことが生活を明るくしている。日々の暮らしはそんなこまごまとした事柄が整うなかから生まれてくるものだし、詩にでもしないと気がつかないようなそんな明るさが庶民の暮らしにはいかにも似つかわしい。長い戦争の渦中にあって菅原はそうやって政治的弾圧に抗し、生活上の困窮や不如意に耐えてきたのだったろうが、荒廃と混乱が激しさを増す時代の変わり目にあっても、なしうることをなすことによって日々の暮らしを保つ以外にはなかった。そして、詩を書くという行為も、それ自体は日常的な行為とはいえなかろうが、日々をつつがなく過ごすための手立ての一つだったのではなかろうか。詩「自分の家」と「やけあと」が苦味や明るさにニュアンスのちがいがあるものの、二つに共通して日常の瑣事を慈しむ気持ちの流れていることや、四五年の敗戦をはさむ前後一〇年の詩を広く眺めわたしても、そこに、世の荒波に耐えて健全に、つつましく生きていこうとする心意気が、安定した詩語の流れを作り出していることからしても、そんなことが思われるのだ。

安穏に暮らすことのむずかしい時代に地味な生きかたをつらぬこうとし、つらぬくことができたところに、菅原の庶民的な思想性をうかがうことができるが、自分の変わらなさの自覚がその思想性の基本をなしていたと思う。時代の激しい動きのなかでその自覚は強まりこそすれ弱まることはなかった。「自分の家」や「やけあと」では家が焼け、地域が焼け野原になっても自分が──妻をふくめれば自分たちが──変わらず家を思い、地域を思うさまが歌われている。空間の急激な大変化を前にして、時間が以前と変わらず流れていることが歌われている。二つの詩が安定したリズムに乗って前へと進んでいくのは、空間の大変化にもかかわらず詩が、詩人が、かつての時間のリズムをいまも変わらず保持しえていることの証しだ。

詩のリズムが変わらぬ安定感を保っているだけではない。詩に描かれる詩人夫妻の行為も以前と変わらぬリズムを保っている。「もう帰ろう」「もう帰りましょう」のやりとりがそうだし、土台石に腰かけてしばらく休むのがそうだし、区役所その他を自転車で一廻りするのがそうだし、夢からさめたようにこちらを見る妻の笑顔がそうだ。これらは自覚された自分（たち）の変わらなさの実例というべきものだが、それが日常の暮らしからおのずと浮かび出てきたものであるだけに、イメージに地道なリアリティがある。そのリアリティが、これまた目の前の光景として濃密なリアリティをもつ焼け跡の荒野と共存している。それが戦後の都市を代表する一つの典型的な風景だった。焼け跡は破壊、荒廃、混乱、虚無を象徴するイメージとして思い浮かべられることが圧倒的に多いが、そこに息づく地味な、つつましい暮らしを見つめつづけることが菅原克己の詩の営みだった。詩人はそういう形で戦後の世界のありかたを問い、戦後を生きる意味を問おうとしていたのだった。

2 戦後の小説

戦後の詩は安堵と頽廃と虚無の空気が広がるなか、遠近さまざまな死者の思いを汲みとりつつ、生き残った一人としてどう生きていくかを模索するところに時代的な特質があらわれていたが、戦後の小説は、国家権力による思想と表現の統制が解除され、自由にものが言えるという条件のもと、敗色濃厚な戦時下から、貧困と混乱とをきわめる敗戦後にかけての社会がどういうものであり、そこで人びとはどう生きたか、現にどう生きているかを見定めようとするところに大きな特徴があった。ここでは敗戦後一年半ほどのあいだに書かれた三編の作品を取り上げ、小説と時代精神とのかかわりを見ていきたい。

まずは評論『堕落論』と並ぶ坂口安吾の代表作『白痴』だ。四六年六月に発表された小説である。書き出しはこうだ。

その家には人間と豚と犬と鶏と家鴨《あひる》が住んでいたが、まったく、住む建物も各々の食物も殆んど変っていやしない。物置のようなひん曲った建物があって、階下には主人夫婦、天井裏には母と娘が間借りしていて、この娘は相手の分らぬ子供を孕《はら》んでいる。

伊沢の借りている一室は母屋から分離した小屋で、ここは昔この家の肺病の息子がねていたそうだが、肺病の豚にも贅沢すぎる小屋ではない。それでも押入と便所と戸棚がついていた。

（坂口安吾『白痴』新潮文庫、一九四八年、三八ページ）

人間と豚・犬・鶏・家鴨が同類同等の生きものとしていきなり提示される。もちろん豚や犬や鶏や家鴨が人間に近づくのではなく、人間が豚や犬の同類となるのだ。住む建物は豚小屋や犬小屋とさほど変わらないし、食べものも似たようなものだ。若い娘はだれかれなしに求める男の性の相手となる。

戦争末期から戦後にかけての時代がこういう生活状況へと人びとを追いやる傾きをもったのは確かだ。しかし、人間が豚・犬・鶏・家鴨の同類同等になるはずはないし、そんな状態がありうるとしても、それは人類史のまだずっと先の話だった。作家にも当然そのことは分かっていて、そんな架空の世界を提示するには誇張と戯画の力が存分に働かねばならなかった。たとえば次の一節のような。

米の配給所の裏手に小金を握った未亡人が住んでいて、兄（職工）と妹と二人の子供があるのだが、この真実の兄妹が夫婦の関係を結んでいる。けれども未亡人は結局その方が安上りだと黙認しているうちに、兄の方に女ができた。そこで妹の方をかたづける必要があって親戚に当る五十とか六十とかの老人のところへ嫁入りということになり、妹が猫イラズを飲んだ。飲んでおいて仕立屋（伊沢の下宿）へお稽古にきて苦しみはじめ、結局死んでしまったが、そのとき町内の医者が心臓麻痺の診断書をくれて話はそのまま消えてしまった。え？どの医者がそんな便利な診断書をくれるんですか、と伊沢が仰天して訊ねると、仕立屋の方が呆気《あっけ》にとられた面持《おももち》で、なんですか、よそじゃ、そうじゃないんですか、と訊《き》いた。

（同右、三九ページ）

短い文章に、未亡人、その息子と娘、親戚の老人、仕立屋、町内の医者、と次々に人物が登場し、あっと驚くような行動をして見せる。くだけた話体に乗せられて話の筋を追っていくと、ユーモラスな気分にも後押しされて奇異な出来事がまんざら嘘ではない気がしてくる。小道具としての猫イラズの使用にも作者の腕の冴えが見てとれる。戦争という非常事態が長く続くなかで、秩序のあちこちに綻《ほころ》びが生じ、しきたりや常識や生活作法が通用しにくくなり、人びとは右往左往し、途方にくれ突飛なふるまいに出たりもする。そんな世相を誇張と滑稽味を交えて活写するのに、坂口安吾の戯作調はまことに似つかわしい文体だったということができようか。戯画や誇張は作者が余裕をもって世相を眺めていたことを思わせもする。

長い戦争も、打ちのめされた末の敗戦も、圧倒的多数の人びとにとって余裕をもって眺めることのできる出来事ではなかったし、それにまつわる世相も余裕をもって眺められるものではなか

坂口安吾

った。その世相が混乱や荒廃や虚無をふくみつつ生き生きと充実した世界として描かれることは人びとを驚かせるに足る事柄だったが、それと並んで、暗い世相を余裕をもって眺め、人物や事物を戯画化し誇張することによって、そこに愉快な人間模様を浮かび上がらせるという小説作法は、それに劣らず驚くに足る事柄だった。

　貧窮と荒廃と混乱に多くの人びとが苦しみ、戸惑い、右往左往する世相を、そこにこそむしろ人間の真実のすがたがあらわれているとして、時代へのある種の肯定感をもって『堕落論』や『白痴』を書いた坂口安吾は〝無頼派〟とか〝デカダン派〟と呼ばれ人気を博した。貧困と混乱の世が無頼とデカダンの空気に染まりつつあるのは疑いようがなく、『堕落論』や『白痴』はその気配によく照応する文学だった。〝無頼派〟〝デカダン派〟の呼称は、坂口安吾の文学を異端の文学として横目に見つつ、そこに時代のありようを重ね合わせるだけの見識も備わる評語だった。

　さて、わたしたちは『白痴』にもどって、無頼派の作家のとらえた世相をもう少し広い視野のもとに見ておきたい。さきの二つの引用文中に唯一、固有名の出てきた「伊沢」は、題名となっている「白痴」と並ぶこの小説の主人公だが、かれは小工場とアパートに囲まれた場末の商店街に住む庶民層とは毛色がちがって、大学を卒業したあと新聞記者になり、いまは映画の演出をしている二七歳の一人者だ。まわりの人とのつき合いはほとんどない。文化人というか知識人というか、そんな呼び名がついてもおかしくはない人種だが、やや高踏な人種についても坂口安吾の評言は憚《はばか》るところがない。

新聞記者だの文化映画の演出家などは賤業中《せんぎょうちゅう》の賤業であった。彼等の心得ているのは時代の流行ということだけで、動く時間に乗り遅れまいとすることだけが生活であり、自我の追求、個性や独創というものはこの世界には存在しない。彼等の日常の会話の中には会社員だの官吏だの学校の教師に比べて自我だの人間だの個性だの独創だのという言葉が氾濫しすぎているのであったが、それは言葉の上だけの存在であり、有金をはたいて女を口説いて宿酔《ふつかよい》の苦痛が人間の悩みだと云うような馬鹿馬鹿しいものなのだった。ああ日の丸の感激だの、兵隊さんよ有難う、思わず目頭が熱くなったり、ズドズドズドは爆撃の音、無我夢中で地上に伏し、パンパンパンは機銃の音、およそ精神の高さもなければ一行の実感すらもない架空の文章に憂身をやつし、映画をつくり、戦争の表現とはそういうものだと思いこんでいる。

(同右、四三―四四ページ)

うす汚ない庶民の生活を戯画化し誇張してこきおろしたその勢いに乗って、新聞や映画をこきおろし、文化や文明を罵《ののし》り、自我だの個性だの独創だのといった観念語を根も葉もない世迷言だと一蹴《いっしゅう》する。〝無頼派〟の面目躍如といったところだ。

そんな境遇で、伊沢は死んだように生きている。「伊沢の情熱は死んでいた。朝目がさめる。今日も会社へ行くのかと思うと睡《ねむ》くなり、うとうとすると警戒警報がなりひびき、起き上がりゲートルを巻き煙草を一本ぬきだして火をつける。ああ会社を休むとこの煙草がなくなるのだな、と考えるのであった」（四六ページ）というのが伊沢の日々だ。

その伊沢の下宿屋にある日、白痴の女が転がりこんでくる。路地のどん底に住む「気違い男」が一念発起、四国遍路の旅に出かけ、途上で意気投合し女房としてつれ帰った女なのだが、亭主に叱られたかして逃げてきたものらしい。白痴女は押入れのふとんに隠れるようにしてぶつぶつつぶやいているが、ことばの内容は一向に要領を得ない。女のあわれなすがたを見ているうちに伊沢は一晩泊めてやろうという気になる。

ままよ、伊沢の心には奇妙な勇気が湧いてきた。……どうにでもなるがいい、ともかくこの現実を一つの試錬と見ることが俺の生き方に必要なだけだ。白痴の女の一夜を保護するという眼前の義務以外に何を考え何を怖れる必要もないのだと自分自身に言いきかした。彼はこの唐突千万な出来事に変に感動していることを羞《は》ずべきことではないのだと自分自身に言いきかせていた。

（同右、四七ページ）

女はぐずぐず部屋のなかにいる。伊沢はむりやり女を追い出すことができない。二人はそうやって夜の明けるまで同じ部屋で過ごし、そのまま同居の生活が始まる。伊沢はこれまで通り昼間は会社に出かけ、夜は家で二人で過ごす。いつしか肉体の関係が生まれ、伊沢は女の肉欲の敏感さに驚くが、それ以外の場面で二人のあいだに人間らしいつながりは生じない。

男女の無気力な生活はアメリカ軍の東京空襲によって破られる。激しい爆撃と、音と、家が倒れるかと思うほどの大きなゆれ。二人は恐怖に駆られて押入れに飛びこみ身を固くする。死の恐怖におびえる白痴女の苦悶は伊沢の目にこう映ずる。「それは人間のものではなく、虫のものですらもなく、醜悪な一つの動きがあるのみだった。……そして目に一滴の涙をこぼしているのである。」（五八ページ）伊沢はみずから「醜悪」と形容する女の動きに強く引かれているのだ。

この空襲の一月あまりのちに次の空襲がやってくる。今度は自分の住家も焼けると予感して伊沢はふとんをかぶり女を抱くようにして火の粉の飛ぶなかを逃げていく。途中、群集の流れる方向に女が行こうとするのを、そちらは危険だと察知した伊沢がたしなめて言う。

「……おい俺達二人の一生の道はな、いつもこの道なのだよ。この道をただまっすぐ見つめて、俺の肩にすがりついてくるがいい。分ったね」女はごくんと頷《うなず》いた。

その頷きは稚拙であったが、伊沢は感動のために狂いそうになるのであった。ああ、長い長い幾たびかの恐怖の時間、夜昼の爆撃の下に於て、女が表わした始めての意志であり、ただ一度の答えであった。そのいじらしさに伊沢は逆上しそうであった。

（同右、六五—六六ページ）

こうやって逃げまどううちに女は疲れて眠ってしまう。伊沢は先のことを考えながら女のそばにいるが、確たるあてがあるわけではない。

そこで小説は終わっている。

戦争から焼け跡へと続く時代の混乱、荒廃、虚無のさまを、路地裏の庶民の泥にまみれた、いかがわしい生きかたのうちに、とりわけ、文化映画の演出家と白痴の女との奇怪な男女関係のうちに浮かび上がらせようとしたのが無頼派坂口安吾の『白痴』だったが、世間体だの外聞だの体裁だのを取りつくろっていられなくなった人びとが、ぎりぎりのところで生きていくそのすがたは、改めて生きるとはどういうことかを考えさせる力があった。白痴の女の肉欲や生存本能に伊沢が感動を覚える、という心の動きは、人間性の埒外《らちがい》に置かれるべきものではなく、人間の原初の感覚として文学的な共感を寄せることのできるものだった。

小説を読み終わった読者の胸裡には、頽廃と虚無の荒野が広がる。そこから新しい社会のヴィジョンや、人と人とのつながりへと至る道のりは果てしなく遠いが、空漠としてある戦後という時代の一面を戯画化と誇張の手法によって人びとに突きつけた『白痴』は、時代のなかから生まれ、時代とともに生きようとする文学だった。

＊＊＊

戦後の小説として次に取り上げるのは、梅崎春生の『桜島』である。敗戦前の一ヵ月ほど、鹿児島県の桜島で海軍の暗号特技兵として勤務した経験をもとに書かれた小説だ。一人の兵として身近にせまる死とどう向き合ったかを、さまざまな軍隊生活の場面や、人びとの動きや、目にし耳にする情景のつらなりのなかから浮かび上がらせようとしたものだ。

主人公・村上兵曹は桜島への転勤命令を南鹿児島の坊津《ぼうのつ》で聞く。その夜、水割りアルコールを痛飲した村上は、翌朝、峠に立って坊津を振り返る。

生涯再びは見る事もないこの坊津の風景は、おそろしいほど新鮮であった。私は何度も振り返り振り返り、その度の展望に目を見張った。何故このように風景が活き活きしているのであろう。胸を噛むにがいものを感じながら、私は思った。この基地でいろいろ考え、また感じたことのうちで、この思いだけが真実ではないのか。

（梅崎春生『桜島・日の果て』新潮文庫、一九六七年、九ページ）

坊津から枕崎に出、汽車に乗って小さな町に降りた村上は、そこで一泊することに決め、夜の妓楼に出かけて妓《おんな》を買う。右耳のない妓だった。話は弾《はず》まないが、戦争が話題になったところで妓が尋ねる。「ねえ、死ぬのね。どうやって死ぬの。よう。教えてよ。どんな死に方をするの」（一二ページ）と。妓にも死は身近なもののようだった。

やがて村上兵曹は桜島に到着する。

これまでの記述もそうだが、桜島での一月ほどの戦争のありさまも、主人公の村上が自分の経験したことを「私」という一人称で語る形を取る。死を覚悟した軍隊生活だから、日々の出来事も坦々と過ぎていくわけではないが、村上の語り口は自分の意志や感情についても冷静に見つめようとする抑制が働いて、読者はときに戦争の謎めいたなまなましさに直面する思いがする。

たとえば、桜島の軍の居住区で初めて会った吉良《きら》兵曹長について「私」（村上兵曹）は次のようにいう。


（あの眼だ）

軍人以外の人間には絶対に見られない、あの不気味なまなざしは何だろう。奥底に、マニヤックな光をたたえている。……私が思うこと、考えることを、だんだん知って来るに従って、吉良兵曹長は必ず私を憎むようになるに決っている。それは一年余りの私の軍隊生活で、学び取った貴重な私の直観だ。あの種類の眼の持主は、誤たず私の性格を見抜き、そして例外なく私を憎んだのだ。

（同右、一八―一九ページ）


「軍人以外の人間には絶対に見られない、あの不気味なまなざし」といわれても軍隊経験のまったくない者には想像がつかない。ただ、感じたこと、思ったことを誠実に正確にことばにしようとする作者の姿勢からして、作者が軍隊生活のなかでそういうまなざしに出会い、その人物を吉良兵曹長として作品に登場させたことが信じられるばかりだ。

ここに書かれている通り、吉良は「私」と反《そ》りが合わず、「私」は「私」で吉良に調子を合わせたり妥協したりする気はなく、二人のあいだには緊張の糸がゆるむことがない。軍隊だからそうだというより、性格やものの考えかたのちがいから来る二人の緊張関係は、日常の世界でもありうる確執が、死と背中合わせの状況のなかで度が強まったという書きかたになっている。日常の土台を踏まえているがゆえに、かえってリアリティを感じさせる不和だ。

もう一人、村上が親しくなるわけではないが、兵曹長よりずっとつき合いやすく感じるやや年配の兵が登場する。名前は記されない。島の小高い丘の頂上近くに広い草原があり、一本の大きな栗の木が立っている。鹿児島湾内を広く見わたせる栗の木のあたりがその男の持ち場で、双眼鏡で周囲を監視し、異状があれば栗の幹に据えつけられた電話で受信室に連絡するのがその仕事だ。役柄を取って「見張」と記され、もっと短く「男」とだけ記されるこ

梅崎春生

ともある。

「村上」がこの見張と初めて会ったとき、話がたまたまつくつく法師のことに及ぶと、見張の男はこんなことをいう。


「一昨年《おととし》もそうでした。その前の年も。いつも悲しい辛いことがあって、絶望していると、あの蟬が鳴き出すのです。あの鳴き声は、いやですねえ。何だか人間の声のようじゃないですか。へんに意味ありげに節をつけて。……今年も、どのような瞬間にあの虫が鳴き出すかと思うと、いやな予感がしますよ」

（同右、二五ページ）


この兵の落ち着いたふるまいや話しぶりからすると、つくつく法師の話も戦争の不幸や死にあえて結びつける必要はあるまいと思える一方、それなりに分別のある年配の男が気を許すようにふと口にしたのがこの不吉な話柄だと思うと、意味ありげな蟬の鳴き声が、戦時下の日常に底流する不幸と死に通い合うところがあると感じられなくもない。

この見張はこのあともう二度ほど小説中にすがたをあらわす。戦況に一喜一憂することなく、まわりを冷静に観察し、自分なりの考えをゆっくり堅めようとしていることがことばの端々《はしばし》から見えてくる。

次に村上が栗の木のもとに行ったとき、男は、人間には生きようとする意志とともに滅亡に赴《おもむ》こうとする意志がある、といい、滅亡は美しい、廃墟は美しい、という。そして、自分が双眼鏡を通して見た、遠い谷間の百姓家の思いもかけぬ情景をものがたる。

百姓家には夫婦と爺さんと七つか八つの男の子の四人が住んでいる。夫婦は昼間は田か畑に働きに出て家にはいず、爺さんは長く病気を患って奥のほうの部屋で寝ているらしい。ときに見かける様子では夫婦も男の子も爺さんを邪魔物扱いしているが、爺さんは孫の男の子がかわいいらしい。

ある日のこと、かんかん照りの昼間に縁先に這《は》い出してきた爺さんが、庭に下りて納屋のほうによたよた歩いていく。双眼鏡で見ていると、納屋から踏台と縄をもち出し、入口に踏台を置いてその上に登ろうとする。なんどか転げ落ちながらやっと登ると、頭上の梁《はり》に取りついて縄をそれに結びつけ、下に垂れた部分を輪にしてそれを引っ張って強度をためしている。首を吊る気らしい。これで大丈夫だと思ってまわりをぐるりと見回すと、真うしろに例の男の子がいて爺さんのすることを黙ってじっと見ている。一瞬ぎくっとした爺さんはそのままじっと孫を見つめている。一〇分間ぐらいもにらみ合うと、爺さんは踏台からくずれ落ち、地面を這うようにして縁側まで行き、沓《くつ》ぬぎにうつぶせになって長いあいだ虫のようにしくしく泣いていた。

話の最後に見張の男はこう感想をつけ加える。

「人間は、人が見ていると死ねないものですかねえ。独りじゃないと、死んでいけないものですかねえ」

（同右、四八ページ）

文庫本にして三ページほどの短い挿話だが、心に深く入りこんで一度読んだら忘れられない。戦争とは直接にかかわらない死の話で、作者も意図してそのように設定したのだと思える。が、片耳のない女の話もそうだが、この話も戦場でも非戦闘地でも人びとの心にのしかかる死と悲惨と窮迫の重苦しさと遠く響き合うように読める。爺さんの自死の決意は、年配の見張兵を通じて戦争の死――戦闘や行軍や空襲のなかでの死――と結びつき、そのつながりが、谷間の百姓家の暮らしと丘や野原の兵営や見張所での兵士たちの暮らしとが一つの世界をなしていることを感じさせる。戦争を特別なこととして日常の世界から切り離すのではなく、戦争を日常と地つづきのものとしてとらえようとする文学的意志が作者に強くあって、その意志の強さが年配の見張兵のような、戦場にあっても日常の生活感覚を失うことのない人物の造形を求めたように思われる。

見張兵との村上の三度目の出会いはこうだ。

栗の木のいつものところに男はいず、むこうを見ると白っぽいものが見えた。近づくと、

地面に伸した両手が、何か不自然に曲げられていた。土埃にまみれた半顔が、変に蒼白《あおじろ》かった。私はぎょっとして、立ち止った。草の葉に染められた毒々しい血の色を見たのだ。

……

とうとう名前も、境遇も、生国も、何も聞かなかった。私にとって、行きずりの男に過ぎない筈であった。滅亡の美しさを説いたのも、此処《ここ》で死ななければならぬことを自分に納得

させる方途ではなかったのか。

（同右、五九―六〇ページ）

村上の瞼には涙が溢れ、耳には今年初めて鳴くつくつく法師の声が聞こえている。場面はこう締めくくられる。

男の略帽を拾い上げた。死体の側にしゃがみ、それで顔をおおってやった。立ち上った。息を凝らしながら、身体をうごかし、執拗に鳴きつづけていたつくつく法師をぱっととらえた。規則正しい韻律が、私の掌の中で乱れた鳴声に変わった。物すごい速度で打ちふるう羽の感触が、汗ばんだ掌に熱いほど痛かった。生れたばかりの、ひよわなこの虫にもこのような力があるのか。残忍な嗜虐《しぎやく》が、突然私をそそった。私は力をこめて掌の蟬を握りしめると、そのまま略服のポケットに突っ込んだ。蟬の体液が、掌に気味悪く拡がった。それに堪えながら、私は男の死体を見下していた。

（同右、六一ページ）

つくつく法師を掌《てのひら》で握りつぶす動作には村上の心の昂《たか》ぶりが示されている。が、激情はそこで抑えられ、それ以上には広がらない。男の死体を見下ろしているところで男の死と村上との関係は終わる。男の死は新たに始まる村上の日常のなかで生かされるほかはない。それを思うと、死体を発見してからつくつく法師を握りつぶすまでの一連の行為と、男にまつわる思い出や思いやりの一つ一つは、男の死を新たな日常において生かすための準備作業だったようにも思える。

このあと、小説は見張男にほとんど触れることがない。

小説『桜島』の最終場面は終戦の詔勅をめぐる混乱と紛糾が描かれ、兵営内で事あるごとにいがみ合ってきた吉良兵曹長と村上兵曹の最後の対立を軸に話が進む。

詔勅はラジオが不具合で聞きとれず、兵たちのあいだでは漠然と本土決戦の詔勅だろうと思われている。戦闘に備えて暗号書が焼かれたりしている。

いよいよ本土決戦だ、と気の逸《はや》る吉良は、勝敗のゆくえにも戦争の意義にも懐疑的な村上を前にして、軍刀の柄頭《つかがしら》を叩き、獣の叫び声を挙げる。敵が上陸してきたら、この軍刀で卑怯未練な味方の兵を一人一人切ってまわる、と。そのとき、一人の兵が入ってきて、詔勅が終戦の詔勅だったと言う。吉良は軍刀を手にうつろな目で壁を見たまま動かない。「私」が部屋を出ていこうとしても壁を見つめたままだ。いよいよ部屋を出ようとして三度目に振り返ると、吉良は軍刀をぬき放ち、刀身を顔に近づける。刀身がぎらりと光る。吉良は飢えた野獣の目で刀身を見つめている。やがて吉良の姿勢が動いて刀身は鞘《さや》におさめられる。鍔《つば》が鞘に当たって硬い音を立てる。吉良が沈痛な声でいう。「村上兵曹。俺も暗号室に行こう」と。

以下、幕切れの一段落を多少省略して引用する。

　壕を出ると、夕焼けが明るく海に映っていた。道は色褪せかけた黄昏《たそがれ》を貫いていた。……崖の上に、落日に染められた桜島岳があった。……石塊道《いしころみち》を、吉良兵曹長に遅れまいと急ぎながら、突然瞼を焼くような熱い涙が、私の眼から流れ出た。拭いても拭いても、それはとめどなくしたたり落ちた。……頭の中に色んなものが入り乱れて、何が何だかはっきり判らなかった。悲しいのか、それも判らなかった。ただ涙だけが、次から次へ、瞼にあふれた。掌で顔をおおい、私はよろめきながら、坂道を一歩一歩下っていった。

（同右、七一―七二ページ）

引用文のすぐ前、光る刀身を間近に見つめる吉良は殺気に満ち、刀は血を見ないでは済まない存在としてそこにある。吉良にとって戦争とはそういうものだった。

が、血の凍る不気味な時間が過ぎて刀は元の鞘におさまる。戦争の外に戦争より広い日常の世界があり、身も心も戦争にどっぷりつかった吉良も日常の世界に還っていこうとする。「村上兵曹。俺も暗号室に行こう」ということばは帰還の意思表示だ。

引用文で村上が吉良のうしろについて歩くのも、とめどなく涙を流すのも、二人が同じ日常世界を生きているとの実感をもったがゆえに可能となった事柄だ。夕焼けの明るい海も、落日に染められた桜島岳も、もう戦場の光景ではなく、戦争後にも長く続く日常の光景だ。吉良と村上の関係もすでにして場面が移っている。吉良が白刃を鞘におさめ、二人が暗号室に向かうところで、吉良は生粋の皇軍兵士ではなくなり、村上は戦争に懐疑的な暗号特技兵ではなくなっている。過去は消え失せるわけではないが、きわめて漠然たる予感以上のものではないにしても、戦争の過去とはちがう未知の日常が行く手にあることは感じられている。歩きながら思いがけず涙する村上は、定かならぬ未来になにほどかの希望を感じとっていたのかもしれない。では、吉良はどうか。日常への帰還を決意したばかりの吉良の心意は測りがたいが、作者は吉良の未来にもなにほどかの希望を見ていたのではなかろうか。

読み終わって爽やかな充実感をあたえられるのは『桜島』の大きな特色だ。重苦しい出来事、場面、情景、人間関係が丁寧にたどられるのに、そこに澄明な世界があると感じられるのは、戦争の外側にも戦争の内部にも人びとの日常があり、その日常を善でも悪でもない一つの必然として書き記す作者の怜悧な姿勢のゆえだ。敗戦の一年後に『桜島』は書かれたが、日常を見つめる梅崎の知的なまなざしは、戦争後の混乱した人びとの日常をゆたかな世界として——戦争の日常と非日常を包みこむゆたかな日常世界として——とらえ、そこにつながる戦時下の九州南端の兵営生活を、死と背中合わせの悲惨さをともないつつも、人間が人間らしく生きていく小世界として描き出すことができたのだった。『桜島』を書くことは、梅崎にとって、戦争が終わったあとに過去の戦争を生きることにほかならなかった。

＊＊＊

敗戦後の時代精神が濃厚に刻印された小説として、次に椎名麟三《りんぞう》の『深夜の酒宴』を取り上げる。戦後の貧困と混乱のなかで社会の底辺を這《は》いずりまわるように生きる人びとを描いた作品である。救いのない惨めな境遇を生きる人びとが次々とあらわれ、読み進むのに忍耐心を要求される小説だが、底辺の人びとのつらい日々を見つめつづけ、描きつづける作者にも、忍耐心の必要な執筆作業だったと思われる。
東京の下町の、かつて運河沿いの倉庫だった建物を、向かい合わせの一二部屋に仕切り、真ん中の土間を廊下にしたアパートが物語の舞台だ。語り手もそのアパートの一室に住む中年の男だが、かれ自身、露店の売子をしてその日その日を過ごすという逼迫した境遇にある。「僕」と名告る語り手のある日の朝は、たとえばこんなふうだ。

今日も一日中雨が降っている。この四五日降りつづいた雨は、今は全く降り癖がついてしまったようだ。僕は一昨日から殆んど何も食べてはいなかった。そして昨夜から僕はひどい飢餓感に苦しめられていた。飢えはまことに重い。それは全身へ鉛のように蔽いかぶさっているので、動くのも大儀なのだ。僕は今朝から何度も、ここから遠い外食券食堂の傍にある青物市場の広い構内を思い出していた。その構内の隅には、僕が銀座から帰って来るころにはいつも、腐った大根や蕪《かぶ》や枯れたキャベツの葉や葱《ねぎ》や他のいろんな葉菜類が掃き寄せられて山のようになっていた。僕はここでまだ食べられるものを見つけた。ときには馴染みになったそこの掃除婦の手伝いを一時間ばかりして、里芋やからし菜などを少しばかり貰うことがあった。
(『現代日本文学全集82　椎名麟三　野間宏　梅崎春生集』筑摩書房、一九六七年、一二ページ)

「僕」には惨めな境遇をぬけ出そうとする意欲がない。人として生きている以上、ゼロということはなかろうが、きわめて弱い。そして、椎名麟三はそういう人物をあえて語り手に設定したかったように思える。世間一般からは、だらしない、とか、ぐだぐだした、とか評される人物だが、そういう人物がどのように日々を生き、またその人物の目に他人が、社会が、どう映るかを追求したかったように思える。「僕」のような人物をだらしない、ぐだぐだした人物として片づけていいものかどうか。椎名麟三はそのようにみずからに問い、また読者にも問いかけているもののごとくだ。

僕は自分の飢えと悪寒《おかん》に堪えていたのだった。そのときふと、僕の向い合っている壁の向うから、戸田の呻《うめ》くような泣くような溜息がかすかに洩れて来た。僕はそれにじっと堪えた。堪えるということは、僕にとって生きるということなのだ。堪えることによって僕は一切の重いものから解放されるのだ。そしてまた堪えることによって、あの無関心という陶酔的な気分を許されるのだ。全くそれでなくても、この世の中は、堪えるより外に仕方がないではないか。思想にさえ、僕はどれほど堪えて来なければならなかったであろう!

(同右、一七ページ)

じっとしてものごとに堪えるのが生きることだと語り手の「僕」はいう。僕はそうやって飢えや悪寒に、そして隣室に住む男(戸田)の溜息に堪えている。飢えや悪寒や他人の溜息だけではない。もっと広く、この世の中にも思想にも堪えてきたという。

堪えることは、せまりくるものごとから遠ざかることでもそれに近づくことでもない。じっとしていることだ。外から見れば、無気力な、あるいはだらしない態度とも思えるが、当人の追いつめられかたからすると、そこに、内から発する積極性が認められなくはなく、堪えるとはそういう姿勢をもちつづけることだとも考えられる。数年前の天皇制ファシズム体制の下、人びとが聖戦思想に浮き足立ち、国のために命を捨てることを道徳義務と信じた狂躁のさまを思えば、前にも後にも動かないでじっと堪えている生きかたは、多少の潔《いさぎよ》さまでもがそこに認められることだったかもしれない。

小説『深夜の酒宴』において椎名麟三はじっと堪える姿勢をどこまでもつらぬこうとする。語り手の僕は堪えることが生きることだというが、僕以外の登場人物たちも堪える以外に生きる方途のない人間がほとんどだ。たとえば、さきの引用文に出てくる戸田は僕の隣室に夫婦で住んでいるのだが、二人の暮らしぶりはこうだ。

椎名麟三

　……戸田も自分の妻のおぎんには全く頭が上がらないのである。戸田はおぎんより五つも年下であるせいか、おぎんには奴隷のように服従していた。彼は謄写版原紙に製版する仕事をしていたが、二三日机の前で鑢《やすり》の音をさせていたかと思うと、すぐ倦怠を感じるらしく、映画を見に行くのだった。だから一月を通ずると、割のいい仕事なのにその収入は家計費の半ばにも達しないのである。おぎんはアパートの人々の人に知られたくない秘密にも通じていて、人々の弱点に少しの容赦もないのだが、おぎんの一番我慢のならないのは、男の生活的な無能力だった。それでいながら戸田に対する態度はそれと矛盾して、かえって戸田の責任のない非実際的な性格を愛しているようなのだった。（同右、七ページ）

似たり寄ったりのつらいその日暮らしの続くアパートの住人たちのなかでは、戸田夫婦は経済的に恵まれているほうだが、妻おぎんに奴隷のように服従している戸田が、堪えることのない生活を送っているはずはない――実際かれは仕事をしながらたえず溜息をついている――し、おぎんはおぎんで安穏に暮らしているわけではない。「疲れたつっけんどんな声で人々の名を呼びながら、配給を事務所へとりに来るように伝えているおぎんの声を聞いていると、僕はいつも深い絶望的な気分に襲われるのだ」（同右、七ページ）といわれるのがその日々なのだ。

語り手の僕はおぎんの声を聞いて絶望的な気分に襲われているが、以前の引用ではものごとに堪えることによって「一切の重いものから解放され」「無関心という陶酔的な気分を許される」とも述懐していた。

解放感もしくは陶酔的な気分と、その対極をなす絶望的な気分とが胸のうちに同居し、どちらがどちらとも見分けがつかないのが僕の堪える生きかたの基本的な心境なのだ。いや、僕だけではない。アパートの住人のだれもかれもがそういう心境を土台として日々をやり過ごしているのだ。

だれもがつらい日々を生き、苦しみあえぎ、どこからも救いが来そうもない、暗いその日暮らしのなかでは、人と人とのつながりも生気のない、その場かぎりのものとならざるをえない。「堪える」ということばを使うなら、人びとはそういう人間関係に堪えているということもできる。

小説の終わりのほうで、アパートに死人が出て葬儀が行なわれる。珍しく住人の多くが出入りする場面だ。語り手の右隣に住む肺病の母親が死んだのだ。夫は窃盗の前科が二犯ある荷扱夫。一四歳の一人息子があって、この子にも盗癖がある。葬式は以下のごとくに描かれる。

昨日から降り出した雨は、今日になってもまだ降りやまない。そして隣の部屋からは、もうあの聞いているのも苦しい咳は聞こえないのである。四日前に死んだのだ。それは見送る身寄りもない葬式だった。荷扱夫は今まで一度も外泊したことがないのに、妻が死んだその日の夜から居なくなり、葬式がすむまで帰って来ないのだった。……

葬式は混乱と悲惨を極めた。さすが棺だけは買って来てあり納棺もしてあって、十四になる少年は、明日の朝火葬場へ持って行くよう云いつかっていた。お通夜は坊主もなく、焼香もなかった。アパートの人々は、扉からなかを覗いただけで帰ってしまったのだった。その部屋には、棺の傍に、少年がぼんやり坐っていただけなのだった。
翌朝四時ごろ少年はアパートを出た。アパートのリアカーで、母親の棺を火葬場へ運んで行ったのだった。砂町の火葬場までは二里はたっぷりあるだろう。起きていた人々がその少年を元気づけると、変な笑い方をしながら、何でもないやと云った。人々はちょっと相談し合った。しかしやはり父親がいるのに、自分たちがその子に代ってリアカーを引張ってやるのは馬鹿げているというのだった。その人々は盗癖のある少年に対していい感じを持っていないのである。少年はのろのろ朝霧のなかへ姿を消して行ったのだ。

（同右、二〇―二一ページ）

書き出しに雨の降る描写が置かれていることに注意しておこう。雨の降る陰鬱な雰囲気は『深夜の酒宴』には似合いなのだ。小説のあちこちで雨が降っている。対照的に晴れは少ない。晴れの日もあって当然だが、暗く沈んだ底辺世界にはなじまないのであろう、晴れの場面が出てくることはほとんどない。
さて葬式だが、夫が不在で、親戚・縁者も顔を見せず、一四歳の息子が一人だけ棺のそばにいるという情景はやはり異常だ。ここには、食うや食わずの生活に疲れ、身心ともに無気力になった人びとが、それでもなお生きていかねばならぬ出口なき悲哀のさまが如実に提示されている。隣人の死を心から悲しむことのできない人びとは、やはり不幸な人びとと呼ばねばならないだろう。

そういう不幸な人びとの、それぞれにちがう多様な不幸を書きつづりながら、椎名麟三は不幸からの脱出路を容易に見出すことができなかった。「堪える」という心構えは不幸を生きる生きかたではあるが、そこに不幸からの脱出路が用意されているわけではなかった。戦後という時代を眺めわたす椎名麟三の目に、脱出路が見えないほどに不幸は広く社会に広がっているように見えた。語り手の「僕」に寄りそうようにして椎名麟三は世のありさまに堪え、そこに希望の灯を見つけようとしたが、『深夜の酒宴』を読むかぎり、灯は見えてこなかったように思う。かれもまた希望のないまま堪えてこの世を生きるほかはなかった。

『深夜の酒宴』は語り手の「僕」が向かいに住む二〇歳の娼婦と酒を酌み交わすところで終わる。娼婦の名は加代、「僕」の叔父の妾の子というつながりでアパートの家主の叔父のもとに身を寄せているが、叔父の怒りに触れて明日にでもアパートを出ていく気でいる。

「お別れにお酒を飲みませんか?」

「それもいいですねえ。」

と僕は大儀な気持で立上った。深夜の廊下は打って変ったようにひっそりしていた。そしてどこかの部屋から、男の息苦しそうな鼾《いびき》がとぎれることなく聞えているのだった。……だが僕は間もなく加代の部屋で酔いつぶれてしまったのだった。飢えのために身体が弱っているからだ。だが酔いつぶれながら、僕はただ一つのことをぼんやり覚えていた。それは加代が酔いつぶれている僕の頭を子供のように撫でながら、脱けて来る髪を指に巻いては畳の上へ落していたことだった。

（同右、二一五ページ）

「深夜の酒宴」というにはなんともわびしい情景だ。振り返れば、『深夜の酒宴』は初めからこのわびしさに包まれていて、最後もわびしさのままに終わっている。僕と加代との間柄も叔父を介した間接の関係を出るものではなく、その二人が酒を酌み交わすところで幕が降りるのは、人間関係の稀薄さを象徴している。下町の貧相なアパートを舞台に、低迷する生活と低迷する人間関係を表現しえたことに椎名麟三は小説家としての手応えを感じることができたのだろうか。低迷する世界のなかで積極的とも消極的とも断じかねる、換言すれば積極的とも消極的ともいえる中途半端の生きかたを強いられることこそ時代の特質だととらえる少壮文学者は、みずから時代の低迷に沈潜しえたとの自覚はもつことができたのではなかろうか。

3　戦後の美術

軍国主義体制下の美術は、詩や小説と同じく物質的・精神的に厳しい統制のもとに置かれたが、敗戦を機に国家権力による抑圧と統制の力は格段に弱まった。ただ、表現の自由を求める試みは個人的・集団的にあちこちで見られはしたものの、それが明確な形を取るには時間が必要だった。ここでは日本画家の加山又造、彫刻家の佐藤忠良、染色家の芹沢銈介の三人の仕事を追いかけつつ、戦後二〇年間にわたる造形美術の展開のありさまを見ていきたい。

加山又造《またぞう》は一九二七年に京都に生まれた。祖父は四条・円山派の絵師であり、父は西陣織の衣裳図案を生業としていて、加山自身、幼児のころから絵を描くのを楽しんでいたという。京都市立美術工芸学校絵画科を四年で修了すると、京都を離れて東京美術学校（現・東京芸術大学）日本画科に入学、戦争末期には勤労動員のため盛岡、横須賀、岩国で働いた。東京美術学校卒業は四九年。その三年前に父が病没し、学生時代から卒業後にかけての数年は多種のアルバイトで生活費を稼ぎ、母と妹二人の住む京都の実家に仕送りをしていた。

大きな画面を隅々まで様式化して一つの統一的な世界に仕立て上げるのが加山の日本画の大きな特徴だが、そういういかにも加山的な絵の初期の代表作の一つが五四年の第一八回新制作展に出品された《悲しき鹿》である。縦一八〇・七センチ、横二二六センチの大画面に、五頭の鹿が中央に、やや外れて左わきに一頭の鹿が描かれる。どの鹿も横向きだが、写実からは遠く、頭、首、胴体、脚が模様のような単純な形を取る。六頭の鹿には体じゅうに茶系統の明暗さまざまな細い曲線が走っている。

鹿の群れのまわりには、鹿の体の細い縦線と対照的な、それよりやや太い、左右に流れるように走る滑らかな線が描かれる。作者はこれを「帯状の層をなす葉むら」と自作解説しているが、帯の色が茶系統主体の、緑を欠いたものであるだけに、見た目には大地が大きく広がっているように見える。大地には手前の二ヵ所に黒っぽい岩の台が置かれ、もう一つ、それとは異質な紫系統の物体（自作解説にいう「餌となる植物」か）が描かれる。大地のむこうには藍色の湖が横波を帯びて左右に細長く広がり、湖の右手前方と背後には白っぽい山並みが、細い幾筋もの縦の線と、一本のやや太い稜線を施されて明確な風景模様を形作っている。

伝統的な日本画に親しんできた人の目には、この絵は奇異な印象をあたえるものだったにちがいない。戦争中の日本画家の国粋主義扇動や時局便乗や表現力の低迷は、敗戦とともに内外の批判にさらされ、時代の求める新しい日本画を模索する気運も起こりつつあったが、《悲しき鹿》のめざすところは、時代の気運を背景としつつ、日本画・洋画の枠を超えて、絵とはなにかを本質的に問おうとするような徹底性をもっていた。

試みに《悲しき鹿》をゆっくり眺めながら、この絵は日本画的か洋画的か、と問うてみるがよい。全体の印象からすると超現実主義の洋画に近いと感じられるが、波立つ縦横無数の曲線の作り出すリズムは琳派の装飾画を容易に思い起こさせるし、鹿や山並みの類型的な表現も日本画的だ。が、縦横に伸びるうねるような線が画面を上下左右の隅々まで埋めつくし、しかも絵が平面的な模様の広がりとはならず、遠近や奥行きの感じられる現実の情景の描写たりえていることを思うと、日本画的か洋画的かという問いがかえって姑息な問いに見えてくる。

五〇年代には加山又造は縞馬《しまうま》や犀《さい》や鹿や駱駝《らくだ》や狼を主題とした動物画をたくさん制作しているが、《悲しき鹿》ほどに動物（鹿）とまわりの風景が見事に一体化した絵はほかに見出せない。

作者の自作解説のことばを引いておこう。

　これの構図その他の構想に、三年かかった。デテールのデッサンを重ねて、画面を計算し、検証し、築いていく。それ以前は面を重視していたのが、ここでは線が課題となった。ミロの対比効果の手法を、日本画の極度の様式性と装飾性のうちに使用してみた。帯状の層をなす葉むら、群れる鹿たちと孤立した鹿、餌となる植物、湖、山並み、エメラルドの月、それらを重ねて様式化することに熱中した。

結果として、私はそこに甘く悲しいものを求めたようだ。

（加山又造・瀧悌三『現代日本画全集17　加山又造』集英社、一九八〇年、一〇四ページ）

「構図その他の構想に、三年かかった」ということばは重い。三年かかりきりということはなかろうが、作品の構想の斬新さと複雑さを思うと、そこに至るまでの紆余曲折が並大抵のものではなく、戦後の日本画の低迷と沈滞をぬけ出すには尋常ならざるエネルギーが注ぎこまれねばならなかったことが納得される。

引用文の最後に「甘く悲しいものを求めた」との抒情的な発言があるが、見ようによって鹿の群れの立ちすがたに悲しさがうかがえはするものの、絵は感情の表出に力点を置くものではない。

感情表出という点では、三年後に同じ新

加山又造

制作展に出品された《冬》のほうが心に深く入りこんでくる。

《冬》(同名の作品二点のうち、狼二匹の描かれた《冬》)は、フランドルの画家ピーテル・ブリューゲルの名作《雪中の狩人》を容易に連想させる。左手前に画家の視点があり、そこから右手前、右奥、左奥と広大な領域を見はるかす視線や、雪に白く覆われた丘や谷間や山岳が幾重にも重なってむこうへと延びひろがるさまはブリューゲルの絵の構図とよく似ている。雪の渓谷と山岳がはるか遠くまで広々と延びていくのがいかにも冬らしい風景として、一六世紀のフランドルの画家にも二〇世紀の日本の画家にも意識されていたことが、二枚の絵からよく伝わってくる。

しかし、類似を認めただけで話は終わらない。類似を土台にちがいがくっきりと見えてくる。《雪中の狩人》は絵の下半分に数十人の大小さまざまの人物が描かれ、そこに冬の農村の生活臭が匂う。題名となった三人の狩人たち、宿屋の前で豚の毛焼きをする人びと、低い湿地帯でスケートや独楽《こま》回《まわ》しを楽しむ人びと等々、農民や農村を描くことを喜びとしたブリューゲルの制作気分が、雪景色のなかにもおのずと表出されている。

ひきかえ、加山の《冬》には人物がまったく登場しない。雪の平原、谷、山脈が広がるなか、数百本の枯れた樹木が左手奥に密生し、樹林を離れた場所に、白い雪を背景に二匹の狼と枯木の枝にとまる盲目の烏と空を舞う二十数羽の烏が描かれるのみだ。が、目を鋭く尖らせ獰猛に吠えたてる二匹の狼も、枯枝にとまって頭を垂れ背中を丸める一羽の盲目の烏も、大空をそれぞれが勝手な方向に群舞する烏の群れも、そこにこめられた穏やかならぬ感情ゆえに目を離せない。見る者の視線は何度となく狼に、ぽつんと孤立した烏に、群れ飛ぶ烏に帰っていく。

この絵では、《悲しき鹿》とちがって動物たちはまわりの自然と地つづきのつながりをなすことはなく、独立した生命体として存在をあたえられている。その独立性ゆえに、動物の表出する感情も、たとえば二匹の狼は怒りを、枯枝にとまる一羽の烏は失意を、乱舞する烏の群れは狂躁を象徴すると見ることができる。甘美とはほど遠い抒情だが、画家が画面に情趣を行きわたらせ、絵を、感情の厚みをもった世界として構築しようとした意図は確実に見てとれる。その意味で《冬》は《悲しき鹿》よりも抒情性の深い絵だといわねばならない。

が、抒情性は動物たちの姿態や動きが体現するだけではない。狼や烏の動態に呼応するようにして、雪の平原や渓谷や山脈が、そして葉の落ちた樹林が、静かだが、けっして弱くはない情感を伝える。雪の大地と、白い平面から無数の黒い幹が上方へと昇る樹林は、動物たちの怒りや失意や狂躁をしっかりと受けとめ、それらを包みこむような、ゆるぎない力強さと重厚さをもって変わりなくそこにあると感じられる。それがこの絵全体の抒情性をなし、わたしたちの季節感にからめていえば、それは冬の厳しさとか、冬の苛酷さといったものに通じる抒情性だ。

厳しさ、苛酷さは画家のねらいでもあったろうが、それが絵を尖《とが》った過敏のものにしなかったところには画家の表現思想の大きさを見ないではいられない。《冬》についていえば、加山は絵筆を動かしつつ二匹の狼とぶつかり合い、枯枝の烏および群舞する烏とぶつかり合い、雪の大地および樹林とぶつかり合い、さらには冬の世界の全体とぶつかり合い、そうやって絵の世界のゆたかさと統一性を追い求めていったように思える。感情や動きのある動物たちに比べて雪と樹林の自然がそれらを包みこむほどの雄大さと力強さと重厚さをもっているとすれば、そうした静なる自然とのぶつかり合いのほうが画家にとっていっそう切実だったということになろう。

動と静の対比にこと寄せてさらにいえば、動の存在たる狼や鳥は、動であるがゆえにいつかは動けなくなって消えていくのにたいし、静なる雪と樹林はずっと長くそのすがたをとどめるように思える。そして雪の大地と樹林を比べれば、上へと動く木々にたいし、その場にじっと腰を据える大地のほうが保有する時間が長いと感じられる。絵の緊密な統一感が動と静のちがいをものの時間的な長短と結びつけて考えさせもするので、そこにもまた画家が自分の生きる感覚を絵の世界に力強く投入する画法の冴えを見る思いがする。


《冬》ののち動物画の制作はだんだん少なくなり、代わって対象を装飾的に様式化した大画面の絵が多く描かれるようになる。加山が様式化ないし装飾化をいう場合、西洋の絵や中国の絵に比べて日本画こそが様式性・装飾性にもっともすぐれているという絵画観が基底をなすから、様式的ないし装飾的な画法への傾斜は日本画の伝統に寄りそう絵がしだいに多くなるという結果をもたらした。加山自身、新たに日本画の截金《きりかね》の技法を習得し、広く活用するような試みにも挑戦した。とはいえ、おのれの美意識と技法の錬磨と発展を絵画制作の核心におく加山のこと、日本画に向き合うことは、日本画の伝統につらなりつつ日本画の新しい可能性を発見することにほかならなかった。

装飾的な様式化に向かう初期の作品に六一年作の《火の島》がある。鹿児島の桜島を初めて見て噴火のエネルギーのすさまじさに心をゆさぶられた感動を絵にしたものだ。日本画の重要な画面形式たる六曲一双の屛風に赤、金、黒（プラチナ）の三色がうねるように波打つ帯となってからみ合う豪壮な絵だ。おのれの全エネルギーを画面にたたきつけないではおかぬ、といった気迫が感じられる。画家の自作解説の一節を引く。

何も描かれていない金屛風が凄艶な豪華さで、それを最大限に生かすには、火山でなければならず、装飾様式そのものでなければならぬと考えた。構図では北斎の「凱風快晴」や「地獄草紙」の一情景などいろいろ思ったが、ともかく強引に捻じ伏せるように画面を作った。色も金、赤、プラチナに限った。どこまでも轟くものの強烈を出したかった。

もっとも、私がこういう火山を試みた裏には、「炎々桜島」を表した故横山操兄への意識があり、私も私なりに、私の火山を描こうとしていたのかもしれない。

（同右、一〇七ページ）

構図や色にたいする明晰で客観的な認識が一方にあり、他方、自分の感動がどういうものであり、それをどう表現しうるか、表現すべきかについての内省もなされている。様式化とか装飾化といっても、お手本があってそれに忠実に従うという制作態度とはまったくちがう志が画家の内面を突き動かしていることが、短い引用文からもはっきり読みとれる。実験風の作という作品の性格からして制作の途上では考えあぐねること、考えこむことも少なくなかったろうが、横長の屏風空間を支配する緊密な統一感は、画家の志がゆるぎなく保たれたことを示している。

様式化・装飾化といえば真っ先に思い浮かぶのが琳派の絵だ。加山の絵は琳派に学び、琳派に挑戦し、琳派に対決する趣きをしだいに濃くする。七〇年作の《千羽鶴》や七八年作の《雪・月・花》はいやでも琳派を意識させる絵だ。簡単に触れておこう。

《千羽鶴》は《火の島》とほぼ同じ大きさの六曲一双の屏風絵だ。左隻には左寄りに黒い焼き銀が置かれ、その上に大きく白い太陽が描かれ、さらに左隻の右半分から右隻の左半分を埋めつくすように截金《きりかね》の波濤《はとう》が狂乱する。右隻の波濤がおさまると、残りの右半分には左隻と呼応するように黒い焼き銀の上に白い半月が描かれる。そして、狂乱する波濤と黒々とした磯と白い太陽および半月に覆いかぶさるように、七〇〇〇羽の鶴が幅四メートルの画面を右端から左端までびっしり群れをなして飛ぶ。鶴は茶がかった金色と黄がかった金色の二色に描き分けられ、右下から斜めに上昇し、上端に達すると二列になって波濤の上を飛翔し、左隻の中ほどで密集形をなし、まるい太陽をかすめ一つ画面の左端を急上昇して外の空間へと出ていく。見ていると鳥の羽音や空気の震動が耳に聞こえてくるようだ。

画家のエネルギーが画面の全体に横溢し、見る者を圧倒する。磯も波濤も太陽も月も鶴もエネルギーに満ちているが、動きの激しい波と鶴の勢いは格別だ。左と右の対照的な位置に大きく堂々と据えられる太陽と月だが、波濤と鶴の勢いに目を奪われると、動きに引きずられるのをしっかりもちこたえているようにも見える。また、幾重にも高まり沈みこみしてたがいにぶつかり合う波と波、先を争い全力を傾けて前へ前へと飛翔する鶴の群れと群れとのあいだにも、折あらば秩序を食いやぶろうとする闘争心がほのみえて空間の緊張感を高めている。
高度の象徴表現へと登りつめ、驚異的なエネルギーの集中と解放を実現した《千羽鶴》以降、加山は伝統的な装飾画の世界に分け入り、日本画の枠を超えてその多様性と可能性を追求する。その試みの到達点の一つが七八年作の《雪・月・花》だが、三枚一組のこの絵を見ると、過去と未来との矛盾と統一、古いものと新しいものとの対立と融合が、おのれに課した加山の使命だったとの思いを新たにする。同じ年に加山は自分のことをこう語っている。

私は古画その他工芸品などから平気で写しをする。……自分が伝承者ではないという確信があるからである。伝承者には写ししかできない。……断絶していればこそ、新しい発見となって写しができる……。断絶していて初めて、古いものの中にある伝統のもの凄い前衛精神をつかめるのだと思う。
（「芸術新潮」一九七八年二月号、三二ページ）

「断絶」ということばは強すぎる気がするが、戦後に日本画家として生きていこうとした加山が当初から伝統の継承とは離れた自分独自の表現をめざす画家であったことは確かだ。初期の《悲しい鹿》や《冬》以来、画題や画法に大小の変化はありながら、加山は自分の内面を解放する絵を一貫して追い求めてきた。個の思いを色と形に定着した自由な表現こそが画家のめざしたところであり、それは戦後民主主義と呼ばれる時代の求めるところでもあった。敗戦後の詩や小説は時代の解放感のなかで個の主体性と、思想および表現の自由を文学固有の価値として手中にしようとしたのだったが、戦後の美術もまた同じ流れに棹さすものであって、個としての自由な表現を価値の基本とするものだった。さきの引用文中の「古いものの中にある伝統のもの凄い前衛精神」といった逆説的なもののとらえかたも、そういう戦後精神の延長線上にあらわれたものであった。

加山はまた《火の島》の自作解説において同世代の画家・横山操の《炎々桜島》を引き合いに出し、「私も私なりに、私の火山を描こうとしていた」と述べているが、同じ世界に住む表現者への対等な仲間意識とライバル意識は戦後民主主義の生んだすぐれた共同性のありかただった。たがいの表現への思いを十分に意識しつつわが道を行くというのが、傑出した表現者が戦後という混乱の時代を生きる生きかたтака だった。

＊＊＊

次に取り上げるのは、戦後、数多くの室内彫刻と野外彫刻を世に送り出した佐藤忠良《ちゅうりょう》である。佐藤は一九一二年に宮城県黒川郡に生まれた。加山又造の一五歳年長に当たる。

一八年（佐藤六歳）に父が死去。翌年に母、弟とともに北海道夕張町に移る。二五年に札幌第二中学校に入学。北大農学部助手の岩瀬久雄と共同生活を送り、大きな影響を受ける。三〇年ごろから独学で油絵を描き始める。

三二年（二〇歳）に絵画の勉強のため上京。川端画学校へ通う。

三三年、絵画に行きづまりを感じていたとき、美術雑誌でブールデル、マイヨール、デスピオの作品に触れ、画家志望からしだいに彫刻家を志望するようになる。

三四年（二二歳）、東京美術学校彫刻科塑造部に入学。三九年、同校を卒業。

飛び飛びの年譜からも、画家として生きていきたいと願う青年が確たるあてもなく必死に努力を重ねるさまが見えてくる。アジア・太平洋戦争のさなかのことだ。絵など戦争の役に立たぬという声も陰に陽に聞こえてきたはずだ。志をもちこたえるだけで大変だったろうし、志を放棄した者や志の半ばで戦死した者も少なくなかったろう。そんななかで画家志望から彫刻家志望へと心が移っていく。佐藤の多感さと美術制作に賭ける覚悟の程が知られる事実だ。

東京美術学校卒業後、佐藤は若い仲間たちと新制作派協会彫刻部を創立し、会員となった。また、四〇年に結婚し、四一年に長男が、四二年に長女が生まれている。戦雲急を告げるなか、四四年七月に召集を受け、満州に渡り、ソ連国境付近に配属され、戦後、シベリア・イルクーツク州タイシェトの収容所に三年間抑留された。

美術学校在学中から卒業後にかけての戦中の七年間、佐藤は彫刻制作を続け、新制作派展その他に毎年出品しているが、その作品のほとんどが戦災で失われている。

残った作品の一つに《母の顔》（四二年作）がある。佐藤らしさのはっきりと出た佳作だ。母は構えることも気取ることもなく作り手の前にいて、作り手は自然な、静かな母の顔をしっかり造形しようと力を尽くしている。苦労して年輪を重ねてきた年配者の顔にはちがいないが、苦労が強くおもてに出ることはなく、苦労もまた人生といった穏やかさが、正面から見た目鼻立ちにも、うしろから見た髪の形にも行きわたっている。一家を支えてきた母親の芯の強さが確かに見てとれるが、加えて、大切な制作に打ちこむ息子に協力したい、協力できれば、という母の愛情がほのかに匂い出るようでもあって、見ていて気持ちの安まる作品だ。

四四年の応召による満州出征から、シベリアの強制収容所の抑留が終わって復員するまでの四年間、佐藤の彫刻制作は中断される。日本に帰ってきたのが四八年六月。翌年に長女をモデルにしたブロンズ像《オリエ》が、翌々年に長男をモデルにしたブロンズ像《たつろう》が制作された。

二つの像は《母の顔》に比べると緊張度が高い。異国の強制収容所を出て故郷に帰ってきた解放感と、待ち望んでいた彫刻制作を再開できるという心の昂ぶりは、やはり穏やかな心で制作に向かうことを許さなかったのかもしれない。親子関係のむずかしさもあったのだろうか。先に作られた《オリエ》の場合、わが子にたいする溢れんばかりの愛情をもちながら、それをどう形にあらわしたものか戸惑っているふうが見られる。これからどういう親子関係を作り上げていくのか、帰国したばかりで先行きを見通せない不安もひょっとしてそこに揺曳《ようえい》しているかもしれない。

《オリエ》のあとに作られた《たつろう》では戸惑いが振り払われて、少年の顔はどこから見てもすっきりとしたすがたを取っている。細部の凹凸はきれいに削りとられて、少年に固有のものだけで作り上げられた無駄のない像という印象が強くせまってくる。自作解説に、「色は白かったけれども、子供らしく、ふっくらとしたのを一度も見ずに、私は一九四四年に戦争に出てしまいました」とあるが、初めて見る子どもらしい、ふっくらとした感じをそのまま像にあらわしたいと思う彫刻家の熱意が切々と伝わってくる。思えば、子どもらしい、ふっくらとした感じは彫刻で造形するのにいかにもふさわしい課題だ。《たつろう》は、命ながらえて幸運にも故郷の土を踏むことのできた彫刻家が、新たに制作への道に邁進しようとするとき、人間が人間として生きる喜びを全身に感じ、その喜びを少年のすがたに託して表現できる、充実した制作作業であったように思われる。

《たつろう》の二年後（五二年）に佐藤忠良の代表作の一つ《群馬の人》が作られる。西洋風の彫刻を見なれた者の目には、いかにも日本風のごつごつした顔のブロンズ像だ。この像について『つぶれた帽子——佐藤忠良自伝』のなかに以下の記述がある。

佐藤忠良［共同通信イメージズ］

　「群馬の人」と、作る前から題名は決まっていた。中学時代、一緒に自炊生活をしながら耐えるということを教えてくれた岩瀬さんがそうだったし、軍隊でも群馬の人の多い隊で、仲良くなった班長が群馬の人の性格まるっきりの人だった。〔モデルになった詩人の〕岡本さんも群馬の農家の出で、岩瀬さんによく感じが似ていた。群馬とは何となく縁があり、私の中でずーっとこだわりになっていたのである。

（佐藤忠良『つぶれた帽子――佐藤忠良自伝』中公文庫、二〇一一年、一二七ページ）

芸術表現にかかわるこだわりが芸術の領域をはるかに超えて、中学時代の自炊生活や軍隊での生活といった日常生活とつながるものであることが興味深い。作品《群馬の人》にもそのことは如実にあらわれていて、このブロンズ像は地に足をつけてその日その日を生きる人の堅固な人となりを感じさせる。人間をそういうふうにとらえ、それを彫刻の形に表現するきっかけがシベリアの抑留生活にあったとして、佐藤は次のようにいう。

日本人の男ばかり三年間つきあっていた中で、お互いに洗いざらい見せ合い、しみじみとながめ合った。大学の教授や会社の社長など、それまで偉い人だと思っていた人たちも、シベリアの大地に投げ出されると一人の人間になってしまった。顔のよしあし、肩書のあるなしなどに関係なく、行きずりの人間の中にかえって生きているすばらしさを語りかけてくれる人がたくさんいた。

（同右、一二九ページ）

こういう生活体験がおのずと彫刻制作に結びつき、彫刻に人間的な深みと堅固さをあたえる。

ひるがえって彫像を人間的に深く堅固なものにしようとする試みが日常生活における人との接しかた、人柄のとらえかたをゆたかなものにする。生活空間と制作空間とのあいだのそんな往復運動が戦後の佐藤の生きかたにほかならなかった。右の引用文が日常生活に身を寄せて自分の生きかたを語ったものだとすれば、以下に引用するのは彫刻制作にこと寄せて自分の生きかたを語ったものといえようか。

私の中の彫刻の枠は大変不自由のくせに、芸術の中では一番多くのものを望んでいる、大変欲張った仕事だということになります。はじめから時間を奪われているものに、無限の時間を得させようとしています。とてもカメラのように、押して写る式のことはできないだけに、過去と現在と、未来までもひとつの個体の中に押し込めようとするのですから、これほどの欲張りはないはずです。(『佐藤忠良　彫刻七十年の仕事』講談社、二〇〇八年、五一ページ)

彫刻とは縁遠い場所での、また、彫刻の制作には携われない異国の収容所での、人とのつき合いや人間観察が人物像の造形に思想的な深みをあたえる。いかにも佐藤らしい思索と実作の歩みだし、激動の戦後という時代を象徴する芸術のありかただ。

戦中・戦後の混乱を誠実な人格として生きようとした若き芸術家の歩みを踏まえて、じゃがいも顔といわれる《群馬の人》の前に身を置くと、まっすぐ正面を見すえるゆるぎないブロンズ像から、困難な時代を生きる無名の人びとの確かな人間性と、そういう人びとにたいする作者の敬意がまっすぐ伝わってくる。細部に至るまで粘土が重ねられたり削られたりした緻密な像だが、作者の目はつねに人格の表現という一点に向けられていたように思える。

群馬の人といい、じゃがいも顔といい、不用意に使えば気取った都会人が田舎者をからかうもの言いになりかねないが、堅固なこのブロンズ像にはそういう蔑視はかけらもない。あるのは、ものおじしない力強さだ。思うに、そういう凛とした強さは初期から晩年に至る佐藤の作品すべてをつらぬく特色といえるもので、外に向かって強くなにかを訴えるというより、模索し自省しつつ前へと進むその作品群からしたたかな芯の強さが感じられるのは、この愚直なまでにまじめな彫刻家の大きな魅力の一つといえよう。

《群馬の人》は世評も高く、国立近代美術館の戦後初の収蔵作品として買いとられている。「日本人の手で初めて日本人の顔を作った」（『つぶれた帽子』、一二八ページ）というのが大方の評価だったというが、日本人にこだわるところには戦中のナショナリズムが尾を引いてはいるものの、彫像に表現された人格に人びとの目が引き寄せられたことは、戦後の人権意識の高揚を側面から映し出す、忘れてはならない事実だ。彫刻家が前近代と近代の交錯する戦後という時代のなかで、身近な群馬の人びとから出発して普遍的な人格の造形へと向かう道を歩んだとすれば、作品に触れた同時代の人びとは、国に縛られた自分たちが、にもかかわらず国を超えた普遍的人間として生きうる可能性を清新な佳作のうちに感受したのではなかろうか。

《群馬の人》が好評に迎えられたこともあって、佐藤はその続きのように《木曽》（木曽出身の女性の像）や《常磐の大工》といった像を制作する。いわゆる美形とはちがう顔だから「佐藤忠良のきたな作り好み」という評言まであらわれたという。木曽といえば島崎藤村の晩年の長編小説『夜明け前』冒頭の「木曽路《きそじ》はすべて山の中である」という一文が思い浮かぶが、造形された年配の女性はその顔立ちに土地の匂いの感じとれる質朴な彫像だ。ただ、「きたな作り」といっても、《群馬の人》と同様、仕上がりは整っていて、それを思うと田舎育ちの女性がどういう経緯で彫刻のモデルになったのか、ふしぎな気がする。その時代、彫刻はどう考えても土着とは縁遠い営みだったのだから。

《常磐の大工》についても同じことがいえそうだが、こちらは老齢の大工職人の仕事一筋の生涯を像に定着しようとする作者の熱意が伝わってきて、前近代と近代、田舎と都会の区別が意識に昇らない。作者はこの老大工に木曽の女性よりもずっと親しみを覚えているようで、像の形を整えようとする気がまったくない。細く線が引かれただけの目は開いているのか閉じているのか。が、よく見ると、あるかなきかの目が周辺の瞼《まぶた》や目尻の造形をふくめて武骨な顔の全体とよく調和し、老人が全身で見るべきものを見ていることが納得できる。武骨な像を造形しつつ、佐藤はそれこそが老職人の人柄を写し出す彫刻の道だと考えていたように思われる。

《群馬の人》の制作が五二年、それから二〇年後の七二年に、もっともよく知られた名作《帽子・夏》が作られる。戦争が終わってすでに二七年が経過した時期のことだ。

高度経済成長の進展とともに近代化・都市化の波が日本社会に大きく広がり、政治・社会の領域はもとより、文化・芸術の領域においても前近代な朴訥さや田舎風の質実さは影が薄くなった。佐藤忠良の彫刻も都会風・近代風の若い女性の裸婦像がふえてくる。しかし、芸術が日々の生活と広く深く交流し、人びとの思想・感情や人格や生きかたと切っても切れない営みであり成果である、というかれの基本の考えは、その生涯をつらぬいて変わることがなかった。たとえば、八〇年ごろに編集に携わった小学生用の図工、美術科の教科書に次の文言がある。

じょうずに絵をかいたり、じょうずにものを作ったりすることが、めあてではありません。

きみの目で見たことや、きみの頭で考えたことを、きみの手で、かいたり、作ったりしなさい。

へたでもいいのです。

心をこめて作っていく間に、自然がどんなにすばらしいか、どんな人になるのがたいせつか、ということがわかってくるでしょう。

これがめあてです。

（『生誕一〇〇年　彫刻家・佐藤忠良展』美術出版社、二〇一二年、二一七ページ）

子ども向けに書かれたことばであるとともに、自分がやってきたこと、やっていることはこういうことだと納得して書かれたことばでもあろう。制作に精進する佐藤忠良のひたむきな、純真な心がそこにのぞいている。

《帽子・夏》は、「きたな作り好み」と評された《群馬の人》や《木曽》などとはちがって若い女性の瑞々しく清楚な美しさがすっきりと表現された名作だが、制作に取り組む彫刻家の基本姿勢に変わるところはなかった。若い女性の裸形の魅力は、風土に鍛えられ、暮らしの苦労を乗りこえ、職業の経験の内に蓄えられた生活者の魅力とはたしかにちがう。この体形、姿勢、身のこなし、機敏な動きには、新鮮な生命力がみなぎっている。その美しさを一体の彫像のうちに表現したい。そう思ってモデルと向き合い、粘土を重ねたり削ったりすることは、生活者をモデルとし、生活と経験の意味を探り、人柄の真実を像に表現することと、精神の営みとして別のことではなかったろう。

若い女性の彫刻は古代ギリシャの女神像として多彩な造形がなされて以来、西洋彫刻の重要な主題として長く作られてきた。佐藤は《帽子・夏》を作った七〇年ごろからその流れに乗るような数多くの裸婦像を制作した。が、西洋の女性像が古代ギリシャの女神像のごとく宗教的崇拝と結びつくことによって理想化をめざすのにたいし、佐藤の女性像は宗教と結びつくことはなく、裸形のモデルを熟視することによって若き生命の美に至ろうとするものだ。たとえば《帽子・夏》の女性は鍔広《つばびろ》の帽子をかぶりジーパンをはくが、帽子もジーパンも、腰高の木の台に腰を下ろす女性の姿勢とのバランスは緻密に計算されているものの、それ自体はごく普通の帽子であり、普通のジーパンなのだ。その気取りのなさがかえって初々しい若さに似つかわしい。目の前に置かれたブロンズ像の女性は胸のふくらみが力強く、胴は引き締まり、腕はしなやかに下へと流れている。ひかえ目ながら堂々としていて、自分で自分を支える自立感がある。「自然がどんなにすばらしいか、どんな人になるのがたいせつか」を子どもに分かってほしいと願った佐藤は、形の定まらぬ戦後という時代を生きぬくなかで、そういう女性像に肯定的なものを見ていたのだ。それは、子どもの無邪気な表情と動きや、日々の暮らしに根を下ろした地方人の堅固な人柄と並ぶ、もう一つの生命の輝きだった。

＊　＊　＊

加山又造、佐藤忠良に続いて取り上げるのが、染色家の芹沢銈介《せりざわけいすけ》だ。一八九五年生まれの芹沢は敗戦の年に五〇歳だから、戦後に活躍した工芸家というには年を取りすぎているが、戦後になってその制作活動が驚くほど広汎多彩になり、作品が時代を先導する力をもったことからして、ぜひともここで論じておきたい。

静岡市の呉服太物商の家に生まれた芹沢は、幼時から和服や着尺の模様に親しみ、また、書画を趣味とする祖父や父のもとを訪れる客たちの書や画を見る機会も多かった。自分でも絵を描くことが好きで、一〇代で早くも画家になる夢を抱いたが、近所の失火で生家が類焼したために家運が傾き、画家の道は諦めて東京高等工業学校（現・東京工業大学）工業図案科に進んだ。

工業図案科を卒業したのが一九一六年（芹沢二一歳）。その後の一〇年間は工業試験所や工業学校でデザインを教えたり、みずから広告図案を制作したり建築装飾を行なったりして過ごした。特筆すべきは、修業時代ともいうべきその一〇年間に写生に打ちこんだことだ。スケッチ帳を手放すことなく、暇さえあれば近郊近在に出かけ、目につくあれこれを写生したという。

染色家として生きる覚悟を固める上では、民芸研究家・柳宗悦《やなぎむねよし》との出会いと、沖縄の模様染「紅型《びんがた》」に出会ったことが大きかった。二つの出会いはいずれも三〇代前半のことだが、無名の職人の作品に美の本来のすがたを探る柳の民芸思想は、若い芹沢に染色工芸に邁進する勇気をあたえるものだったし、沖縄の紅型は失われつつある伝統工芸に心の奥に響くような美しさがあることを実物証明するものだった。

二つの出会いから一年あまりの時を経て、染色家としてのデビュー作《杓子菜《しゃくしな》文藍地壁掛》（ろうけつ染）が第四回国画会展に出品され、国画奨学賞を受賞した。

杓子菜は漬け物用に栽培される野菜で、絵の題材としてとくに見所のあるものではない。なにかの折に育ちのいい新鮮な杓子菜が目にとまって写生したのであろう。絵はありのままのすがたを写しとるようにしながら、株本の肉厚の白い部分と、丸っこい平面に左右均衡の取れた葉脈の並ぶ、緑の葉の部分とが、模様風の整った形に仕上げられている。その同じ絵が縦横に並ぶのを眺めていると、土臭さは薄れているものの、杓子菜はたしかにこんな野菜で、これを樽に漬けこんで自分たちが食用にしているのが分かる。白い株本の基底部分から左右に二枚の小さい葉が伸びるのは洒落た遊びのように思えるが、その遊びもひかえ目で杓子菜の地味な雰囲気を壊すことがない。

《杓子菜文藍地壁掛》の二年後（三一年）に柳宗悦の企画監修による雑誌「工藝」が創刊され、柳の直々の要請を受けて芹沢は三一年一月の創刊号から同年一二月号までの、一年分一二冊の表

芹沢銈介

紙の装幀を担当することになった。型染の布で雑誌の表紙を飾るというのは出版界にそれまで例のなかったことで、民芸に賭ける柳の気迫と芹沢への信頼に溢れる試みだった。柳の書いた創刊号の「編集余録」の一節にこうある。「今までも更紗の布表装はあったが、字と模様を型染で全部染め出したのはこれがそもそも嚆矢《こうし》と思う。吾々はこれが日本の装幀の独創的な様式として発展する事を大いに望んでいる。これが広まったら書物装幀に一期を画すると思う。支那でも西洋でも試みていないからである。」

芹沢の装幀は柳の信頼と期待に見事に応えた、華やかにして品位のあるものだった。装幀について芹沢自身、「なるべく中身の邪魔にならぬように飾ろうと思うだけ」といっているが、謙遜のなかに一目で芹沢作と分かる表現の透明さが浮かび出るのがその装幀だ。「工藝」一二冊の表紙は三号分を同じ図案で色だけを変えたものにし、一年間に四つのちがった図を目にできるようにしたものだが、文字については漢字の「工藝」が三回、平仮名の「こうげい」が一回と使いわけられ、漢字の三回分にも字体と字の勢いに変化がつけられている。その変化のさまには、精魂こめて制作に打ちこむ染色家がものを作り上げる喜びを全身に感じていることが見てとれる。

絵は藍、黄、朱、白などの地に、模様やバツ印や点を用いた幾何学模様や紋章風の模様を配した作りで、すっきりと単純な境地がめざされている。文字の場合もそうだが、丹念な職人芸と美意識に支えられながら一見さりげない出来上がりは、「中身の邪魔にならぬように」という配慮がしっかり働いていることを思わせる。そして、すっきりと単純でさりげない仕上がりが、本の表紙には珍しい木綿の素材によく適合していることに思い至ると、職人芸の奥の深さがなんとも喜ばしく感じられる。

《杓子菜文藍地壁掛》と雑誌「工藝」の装幀はアジア・太平洋戦争前の仕事だが、戦争中も芹沢は悪条件のなかで仕事を続け、民芸運動の仲間と全国各地を訪ねあるいて染物、織物、紙漉《かみす》き、陶芸その他の仕事場を見学し、埋もれた優品を蒐集している。なかでも沖縄の紅型《びんがた》への思い入れは格別で、戦中の三九年に柳宗悦、河井寛次郎、浜田庄司などと二ヵ月間沖縄に滞在したときには、紅型の伝統を継承する数少ない職人の指導を受けて、みずから伝統的な手法で紅型を染めたほか、旅先で出会った風景や風物を次から次へと写生し、また、琉球芝居を楽しんだり民謡の手ほどきを受けたりもした。

そして、敗戦の翌年の四六年に、芹沢銈介の仕事と人びととの日々の暮らしとの近さを示す美しい実用品——型染カレンダー——が作られる。和紙に月ごとに異なる風物を配した多色染のカレンダーで、もののない敗戦直後の家庭に掛ければ、そこだけが明るくなごんでちょっぴり仕合わせな気分を味わえる、といった作品だ。そういう形で自分の作品が人びとの生活と結びつくことは芹沢にとっても心楽しいことであったにちがいなく、型染カレンダー作りは芹沢の没する八四年まで四〇年近く続けられ、最盛期には一万部を超え、国内外で人気を博したという。同系統の型染の紙製品に、うちわ、絵はがき、年賀はがき、マッチのラベル、などがある。芹沢を芸術家と呼ぶのがなにかしら大仰に感じられるのは、実用品や広告品にも美の心を注ぐその制作姿勢によるところが小さくないと思われる。

戦後の長きにわたる芹沢の仕事は、すぐ前の紙染の広がりにその一端を見たように、主流をなす布染においても、のれん、間仕切り、カーテン、屏風、着物、帯、掛軸とその範囲を広げ、題材や手法も透明で晴れやかで節度のある格調を保ちつつ多様な展開を示していった。以下では、傾向の異なるいくつかの作品を取り上げ、その自在な制作ぶりを見ていきたい。

まずは木綿地に藍の濃淡二色で型染された《風の字のれん》だ。パリのグラン・パレで開催された「芹沢銈介展」のポスターにこの「風」の字が採用され、芹沢の名を海外にまで知らしめた作品だ。パリの展覧会は七六年だが、のれんの制作はずっと早く、五七年のことだ。パリの街中に置かれても道ゆく人びとを軽やかな気分にするような、動きのある爽やかな絵文字だが、日本の木造家屋に掛けてもそこに涼しい風が吹いてくるような気分へと誘われる。

真ん中に切れ目の入った濃い藍色の縦長の木綿に、白ぬきの大きな丸い空間を取り、そこに太く勢いのある流れるような筆致で「風」の一文字を書いた単純な作りの作品だ。色を藍と白に限ったのは夏に用いられることを意識したものだろうし、文字に濃淡があるのは軽味を添えようとする意図があってのことだろう。文字の線の流れは墨書の流れに似るが、型染の工程で大胆な、またこまやかな修整が施され、墨書の漢字よりも様式的に整った形に仕上がっている。「風」の二画の太い右はねの部分や最終画の鋭い左はねの部分などには、字模様としてまとまりのある形にしようとする絵画的な意識が強く働いている。造形的な美しさにほーっと溜息が出るが、その形がどこかしら風の感触に通い合ってもいて、漢字が象形文字であることに思いが行ったりもする。こののれんが作られたのが五七年、日本は貧困と混乱の戦後が一段落して、高度経済成長に向かう時期に当たるが、伝統への愛着と近代の進取性を合わせもつ芹沢の仕事は、時代とのあいだにさほどの摩擦を起こすことなく進行していったといえようか。

《風の字のれん》の二年前には目に鮮やかな《縄のれん文《もん》のれん》が作られている。濃紺の木綿地に、垂れ下がる十数本の縄のれんを左右でまとめ、中央で結んだ形に描いたものだ。地の紺と縄の白の対比がなんとも鮮やかだ。左右の十数本の白ひもが中央でざくっと結ばれて、一本一本のひもは不定形の複雑な曲線をなすが、その一本一本がくっきりと描かれる。縄目の筋も細く黒い線が何十本となく染め出され、のれんの白さを強調している。若いころの数多くの写生で培われた観察眼

芹沢銈介《風の字》
[静岡市立芹沢銈介美術館]

と、細部まで行きとどいた型染の職人芸が生み出した見事な成果だ。《風の字のれん》では字の意味や字体の流動感に誘われて、見るわたしたちの思いは青空と薄雲のイメージや、吹く風の清爽な感覚へと広がるようだったが、この図は目の前の縄のれんが目を引きつけてやまない。しっかりと編み上げられた布製の縄の一本一本の堅固な質感、それがまとまって結び合わされて垂れ下がる重量感、上部ではひもとひもとのあいだに隙間ができ、下部ではひもが重なり合うリズムの変化、まとまったひもの流れが最低部では左半分はひもの端が内側に向けて吊り上がり、右半分は平らになるという不均衡のおもしろさ、……絵の題材が単純なだけにかえって職人芸の緻密さ、柔軟さ、自在さが見えてくるのだ。見ているうちに、ものがものとしてそこにあること、そのものを一つのまとまった図柄として表現することがなにかしら霊妙不可思議なことであるといった思いまでが萌してくる。芹沢の仕事への打ちこみかたが尋常ならざるものであったことが思われる。

染め出されたものがものとして目を引き寄せないではいない作品として、もう一点、《ばんどり図四曲屏風》を取り上げたい。さきの二つののれんと同じく五〇年代後半の作だ。「ばんどり」とは荷物を背負うときに用いる藁《わら》製の背中当てをいう山形県庄内地方の方言で、一五年ほど前に現地で出会った「ばんどり」を絹地に型絵染したのがこの屏風だ。形も色も模様も大きくちがう四種の「ばんどり」が四曲の屏風に合わせて横並びに置かれる。四つのどれもが形といい、色といい、作りといい、目を凝らしたくなるほどに魅力的だ。荷物を背負うための背中当てがこんなに垢ぬけしたものであるはずはないとは思うが、とはいえ、目の前の四つは洗練されてはいるが気取ってはいない。日常の、それも品のよさなどは求められず、体の負担の軽減をもっぱらの目的とする実用品が四つ、それぞれに見所のあるものとして目の前に並ぶ。ものにたいする芹沢の審美眼の高さを思わないではいられない。

地方の都市に旅すると、自治体の運営する博物館や公民館や公会堂にその地方独特の生活用品や民具や民芸品が陳列されているのに出会う。「ばんどり」はそういう用具の典型といってよかろう。陳列に出会った際に、自分の趣味や興味に合致する用具や道具や品があればともかく、一般的にいって陳列品の使われかたや背景をなす生活状況にこちらが不案内なために、ものをどう見、どう楽しんだらいいかが分からず、中途半端な気持ちで通りすぎることが多い。まして、そのものの美しさに行きつくことなど容易に期待できることではない。

そんな経験を積んできた者には、横に四つ並ぶ「ばんどり」の美しさは驚異といってよい。実物がこの型絵染そのままだとは思わないが、日常卑近の藁《わら》製の背中当てから、静かで落ち着いた、デザインにも色にも目配りの行きとどいた作品へと至る道筋が見えない。染色職人として画具や画材に体ごと慣れ親しみ、体と心の調和を図ってもの作りに打ちこむ仕事の経験を通じて、人びとの暮らしやそこで使われる民具や道具に独特の美しさを見出す力が身に着いたということだろうか。芹沢の師の柳宗悦についてもいえることだが、かれらは近代文明と近代思想に導かれて、普遍的人間性を遠望できる境地に立ったとき、ひるがえって身近な人びとの暮らしのうちに価値あるものを見出すことができたように思える。そして、それは日本にあっていかにも戦後的なことだった。

わたしたちは《ばんどり図四曲屛風》のうちに芹沢の並外れたデザイン・センスを見てとったのだが、そのデザイン・センスがのれんや着物や屛風や本の装幀や絵はがきやカレンダーの枠を超え、建物内の空間全体に及んだ例として、最後に、岡山県倉敷市にある大原美術館の工芸・東洋館を見ておきたい。土蔵を改装して現代の民芸作家の作品を展示することになり、内部の照明、展示ケース、床、壁面など、そのすべてを芹沢がデザインしたものだ。

たとえば、館に入ってすぐの浜田庄司展示室。天井は覆われることなく丸太や太木の梁《はり》や桁《けた》が露出する。四囲は、しっくいの白い壁を、上下・左右にゆったりとした間隔で走る木材が仕切っている。その白い正方形の壁のところどころに、浜田庄司作の質実雄勁な大皿が置かれる。壁掛け以外の陶磁器は、壁に沿って置かれた骨太のガラスケースに二、三段に分けて陳列される。床は木煉瓦《もくれんが》が敷かれ、その床面が天井の木組、四囲の白壁と呼応して、木造家屋のやわらかさと温かみを出している。室内を歩くと足元に木の弾力が感じられて、質朴な陶器をゆったりと見る気分に近づくことができる。

展示室に身を置いたときのわたしのものの感じかたが、芹沢の意図にどこまで合致しているかは定かでないが、これまで見てきたその緻密にして自在な制作姿勢と美意識の発露からして、室内空間の全体を美の場としてデザインすることに芹沢が情熱を傾けたことは疑いを容れない。気迫は十分にこもっているが、気持ちだけが先走ることはない。それが芹沢の仕事ぶりだ。この展示室も、明るく、穏やかな、心の安まる空間となっていて、訪れる人を不必要に刺激することがない。設えからして普通の家屋の一室ではむろんないが、普通の生活空間をぬけ出した非日常の優品や佳品の展示にふさわしい晴れやかさをめざしながら、日常の生活空間のもつ落ち着きをとどめようとする配慮が随所に働いている。もっといえば、こういう部屋が普通の家屋にあってもいい、それは日常の穏やかさを保ちつつ生活をゆたかにする道だ、と考えて作られた空間のように思える。

他の追随を許さぬほどに腕の立つ職人であり、とともに、尽きることなく美の造形に邁進する芸術家でもある芹沢の活動は、身近な生活に立ちあらわれる美を追求しつつ、得られた美の形を日常に送り返し、美が生活を楽しくゆたかにするという循環運動によって安定したものとなっていた。循環運動は作者と日常生活を結ぶものであるとともに、作者と日常を生きる多くの人びとを結ぶものでもあった。そのつながりを仕合わせと呼ぼうとするなら、芹沢銈介はまちがいなく日本の戦後が生んだ仕合わせな工芸家だった。

第十四章　戦後の大衆文化

地球上の社会の動きを広く眺めわたしてみると、近代化の歴史は社会の大衆化の歴史と重なり合うようにして進行してきたことがはっきりと見てとれる。大衆の動向が歴史を左右し、大衆の思いや行動をぬきにしては社会の現実を語ることができないのが近代の歴史だ。

物質的には科学技術の発達と、分業と機械化の進展にもとづく大量生産方式の確立、精神的には人権意識と自由と平等の思想の広がりが大衆社会を確立する基本的条件をなしたが、逆に、社会の大衆化は科学技術のさらなる発達と、分業と協業と機械化のさらなる進展を促し、人権意識や自由・平等の思想をいっそう自覚的なものにする力となった。

そこにさらに、二〇世紀の戦争の特質たる総力戦の条件がかぶさってくる。戦争は戦う国の人びとすべてを戦闘員として、戦争協力者として、また戦争の被害者として、犠牲者として、陰に陽に戦争に巻きこんでいく。ひとたび戦争となれば、戦争反対者も戦争非協力者も戦争拒否者も戦争という大状況の渦のなかに引きこまれる。それが総力戦というものだ。一五年にわたるアジア・太平洋戦争のさなかで日本のほとんどすべての人びとが自分の生きることと戦争とが無縁ではありえないことを実感した。その意味で、戦争もまた社会の大衆化を進める大きな出来事だった。

戦争が終わる。が、社会の大衆化の動きは終わらない。戦闘のない世界で形を変えた新しい大衆化の動きが始まる。敗戦後の混乱と貧困のなかで新しい動きを主導したのはアメリカ占領軍だった。占領軍の指揮のもとに進められた戦後改革は、日本社会の大衆化と近代化を促進する大きな力となった。主だった戦後改革として、女性参政権の実現、労働組合の結成、義務教育の延長、農地改革による小作農の自作農化、財閥解体による経済の民主化などが挙げられるが、そのいずれもが少数の権力者による政治支配や経済支配の体制を打ち崩し、政治活動や経済活動が大衆によって担われることをめざす施策だった。

しかし、社会の大衆化は名もなき多数の人びとが社会を動かす主体として歴史の場にすがたをあらわすことである以上、外からの力によって大衆の存在が押し上げられるというだけでは決定的に不十分で、大衆がみずからの主体性を自覚し、みずから社会を動かそうとするのでなければならなかった。戦後日本の状況に即していえば、占領軍主導の戦後改革が進むなかで、大衆自身が社会の動向を見定め、みずからの生きかたをつかみとり、人びとと主体的につながり、社会を変えていく力にならねばならなかった。

戦争中、政治権力や軍部や経済支配者の無謀かつ横暴な天皇制ファシズム体制のもと、自分たちもその体制に積極的・消極的に協力しつつ苛烈きわまる惨苦を経験した大衆は、敗戦後、自分たちの主体性が少しでも発揮できる社会を痛切に望んだが、その思いはどのように、どこまで実現されたのか。この章では、映画、生活文化、児童文学の三つの分野について社会の大衆化の動きを見ていきたい。

1　日本映画の隆盛——黒沢明、小津安二郎、溝口健二

戦後の一〇年間、映画界は異常な高まりを示す。軍国主義の支配体制が崩壊した解放感と、自分たちの生活をなんとか維持しつつ新しい社会を作り出していこうとする生命感覚に突き動かさ

黒沢明

れて、人びとは身近な文化である映画に希望と娯楽と慰安を求め、映画の作り手たちはそれに力をこめて多面的に応えようとした。作品が作られたのはいまから七〇年も前のことだが、名作の画面にみなぎる熱気は時を隔ててもはっきりと感じとることができる。敗戦後の貧困と混乱のなか、人びとが自分たちの心にうごめく漠然たる解放感や生命感覚が一定の筋を備えた物語としてスクリーンに映し出されるのを期待したとき、作り手が力を傾けて新しい時代を象徴する新鮮な物語を作り出す。観客と制作者たちとのあいだに生き生きとしたそんな思いの交流がスクリーンを媒介になりたっていたとすれば、画面にこもる熱気はまさしく大衆の熱気と呼ぶにふさわしいものだったということができる。

取り上げるのは、三人の映画監督の代表作三本である。

まずは、黒沢明の『七人の侍』（五四年）だ。前編と後編に分かれ、上映時間が合わせて三時間二七分に及ぶ大作である。

前編は、野武士の一団が秋の取り入れが終わったすぐあとに村を襲う計画を立てているのを知った、山間の小集落の百姓が、論議の末に、長老の提案で侍を傭《やと》って村を守ることに決めたところから始まる。四人の百姓が侍さがしの旅に出る。

腹一杯めしを食わすからその代償として野武士の襲撃から村を守ってくれ、という虫のいい願いを聞いてくれる侍は容易に見つからない。ようやく勘兵衛（志村喬）という名の心優しい初老の侍が引き受けてくれることになり、その男の指図のもと残り六人の侍あつめが続く。

侍あつめは戦国時代のなにやら騒々しい世情を映し出し、合わせて話に乗ってくる侍——みんな浪人だが——の来歴と性格を観客に印象づけるよう、一場面一場面が丁寧につづられ、せりふのやりとりも練り上げられたことばがリズミカルに行き来する。例としてシナリオから二つの場面を抜萃して引用する。

一つ目は七人の侍のなかでは茫洋とした雰囲気のあるユーモラスな平八（千秋実）が薪割りをしているところを別の侍・五郎兵衛（稲葉義男）の目にとまって仲間に誘われる場面だ。

平八「おぬし、薪割りというものを見るのははじめてかな?」
五郎兵衛「いや、ひどく楽しそうだで」
平八「これは生れつきでの、気にさわったら御容赦願いたい」
五郎兵衛「ハハハ、面白い事を言われる」
　　平八、薪を割りつづける。
五郎兵衛「お上手だの」

平八「いや、人を斬る程には参らぬ」
五郎兵衛「人は大分斬られたかの？」
平八「左様。斬り出したらきりが無いでな、その前に逃げる事にしておる」
五郎兵衛「よいお心掛けじゃ」
平八「恐縮でござる」
五郎兵衛「ところで、おぬし、野武士を三十人程斬って見る気はないかな？」
　平八、薪を割り損じる。
（『全集黒沢明　第四巻』岩波書店、一九八八年、二六ページ）

二つ目は、右のすぐあとの場面だ。初老の勘兵衛と勘兵衛を慕う若侍・勝四郎（木村功）が河原を歩いていて大男と小男の、青竹を手にした闘いを目撃する。一瞬、青竹はおたがいの肩を打つ。大男は「相打ちだ」といい、小男は「拙者の勝ちだ」という。怒った大男は自分の刀をぬく。小男もやむをえず刀をぬく。


　真剣勝負である――人垣の顔がサッと蒼褪める。

　勝四郎も蒼くなる。

　勘兵衛は、常の顔でポツンとつぶやく。

「ウム、とめてもとまるまいの……勝負は見えておるが……」

　勝四郎、不審そうに、その顔をチラッと見る。

「ウォーッ!」
大男が人間の声とも思えぬ声で咆える。
さいぜんの時と同じく、大上段に振りかぶったまま、ジリジリつめる。
その足が砂を蹴立てて——
ガッ!!
真剣と真剣が噛み合った不気味な音。
そして、次の瞬間、大男は砂に顔を埋め、小男だけ一人立っている。
(同右、二七—二八ページ)

『七人の侍』のポスター
[Wikimedia Commons]

ユーモアのかけらもない緊迫の場面だ。小男はのちに仲間に加わる久蔵(宮口精二)だが、その人物像は剣の腕を磨くことだけを生き甲斐とする不言実行の男として造形され、七人のなかでも異彩を放つ。

が、平八も久蔵も腕は立つが英雄ではない。日本の時代劇映画では、超人的な武術の持主が獅子奮迅の活躍を披露して一件落着、というのが一つの様式となっているが、黒沢明にはそんな伝統につき従う気はなかった。七人の侍のなかでは勘兵衛と菊千代（三船敏郎）が英雄的要素を備えた人物といえようが、勘兵衛は侍七人のまとめ役として、また、野武士群との戦いが近づくにつれ戦闘全体を仕切る総指揮者として、華々しさよりも状況判断と人間理解に秀でた知性と決断の人としていぶし銀のような輝きを示すし、菊千代は出番は多いし、ふるまいは派手だが、思いのままに猪突猛進し、ときに滑稽でさえあるその破天荒な行動力は、ヒーロー（英雄）というよりアンチ・ヒーロー（反英雄）に近く設定されている。

侍たちの生死を賭けた荒々しい活動をスクリーンのなかにふんだんに取りこみながら、それと並んで、あるいはそれ以上に黒沢が表現したかったのは、身分がちがい、生活の場や生活感覚のちがう侍と百姓とが戦いを通してその身分差あるいは階級差を克服し、どうやって共同の陣形を築いていくかという問題だった。

長老の提言に従って、侍を傭って野武士団の襲撃に備えることにした村人たちだったけれども、侍にたいする百姓たちの不信の念は根深い。

侍七人がまもなく村に来ることを知って、百姓の万造（藤原釜足）は若く美しい娘・志乃（津島恵子）の長い髪を切り落とし、男のすがたに変えようとする。侍が来ると「何されるかわかんねえ」といって。逃げまどう志乃をつかまえて万造が髪を切るのを村人たちは家から飛び出してじっと見ている。

しばらくして、利吉（土屋嘉男）と与平（左卜全）に案内されて七人の侍が村にやってくる。

万造のふるまいが侍への警戒心を呼びさましたこともあって、村はひっそりと静まり返り、利吉の「お侍さんが来ただぞーッ！」という呼びかけにも応える者がいない。仕方なく侍たちは長老のもとに赴くが、長老にも村人の警戒心を解く術《すべ》はなく、重苦しい沈黙が場を包む。

と突然、板木《ばんぎ》を乱打する音が鳴り響く。野武士の来襲だと思って村人たちは一斉に外に出てくる。右往左往しながら「侍はどこだ!?」「お侍様ッ!?」と叫ぶ百姓たち。勘兵衛たちも走り出てきて、混乱する村人の群れに向かって「うろたえるなッ!!」「静まれッ!!」と呼びかける。混乱がややおさまったところで勘兵衛が野武士のことを尋ねると、百姓の答えはいずれも自信なさそうで、野武士を見たとはっきりいう者はいない。「では板木《ばんぎ》を打った者は誰だッ？」という問いに「俺だァ!!」と大声で叫んで出てきたのは菊千代だ。野武士の動向とは関係なく、静まり返った村の空気に居たたまれなくなった菊千代が、空気を変えたい一心で打った板木だったのだ。

菊千代に似つかわしいアンチ・ヒーロー的なふるまいだが、それが百姓と侍の心を近づける力となったのは確かだ。のちにも菊千代の奇矯なふるまいが村人と侍の心を橋渡しする場面がいくつか出てくるが、滑稽さを加味したそんな場面の設定が映画の精神的な奥行きを深くしているのが、行動の切れ味のよさに重きを置く黒沢映画らしいところだ。菊千代は七人の侍の一人だが、出自は侍ではなく百姓だ。あちこちで百姓の地金《じがね》が出てくる。それが百姓と侍の心を近づける。秀逸な人物設定といえるが、見かたを変えれば、封建の世の百姓と侍との身分差は観念的な操作だけで克服できるものではなく、もっと強固に社会に根を下ろしていると映画の作り手たちに意識されていたということであろう。そこには戦後の時代意識の生きたすがたを見てとれるように思う。

　さて、麦の刈り入れの時期が近づいてくる。刈り入れが終われば、すぐにも野武士の襲撃に備えねばならない。一日一日と緊張感が高まってくる。侍と村人との意思の疎通にも支障が生じてくる。前編の終幕で、村を守るための作戦として村外れの三軒の家は防衛を放棄することが村人に伝えられる。三軒の家の住人は家を引き払うように、と。

　三軒の家の住人は命令に従わない。竹槍をもち戦闘態勢を取って整列する百姓たちの群れのなかから、離れ家に住む六人が列を外れ竹槍を投げすてて家に帰ろうとする。「待て！」と激しい声が飛ぶ。以下、シナリオを引用する。


　勘兵衛である。珍しく、峻烈な形相で立っている。

勘兵衛「その槍をとれ、そして、列へもどれ！」

　茂助達が、躊躇しているのを見ると、いきなり刀を抜く。

　思わず震え上がるような凄い眼をして、茂助達を睨み据えたまま、スーッと寄って来る。

　茂助達、うろたえて竹槍を拾おうとする。

　慄えてうまく拾えない。

「ハ、はい……今……直ぐ……」

　みんな、蒼くなって列へもどる。

勘兵衛、それを見ると、全員を見廻してきめつける。

「離れ家は三つ、部落の家は二十だ。三軒のために二十軒を危うくは出来ん。また、この部落を踏みにじられて、離れ家の生きる道はない。いいかッ！　戦とはそういうものだ。他人《ひと》を守ってこそ自分も守れる。おのれの事ばかり考える奴は、おのれをも亡す奴だ。今後……そういう奴は……」

勘兵衛、一同を見渡してパチッと刀を鞘へおさめる。百姓は勿論、侍達も菊千代も、この勘兵衛の強烈な一面に瞠目している。（同右、五一ページ）

村人と侍との関係のむずかしさを示唆するこの緊張場面のあとに五分間の休憩となる。


後編は要所要所に防護柵を配した村の北・東・南・西で闘われる、人馬入り乱れての壮烈な集団戦がなによりの見所だが、活劇を通して、また活劇のあいまに、百姓たちと侍たちの心の交流、そして戦闘集団としての士気の高揚と低迷が丁寧に描かれる。

村中総出の麦刈りが後編の始まりだ。野武士の襲撃も近い。緊張の高まるなか、裸馬から落ちる菊千代の滑稽な場面や、若い志乃と勝四郎のぎこちない逢いびき場面などがはさまれて、観客の目は山村の風景になじんでくる。

斥候《せっこう》として送られた三人の野武士の二人を斬り殺し、一人を生け捕りにしたところから事態が動く。馬なら半日の場所に野武士団が宿営しているのが分かって、久蔵、平八、菊千代の三人が利吉の案内で宿営地に夜討ちをかける。利吉が裏にまわって宿営地に火をつける。不意の火事に逃げまどう野武士たちを侍三人が容赦なく斬りまくり、一〇人ばかりを斬り倒す。と、火のなかから美しい女がすがたをあらわす。野武士に拉致された利吉の女房だ。火のなかで女と利吉は凍りついたように見つめ合う。相手が利吉と分かると女は身をひるがえして焔のなかに飛びこむ。追いかけようとする利吉を平八が抱きとめる。利吉と平八がもみ合うなか、背後に銃声がし、背中を撃たれた平八が倒れる。

次に来るのは、平八の弔いの場面だ。

新しく盛り上げられた土饅頭。

その上に、菊千代が怒った様な顔をして、ごろた石をのせる。

久蔵、手に持っていた平八の刀を抜くと、その石の前にグサッと立てる。

儀作〔長老〕がわなわな慄えながらぬかずく。

取り巻いていた村の人達もいっせいにぬかずく。

侍達は、立ったまま身動きもしない。

……

利吉、ワッと泣き伏す。

百姓達の中からすすり泣きが起る。

菊千代（喚く）「泣くなッ！　泣くなッ！」

泣声、ますます高くなる。

菊千代（地だんだ踏んで、ポロポロ泣きながら喚く）「馬鹿野郎ッ！　泣くなってんだッ！　泣くなッ！　泣くなッ！」

そして、急に何か思い当たった様子で一散に走る。（同右、六五ページ）

菊千代のゆく先は侍たちの宿舎だ。片隅に平八の作った幟旗《のぼりばた》が立てかけてある。下に百姓の村を示すたんぼの「た」が平仮名で太く書かれ、その上に「○」印が二行に並べて六つ、「△」印が一つ（これが菊千代だ）書かれている。○と△は七人の侍を示す。菊千代が旗を宿舎の屋根の棟に立てる。五月の風にはためく幟旗。

戦いに倒れた平八を百姓たちも侍たちもともども深く哀悼し、心を一つにして村を守ろうと決意する、そんな集団の悲しみと心意気を象徴する見事なシーンだ。風に激しくゆすぶられる旗には、死んだ平八の面影と、侍と村人からなる戦闘集団の不退転の意志が、二つながら映し出されている。

旗のはためきの醸し出す哀切の気分を切り裂くように屋根の上の菊千代の喚き声が響きわたる。「来やがったッ！　来やがったぞーッ！」と。色めき立つ村人を勘兵衛が制止する。「騒ぐなッ！　みんな持場につけッ！」と。西の丘に三十数騎の野武士団があらわれ、村へと向かってくる。静から動への鮮やかな転換だ。数日に及ぶ本格的な戦闘の始まりだ。

戦いの経験などなかった百姓たちが、侍の指揮のもと騎馬に立ちむかったり、落馬した野武士を竹槍で突いたり叩いたりしているうちにしだいに機敏に動けるようになり、戦闘意欲も高まっていく。女たちも集団を組んで、仲間から離れて孤立した野武士めがけて鍬や鋤を手に打ちかかっていく。指揮する侍たちの顔に百姓にたいする信頼の情が浮かび、声に張りと落ち着きが出てくる。黒沢が場所も、人数も、時刻も、天候もちがう多彩な戦闘場面を通して、活劇の醍醐味を観客に存分に味わってもらおうとしていることが腹の底から納得されるとともに、非日常の戦時体制における集団の心の動きを見つめ、そこに人間的な価値と尊厳に通じるものを浮かび上がらせようとしていることも、はっきりと見てとれる。

さきにわたしは百姓と侍の身分差に触れたが、その問題は映画作りの最後まで黒沢の念頭を去ることがなかった。それにまつわる小さな出来事が野武士との最後の決戦の前夜に起こる。

明日の決戦はどう展開するか、結末がどうなるか、だれにも分からない。見張りの二人以外は眠って英気を養うように、家族に会いたい者は一人ずつ交替で家に帰るように、との指示が出される。各部隊に指令を伝えて勝四郎が村の辻に帰ってくると、待ちかまえていた志乃が思いつめた表情で勝四郎の手を取って納屋のなかに誘いこむ。納屋の戸を閉めると、志乃は体ごと勝四郎にぶつかっていく。二人はもつれ合って藁の中に倒れる。

やがて志乃の父・万造が村の辻を通りかかる。娘に会いに家に帰ったが、いないので探しに来たのだ。見ると、納屋から勝四郎が出てくる。続いて志乃が出てくる。二人を見くらべていた万造がカーッとなって前に出ると、志乃はおびえて逃げる。万造が追う。志乃をつかまえた万造は、「百姓の女が……侍とくっついて、ど、どうする気だ」と叫んで志乃をなぐる。走り出てきた勘兵衛が万造の乱暴を制止する。いつのまにか人が集まってきて、やや離れて場のようすをうかがっている。

集まった村人も侍も、娘かわいさゆえの万造の怒りをもっともだと思いつつ、身分のちがう若い男女の恋をむげに否定はできない。七郎次（加東大介）と、妻を野武士に拉致されて失った利吉が人びとの心を代弁するようにして万造に声をかける。


七郎次「明日は決戦という夜には、城の中でもこういう事が沢山起きる……若い者の気持にもなってやれ……無理もないのだ」

万造「フン！　……俺ァ……無理もねえじゃすまされねえ……一人娘きず者にされて……黙っちゃいられねえ」

利吉、ツカツカっと出て来る。いきなり万造の横っ面を張る。

「好きで一緒になったものを……ぐずぐず言う事ねえ……野武士にくれてやったのとは訳が違うどッ！」

万造、一言もない。

ポツリ！　ポツリ！　雨が降ってくる。人々、バラバラと散りはじめる。

万造、志乃、利吉、七郎次、勘兵衛、勝四郎だけ残る。その中から、空を見上げて、
勘兵衛と七郎次と利吉が去る。

最後に万造がうなだれたまま立ち上ると、闇の中へ消えていく。

泣き伏している志乃と、立ちすくんだ勝四郎だけ残る。
その二人を本降りになった雨が包む。

（同右、八九―九〇ページ）

シナリオの文言から判断すると感傷的と取られかねない場面だが、丁寧なせりふのやりとりと細かい人の動きは感傷をねらいとはしていない。小さな出来事のふくむ問題のむずかしさ、そのむずかしさに人びとが立ちすくむさまを画面に定着するために、シナリオには細心の配慮がなされている。

「きず者にされて」というきついことばに身分差のどうしようもなさがくっきりとあらわれている。戦国の世という時代性に根ざしたどうしようもなさだが、数百年を経た戦後の観客にも共感できる感覚だった。そのことを自覚し、どうしようもなさを現代の課題として提示したい黒沢は、身分ちがいの恋の哀切さと、それをめぐる百姓と侍の戸惑いをあくまでリアルに描き出そうとする。万造をたしなめる七郎次のせりふは歯切れが悪い。万造は納得しない。一方、百姓の利吉は万造になぐりかかり、語気鋭くせりふをあびせかけるが、この激しさは女房を奪われた怒りに発するもので、身分差を乗りこえる展望がそこにあるわけではない。登場人物中もっとも経験ゆたかで分別のある勘兵衛は、終始無言のまま事態を見つめている。雨が降るなか、社会の矛盾に耐えて生きる人びとの胸苦しさが画面に広がる。残った人物たちも、やがてゆっくりと一人去り、二人去りして、うなだれた万造が立ち去ると、あとには泣き伏す志乃と立ちつくす勝四郎が残る。

登場人物一人一人の胸に割り切れなさが残る。観客にも割り切れなさが残る。その割り切れなさが身分差という社会の矛盾に遠く通じるものであるのを表現すること、そこにこそこの場面の核心があるように思われる。

割り切れなさを振り払うように、翌日の最後の決戦は凄烈をきわめる。敵は一三騎、味方は侍が五人(平八に次いでもう一人、五郎兵衛がすでに死んでいる)に、村人数十人の混成部隊。どしゃ降りの雨のなか、ぬかるみに足を取られながらの大乱戦が続く。野武士の一騎一騎は矢が背中に当たってのけぞって死んだり、落馬して逃げるところを村人軍に突き殺されたり叩き殺されたりする。若い勝四郎もきょうは刀を振りかざして一人前の働きをしている。戦闘のさなか村人にも死傷者が出る。敵の数が減ったところで大活躍の久蔵が銃弾に当たって倒れる。勝四郎が駆けよるが、ガクンとのめった久蔵はそのまま動かない。最後に残った野武士と菊千代の一対一の戦いは、銃弾を受けた菊千代がよろめく脚で倒れかかるように相手を斬り倒し、みずからも倒れ、こうしてすべての戦闘が終わる。

三時間半の長編映画をしめくくる最後の場面は百姓たちの賑やかな田植の場面だ。田んぼからは晴れやかな唄声が流れてくる。反対側の丘には刀を突きさした四つの土饅頭が並び、その手前にも死んだ百姓を葬う土饅頭がいくつか並ぶ。そこに、生き残った三人の侍——勘兵衛、七郎次、勝四郎——がやってくる。勘兵衛がつぶやくようにいう。

勘兵衛（ポツンと）「この戦……やはり敗戦《まけいくさ》だったな」

七郎次と勝四郎、変な顔をして勘兵衛を見る。

勘兵衛「いや……勝ったのは……あの百姓達だ……儂達ではない」　（同右、九五ページ）

百姓讃歌ともいうべきことばだ。同時代の社会にたいする割り切れなさ、どうしようもなさを十分に自覚しつつも、黒沢は新しい時代への希望を人びとに投げかけたかった。それが大衆文化の作り手として時代を生きる黒沢の姿勢だった。

＊＊＊

次に取り上げるのは、小津安二郎の監督作品『東京物語』である。エネルギーに満ちた活劇調の『七人の侍』とは大きくちがって、時間がゆったりと流れ、物語は淡々と進む。それでいて、登場人物たちが戦争の惨禍をくぐりぬけ、死に脅かされない新たな時代を生きていると感じさせる現代劇だ。

嫁入り前の末娘と尾道に住む老夫婦が、東京に住む長男一家（開業医）、長女一家（美容院）、戦死した次男の未亡人（アパートに一人住まい）の住家を宿とし、東京見物を楽しもうと思い立って上京する。戦後八年経って焼け跡はもう見られないが、瀬戸内から東京までは汽車で二〇時間近くかかる時代だ。東京見物も庶民にはホテル代を払うだけの余裕はなく、親戚か知り合いの家に泊めてもらうしかない。

泊めるほうとて余裕はない。老人二人にどこに寝てもらうか改めて考えねばならないほどの家の狭さだし、東京見物の案内をする時間を捻出するのも楽ではない。実際、老夫婦上京の翌日の日曜日、長男一家四人（夫婦と息子二人）が老夫婦のお供で出かける予定のところ、在宅患者の病状が思わしくなく、長男・幸一（山村聡）がやむなく往診することになり、計画は中止される。老夫婦、周吉ととみ（笠智衆《りゅうちしゅう》・東山千栄子）は「ええよ、ええよ」とにこにこ顔だが、小学生と中学生の二人の息子はむくれて寝台であばれたり、枕を投げたりする始末だ。

長女・志げ夫婦（杉村春子・中村伸郎）も二人を東京見物に連れていく気はあるが、二人とも昼間は働いているから都合がつかない。結局、実の子ではない次男の嫁・紀子（原節子）が、これも会社勤めをしているが仕事を休み、遊覧バスに同乗して東京を案内する。窓外に丸の内のビル街や宮城が映る。バスのなかで左見《とみ》右見《こうみ》する老夫婦は満足そうだ。

小津安二郎

紀子は、いうところのよくできた嫁で、東京見物のあとは自分の狭いアパートに老夫婦を招き鄭重にもてなす。夕食を取りながらの会話は酒も入ってことばがよどみなく流れる。老夫婦のくつろいだ穏やかな挙措に、二

『東京物語』のポスター
[Wikimedia Commons]

人はきょうのような一日を過ごしたくて東京に出てきたのだと分かる。紀子は気を遣い緊張してはいるが、両親がうれしそうにしているのを見て自分もうれしそうだ。

そのあと老夫婦は二人だけで熱海に行く。昼間は仕事があっていっしょに出かけられない幸一と志げが金を出し合って熱海の温泉旅館に宿を取ってくれたのだ。見晴らしはいいし、刺身はおいしいし、といって。二人は喜んで出かける。

温泉にゆっくり浸かり、遠くまで広がる海を眺めて満足した二人だったが、夜になって行楽地の騒音に悩まされる。宿の隣室では、どこかの会社の男女十数人がマージャン台を囲んで大声を挙げ、遠くからは流しの演歌の唄声が聞こえてくる。眠れない周吉ととみは床の上に起き上がって溜息をつく。

翌朝、宿の浴衣を着た二人が防波堤に並んで腰を下ろし、目の前に広がる大海を眺めている。画面を太い横線で切り裂くコンクリートの防波堤と、そのむこうにどこまでも続く静かな海の風景が美しい。老夫婦は昨夜の宿の喧騒から解放されて安らかなひとときを過ごしているかに見えるが、カメラが近づき会話が聞こえてくると、尾道に帰る相談をしている。東京が居心地のいい場所ではないことに気づいて、里心がついたのだ。

ともかく熱海は年よりがのんびり静かに過ごせる場所ではない。二人は早々に長女志げの美容院に帰ってくる。二、三日熱海に泊まってきてもらうつもりでいた志げはあてが外れてがっかりする。おまけにその日の夜は自宅で七時から寄合いがあるという。手狭な志げの家では寝る場所を確保するのもむずかしそうだ。寄合いの話を聞いたときの老夫婦の会話をシナリオから引用する。

周吉（ガッカリしたように）「どうする?」
とみ「どうします?」
周吉「また幸一のとこへ行って迷惑かけてもなァ……」
とみ「そうですなあ——紀子のとこへでも泊めて貰いますか」
周吉「いやァ、あすこも二人じゃ無理じゃ。お前だけ行って泊めて貰い……」
とみ「じゃお父さんは?」
周吉「服部さんを訪ねてみよう思うんじゃ。なんならそこへ泊めて貰うよ——とにかく、ま、出かきうか」
とみ「へえ」

そして荷物の中から洗面具などを出す。

周吉（微笑して）「――とうとう宿無しんなってしもうた……」
とみも笑ってうなずく。

（井上和男編『小津安二郎全集〔下〕』新書館、二〇〇三年、二〇二ページ）

日常的な短いせりふが淡々と続く場面だが、最後の、「とうとう宿無しんなってしもうた」は心に沁みる。このせりふを周吉が微笑していい、とみが笑ってうなずくというのが小津らしい演出だ。つらいことでも受け容れられるかぎりのことは笑って受け容れる。それが、老夫婦のどう変えようもない生きかただ。

宿無しの二人は上野公園の片隅のベンチで時間つぶしの時を過ごす。街を眺めながらの二人の会話、

周吉「なァおい、広いもんじゃなあ東京」
とみ「そうですなあ。ウッカリこんなとこではぐれでもしたら、一生涯探しても会わりゃしやせんよ」
周吉「ウーム」

（同右、二〇二ページ）

二人には東京も親しみをもてる街ではなくなっているのだ。

結局、二人は別れ別れになり、周吉は旧知の服部（十《と》朱《あけ》久雄）、沼田（東野《とうの》英治《えいじ》郎《ろう》）と会って酒

を飲み、とみは紀子の家に泊めてもらう。とみは寝る前に紀子に肩を揉んでもらい、床のなかで紀子の再婚についてしんみりとことばを交わし、一方、周吉は泥酔し沼田を連れて志げの家に舞いもどり、志げに嫌な顔をされる。こうして老夫婦の東京の旅は終わる。

翌日、東京駅の遠距離列車の待合室で親子は次のような会話を交わす。

志げ「お父さん、あんまりお酒召し上っちゃ駄目よ」
周吉「いやァ、ゆうべは久しぶりに友達に会うたもんじゃけ――」
志げ「もう癒《なお》りました？　頭痛――」
周吉「ああ、もう」
幸一「あんまり呑まんことですね」
とみ「もう今度で懲りたでしょうよ」
周吉「いやァ……どうもいろいろ厄介かけて、お陰で愉しかったよ」
とみ「みんな忙しいのに、ほんまにお世話になって……」

（同右、二〇九ページ）

映画の流れからすれば、志げが思ったことをそのまま口にするのにたいし、周吉ととみが心情の屈託を抑えて場をなごませようとしている印象を拭いがたい。しかし、老夫婦は心情の屈託を無理に抑えているとはいえない。それはそれで二人の身についた自然な処世法なのだ。自分たちだけの内輪の場でも二人はこんなことばのやりとりをするのだから。

周吉「でも、子供も大きうなると、変るもんじゃのう。志げも子供の時分はもっと優しい子じゃったじゃにゃあか」
とみ「そうでしたなあ」
周吉「女の子《おなご》は嫁にやったらおしまいじゃ」
とみ「幸一も変りやんしたよ。あの子ももっと優しい子でしたがのう」
周吉「なかなか親の思うようにはいかないもんじゃ……（と二人一緒に寂しく笑って）――欲言や切りゃにゃが、まァええ方じゃよ」
とみ「ええ方ですとも、……わたしらは幸せでさあ」
周吉「そうじゃのう。まァ幸せな方じゃのう」

（同右、二一〇ページ）


中途半端といえば中途半端な幸せ感だが、二人はそれでまあよしとして故郷に帰っていく。

それから数日してとみが倒れ、電報で東京から幸一、志げ、紀子がかけつけ見守るなか、昏々と眠りつづけて静かに息を引きとる。

田舎家の座敷に家族が集まっての臨終の場面からお寺での葬儀へ、葬儀から古い料理屋での会食へと場面は流れるが、ここでも時間はゆったりと流れ、一人一人の人物がそれぞれに悲しみをことばにし、動作に示しつつも、全体として静かな、地味な日常がスクリーンに映し出される。

死をも日常のうちに、さらにいえば自然のうちに取りこもうとする小津の強い意志が感じとれる映像の連なりだ。

さきにわたしは周吉ととみの中途半端な幸せ感をいったが、その中途半端さは戦後という時代にたいする小津の姿勢にほかならなかった。

小津が愛情をもって好意的に描く周吉やとみや紀子や末娘・京子（香川京子）は、家族のつながりを大切にし、そこに心の安らぎを見出そうとする、やや古風な人物たちだ。しかし、周吉ととみの訪れた大都市東京は二人の思いにそぐうものではない。『東京物語』には東京らしい風景として、黒い煙の立ちのぼる何本もの煙突や、洗濯物がいっぱい垂れ下がる原っぱや空地の物干竿や、高いビルの林立するオフィス街が何度か映し出されるが、それらは老夫婦を温かく包みこんでくれるような風景ではない。が、そういう風景を映像として提示することは小津の映画作りの大切な要素の一つだった。中途半端さはそこにかかわる。

三つの風景は東京の近代化を象徴するものと枠づけすることができようが、日本の戦後社会の近代化は、家族のつながりを強めるのではなく、弱める方向へと向かった。工業の発展と個人の自由・自立を大きな柱とする戦後の近代化は、人びとが家族の外に活動の場を広げるよう強く働きかけるもので、生活面でも精神面でも家族の力は弱まらざるをえなかった。

老夫婦や紀子や京子の品のいい穏やかなふるまいを通して、家族間の思いやりや気づかいを古くからある人間社会の美風として表現しようとした小津だったが、といって、社会の近代化を意に染まぬものとして声高に批判ないし否定するのは小津の流儀ではなかった。煙の立ちのぼる煙突も、ずらっと並ぶ洗濯物も、幾何学的なオフィス街も醜くは写しとられない。古風な暮らしとのちぐはぐさが暗示されるにとどまる。

思えば、東京で暮らす幸一や志げの近代的なものの割り切りかたも、醜いとか厭味だとかいえるほどのものではない。ずけずけものをいう志げについては、もう少し遠慮があってもと思えなくないが、親不孝と非難できる下品さはない。静けさ、穏やかさを土台とする小津の映画美学には下品さはどうしても似合わないのだ。

かくて、『東京物語』は古風な家族のつながりのユートピア的な美しさと、それを突きくずしていく近代化の世相の、醜くはない表現とをともども追求するものとなる。時代にたいする中途半端な位置の取りかただが、その位置を変わることなく堅持し、静かで地味な物語を美しい画面に淡々と展開していく小津の執念は、並一通りのものではない。映画作りの現場に身を置く小津は屋外の風景にも、室内の調度にも、役者の一挙手一投足にも丁寧に目を行きとどかせている。

戦後という時代がおのれの愛惜する家族のつながりを弱める方向へと進むことは、時代を生きる小津の実感するところだった。しかし、家族の美風が失われてゆくその喪失の過程には、人間社会の切なさとおもしろさがこもごもあらわれていて、小津はそのありさまを心をこめて描こうとしたのだった。そして、それを描くには近代化へと向かう時代を写し出すことと、近代化の波をかぶりつつ消えずに残って微光を放つ家族の美風に目を向けることとが不可欠の条件であって、時代への小津の中途半端な位置取りはその条件に強いられた面が小さくなかった。小津の中途半端さは時代への抵抗であるとともに時代への寛容でもあった。

『東京物語』を始めとする地味で静かな小津の映画は、黒沢映画ほどの興奮は巻き起こさなかったが、戦後の社会に広く受け容れられた。その意味で、時代への小津の抵抗と寛容は、戦争の苛酷な体験をくぐりぬけてやや落ち着きを取りもどした、人びとの日常意識と波長の合うものだった。小津映画の画面一つ一つに見られる、構図の整いかたや折り目の正しさは多くの人の指摘するところだが、小津映画の人気はそういう形式面に目が行くだけの心のゆとりが、映画を楽しむ大衆に生まれていたことを示すものでもあった。

黒沢と小津を並べてみると、対立と葛藤をぐいぐいと押し上げて華麗・鮮烈な劇的空間を作り出し、観客に強く訴えかける黒沢と、自分の問題意識と美意識にあくまでもこだわり、物語をゆっくりと穏やかな時間の進行のなかにおさめ、登場人物たちの会話も映画作者としての自分の主張も低い声で遠慮がちに表現する小津との資質もしくは趣向のちがいは歴然たるものがある。戦後の隆盛期の映画の多様性を示すまぎれもない指標だが、その多様性は不確定な時代の多様性に見合う多様性を映し出した世界はあったろうが、映画ほどその多様性が人間性ゆたかな表現として生かされる領域は少なかった。小津に限っていえば、人と人との関係が疎《おろそ》かになる近代化の世相を写しとることも、そこでなお家族のつながりを保とうとする人びとを表現することも、容易なことではなかったし、大衆社会に受け容れられるかどうかもはっきりしなかったが、人びととともに一つの時代を生きる映画監督として家族のありようを時代の問題として掘り下げ、多くの人びとに投げかけたいという思いは小津に痛切だった。わたしは中途半端ということばを何度か使ったが、映画の全体を通して小津がどんなメッセージを人びとに伝えようとしたのかを明快・簡潔に答えるのはむずかしい。しかし、小津が映像を重ね合わせながら考えていたことが、人間社会と人間の生きかたの根幹にかかわる問題であることは疑いを容れない。『東京物語』が古びることのない名作たるゆえんだ。

＊　＊　＊

溝口健二は一九二三年に二四歳で映画監督として第一作を制作し、戦時中に『浪華悲歌』『祇園の姉妹《きょうだい》』『残菊物語』などの名作を世に送って巨匠としての地位を確立した。右の三作は男性優位の社会にうごめく男女の苦しみに満ちた関係と、意地を通す女の哀切さを描いて人びとの共感を呼んだが、戦後になって男女の間柄と女の哀歓を見る目は繊細さと深みを加え、『西鶴一代女』『雨月物語』『近松物語』などの傑作を生んだ。

ここでは五二年に公開された『西鶴一代女』を取り上げる。

題名から推測されるように、江戸前期の浮世草子作家・井原西鶴の『好色一代女』を下敷きにした物語である。数々の男性遍歴を重ねる女の一代記という点で西鶴の原作を踏まえるが、売春を生きる糧とせざるをえない女をどう見、どうとらえ、どう描くかという点では原作と映画は大きくちがっている。西鶴原作の主人公には名前がなく、好色な娼婦が年齢を重ねるなかでさまざまな仕事につき、雑多な男と性的な関係に入るさまが一般的な男女の交情としてカタログ風に語られるのだが、溝口の『西鶴一代女』の女主人公（田中絹代）は「お春」という名をもち、固有名をもつ女にふさわしく、独自の性格、意地、好き嫌い、志を備えている。そのお春が、女を踏みつけにして当たり前と思う男たちのなかで、また、とりわけ下層の女にたいしてはこれを冷たく見下し、道具として利用し、犠牲と忍従を強いる社会のなかで、どう自分なりの生きかたをつらぬこうとするのか、――それが溝口の設定した映画の思想的枠組である。

最初に出てくるのは、宮廷貴族の召使いだったお春が身分卑しい男・勝之介（三船敏郎）と恋仲になり、身分ちがいで結婚がかなわないなら二人で逃げて所帯をもとうと語らっているところへ、見まわりの役人が踏みこんでくる場面だ。二人は逮捕され、裁判にかけられ、不義密通の罪を犯したとして、女は監督不行届の両親ともども洛外追放の刑に処される。男は斬首の刑に処される。

刑場に引き出され役人から「何ぞ、云いのこすことはないか」と問われて男は次のようにいう。

「なぜ、男女慕い合うのが悪いのでございます。なぜそれが不義なのかわかりませぬ。……身分などというものがなくなって、誰でも自由に恋の出来る

溝口健二

世の中が来ますように。お春さま、真実の思いに結ばれて生きなされ。」

（『依田義賢シナリオ集』映人社、一九七八年、一八ページ）

男は身分の卑しさなどものともせず、間近な死を恐れることもなく、力のこもった声で堂々と右のせりふを口にする。「身分などというものがなくなって」というあたりは近代風の潤色がすぎるが、「お春さま、真実の思いに結ばれて生きなされ」という結びのことばは、ことばを受けとったお春が、母の制止を振り払って短刀で自害しようとする悲痛な演技と相俟《あいま》って、映画全体の基調をなす表現と位置づけることができる。

京都を追われたお春は、後継ぎを産むための側室を探している東国の大名に気に入られ、めでたく世継ぎの男の子を産む。が、大名がお春を愛しすぎ健康を害する恐れが生じたため、お春は城を追い出される。

次にお春が連れていかれるのは京都の遊郭・島原だ。このあたりからお春はしだいに春を売って生きていく身分へと身を落としていく。が、心の芯には清く生きていこうとする思いが保たれていて、島原でもまわりの娼婦や下男たちが田舎大尽の大金にぶざまに翻弄されるなかで、「わたしは物乞いではありません」と一人毅然たる態度を崩さない。意地を張ったように見えるが、それが自然体とも思えるところが溝口のお春像の魅力だ。一人の女が生きてそこにあることを感じさせる像だ。

島原を追われたお春は堅気の大商人（進藤英太郎）の女中になるが、商人の女房（沢村貞子）が嫉妬して「髪を切れ」と命じるのに腹を立て、女房の頭部には地髪がなく、河童あたま同然であることを暴露する。お春の意地の悪さがのぞく場面だ。お春が虐げられ苦しめられる受身一方の女ではなく、場合によっては人を傷つける攻撃性をもつことが知られて、観客の心にも波が立つ。

そのあと、不幸の続く暗く沈んだ話の展開に束の間の光が射すような場面が来る。お春に惚れこんだ扇屋の番頭・弥吉（宇野重吉《じゅうきち》）が独り立ちして自分の店を出すに当たって、お春さんを嫁にと両親に願い出てきたのだ。お春の過去を知った上でのことだという。そして、新婚の二人が仲むつまじく扇屋を切り盛りする安らかな場面が次にくる。そこに、若主人が戸板に乗せられて運びこまれてくる。そこらを歩いていて、金をねらった強盗に斬り殺されたのだという。幸せも唐突なら不幸も唐突な場面展開だが、苦境のなかで悲しみに耐えてしぶとく生きる下積みの女を描くのに、唐突な幸も不幸も溝口にとっては忌避すべきものではなかった。

相思相愛の夫を奪われ、気丈なお春もさすがに世をはかなむ心境になったのか、寺に入って尼として生きていこうとする。が、まわりの男たちが放っておかない。なにやかやとことばをかけ、誘いをかける。お春も俗世をきっぱりと拒否して仏道一筋というふうではない。どんなにつらくとも生きるとはこの世を生きることであり、解脱をめざすのはお春の生きかたではない。この世を生きようとする姿勢はお春の人間的な魅力の不可欠な部分をなし、まわりの男たちが引かれるのもそこに魅力を感じるからだ。

尼寺をも追い出されたお春は、売春婦か売春婦まがいの仕事しか生きる道がなくなり、歳を重ねるとともにしだいに下層の売春婦へと身を落としていく。
また年が経ち、お春は寺の大きな門のかたわらに粗末なござを敷いて坐り、三味線を弾いても の乞いをしている。服の乱れたみすぼらしいすがたは哀れだが、そんな境遇でもなんとか生きぬこうとする意志が画面から伝わってきて、痛ましくも美しい場面だ。
そのあたりから終幕にかけて映画の密度が高まっていく。次の場面では、寒い冬のころ荒れ寺の山門にお春が弱々しく倒れている。閑散とした門前をたまたま通りかかった惣嫁《そうか》――最下層の街娼――の婆ァ（お仙）が親切に声をかけてくれ、自分たちのたまり場に連れていってくれる。以下、長屋ふうのうす汚ないたまり場での婆ァたちとのやりとりをシナリオから直接引用する。

壁はおちるにまかせ、障子は煤《すす》けて破れたまま、すり切れた畳もかまわず捨ててある中に、お熊というのが貧乏徳利で茶碗酒を飲んでいる。その傍にお杉というのが寝そべってぼりぼり豆をくっている。いずれも五十あまりの女ばかり。

お杉「なんや」
お仙「病人や」
お杉「つまらんもう拾うて来たのやなあ」
お仙「さあ、お上り」
お春「すみませんねえ」……
お仙「どうせ惣嫁婆ァの宿や、くさいせんべい布団やで」

お春「すみません」
お仙「いま、薬を煎じてやるわ」
お仙が親切に薬を煎じる仕度をしてやる。
お熊「どうしたんや」
お仙「三日もものを食ってないというのやがな。そこへ冷えこんだんやろ」
お熊「これ、一杯やり……薬みたいなもんいらん」
お熊は茶碗をつき出して酒をついでやる。……
お杉「飲んだらええがな。こいつにはあんまり飲まさん方がええのや。これ以上飲ますとまた泣きよる」
お春は飲んで、
お春「ああ、おいしい」
(同右、六四―六五ページ)

シナリオを読むだけでは想像できにくいかもしれないが、落ちぶれはてたお春を助けようとするのが、社会の最底辺を生きる年老いた街娼たちだというのが見る者の胸にせまる。寒風の吹く往来から街娼のたまり場に場所が移ると、そこがどんなに惨めなすさんだ場であろうと、人の生きる温もりが感じられる。薬を煎じる老婆も酒を注ぐ老婆もとりわけ親切なわけではなく、できることをやっているにすぎないが、それぞれがなんとか生きていこうとし、他人をも生かそうとする思いだけはもっていて、それが困窮の極みともいうべき場になごやかさをあたえている。引用末尾のお春のせりふ「ああ、おいしい」は、たまり場に生きる惣嫁婆ァたちへのお春の親近感をあらわすとともに、これまで自分の生きてきたつらい過去への肯定感をあらわしてもいる。貧相な老婆たちに囲まれ体の動きもままならぬお春に、卑屈さの影はいささかもない。

それどころか、これまでのお春の、どんな落魄に身を置いても気丈に生きていく生命力の輝きが、お杉やお仙やお熊の動きに活気をあたえ、その場がわずかながら華やいだものになるのだ。うらぶれた下層の娼婦たちをありのままにスクリーンに写しとりながら、溝口がその人物たちの生きる力を――人間の尊厳に通じるような生きる力を――表出しようとして精魂をこめているさまが思われる。

そのあとに来るのが、松平家の先代が死に自分のかつて産んだ子が若殿になったのを、お春が許されて陰ながら見送るという場面だ。盛装して庭の土の上に坐るお春の前の廊下を、青年になった息子が通りすぎる。お春は思わず立ち上がって駆けよろうとする。近くの侍が制止するのを振り切って息子のあとを追う。いかにもお春にふさわしい、自然なふるまいだ。女を踏みつけにする社会にあって娼婦のなかでも下級の街娼にまで転落したお春が、にもかかわらず人としての誇りをもって前向きに生きていこうとするその気迫からしてお春らしい自然なふるまいであるとともに、長く会うことのなかった息子の立派なすがたを目の前にして母であることの喜びに心をゆさぶられるという点でも自然なふるまいだ。

松平家の存続と安泰をなによりの大事と心得る侍たちにとっては、お春の心意気は理解を超えたものだ。お春と侍たちとの、身分差にもとづく生きかたと生きる志のちがいをスクリーンに定着しようと、溝口は、若殿に近づこうとするお春と取りおさえようとする侍たちの追っかけっこを滑稽味を交えて映像化している。お春のひたむきさは、背後から撮られることが多く、顔の表現はほとんど見えないが、にもかかわらず、その真情が場面の滑稽さに埋もれてしまうことはない。

最後の最後、尼僧のすがたで巡礼するお春が描かれる。お供もなくたった一人で家から家へと門づけして歩いていく。低い声で経を誦しながら落ち着いて歩むすがたには、生涯を通して自分をつらぬいた気品のごときものが感じられる。苦難を生きた女の最後にふさわしい幕切れだ。

尼僧姿の巡礼にまで行きついたお春の生涯を見とどけた上で、改めて、映画の始まりに設定された恋心の真実はどうなったかが問われねばならない。不義密通を理由に斬首の刑に処せられた勝之介が口にした「真実の思いに結ばれて生きなされ」という遺言はどうなったのか、と。

思えば、お春は娼婦に身を落とす前も後も真実の思いに結ばれることの少ない女だった。真実味のある恋としては扇屋弥吉と所帯をもった束の間の新婚生活がかろうじて挙げられるぐらいだろうか。その恋も弥吉の死によってあっけなく終わる。あとはおしなべて真実の思いからは遠い女と男の関係だ。男尊女卑のふうが色濃く社会を覆い、女が悪しざまに扱われ、道具として利用される封建の世であってみれば、リアリスト溝口としては強い批判の意味をこめつつ事実を事実として描くほかはなかった。

しかし、お春は真実味のない恋に生きる女、生きることのできる女ではなかった。金のため、栄達のため、名誉のために男の欲望の対象になったり、口車に乗ったり、自分の思いを偽ったりすることのできない女だった。身を売るようになる前も、なった後も、真実の思いに結ばれて生きようとする女だった。スクリーン上に消えることのないお春の毅然たる表情は、真実に生きる女の心根を表現するものにほかならなかった。その表情はお春の魅力であるとともに映画の魅力でもあった。

だが、真実の思いに結ばれて生きるとはどういうことか。勝之介の遺言のなかには、「男女慕い合う」とか「誰でも自由に恋の出来る世の中」といった近代風のもの言いが出てくるが、溝口がお春の人物像の造形に当たって恋の核心と見定めたのも、近代的な恋の内面性――内面の真実――に帰するように思われる。別のことばでいえば、自分を信じ、人を信じて生きることが恋を信じることに重なるような、そんな内面の境地だったように思われる。

ことばではそのように解析することができるが、さて、内面の境地をスクリーン上に表現するにはどうすればいいのか。

難問に挑戦すべく溝口が選びとったのは、苦難を生きる女が人生に耐え、世の中に抗《あらが》って生きていくなかで自分をつらぬく、その姿勢に内面を映し出すという手法だった。お春の生きかたを評するのにわたしは「毅然」という形容語を何度か使ったが、人生に耐え、世の中に抗って自分をつらぬくには、なにごとにも毅然たる心をもって対峙することが必須の条件だった。その姿勢が傲《おご》りや昂《たか》ぶりに通じるのではなく、寛恕や宥和へと通じるゆたかさをもつのは、お春の心の底に自分を信じ人を信じる純情が涸《か》れることのない水脈として流れているからだった。

『七人の侍』における勇猛果敢・波乱万丈ともちがい、『東京物語』における家族共同体の哀切な日常的綻《ほころ》びともちがい、『西鶴一代女』は苦難に満ちた逆境を生きる女の、尽きぬ生命力を表現することによって、人びとの目を人間の内面へと向かわせ、人間としてこの世を生きる意味を問おうとするものだった。敗戦によって軍国主義思想が崩壊し、貧困と混乱のなかで人びとが生きる精神的な支えを模索する戦後社会にあって、苦難多き逆境を生きる女性の内面に人間的な輝きを見てとる溝口の名作は、地味ながら人間にたいする信頼を呼びさます力を備えていた。幕切れのお春の巡礼すがたは、お春その人の魂の救済を暗示するとともに、荒廃した戦後社会に希望を見失うまいとする溝口の志の表明でもあったように思われる。

2　生活文化の向上をめざして――花森安治と「暮しの手帖」

一九四五年八月一五日の敗戦を境に、日本は戦争の社会から戦争のない社会へと大きく変わった。

社会の変化とともに人びとの暮らしも大きく変わらざるをえなかったが、戦後まもなく世に出た雑誌「暮しの手帖」を拠点に、死ぬまで同誌の編集長として世の動きに批判の目を注ぎつづけた花森安治《はなもりやすじ》は、敗戦を境にみずからの生きかたを大きく変え、しかもその後は変えた生きかたを堅く守りつづけた人だった。変化の果敢さにも驚きを禁じえないが、それにもまして行動をつらぬく持続力は稀有のものといわねばならない。

敗戦までの花森の経歴を簡単にたどっておく。

一九一一年、父は神戸の貿易商、母は小学教師の長男として花森は生まれた。二九年に神戸三中を卒業し、翌年、旧制松江高校に入学、文芸部に入部。三三年、東京帝大文学部美学美術史学科入学、「帝国大学新聞」編集部に入部。三七年、大学卒業。三八年、召集を受けて満州に出征。戦地で結核にかかり、病院船で帰国し、療養生活。四一年、大政翼賛会実践局宣伝部に勤める。四四年、大政翼賛会文化動員部副部長に昇進。四五年、敗戦。

花森安治

ジャーナリズムへの興味はすでに高校時代に芽生えていて、大学時代の新聞編集では紙面のレイアウトに才能を発揮し、カットも自分で描いたりしたという。のちに「暮しの手帖」の編集長として多方面にわたる編集作業のほとんどをこなすという器用さは、若いときからの資質だった。

敗戦が花森にどんな衝撃をあたえ、花森がそれをどう受けとめ、どう考えかた、生きかたを変えようとしたか。花森自身の語るところは少なく、詳しいことは分からない。しかし、四五年から七八年の死までの一貫した反戦平和と反権力の言動を見ると、過去の自分のふるまいと生きかたをめぐって激しく心が波立ち、自分をどう変え、どう立て直していくのか、思いは乱れに乱れたと想像される。

「暮しの手帖」に当たる雑誌の話が初代社長の大橋鎭子《しずこ》からもちこまれたのは、敗戦後二ヵ月ほど経ったときのことだった。雑誌の編集に協力してほしいと相談を受けた数日後、花森は大橋にこういったという。

「……ひとつ約束してほしいことがある。それは、もう二度とこんな恐ろしい戦争をしないような世の中にしていくためのものを作りたいということだ。戦争は恐ろしい。なんでもない人たちを巻きこんで、末は死までに追い込んでしまう。戦争を反対しなくてはいけない。……」

「君も知ってのとおり、国は軍国主義一色になり、誰もかれもが、なだれをうって戦争に突っ込んでいったのは、ひとりひとりが、自分の暮らしを大切にしなかったからだと思う。もしみんなに、あったかい家庭があったなら、戦争にならなかったと思う……」

（大橋鎭子『「暮しの手帖」とわたし』暮しの手帖社、二〇一〇年、一九ページ）

引用の前半は時代の声だといってよかろう。「戦争は恐ろしい」「戦争を《に》反対しなくてはいけない」というのは人びとが骨身に沁みて感じとったことだった。

が、後半はそうではない。「暮らしを大切にしなかったから」戦争に突っこんだ、「あったかい家庭があったなら、戦争にならなかった」というのは時代の声ではなかった。少なくとも大きな声ではなかった。軍部の無謀・無策を、政治権力者の不決断・無責任を、財界のエゴイズムを、ジャーナリズムの権力迎合を、民衆の無知蒙昧をもって戦争の原因とする論調が声高に響いていたから。

花森にとっては、引用文の前半も後半も敗戦後二ヵ月の時点においておそらくは同じように強く実感し、同じように深く納得する心の声だった。戦争反対の思想と暮らしを大切にする思想とを一つの雑誌の編集作業のなかで結びつけ、もって戦後という時代にふさわしい生きかたを模索していくという花森の姿勢は、地味ながらまさしく独創の名に値する斬新さをもっていた。知に重きを置く人が反戦の思想を西洋近代の人権主義や政治学によって観念的に練り上げようとし、庶民は庶民で戦争はこりごりだと思いつつ日々の暮らしをなりたたせるのに全精力を注ぎこまざるをえない状況下で、反戦の思いを暮らしの土台とし、日々の暮らしを大切にすることが戦争否定の道に通じると信じ、その道を切り拓いていくことは、暮らしと知の新しい次元での交流をめざす試みにほかならなかった。

その試みを穏やかな口調で、だれにも分かるように明断に記したのが雑誌「暮しの手帖」の前身「美しい暮しの手帖」創刊号の、表紙裏に掲げられた発刊の辞だ。

　これは　あなたの手帖です
いろいろのことが　ここには書きつけてある

この中の　どれか　一つ二つは
すぐ今日　あなたの暮しに役立ち
せめて　どれか　もう一つ二つは
すぐには役に立たないように見えても
やがて　こころの底ふかく沈んで
いつか　あなたの暮し方を変えてしまう
そんなふうな
これは　あなたの暮しの手帖です

「美しい暮しの手帖」創刊号

（同右、八七ページ）

この文章は、雑誌の名が「暮しの手帖」に変わっても判で押したように毎号の表紙の裏に載せられていたものだ。

この平易な短い文に反戦の響きを聞きとるのはむずかしいかもしれないし、花森もそこまで要求する気はなかったかもしれない。しかし、戦争のない暮らしのなかで人びとの暮らしが戦争へと引きもどされることのないように願う雑誌が、その志を失うことなく発行されつづけたことからして、宣言文めいた右の文言に、戦争に背を向けた暮らしへの思いを読みとるのは牽強付会には当たるまいと思う。政治的な響きが抑えられていることがかえって花森らしいとも思える。

「暮しの手帖」の独自性は、たとえば企業その他、外部からの広告を一切載せないという一貫した編集方針にはっきりとあらわれていた。

多くの雑誌にとって広告収入は大きな経済的比率を占め、有力なスポンサーに広告を出してもらうことは営業上、欠くことのできない重要な努力目標となる。「暮しの手帖」誌とて広告収入のことを考えないわけではなかった。考えた上で、経済的には苦しくとも広告収入なしで行こうと決めた。理由は二つあって、一つは編集技術にかんして、誌面のレイアウトが広告で崩されるのは困るという理由。そして二つ目、

「……広告をのせると、商品の正しい批評や紹介が、全然できないとはいえるまいが、非常にやりにくくなるということである。これが広告をのせない第二の理由である。というより、これが一番おもな理由だ、ということになる」

（酒井寛『花森安治の仕事』朝日新聞社、一九八八年、一四八ページ）

誌上での商品の批評と紹介の公正さについて花森が厳しい倫理を求めたことが知られる文章だ。商品の批評と紹介が公正であることに「暮しの手帖」の核心があり、その点については可能

なかぎり厳しい態度で臨みたいと花森は考えていた。戦争中に政治権力や経済権力の虚言に目をくもらされたことへの悔恨が、そのような厳しさを求めさせたのかもしれない。
さきの引用に続けて、よい商品は名前入りでほめ、よくない商品は名を挙げてよくないというのが「暮しの手帖」の気構えだと明言し、その気構えと広告を載せない方針とのつながりを花森はこう説明する。

「……この〔名前を挙げて商品のよしあしをいう〕気構えをつらぬいてゆくには、しかし、よほどの勇気がいる。そこは人間であるから、情にほだされる、力に押される。……〔その〕タネを、なるたけ前もって、一つでも取り除いておこうという気持ちから〔考えたのが広告不掲載の方針〕なのである。」

（同右、一四九ページ）

自分をふくめた人間の弱さについて、花森は目をつぶる気はまったくなかった。大切なこと、意味のあることを試みようとするときには、つねに人間の弱さを前提にしてそこからものごとを考えていこうとした。雑誌「暮しの手帖」にとって、多くの人びとが日々に使用する商品のよしあしを綿密に、科学的・客観的に検査し、その結果を分かりやすく正直に報告した記事は、とりわけ重要な読みものの一つだった。読者の関心の集まる誌面だし、当の商品の製造や販売に携わる大小の企業は、自分たちの利害にかかわる記事として無関心ではいられない。いい評価を出してもらえるようあの手この手の働きかけがなされよう。働きかけに抗するのはむずかしい。人間は弱い存在だからだ。信念の堅さや正義感の強さに多くを期待はできない。それが花森の人間認識だった。それでも記事の公正と客観性をなんとか守ろうとして、個人の倫理とは別種の手立てとして考え出されたのが広告を載せないという方針だった。

商品のよしあしを科学的・客観的に検査し、結果をありのままに報告する「商品テスト」が、雑誌の看板記事となるのは五五年ごろのことだ。のちに高度経済成長と呼ばれる動きが始まる時期に当たっていて、日用の雑貨や耐久消費財の売り上げがふえ、新商品が次々に出るといった好条件に恵まれる面もあったが、記事の作りかたのユニークさが人びとの注目を集めた主たる要因だった。

第一回の商品テストで取り上げられたのがソックス、第二回がマッチだったが、テストの概略は以下のごとくだった。

最初のソックスのテストは、子ども用のウーリーナイロンの靴下と、ナイロンを補強した木綿の靴下、二十二種を買い集め、三ヵ月間、小学五年、中学一、三年の女生徒に毎日はかせ、洗濯の方法も回数も一定にして、試験したものだった。そして、「アナはあかない」「色はみなはげる」などと報告した。

二回目のマッチのテストは、市販の十二社の家庭用のマッチを町で買い集め、各三十箱ずつ、一箱に何本入っているかを数え、一本一本、火をつけてみて、火が飛び散る、火がついてすぐ消える、軸が折れている、頭薬（火のつく頭の部分）が完全でないなどと、各銘柄ごとに点検した。

（同右、一六五―一六六ページ）

市販の品を買い集めるのは、メーカーとのつながりを避けるためだった。また、素人《しろうと》くさい手間隙《まひま》かけた検査や実験は、当の商品が実際に使われる条件に近いところでテストを行なうという考えにもとづくものだった。こういうやりかたで以下、鉛筆、アイロン、安全かみそり、しょうゆ、電球、てんぷら油、トースター、洗濯機、石油ストーブ、等々、大小多数の商品がテストされ、結果が報告された。商品テストが素人の実証主義を愚直なまでにつらぬこうとした例として、もう一つ、ベビーカーのテストについての報告を引いておく。

ベビーカーのテストでは、赤ちゃんとおなじくらいの重さの人形を乗せて、なん日もかけて、おなじコースを合計百キロ歩いた。夏だったので、冷たい水と救急箱を乗せた自転車が一台、ベビーカーの列についた。ひとりでも、気分がわるくなって途中で脱落する、というわけにはいかない。通りがかりの人が、なにをしているんですか、なにかのデモンストレーションですか、などと聞いた。十キロで車輪に故障するものが出はじめ、二十キロで押している柄《え》が倒れるなどの事故が起きた。

（同右、一七八―一七九ページ）

夏の炎天下、ベビーカーを押して一〇〇キロ歩くというのは楽なことではなかったと思う。人びとの暮らしを合理的なものにしていくにはこういうやりかたこそが大切だ、という強い信念がなければできそうにない苦労だった。

テストの結果を報告する原稿はすべて花森が自分で書いたという。もともと花森は編集者として、取材、写真撮影、原稿書き、レイアウト、カット、校正となんにでも携わる万能選手だったが、手作りの実証主義が力を発揮する商品テストは、とりわけ情熱を傾けるにふさわしい作業だったと思われる。戦争を主導したこの国の権力者たちに、そしてその権力者たちの鼓吹した軍国主義の風潮に対決できなかったかつての自分に、日々を実直に生きる庶民の側に身を置いて抵抗しつづけていく、という思いがそこにはこめられていたにちがいない。

敗戦後二六年も経った時期に花森は週刊誌編集者のインタビューに答えてこう語っている。


ボクは、たしかに戦争犯罪をおかした。言い訳をさせてもらうなら、当時は何も知らなかった、だまされた。しかしそんなことで免罪されるとは思わない。これからは絶対だまされない。だまされない人たちをふやしていく。その決意と使命感に免じて、過去の罪はせめて執行猶予にしてもらっている、と思っている。（同右、二一九ページ）

一九七一年、高度経済成長のまっただなかでの発言だ。高度経済成長の進展は人びとの暮らしに経済的なゆとりをもたらし、人びとの消費意欲と消費能力は高まったが、それは必ずしも「暮しの手帖」のめざす衣食住の合理化、地域社会での開かれた対等なつき合い、安全で落ち着いた日々の暮らしを推進するものではなかった。生産力の向上は全国各地に種々の公害を作り出し、東西冷戦の持続は日本の軍事力の着実な増強をもたらし、人びとの暮らしにも合理性を逸脱する華美意識や奢侈意識が芽生え、差別や権勢を容認する慣行やしきたりが復活もし、新たに作られもするさまがあちこちで見られた。

こういう時代の流れに花森が強い違和感を抱いていたことを、六〇年代から七〇年代にかけての世相批判のエッセイから読みとることができる。六八年に雑誌の全ページを「戦争中の暮しの記録」特集に当てるとか、七一年に『一戋五厘の旗』を出版するといった戦争へのこだわりも、時代にたいする危機意識に突き動かされたという面が大きかった。

戦争のこわさ、戦争のひどさをいうのに戦争中の庶民の暮らしや、兵を召集する一戋五厘のはがきといった身近なところに帰っていくのが、いかにも花森らしい。戦争批判、戦争反対の論はどうしても大上段に振りかぶった、理念的なものになりがちだが、花森は庶民の暮らしという低い位置から戦争を見るという姿勢を崩そうとしなかった。

庶民の暮らしに根を置こうとする低い姿勢は、思えば、「暮しの手帖」のもっとも際立つ特色だった。「戦争中の暮しの記録」特集や『一戋五厘の旗』もそうだが、それらにもまして商品テストや料理レシピや服飾記事は姿勢を低く保とうとするものだった。無理に低い姿勢を保つものではむろんなく、庶民の暮らしこそ価値あるものであり、大切にすべきものであると確信した上での低い姿勢だった。「暮しの手帖」のめざす合理性や実証主義や手作りの精神と手法が、庶民の暮らしをゆたかにするとすれば、花森を始めとする雑誌の作り手にとってそれはなによりも大きな喜びであり、誇りだった。

3　子どもを愛し、子どもに学ぶ――瀬田貞二の戦後

瀬田貞二《せたていじ》は、戦後日本の児童文学、絵本、子ども文化の研究において、実作者として、評論家として、翻訳家として、また編集者として巨大な足跡を残した人だ。本をじっくり読み、ものごとを広く深く考え、思ったところを明晰に簡潔に表現するという点で、もの書きの模範の一人といえるような人だった。外国の児童文学や絵本の翻訳でも、日本の昔話の再話でも、子どもの本と文化を論じた評論でも。瀬田貞二の書いたものとなれば、こちらも素直な落ち着いた気分で向き合うことができる。

瀬田貞二が子どもの世界に目を据えるようになったのは、戦争から敗戦へという時代の流れのなかでのことだった。四五年の敗戦時に瀬田は二九歳。当時を回顧した文に次のような一節がある。

　現実の崩壊がやはりショックだった。日本がこれからどうなるか？　私はどのように生きたらよいか？　残務整理ということで一ヵ月そのまま軍隊に残された期間が、そのためには都合がよかった。私は、はっきりと決心した。夜間中学の教師だった私は、一応職場に帰るだろう。しかし、解放された機会に私は自らのあらゆる能力と時間を、子どもたちにむかって解放しなくてはならない。これからの時代は、子どもたちに期待するよりないのだから

……。私は真剣にそう思った。……

戦争は大人たちのバクチである。だが負いめは子どもたちが受ける。……子どもたちは放り出され、疎開させられ、遊び事や読書のかわりに、コケの一億一心、「欲しがりません勝つまでは」と唱えさせられ、工場へ、予科練へかり出された。……〔三年後の〕新しい制度の新しい教科書が、てひどくアメリカの干渉になった、制約の多い程度の低い内容になりそうな形勢を、私は見た。教師をやめるべきである。……教育は下のほうからでもできる。……そして私は教師をやめた。

失職すると、ものを書く勇気を出した。そのころ開かれた赤坂離宮の国会図書館へ通って、豪華なシャンデリアの下で、せっせとアメリカの子どもむき百科事典を読んだ。学力の低下は必至だが、民間から子どもの百科事典のすばらしいものを出して、そいつをくいとめることができないだろうか、そう私は思ってプランをたてた。社会科事典を出していた平凡社が私のプランをいれ、二十四年の夏に、私は、『児童百科事典』の編集にとりかかった。その仕事は八年間かかっ

瀬田貞二

た。私はその間に子どもの本を、おもに外国の作品を読んだ。

（瀬田貞二『児童文学論――瀬田貞二 子どもの本評論集〔下〕』福音館書店、二〇〇九年、三六一―三七ページ）

子どもにかかわる瀬田の仕事の全体を思い浮かべつつ、敗戦直後の「解放された機会に私は自らのあらゆる能力と時間を、子どもたちにむかって解放しなくてはならない」ということばを読むと、若き知識人の考えぬかれた決意の重さが胸にせまってくる。戦後の廃墟のなかでの決意であることからして、あらゆる能力と時間を子どもに向かって解放するといっても、すでにある子どもの文学や文化の世界に乗りこんで力を発揮するというより、一から事を始める大変さがそこにはあった。そして、瀬田はその大変さにひるむことなく一つ一つの仕事に着実に取り組み、人びとを納得させずにはおかない成果を挙げた。

その最初の仕事が、さきの引用の最後に出てくる平凡社版『児童百科事典』の編集だ。編集に八年かかったとあるが、全二四巻の堂々たる大百科事典だ。貧困と混乱の時代にあって、これだけ大がかりな、すぐれた児童百科事典が刊行されたのは驚くべきことだ。人びとのあいだに文化や知識にたいする飢餓感が広がり、その欠如をなんとか補えないかという思いと、子どもたちを軍国主義や皇国思想とは別種の、明るい、普遍的で人間的な文化や知識や思想に触れさせたいという願望が、出版界の一部にせよ、しっかりと保持されていたことを示していよう。事典の執筆者名を見ると、何人もの優秀な学者の名が目にとまるが、そういう人たちとともに編集長格として事典の仕事にかかわることができたのは瀬田にとって幸運なことだった。
全二四巻の「まえがき」は瀬田の手になるものだが、そこに以下の文言がある。

『児童百科事典』は、やさしい話から知識へ、身ぢかな事がらから深い道理へ、応用から原理へ、読むことから考えることへの、かけ橋でなければならない。しかし、若い年齢を考えて、わざわざ、「児童のために」書くことは、いずれにせよ明白なあやまりである。児童は、可能性である。事がらの正しさと、高さとは、あつかいかたによって、児童に全的にうけとれるであろう。要は、それを興味あるすじだてによって、明瞭単純なことばで書かれることであり、それは、どんなおとなにとっても通ずる真実である。そこで、この事典は、

学問の正確さと、視野の広さとを保つこと、
問題をいきいきと、まざまざと表わすこと、
しかも、中心を直接ついて簡明であること、

を、あくまでもめざした。全巻の特色は、まったくここにかかっている。
（同右、七三ページ）

平凡社刊『児童百科事典』

子ども向けだからといって曖昧な表現や中途半端な記述は許さない。そうした毅然たる態度が明確に記されている。子どもへの心底からの信頼を表明することばであるとともに、執筆者に同じ信頼と敬意を子どもにたいしてもつよう要請することばだ。実際、学者や専門家の執筆した原稿は表現の不備を理由に何度も書き直しを要求され、また、編集者の手によって随所に修正の朱筆が加えられたという。「リライト」と呼ばれた修正に瀬田は強いこだわりを見せたというが、そのこだわりには、いままでにない本格的な児童百科事典を世に出したいという熱意とともに、新しい時代を担うべき子どもにたいする信頼と敬意が息づいていたと思う。

引用文の末尾に三行に分けて記された表現上の目標は、「リライト」の努力の甲斐もあって見事に達成された。事典は、項目の一つ一つについて幅広く目が行きとどき、しかも事柄の核心をしっかりと明示した、おとなが読んでも教えられることの多い高度な知的水準を維持するものとなったが、それだけではない。子ども向けの本には珍しい、高みに立って教えるのではなく読者とともに考えようとする姿勢が見事につらぬかれている。子どもとともに考えようとすることがどのように知と思考を押しひろげるのか。「カッパ（河童）」という項目の記述を例にそこのところを考えてみる。

書き出しはこうだ。

河童がほんとうにいるかどうか。だれもみたものはない。いや、村の太郎は、ゆうがた一人で川へいって、おしりに吸いつかれて、おぼれて死んだ。たしかに河童が、あの頭の皿で吸いついたのだ。ところが、次郎の家では、知らないまに河童が畑の手つだいをして、おかげでしごとがはやくすんだ。すると、おじいさんが語りだす。

むかしむかし、岩手県の遠野の町にちかい小烏瀬《おがらせ》川の姥子《うばこ》淵《ふち》のほとりに、一けんの農家があった。ある日、そこのこどもが淵へ馬をひやしにいったが、あそびに夢中になって、馬をそこへおいたまま、どこかへいってしまった。そのすきに河童があらわれて、馬を淵に引きこもうとした。ところが、あべこべに馬に引きずられて、うちの庭までつれてこられた。こまった河童は、うまやのまえにあった馬ふね（まぐさ桶《おけ》）をふせて、そのしたにかくれたが、ふしぎにおもった家のものが、馬ふねをすこしあけたので、水かきのついた手がでて、たちまちつかまってしまった。あつまった村の人たちは、殺そうか助けようかと、いろいろ相談したが、河童は、これからはけっして村の馬にいたずらをしないと、かたい約束をしてゆるされた。……

河童のはなしは日本じゅうどこでもきくから、河童はたしかにいるらしい。では、どんなすがたをしているかというと、それは地方によってまちまちだ。オカッパあたまに皿をのせ、とんがった顔をして、手に水かきをもっているのがふつうだが、からだの色は、西の諸国では緑色だというし、東北では赤いともいう。……（同右、七五―七六ページ）

よどみなく進む筆の運びが心地よい。河童を見たものはいないといいつつ、村の太郎や次郎の出来事はいかにもありそうで、そこに岩手のおじいさんの語りが入りこんでくる。さらに、記述は河童のすがた、形、色、呼び名に及び、地域ごとにちがいのあることが示される。

日本民俗学の研究を下敷きにした記述であるのは明らかだが、知識を教えこもうとする書きかたではない。人間が河童とともに暮らした土俗の村落社会のおもしろさに目を向け、いまの子どもにそのおもしろさを味わってもらい、子どもの楽しさを可能ならおとなの楽しさにもしたいという思いで書きつづられた文章だ。河童なんていやしない、河童がいるなんて迷信だ、という考えに瀬田は同調しえなかった。古くから村人に愛されてきた河童について、知をもってそれに近づこうとすれば、その知は河童の存在を迷信として斥ける狭量な「科学的」知ではなく、村人と河童との多様なつき合いに光を当てる人間味ゆたかな知でなければならなかった。

「カッパ（河童）」の項目はこう締めくくられる。

さて、ふるいむかしから、日本の山里の川や沼にすんできた水神の童子カワコゾウは、あんまりいたずらがすぎたせいか、すっかりおちぶれて、いまは絵にみるような、あんな奇怪なすがたになってしまった。それでも、天真らんまんなこどもたちや、心の清いおとなたちは、「カッパ、カッパ」と、ますます親しみをよせている。かわいいオカッパあたまは、小さい男の子や女の子がみんなする。でも、だれも河童をみたものがないから、やっぱり、ほんとうはいないんだろうって。いやいや、日本の山里の素朴な民俗が水のなかから発見して、ながいこといつくしみ、そだててきた河童は、いまもちゃんと川や沼にすんでいる。

（同右、七七―七八ページ）

瀬田の子どもへの思いはやはり児童百科事典の常識におさまらぬものだったらしい。平凡社の編集部内でも、河童がいると信じたくなるこの原稿については疑問視する声があり、刊行後には読者の子どもから「かっぱはほんとうにいるのでしょうか」との投書も来たという。瀬田の情熱のありようをうかがう上でも、編集仲間の言をぜひ引用しておきたい。

〔投書にたいし〕瀬田さんは〝河童〟の原稿の最後の一行〝河童はみなの心をとおして、川や沼にすんでいるはずだ〟と同じ趣旨の返事を情熱をこめて書いた。あの時、瀬田さんが、「子供にとって河童が生きていなくてどうするのです」と、意気高く言った言葉を思い出す。

（同右、四七九ページ）

河童のイメージを共同体の育《はぐく》んだゆたかな伝統として子どもに提示したい、という瀬田の熱意がじかに伝わってくるようなエピソードだ。全一二四巻に及ぶ『児童百科事典』の企画・編集は、瀬田の三〇代の大半を占める大きな仕事だったが、そこに底流するのは子どもの可能性を信じる心だった。

『児童百科事典』の完成後、瀬田は平凡社を辞め、気脈の通じる児童文学者仲間と子どもの本の研究会を続けながら、絵本論や児童文学論の執筆に精力を傾け、その一方で、外国の絵本や昔話や児童文学の翻訳と、日本の昔話の再話の仕事を幅広く展開する。西欧の、とりわけ英米の絵本と児童文学のゆたかさ、おもしろさ、深さに比べて日本の子どもの本の低調さ、俗悪さ、いい加減さに心を痛め、なんとか子どもの心に響くすぐれた本を提供したいとの思いに発する活動だった。

ただ、瀬田という人はどんなものごとを考えるにしても、問題を広い視野のもとに置いてじっくりと考え、そうやって事柄の核心へぎりぎりとせまっていくような思考法を取る人だったから、その絵本論や児童文学論も、一冊の本についてその特色や出来栄えのよしあしを具体的に、的確に指摘するとともに、文学の本質、および、文学と子どもの生活・感性・想像力との関係を、しっかりと見すえようとするもので、読みやすく分かりやすい論ではない。読者に、ともに考えることを誘うように論は組み立てられるのだ。

たとえば、絵本の魅力について述べた次のような一節がある。

よく、本を読むと字をおぼえるとか、論理をよくのみこむとか、いろいろのためになる点を数えたてる人たちがありますが、子どもにとって本の功徳は、物語のひらいてみせるふしぎな世界にわれわれを忘れて、わくわくさせられるあの楽しみのほかに、何があげられるというのでしょう。

物語に現われる登場人物のさまざまな行動が描いてみせる、人生の最初の重大な問題！

言葉と絵の表現してくれるイメージの確かさ、美しさ。

事件の進展の意外な局面にさそわれるこころよいスリルと興奮、またふしぎの感情。

ナンセンスとユーモアのセンス。

物語を動かす大きな理念への同化。

生き生きと想像力をよびおこすドラマ。

こうして列挙したポイントは、みな、小さな子どもが物語をきく楽しみのなかに深くひそんでいて、単なる知育以上の、人間性全体におよぶ創造的な事柄なのです。

（瀬田貞二『絵本論——瀬田貞二 子どもの本評論集』福音館書店、一九八五年、七四—七五ページ）

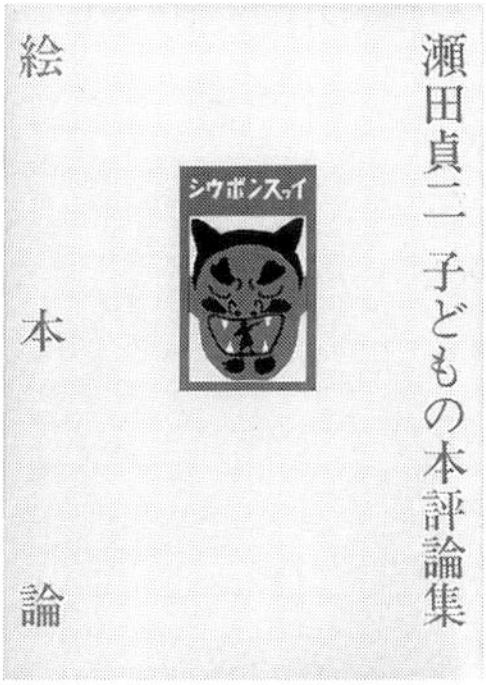

瀬田貞二『絵本論』

列挙された六項目はこれで決まりというところまで考えぬかれたものではなかろうが、絵本を楽しむ子どものすがたを見て、そこからゆったりと引き出されてきた項目であることはまちがいない。思考ののびやかさがなにより印象的で、読むうちに、こののびやかさに乗って、子どもについて、絵本について、さらに考えを進めたい気になってくる。

瀬田の思考ののびやかさは絵本を楽しむ子どもののびやかさに通じていて、子どもの心が絵本に向かって開かれていくことに信頼を置くのがその絵本論の原点だった。絵本のよしあしの基準はどこにあるのかと悩む母親に、瀬田はこう答える。

その規準に近づく道が一つあります。お宅のお子さんが、なんどもなんどもくり返して立ちもどっていく絵本に、お母さんが親しまれることです。小さい子たちが体験するところを、お母さん方が追体験していけば、絵本のよしあしはすぐわかります。

（同右、四九ページ）

子どもこそが絵本読みの先達だといわんばかりだ。子どもが先達たりうるのは、子どもが自然な存在であり、心を自然に絵本の世界に解き放つことができるからだ。人為の極ともいうべき戦争の残酷さ・悲惨さに心が沈んでいたとき、瀬田には子どもの生きるすがたがその残酷・悲惨に負けないほどの自然さを備えていると見えたにちがいなく、「自らのあらゆる能力と時間を、子どもたちにむかって解放」するという決意は、子どもの自然さに一歩でも二歩でも近づきたいという願望を底にもっていた。右のお母さんへの助言は、瀬田の子ども観の素直な表明だった。

子どもの自然さに即《つ》くには身近な日々の暮らしのなかで子どもにつき合うのが一番だ。なんということもない日々のなかで目を覚まし、食べ、動きまわり、声を挙げ、なにかに夢中になり、笑い、泣き、疲れ、眠るのが子どもの自然だからだ。戦後しばらく経つと、子どもの自然な暮らしのなかに絵本や児童文学が入りこむようになってきた。とはいえ、絵本や児童文学は訓育や教育に結びついて子どもの自然さをねじ曲げる可能性もなくはない。そういうおとなの賢《さか》しらな配慮を警戒し、子どもの自然さと本読みの楽しさを結びつけようとするのが瀬田の絵本論と児童文学論の基本だった。

子どもが初めて出会う本が絵本だとして、その絵本がどう子どもの自然さに寄りそうことができるのか——そこを明らかにすることが瀬田の絵本論の大きな課題だった。課題を解く第一歩として、瀬田は絵本をあいだにはさんで向き合う、母と子の関係に着目する。子どもがくりかえし立ちもどる絵本にお母さんも親しむように、というさきの提言はそこから出てきたものだが、母が子に絵本を読み聞かせるという現場での、次のような具体的な提言もある。

〔読み聞かせの前にいろいろ読んで好きな本を選んだ上で〕自分が好きなままに、心の流れていくままに、読んでやるのがほんとうだと思います。かざりなく、ゆったりと、明らかに。いいと思ったところは、そう思ったとおりに読む。お話を印象づけられたところは、そう印象づけられたように読む。お話のなかから美しさがたちあらわれてくるのがみえたら、そう思えたとおりに読む。……ここぞと思ったところは、すこし声を低めにして、前後にほんのちょっと間《ま》をおいてみると、事柄がじつにはっきりと浮きあがるものです。それから、読みながらよけいな解釈は加えない。あくまで物語のすすみ方を進めていきます。そして読みおわったら、一、二、三、四、五ぐらいの息つぎの間をおいて、「おしまい」にします。

そのあとで——感想などは、絶対に子どもたちからもぎとらないように。

（同右、七六ページ）

子どもとの日々の暮らしの場で、お母さんにも自然な、のびやかな存在であってほしいと思う気持ちが伝わってくる文章だ。最後に来る「一、二、三、四、五」「おしまい」は劇的な解放の爽やかさを思わせるし、感想などもぎとらぬようという禁令は教育的配慮の心なさに釘をさしたものだが、いずれも母親の緊張をほぐし、さりげなく子どもと対してほしいという思いに発することばだ。

花森安治の「暮しの手帖」が庶民の普通の暮らしをなにより大切だと考える思想に根ざすことを前節で見てきたが、瀬田の子ども観や絵本論・児童文学論もまた子どもの暮らす日常にしっかりと根を下ろしている。いまの引用文で、母親に向かって、自分が本から受けとった印象を偽ることなく、「好きなままに」「心の流れていくままに」読むのがいいと述べるのも、日常の場がいつも通りに保たれ、そこに絵本が自然に入りこんでくることがなにより大切だと考えるからだ。子どもは読み聞かせの会で、あるいは図書館や学校で絵本を読んでもらうことはあろうが、日々を過ごす家庭で一番身近なおとなの母親に読んでもらうことこそが本を楽しむ原点だという思いが瀬田にはゆるぎなくあった。本好きの子にとっては本を読んでもらうこと、本を読むことは特別の喜びであり、その時間が特別の時間として意識されることはあるだろう。しかし、その特別の喜びや特別の時間は日常から切り離された喜びや時間ではなく、どこかで日常とつながり、喜びを多少とも日常へと広げていくような力をもつと考えられている。子どもが日々を自然に生き、本と接するときも自然な感性と想像力をもって接するというその自然さが、本の喜びと子どもの日常をつなぐ根本の条件だった。絵本を考えることが子どもの自然に生きるすがた、自然に成長するすがたを考えることと重なるような、そういうものとして絵本は瀬田の前に置かれていた。

では、子どもの自然さにふさわしい本とはどういうものか。

古今東西の子どもの本に広く目を通し、主要な児童文学論をも参考にしつつ、瀬田は昔話が子どもにふさわしい文学の典型をなすと考える。以下、やや長い引用になるが、瀬田の昔話論のまとめともいうべき文章を抜萃して引用する。

昔話がなぜ子どもを楽しませるかというと、昔話がいちばん単純率直な形で文学の骨格をがっしりと具えているからです。……昔話のどの面をみても、文学の必要にして充分な条件にかなない、しかも子どもにふさわしいところに感服させられます。

昔話のテーマは実に多様です。いわば人生の折目折目をとらえて、禍福生死万様の問題が、庶民の知恵で織りこまれています。……題材がごく身近のことでありながら、いちばん奇抜な空想力でも満足できるほどふしぎな世界につながっていきます。子どもの現実的でしかも空想的な考え方感じ方に、それはぴったりする要素です。

昔話の構成は、……まず発端があります。「むかしむかしあるところに、じいさんとばあさんが……」で示される最初の二、三句のなかで、時と場所と人物と条件と、いわば事件がおこる段取りが、これ以上簡潔に考えられないくらいずばりと明らかにされます。……幼い読者や聞き手が、あっというまに昔話の世界にさそいこまれる発端の手法は、文学的に際立っていると思います。

つぎに事件が連続しておきます。この進行発展の部分も、物語の内側で自然に必然的に運んで、……おおらかで快適なスピードに魅せられます。事件のふしぎなつながりが、「それからそれから」とさきへ好奇心をうながします。……そのリズミカルな展開は、一ラウンドずつ、自然な呼吸でまわっていくようにできます。ここで、昔話に特有な三つのくり返しが出なこころよさで、幼い人たちを肉体的にもつかんでしまいます。

さてついに、期待されたクライマックスが来ます。太鼓の一打ちのように、おどろくべき意外な局面の高まりとなだれかかる事件が、一挙におこります。それは、山です。……読者は期待が完全にみたされ、しかも予想外の突飛《とっぴ》なありかたに堪能します。そしてしずかに、願わしかるべき結末が来ます。……

こういう典型的な昔話の構成は、小さい人たちに、いらいらした不安を与えません。それどころか、単純明快な話術が、子どもの散らばりがちな注意力を強い一束にまとめて、……広々とした無制限な明るい世界へ、さいごの空想の一滴まで軽々とやすやすと運んでいくものです。お話に聞きいる子どもたちの顔、その裏側の心が文学の最上のものを吸いとっています。

（瀬田貞二『児童文学論――瀬田貞二 子どもの本評論集〔上〕』福音館書店、二〇〇九年、三五六

―三五七ページ)

昔話が子どもたちの心と体に入りこみ、その感性と想像力と知性をゆたかにすることを熟知していた瀬田は、いまだすぐれた昔話絵本の出版が少なかった六〇年代に、西洋の昔話の翻訳と日本の昔話の再話を次々と手がけ、新旧の画家との共同作業のもと数多くの絵本を世に送り出した。主だったものを一〇編ばかり列挙する。『三びきのこぶた』(瀬田訳/山田三郎画)、『かさじぞう』(瀬田再話/赤羽末吉画)、『ねむりひめ』(訳/ホフマン画)、『ブレーメンのおんがくたい』(訳/フィッシャー画)、『ふるやのもり』(再話/田島征三画)、『三びきのやぎのがらがらどん』(訳/M・ブラウン画)、『おだんごぱん』(訳/脇田和画)、『ねずみじょうど』(再話/丸木位里画)、『おおかみと七ひきのこやぎ』(訳/ホフマン画)、『おんちょろちょろ』(再話/梶山俊夫画)。分かりやすく、切れ味がよく、リズミカルな文の続く絵本は広く読まれ、初版から五〇年あまり経ったいまも、その多くが書店の店頭に並んでいる。翻訳としては、ほかに、訳すことが大いなる愉楽であったと思えるような『ナルニア国ものがたり』(全七巻)、『指輪物語』(全六巻)の訳業もある。

子どもを大衆と呼ぶことにためらいがなくはないが、瀬田はごく普通の子どもを相手に自分の知と思考と美意識のすべてを傾けてすぐれた百科事典、絵本、文学を提供し、さらに時代をさかのぼって古くからの日本の子ども文化のありかたを跡づけようとした。子どもの世界という限られた領域のこととはいえ、それは日々を生きる普通の人びとの暮らしに澄明・犀利・柔軟な知と思考と美意識が自在に入りこみ、暮らしのなかにとどまって知と思考と美意識を生かしえたという点で、大衆性と専門性が地道に融和した類稀《たぐいまれ》な例といえよう。

瀬田は七九年に六三歳の若さで惜しまれてこの世を去る。一周忌に合わせて刊行された私家版の追悼文集『旅の仲間』を読むと、一〇〇名近くの友人・知人の多くが子どもと子どもの本に賭けた故人の思いの深さを心をこめて綴っている。瀬田の仕事をそのように受け容れるのが戦後という時代だった。

第十五章

高度経済成長下の反戦・平和の運動と表現

敗戦による軍国主義体制の崩壊は、インフレと食糧難の形を取って人びとの生活を直撃した。社会全体が貧困と混乱のなかでその日その日を生きのびる困苦を強いられたが、人びとの肉体的・精神的努力と有形無形の相互扶助・相互協力の甲斐あって、五〇年あたりから経済活動が徐々に復興の兆しを見せ、人びとの日々の生活も貧しいなりに落ち着きが見られるようになった。焼け跡の荒野には粗製ながら家や小売店が並び、闇市はしだいにすがたを消していった。前章で見た大衆文化や大衆娯楽の隆盛は、無名の人びとの努力の賜物たる経済復興や生活秩序の安定ゆえに可能となった、精神の輝きにほかならなかった。

五〇年といえば、日本はいまだアメリカ軍の占領下にある時代だ。経済復興もアメリカの援助に負うところが小さくなかったが、それよりも大きな問題はアメリカの国際戦略にもとづく日本占領の政策の転換にあった。

日本の軍国体制を解体すべく連合国軍総司令部（ＧＨＱ）は、女性参政権の賦与、労働組合の結成奨励、皇民教育の撤廃、治安維持法の廃止、財閥解体、農地改革など、多方面にわたる民主的改革を指令し、その多くが法律として、また制度として実現され、それらを統括するものとして大日本帝国憲法に代わる新憲法が制定された。

新憲法の施行が四七年五月三日。このときすでに国際的な東西冷戦の構図は目に見える形を取っていた。ソ連を中心とする東欧の社会主義諸国とアメリカを中心とする西欧の資本主義諸国は、それぞれに相手陣営との武力衝突をも視野に入れつつ、軍備を整え、自陣営の結束を固めようとしていた。

そこに、四九年一〇月、中華人民共和国が成立し、東アジアの情勢に大きな変化がもたらされた。占領軍は日本を共産主義にたいする防壁と位置づける戦略構想を立案し、これまでの民主化政策に逆行する施策を次々と打ち出していった。五〇年六月の朝鮮戦争勃発は占領軍の政策転換を一挙に加速させ、日本を東西対立における西側の重要軍事拠点とする政策が着々と実行に移された。

朝鮮戦争の始まった一月半後にGHQ総司令官マッカーサーの指令により七万五〇〇〇名の警察予備隊が設置され、これが陸上の再軍備の第一歩となった。二年後に警察予備隊と海上警備隊の改組・拡充によって保安隊が設置され、さらに二年後、自衛隊法の成立によって陸上一三万人、海上一万五〇〇〇人、航空六〇〇〇人の自衛隊が設置された。並行して、GHQの示唆をもとに共産主義者およびその同調者を公職または民間企業から罷免・解雇する、いわゆる「レッド・パージ」が行なわれ、官公庁一一七一名、民間企業一万九七二名が職を追われた。逆に、四六年一月の第一次公職追放令、四七年一月の第二次公職追放令で占領軍民政局により職を追われた戦争指導者・戦争推進者・戦争協力者約二〇万人のうち三分の二以上が追放解除となった。

戦争の危機が身近にせまり、やがて海のむこうの隣国に火の手が上がるという情勢のなかで、権力支配のご都合主義がむき出しになった驚くべき大政策転換だったが、東西対立の冷戦構造が国際社会を厳然として支配し、日本がいまだアメリカの占領下にあるという国外・国内状況のもとでは、日本の再軍備をめざす大国アメリカの施策に有効に反撃するのはむずかしかった。朝鮮戦争の勃発はアジア・太平洋戦争が終わってわずか五年後の五〇年、いまだ厭戦気分の濃厚に残る日本社会にあって、冷戦の一方に加担することも再軍備に向かうことも、人びとの容易に賛同できるところではなかったが、不同意の意志をぶつけるには国家アメリカはあまりに遠く大きい存在だった。やむなく不満は、アメリカの意向を汲んで平和と民主主義に逆行する自由党政権の政治姿勢に向けられたが、政治的にも経済的にも強国アメリカを後楯《うしろだて》とする政府を大きく動かすには至らなかった。朝鮮戦争で日本がアメリカ軍の基地となり、物資の調達・補給や兵器の修理が日本で行なわれ——いわゆる「朝鮮特需」——日本経済が活況を呈したことも抵抗運動の気勢を殺《そ》ぐ一因となった。

五二年四月、サンフランシスコ平和条約・日米安全保障条約の発効とともに日本は独立国家として国際社会に承認され、GHQは廃止された。自衛隊は東西冷戦の構造を反映して装備も組織も着実に強化されていった。経済は「朝鮮特需」のおかげもあって順調に伸び、五六年には経済白書が「もはや戦後ではない」と記すまでに回復した。その後も五〇年代後半の「神武景気」、六〇年代前半の「岩戸景気」と日本経済は世界一の高い成長率を記録し、多くの人びとが日々の生活において豊かさを実感できるようになった。「三種の神器」と呼ばれた白黒テレビ、電気洗濯機、電気冷蔵庫が広く普及したのもこのころのことで、以後、重化学工業を中心とする生産性の向上は人びとの消費意欲をかき立てないではいなかった。経済成長は農村から都市への人口の移動を加速させ、それにともなって家族の形態も大家族から核家族へと移っていった。

1 原水爆禁止運動、米軍基地反対闘争、反安保闘争

アメリカは四六年以来、太平洋上のマーシャル諸島を主要な核実験場としていたが、五四年三月のビキニ環礁での水爆実験は広島型原爆の一〇〇〇倍の爆発力をもつ大がかりなもので、放射能を帯びたサンゴの粉――いわゆる「死の灰」――が、ビキニ環礁から一六〇キロメートル離れた地点で漁をしていた日本の漁船・第五福竜丸の乗組員二三人の頭上にまで降りそそいだ。

半月後、第五福竜丸が母港焼津港に入港し〝被曝〟の状況が大々的に報道された。放射能汚染の漁獲物がただちに回収・廃棄されるとともに、原子力兵器使用禁止の自治体決議が日本各地に広がり、それが保革を超えた満場一致の衆参両院決議に発展した。四五年の広島・長崎への原爆投下は占領下では厳しい報道規制が敷かれていたが、占領解除後はその惨状が広く知られるようになっていたから、ビキニ実験は改めて原子兵器の恐ろしさと戦争への不安をかき立てた。注目すべきは原水爆禁止署名運動が中央組織の統一的な呼びかけによるのではなく、地域のサークルや学習会などの小集団の動きをもとに広がっていったことで、そうした運動のありかたは、豊かさを多少とも享受しつつある人びとの暮らしのなかに、世の中の大きな動きにも関心を寄せ、納得の行かない事柄については異議を申し立てるという主体的な姿勢が保持されていることを示していた。自由党政権はアメリカの世界戦略に呼応する形で軍事力強化の道を歩んでいたが、その一方、アジア・太平洋戦争の惨禍を経験した人びとの心には不戦の意志と政権への不服従の意志

が根強く残っていた。憲法九条の戦争放棄の規定が社会的な力となってあらわれた、一つの形をそこに見ることができるかもしれない。原水爆禁止の署名は日本国内で最終的に三二〇〇万名に達し、運動を集約するものとして翌五五年八月六日から三日間、広島で原水爆禁止世界大会が開催され、六日夜の国民大会には三万人の人びとが参加した。

同じ五五年、アメリカ空軍の使用する基地の滑走路拡張計画をめぐって、拡張を推進する政府と周辺住民との対立する事例が相ついだ。問題となった五基地のうち、横田（東京都）は所定の拡張がなされ、小牧（愛知県）・新潟・木更津（千葉県）は地元の反対で拡張がなされなかったが、立川基地（東京都）については拡張予定地の立ち入り測量に際し反対住民・支援者とそれを排除する警官隊とが激しく衝突し、負傷者一〇〇〇人を出す惨事となった。世論の反発も高まり、政府は強制測量を中止せざるをえなくなった。

測量を阻止しようとして米軍基地内に立ち入ったデモ隊の七人が起訴され、闘いは法廷の場でも展開されたが、その裁判では在日米軍のありかたと憲法九条の平和主義との関係が真正面から問われ、東京地方裁判所の伊達裁判長は合衆国軍隊の日本駐留を憲法違反と断じた。（折から日米安保条約改定の是非が焦点となっていた政局に判決が大きな作用を及ぼしたため、判決を不当だとする検察は最高裁判所に跳躍上告し、最高裁は伊達判決を破棄した。）

原水爆禁止を訴える署名運動や広島での世界大会の開催、米軍の使用する基地拡張に反対する住民運動や非戦の運動——占領下を脱した五〇年代に全国各地で展開された反戦平和の運動を集約するものとして、五九年から六〇年にかけての、中央と地方、市民運動と労働運動を結ぶ反安保の闘争があった。

五七年二月、自民党の石橋内閣が首相・石橋湛山《たんざん》の病気で総辞職し、代わって岸信介《のぶすけ》が首相の座に就いた。岸は日米安保改定に強い意欲を示し、アメリカ側も日本の民衆の反戦平和の意識が日本の中立化へと向かうことを恐れて改定交渉に応じた。日本側のねらいは日本の従属的な関係を対等な関係に近づけるべく、自衛隊の増強とアメリカ軍の撤退、事前協議によるアメリカ軍の作戦の制約などにあり、アメリカ側は日本の提案を受け容れ本土の陸軍と海兵部隊の大半を撤退させるとともに、見返りとして沖縄の政治支配と軍事支配を強化した。条約改定交渉は必ずしも順調に進んだわけではなく、日本の政権内部でもアメリカの政権内部でも戦略構想や意見の対立が見られたが、東西冷戦という国際情勢のもと、条約の改定は日米の軍事協力は強めこそすれ弱めるものとは見えなかった。

戦後最大規模の大衆闘争に発展した六〇年の安保闘争だったが、五九年の夏ごろまでは国民の関心は低く、世論調査でも回答者の半数は条約改定の事実を知らず、知っていると答えた者の半数も改定の具体的内容については「知らない」と答えるありさまだった。五九年の三月には社会党・総評・原水協などを中心に日米安保条約改定阻止国民会議が結成されていたが、何回かの国会請願デモもさほど盛り上がりを見せなかった。

六〇年一月、新安保条約はアメリカ合衆国のワシントンで調印される。そして、同年二月から衆議院の安保特別委員会で新条約についての審議が始まった。審議の過程では、条約に記された「極東」の範囲が曖昧であること、「事前協議」がどんな場合にどんな形でなされるかについて不明確であること、などが明らかになり、条約改定への疑問や不安がしだいに人びとのあいだに広がっていった。政府の曖昧な答弁はなにがなんでも新条約を成立させようとする政権の意志をかえって浮き彫りにし、戦争だけはごめんだ、という時代の空気を逆撫《さかな》でするようなところがあった。条約改定への政治的関心が徐々に高まるとともに、改定賛成の声よりも改定反対の声が大きくなっていった。

そうした状況のもと、六〇年五月一九日の深夜に政府・自民党は衆議院での質疑打ち切りを強行、院内に警官隊を導入し、自民党単独で会期の五〇日間延長を採決し、続いて新安保条約を採決した。自民党の反主流派までが欠席したり途中退場するなかでの強行採決だった。以後、国会は衆議院・参議院とも召集されず、空白状態が続いた。

国会内の多数派が警官隊を導入してまで少数派の質疑や異見を封じ、自分たちの思い通りに事を進めようとする暴挙は、安保改定反対派のみならず、議論を通じてものごとのよしあしを見定め、しかるべき結論に達することを求める実直な人びとの怒りをかき立てずにはいなかった。単独採決がなされるらしいとの報道に接した多くの人びとが、一九日の夕刻から国会周辺に詰めかけ、夜を徹して単独採決反対の声を挙げ、翌二〇日には雨のなかを一〇万人のデモ隊が国会を取り巻いた。

一九日深夜から二〇日未明にかけての単独強行採決を境に反安保闘争は大きく様相を変える。アメリカとの軍事的なつながりが強まり、日本が戦争へと引きこまれるのを危惧する反戦平和の思いと、権力者の強権的な政治運営を許さない民主的抵抗の意志が結びついて、反政府の動きが全国各地に広がっていった。なにより特徴的だったのは、これまで政党や労働組合の指導のもとに組織的に行なわれることの多かった政治行動が、上からの指導や呼びかけとまったく無縁ではないが、それらとは一定の距離を取った、それゆえに多少とも自主的ないし主体的な意志に支えられた運動として展開されたことだった。運動の高まりとともに組織立った動きにもこれまでにない強度と広がりとつながりが生まれたが、無党派・無組織の動きにはそれにもまして多様な創意工夫や結びつきや交流が生まれ、それが以後の社会の動きに大小の変化をもたらすことになった。

個人の自発的意志の表明が一定のまとまりをもってあらわれた行動形態としては、五月後半から六月一八日までの連日のデモがもっとも典型的だった。強行採決への怒りが採決の行なわれた現場である国会へと人びとの足を向けさせ、現場に到達すれば、あちこちに見てとれるデモの隊列になにほどかの連帯感を懐き、やや離れて随行したり、気が向けば隊列に加わったりというのが、ごく自然な行動パターンとなった。一人一人の個人には生活の都合というものがあり、また、デモといった集団行動の形態には向き不向きがあるから、怒りが高まればデモが大きくなるとは単純にはいえないけれども、岸内閣総辞職と国会解散を基本要求とするこの時期のデモは、日によって規模のちがいはあっても、その集団行動は時とともにしだいに勢いを増し、参加した人びとは行動に充実感を感じるようになっていった。デモが統制の取れた秩序立ったものからしだいに自由気ままな、のんびりしたものへと変化していったのも、参加者が自分なりの参加をもってよしとする自主性のあらわれだった。デモ参加者の手にするプラカードも型にはまらぬ手作りのものがあちこちに見え、スローガンふうのことばも政治的な紋切型におさまらぬ、個人の思いをぶつけるものやふざけ気分のものがいくつも見られた。

デモと並行して、しかしデモとはちがう形で反安保、反政府の意志を表明した共同行動にストライキがあった。

安保条約の設定が政治の焦点となって大きく浮かび上がった六〇年六月に、安保改定阻止のゼネストが六月四日、六月一五日、六月二二日の三回にわたって全国規模で実施された。六月四日についていうと、ストの参加者は全国で五六〇万人。中核は国鉄労組と動力車労組で、電車と汽車は始発から午前七時までほぼ完全にとまった。交通関係のストライキ参加は都市交通、大阪交通、東武交通、茨城交通、関東バスその他、官公労の参加は全逓、全電通、全専売、全林野、日教組、自治労その他、民間労組の参加では炭労、合化労連、全港湾、全印総連、全国金属、鉄鋼労連、全造船、全国ガスその他だった。ほかに、全国商工団体連合会の加盟店六万が東京、大阪、京都、熊本、新潟、宮城、群馬などで一時間から終日の閉店ストを行なった。全国規模で展開したストライキは、おおむね予定通りに、規律をもって行なわれた。

六・四ストの成功を受けて六・一五ストと六・二二ストもさらに規模を大きくして行なわれた。六・一五ストの参加者は五八〇万人にのぼり、六・二二ストは新安保条約が自然成立したのちの共同行動だったにもかかわらず、参加人員は六二〇万人に達した。

デモもそうだったが、反安保のストライキも参加者一人一人の自発的意志が運動を盛り上げる力になったところに大きな特徴があった。ストライキ行動の最中にも、その前後の時間にも、いつもは黙って上からの指示に従うことの多い組合員が、雑談のなかでふと自分の意見を表明したり人の意見に熱心に耳を傾けたりするさまがあちこちで見られ、それが職場にまで広がり、組合員と非組合員のあいだの意見交換へと進むことも少なくなかった。デモやストがまわりを巻きこむ形で輪を大きくしていくものでありながら、まわりの人が自分を抑えて流れに同調するのではなく、自分が個として立ちつつ共同の場に身を置こうとする姿勢がそこには見てとれる。多数派による単独強行採決にたいする怒りと、日米の軍事的なつながりが強まることへの不安とが行動の土台となっていることを思えば、そのふるまいは自発性のいかにも自然な発露に思える。六・四ストで、それまでおそらくはストを行なったことなど一度もない全国商工団体連合会所属の商店がいくつもの都道府県でストに立ち上がったのは、いまいう人びとの自発的意志の存在をぬきには考えられないことだった。

人びとの怒りと不安は時の経過とともに首相・岸信介を安保改定・日米軍事同盟強化の象徴的存在の位置に押し上げていった。その心理過程は、当面の安保改定や日米の軍事的連携強化への異議申し立てを超えて、アジア・太平洋戦争下の経験を思い起こしつつ冷戦下の現在に対峙しようという思いと陰に陽につながるものだった。なんにしろ、岸はアジア・太平洋戦争下では東条英機内閣の商工大臣として活躍し、敗戦後はA級戦犯容疑で逮捕されるも、起訴されることなく釈放され、追放解除となると自由党議員として憲法改正を強く主張し、五七年二月に首相に就任するといった経歴の政治家なのだ。その岸が安保条約の改定によって日米の軍事協力体制を固める政策を中心になって推進し、その実現のために国会内に警官隊を導入してまでも自民党単独採決を強行したとなれば、それにたいする抵抗の運動は、戦時下の軍国ファシズム体制、それに続く、貧困と混乱のなかでの戦後の民主改革、さらには東西冷戦下での「逆コース」と呼ばれる軍備の増強と民主改革の後退、といったためまぐるしい戦時・戦後の政治経験の意味を改めて問うものとならざるをえなかった。〝岸を倒せ〟というスローガンは反安保闘争中もっとも頻繁に、声高に叫ばれたものだったが、そこには、戦時の翼賛体制下で戦争反対・戦争批判の声を挙げられなかったことへの反省と悔恨、そして、戦後にあっても、平和と民主主義を求める気持ちに偽りはなかったものの、アメリカの極東における軍事戦略体制の新たな構築とそれに追随する自民党政権の軍備増強政策に十分には対決しえなかったことへの反省と無念さがともどもこめられていた。国会周辺および地域でのデモや職場でのストライキで実感される闘いの高揚、さらには、マスコミを通じて伝わってくる反戦平和と民主主義擁護の声々は、小さいながらに自分の声を挙げることに意味があること、そして、いまこそその声を挙げるべきときであることを人びとに感じさせる真率さがあった。

デモの高揚に対抗すべく岸首相が記者会見で、多くの「声なき声」が自分たちを支持していることを信じる、と語ったとき、そのことばを受けて改定反対のデモの列に「声なき声の会」と書いた横断幕があらわれ、「声なき声」ということばが運動参加者のあいだで愛称のごとき扱いを受けたという事実は、人びとの心事によく見合うものだったということができる。戦争中、声なき声はあるかないかも分からないほどに国家権力によって封殺された。が、いまはちがう。安保反対に声なき声は確かにある。その声を権力者たちは聞きたくないし、聞こうとはしない。しかし、自分たちはどんなに小さくとも自分の声としてそれを発するし、発しなければならない、——声なき声という遠慮がちなことばには、人びとのそのような主体的意志がこめられていた。

デモとストとを有力な結集軸とする反安保闘争は、六〇年六月一九日をタイムリミットとするたたかいだった。その日に向けて、岸内閣総辞職と国会解散を求める声は日に日に高まってはいったが、内閣総辞職と国会解散がその日までに実現しなければ、五月一九日に強行採決された新安保条約が、以後一〇年間の日米関係を規制する国際法として効力をもつのは避けようがない。そしてタイムリミット前日の六月一八日には三三万人の人びとが国会のデモに参加し、徹夜で国会を包囲したが、内閣総辞職も国会解散もなされず新安保条約は自然成立する。岸首相は自然成立の四日後に退陣を表明した。

新安保条約の成立と岸の退陣表明によって、デモとストにこめられた闘争意欲は当面の目標を失い、少なからぬ挫折感をも味わう。岸内閣のあとを継いだ池田勇人内閣が政治的争点の際立つのを避け経済政策に重点を置く姿勢を取ったこともあって、反安保闘争でおもてに出てきた反戦平和と民主主義擁護の意志がどうなったのか、その後の動きは見定めるのがむずかしい。が、たとえば六〇年代の半ばから国内でしだいに大きくなっていくベトナム反戦運動は、その流れを汲むものとしてとらえることができるだろう。時の自民党政権がはっきりとアメリカ側に加担し、沖縄の米軍基地がアメリカ軍の重要な戦略拠点として機能しているなかで、アメリカの軍事行動を——とりわけ北ベトナムへの爆撃を——大国の不当な侵略行為として批判する反戦の運動は、日米両国の軍事的連携にたいする抵抗と不服従の意志の表明という点からしても、六〇年の反安保闘争の延長線上に位置づけられる。運動を中心になって推進したグループの一つに、「ベトナムに平和を！　市民連合」（通称「べ平連」）という長い名前の運動体があったが、この運動体が規約や会員制度をもたず、行動に参加する者をもってべ平連と見なすという新しい組織原理にもとづくグループであったことは、個の自発性・主体性を大切にするという戦後民主主義の理念を引き継ぐものだった。

改定された安保条約は日米の軍事的連携の基本線を示すものとしていまも存続し、日本の防衛予算は年々増加し、自衛隊の戦闘力は強化の一途をたどっているが、その一方、四十数年に及ぶ東西冷戦下でも、九一年のソ連邦崩壊による冷戦の終結以後も、世界各地で大小の局地戦が絶えまなく起こるなか、自衛隊が一度も正式の戦闘部隊として実戦に出動したことがないのは、憲法九条を支えとする反戦平和の思想が社会に根づき広がっていることと強く結びついている。六〇年反安保闘争は、アジア・太平洋戦争下における軍国ファシズムの非道と強権支配を大衆的なデモやストを通じて明確に意識させた点で、反戦平和と民主主義の源流にさかのぼるものだったといえるように思う。

2　戦争の文学（一）——大西巨人『神聖喜劇』

『神聖喜劇』は五五年二月に書き始められ、二五年後の七九年一二月に完結した大長編小説である。

しかし、委曲を尽くして一つの世界を描き上げようとする小説ではない。作者は自在にあっち飛び、こっち飛びして、順序よく物語が出来上がっていくふうではない。

書き起こされた五五年といえば、敗戦後すでに一〇年が経過している。戦争はこりごり、なにがなんでも避けたい、という敗戦直後の思いにかぶさるように、戦争は容易になくならないという不安や危惧が少しずつ社会に広がり、政治・経済の権力者たちの手で再軍備が実行されつつある時代だ。

そんな時期に戦争を文学の主題にするとはどういうことか。

日常の暮らしの次元を超えた、人が殺し殺され、家や村や町や生活が破壊される、異常な事態とそこでの経験を文学のことばに表現する、というだけでは済まないなにかがそこにはあろう。

大西巨人

それが、敗戦後一〇年という時間の経過のもつ意味だ。戦争という過去の事実を踏まえつつ、その過去の事実を新しい視野のもとに置き、そこにあらわれる新しいイメージと新しい意味をことばに定着しなければならない。大西巨人《きょじん》の『神聖喜劇』は過ぐるアジア・太平洋戦争の新しいイメージと新しい意味をどのようにとらえ、どのようにことばに定着したのか。

戦争は中国を始めとする東南アジア諸国、さらには米・英・ソ連などの西洋諸国を敵として広域にわたる戦闘が行なわれたが、『神聖喜劇』はそれらの戦闘についてはまったくといっていいほど触れるところがない。文庫本にして五冊、全二三〇〇ページの大著ながら語りの対象となるのは、時間的・空間的にいって、三ヵ月間の、北九州と韓国のあいだに横たわる対馬の要塞での出来事に限られるのだ。その三ヵ月も四二年一月から四月にかけてのこと、日本海軍によるハワイの真珠湾攻撃をきっかけに東南アジアの諸国のみならず、西洋の米・英・蘭との戦争状態も生じているが、小説の舞台である対馬要塞では重砲兵の教育が行なわれるのみで、空襲もなければ地上で砲弾や銃弾の飛び交う戦闘もなく、したがって一人の戦死者も出ない。そういう限られた条件のもとで戦争とはなにか、軍隊とはなにかを考えようとするのが小説『神聖喜劇』だ。

主人公の名は東堂太郎。北九州の大学を中退し、大東日日新聞の記者をしていたときに召集を受け、新兵（二等兵）として教育を受けるため対馬にやってきた男だ。人並み外れた記憶力の持ち主で、芸術、文学、歴史にかんする知識と教養も広く深い。入隊時の持参品のなかには江戸後期の文人画家・田能村竹田《たのむらちくでん》の全集がふくまれ、兵営内の自由時間にそれを取り出して読むのを楽しみにしている。

東堂は時代と戦争にたいして独特の構えを取る。当人がみずからその構えを要約した一節を以下に引く。開巻早々に出てくるものだ。

私の当代の思想の主要な一断面は、これを要約すれば次ぎのようであった。世界は真剣に生きるに値《あたい》しない（本来一切は無意味であり空虚であり壊滅するべきであって、人は何も為してもよく何を為さなくてもよい）、——それは、若い傲岸な自我が追い詰められて立てた主観的な定立《テーゼ》である。人生と社会とにたいする虚無的な表象が、そこにあった。時代にゆすぶられ投げ出された（と考えた）白面の孤独な若者は、国家および社会の現実とその進行方向とを決して肯定せず、しかもその変革の可能性をどこにも発見することができなかった（自己については無力を、単数および複数の他者については絶望を、発見せざるを得なかった）。おそらくそれは、虚無主義《ニヒリズム》の有力な一基盤である。私は、そういう「主観的な定立《テーゼ》」を抱いて、それに縋《すが》りついた。そして私の生活は、荒《すさ》んだ。——すでにして世界・人生が無意味であり無価値であるからには、戦争戦火戦闘を恐れる理由は私になかった。そして戦場は、「滑稽で悲惨な」と私が呼んだ私の生に終止符を打つ役を果たすであろう。

（大西巨人『神聖喜劇（一）』文春文庫、一九八二年、二八—二九ページ）

ここにいう東堂のニヒリズム（虚無主義）は作者・大西巨人の時代にたいする感覚と通じるものであろう。勢いにまかせて無謀な戦争にのめりこみ、破壊と略奪を事とする戦線拡大に突き進む軍国指導者たちと、それに翼賛し追随する大多数の人びとの動向を目にし、そのなかで自分なりの知と思考を守る知識人として生きようとするとき、「世界・人生が無意味であり無価値である」とするニヒリズムを日々の信条とすることは、ありうる選択だった。

ただ、一般のニヒリズムが世の動きを冷淡に眺め、世を拗《す》ねたような消極的・退嬰《たいえい》的なあらわれかたをするのにたいして、東堂のニヒリズムは現実と自分との距離を明確に自覚しつつ、そこにある対立と矛盾を冷静に観察し、場合によっては対立と矛盾の解決に積極的に乗り出しもする。たとえば東堂の次の感想などは一般にニヒリズムと称される心事とは趣きを異にするものといえはしないだろうか。

軍隊では、問答は無用、理窟は不要、無法蒙昧《もうまい》が横行、――そんな巷間《こうかん》の通説および私の観念的予想にもかかわらず、してまた上官上級者も同様のことをしきりに言明するにもかかわらず、ここ〔軍隊〕は、ある意味では、理窟のすこぶる必要な、問答のたいそう有用な、さらに一挙一動一挙手一投足にも理論的典拠ないし成文規範なかるべからざる論理主義的・法治主義的世界のようである。

（同右、二七四ページ）

東堂は、実際、軍隊のこの論理主義・法治主義を逆手に取り、自分のもつ抜群の記憶力を駆使して上官上級者とたたかい、それが小説の大きな筋立ての一つになっている。となれば、東堂は世を拗ねた一般のニヒリズムからはむしろ遠い人物ということになろうが、とはいえ、そういう東堂のニヒリズムが小説の世界をのびやかに外へと広げる上でとても大きな働きをしている。

いま引いた引用文でもその前の引用文でも、東堂は自分のことを「私」と呼んでいる。それはいうまでもなく、小説の主人公である東堂が語り手でもあることを示す呼称だ。小説は最終巻に至るまで一貫して「私」の語りとなっている。

が、文章はなるほど東堂の語りとしてつづられていくが、語りの内容は語り手の主観の匂いに染まる印象が驚くほど稀薄だ。東堂の個人的な感情は極力抑えられ、記述は筋道の通った冷静で客観的なものとなっている。そこにわたしは、どんな場面でもおのれを抑制し、対象や出来事や世界を突き放して見るニヒリズムの力が働いていると見る。東堂は主人公でもあるから、場面の中心にあって動き、ことばを交わし、考えることも少なくないが――いや、それが過半をなすが――そうしたおのれの内面や外面を対象とする語りにおいても、語り手・東堂の、対象を突き放すニヒリズムの力はしっかりと働いているのだ。対象を突き放す語りは、ニヒリズムにつきものの暗さやうさんくささをぬけ出した澄明さをこの小説にあたえているといえる。一例として東堂の論理性に感心する仲間（曽根田）の言と、それにたいする東堂自身の自省のことばを以下に引く。

「……いったいに東堂の物の考え方やら話し方やらは、ひどう筋道が立ち過ぎとって、てんで隙間がないけん、どげんそれが正しかったちゃ、世の中にゃ、そげな東堂を煙たがって敬遠したり恐ろしがって嫌うたりする連中も、だいぶんおろうごたぁる。なんちかんち東堂の頭は、ようそげんあっちもこっちも見渡して早うくるくるまわることじゃなぁ。……」

曽根田が私の「物の考え方やら話し方やら」について指摘した事柄は（ある意味においては）肯綮《こうけい》に当たっている、と私は思った。しかも曽根田の言葉は、私の耳にほとんど逆《さか》らわなかった。意識的にか無意識的にか、曽根田は、「良薬」から大部の苦《にが》みを抜いて、それに若干の甘みを加えすらもして、それを私に呉れたのである。私は、ありがたく適切に服用または服膺《ふくよう》しなければなるまい。

（大西巨人『神聖喜劇（三）』文春文庫、一九八二年、一八三―一八四ページ）

曽根田の東堂評は自身、納得の行くものであり、心地よいものであったにちがいないが、そんな自分の感情より、相手のことばの真偽と、ことばを発した仲間と自分との関係に東堂の関心は傾いている。語りの口調が澄明で知的だと感じられるのは、東堂の目と心がそのようにつねに外に向かって開かれているからだ。

もう一つ、澄明で知的な語りの例としてぜひ引いておきたいのは、東堂の対極に位置する上司・大前田軍曹にかんする東堂の語りだ。自分の内なる怒りと憎しみの情にさからってまで相手を冷静に客観的に見ようとする東堂の姿勢とともに、大前田の人物像の複雑さにも目を向けてほしいと思っての引用だが。

一月十八日夜、初登場の大前田は、一団の正体不明瞭な黒翳を私の心に投じたのであった。またその後大前田の上に、私は、ある偏執狂的、加虐変態的性情の存在を半ば直感的に見つけていた。しかし私が大前田の上に認めたその種の特性も、兵営という特殊な境遇の日常においては、まだたいして桁《けた》はずれに具現せられたのではなかった。……

それはそうであるにしても、上官上級者通有の性向とはいくらか異なる彼固有の執念深くて嗜虐《しぎゃく》的な悪性《あくしょう》が大前田の体内にたしかに蟠踞《ばんきょ》している、と私は観《かん》じていた。しかしそれとともに私は、大前田の他の側面にも目をつけてきたのである。

……おなじ〔一月十九日の〕夜、「大元帥陛下か何かじゃあるまいし、昭憲皇太后やら柳原二位の局《つぼね》やら、二人も三人も嫁さんがおってたまるか。」と不敬罪的な（つまり健康な）平民感情を明け透けに吐露した彼。……一月二十五日夜、村崎との猥談めかしい掛け合いのなかで、反将校的・反軍隊的な言辞を弄《ろう》するかたわら、「おれたち兵隊のかあちゃんたち」の銃後におけるわびしさ辛さをまともに気づかっていた彼。……おなじ夜、鉢田「何某」二等兵から異父妹トミ子宛のたどたどしいはがき内容について、幅も厚みもある人間的理解を示した彼。……さらにおなじ夜、おなじ鉢田「何某」二等兵のそっぽを向いたように無骨《ぶこつ》な「好きで坑夫になったとじゃなかであります。十幾つんときから坑内い下がっちゃおりましたばってん……。」という返答にたいしても、言わば軍階級を超えた平民的連帯感においてしっくり反応した彼。

（大西巨人『神聖喜劇〔二〕』文春文庫、一九八二年、四一〇―四一一ページ）

東堂は大前田のことを「現身《げんしん》の虐殺者」とも名づけ、大前田の自白する戦地での暴行虐殺は戦争が不可避的に要求する暴行殺人の埒外に出るものではないか、と考えているが、その一方で、同じ兵営内にある下層兵のつらい境遇にたいする大前田の共感に人間的な温もりを感じないではいられない。引用文に続く、大前田をめぐる長い省察のなかでも、東堂の大前田像は右に左にゆれ、結論としては次のようにいうしかなかった。

名に負う暴行虐殺者としての大前田像と、彼の積極的側面像とが、しかし私の意識内で、水と油に違和分裂し、彼の全体像が、朦朧《もうろう》と拡散して、私は、奇妙な惑乱を覚えずにはいられなかったのである。（同右、四一二ページ）

わたしは「水と油に違和分裂し」、「朦朧と拡散する」大前田像までをも知的で澄明だというつもりはない。しかし、容易に調和しない二つの矛盾した像が目の前に浮かぶとき、どちらかを切り捨てるのではなく、二つながらに目を凝らし、惑乱に耐えてなんとか統一的な像に到達しようと思考を重ねることは、知的で澄明な姿勢といえるのではなかろうか。大前田はこのあとも嘱目の人物として何度も東堂の前にあらわれ、そのたびに東堂はその外形ばかりでなく内面にまで探りをいれてまとまりの像に至ろうとする。ときに鮮やかな像が浮かぶこともあるが、そこで人物像が完結することはなく、しこりのようなものが残る。統一像へと至りえないところには東堂と大前田との根本的な違和がわだかまっていると考えられるが、思えば、そもそも東堂は、どんな境遇に身を置いても、自分の生きる世界の全体にたいして違和を感じないではいられないのだ。自分がニヒリストだという自己批評もそこに淵源しようが、『神聖喜劇』はニヒリズムの根深さよりも、違和のさまを現実世界のただなかで知的に、澄明に、分析していこうとする東堂の思考の粘り強さにこそ大きな特質があると考えられる。

大前田をめぐる思考はその典型例の一つだが、東堂の粘り強い思考は、軍隊という非日常の場における人びとのふるまいや心の動きを、軍隊外の、普通の人びとが普通に暮らす日常のふるまいや心の動きに近づける働きをする。その点で、東堂の――というより作者・大西巨人の――軍隊観ないし軍隊理解は独特のものといえる。

軍隊内と軍隊外の（軍隊外は軍隊内と対比したときには一般に「娑婆《しゃば》」と呼ばれるが、『神聖喜劇』では「地方」と呼ばれる。それにならってわたしもここでは内外の対比を軍隊とカッコつきの「地方」との対語《ついご》で表現する）、つまり、軍隊と「地方」の、行動様式、命令系統、集団機構、規律、生活の組み立てのちがいを手がかりに軍隊の特質を浮かび上がらせるのが大西巨人のやりかたではない。ちがいを突きぬけたその底にある人間集団のなりたちと人びとの日々の過ごしかたの変わらなさを見つめようとするのが『神聖喜劇』の小説作法なのだ。

軍隊の生活のうちに「地方」の生活に通じる日常性を見出そうとする発想は、軍隊を特別の非日常世界だと考えがちな読者には理解しにくい。人ごとではない。わたしにしても、東堂の語りが軍隊の日々の出来事と、かれが入隊前に経験した「地方」でのさまざまな見聞のあいだを軽やかに行き来するその自在さに戸惑いを覚えたものだ。軍隊内での息のつまるような窮屈な日々の記述のあいまに、旧制高校時代のちょっとした反戦行動や、それをめぐる高校教師の訊問や、行動を共にし、やがて獄死する友人西条靫負《さいじょうゆきえ》の話が長々と挿入される。かと思えば、森鷗外の詩が引用されてそれに東堂の感想がつけ足されたり、ドイツ語の詩が原文のまま引用されたあとにその日本語訳が載せられたりする。行文のあまりの自由さに首をかしげたくなろうというものだ。

が、連想の奔放自在さに慣れ、思いがけぬ脱線や逸脱をおもしろがれるようになると、そのゆれの大きさこそが東堂の軍隊生活での意識の動きを示すものだと思えてくる。

煩瑣な規則に縛られ、スケジュール通りの進行が求められる軍隊生活が、くりかえしの多い単調な行動の連続からなることは容易に想像できる。その行動も、みずからの創意工夫が活きるというより、命令や規則や集団の都合にもとづいて外から強制される面が圧倒的に大きい。個人の裁量や創意工夫が活きるといっても、外からの強制に従うかぎりで活きるというのがほとんどだ。東堂もそういう窮屈な世界に一兵卒として放りこまれ、ほかの兵士たちと生活を共にしている。

そんな単調な暮らしのなかでは内面の思考も単調になるのが普通だ。が、東堂はちがう。単調な日々のなかで連想は飛躍し、思いがけぬ方向へと突き進むし、思考は目の前の現実を置き去りにしてはるかな過去へと向かったり、目下の現実を相手とするときもその奥へ、さらなる奥へと糸をたぐっていく。そうやって東堂は現実の縛りを脱し、自分なりの世界を生きようとしているので、そこに東堂の自由があり抵抗がある。東堂たちの対馬での軍隊生活が「問答は無用、理窟は不要、無知蒙昧が横行」というイメージとは異質な、人間が確かにそこに生きているという息づかいと温もりを感じさせるのも、東堂の自由と抵抗がかれの周辺にほんのかすかながら生命力をあたえていることと重なり合っている。いや、周辺だけではない。東堂の自由と抵抗は、軍隊生活の進行とともにかれの内部のニヒリズムにもしだいに力強さと積極性を賦与するように思えるのだ。

スケジュールに則った変わりばえのしない新兵訓練の日々に、突如、一つの事件が起こる。兵士一人一人の所持品としてベッドに備えつけられている長剣が、本人の知らぬまに、鞘《さや》にきずのある剣に取り替えられていたという事件だ。新兵訓練三ヵ月間の中程に起こる。剣鞘《けんざや》事件と名づけられ、小説の後半はこの剣鞘事件をめぐる人びとの動きが大きな部分を占める。そのころには兵営内の兵士たちの間柄はたがいの親しさが増し、近しい仲間の性格や癖が分かるようになり、場面場面での動きにその人らしさが出て、集団が厚みのあるものとなっている。小説の語り手たる東堂の口調はいよいよ滑らかとなり、人びとの複雑多様な動きを冷静に観察しつつ、くっきりと浮かび上がらせる。東堂自身の人間関係や行動も積極性を増していく。

剣鞘事件は上官による捜査が進むにつれて、剣鞘の取り替えは二月二二日の夜間三時から六時までのあいだに行なわれたことが判明する。そのときの不寝番で、ベッドのあいだを巡回したのが吉原二等兵と冬木二等兵で、東堂は冬木と親しい間柄だったため、事件に深くかかわることになる。

冬木は入隊前の「地方」生活で傷害致死犯として逮捕されたことと被差別部落の出身であることとがわざわいして容疑濃厚と見なされ、上官による訊問が長く続く。対馬での四〇日の兵営生活でたがいに仲間意識をもつようになり、軍国主義とは一線を画す穏やかなグループをなす東堂、室町、生源寺、村田その他六、七名の兵士たちは、話の断片をつなぎ合わせるなかで冬木の無実を確信し、なんとか嫌疑を晴らそうと力を合わせる。仲間のだれがほかの仲間とどこで会ってどう話をし、それをだれにどう伝えるか、みんなで綿密に考え一つ一つ実行していく。予定通りに行かないこともあるが、行動の積み重ねが失敗をもふくめてたがいの信頼感を高めていく。グループの兵士たちの慎重な、丁寧な動きを見ていると、かれらが軍隊生活を「地方」の生活とはちがうものとして意識しながらも、それを日常として受け容れ、日常的な配慮をめぐらしつつ適切な行動を取ろうとしていることが分かる。

冬木の前科と被差別部落出身という二つの事実は、かれらにも重くのしかかってくる。が、かれらは二つの事実をも兵営内での冬木の、寡黙で、ぎこちないふるまいや人柄と重ね合わせて日常的に受けとめ、冬木が剣鞘の差し替えなどするはずがないという確信を固めていく。日常性に根ざした冬木と剣鞘事件にたいするかれらの自然な対応は、東堂にもおのずと伝播し、東堂は仲間の一人として過度な緊張感に見舞われることなく冬木救済の手立てを考えられるようになる。東堂がとりわけ力を注ぐのは、自分がかつて新聞記者をしていたときの人脈や情報網を活用し、冬木の入隊前の傷害事件の実態を明らかにする検証作業だが、自分の報告に成心なく耳を傾けてくれる仲間の存在に支えられて、作業は着々と進行する。軍隊での、男ばかりが狭い兵営内に何百人と集まって寝食を共にし、四六時中上官やら同僚やらの目にさらされている日常と、「地方」での、家庭があり仕事があり自分一人の時間があり、外からの強制も場合によってはぐらかし、自分一個の小さな世界を作ることもできる日常とのあいだには、画然たるちがいがあるのはいうまでもない。しかし、剣鞘事件で冬木の嫌疑を押し返そうとする仲間たちの動きは、たがいのあいだに人間的な信頼の情が保たれているがゆえに、軍隊の特殊性を超えた自然な日常性がそこに成立していると感じられるのだ。

すでに言ったように、剣轄事件は長編小説の中程で話題として登場し、小説の後半ではもっとも重きをなす出来事だが、筆の運びという点からしても、このあたりから作者は設定した人物や舞台や大道具や小道具を自由に使いこなし、人間関係の遠近や親疎や濃淡にも目が行きとどき、物語の進行に脂が乗ってきたと感じられる。集団についていえば、上官たちとのあいだに距離を置き、規律に盲従するのではなく自分なりの判断をもち、自分とちがう判断にもそれなりの理を認めようとする東堂や冬木たちのグループと、「地方」での地位の高さを鼻にかけ、自分の利害のからむ場面ではさりげなく上官に媚びを売り、他人の弱みにつけこんでも自分たちの利を図ろうとする、厳原閥《いづはらばつ》グループとの対抗関係がダイナミックに描かれる。作者の目は、二つのグループがたがいに相手集団を意識しつつ押したり引いたり、利用したりされたりする人間関係をどこまでも丁寧に追いかけていく。むろん、その人間関係には軍隊生活の特殊性が影を落としてはいるが、グループの一人一人が人柄をもつ個として動き出すと、軍隊生活の特殊性よりも各人の動きの個性こそが魅力あるものとして読む者にせまってくる。筆に脂が乗っているという印象はそこから来るので、その人物の個性ある生きたすがたがその人物の日常だと思えるのだ。

登場人物たちの個性ある生きたすがたが、読者の前に軍隊生活と「地方」生活にともども底流する人間本来の日常性を浮かび上がらせるのだが、その日常性は無意識のうちにではあれ登場人物たちにも感受されるものであった。

感受のさまは、たとえば誤って人を殺《あや》めた冬木において次のようなことばとなってあらわれる。上官に人を死なせたお前がどうして「人のいのちは何よりも大切だ」などといえるのか、と問われた冬木はこう答える。

「はい。人を死なせたことは、なんぼ悔《く》やんでも、悔やんでも、取り返しが付きません。なんぼ罪滅《ほろ》ぼしを心がけたところで、追っつかれるもんじゃありません。人殺しをしたり死なせたりするつもりは、これから先も冬木にゃなかったであります。とはいうもんの、……冬木のしたことで……冬木の手で……一人の人間がいのちを落としたとは、まちがいのない事実でありますから。……もともと人のいのちは何よりも大切で、誰もが他人のいのちも自分のいのちも大切にせにゃなりませんが、……それでありますから、なおさら冬木は、根《こん》限り力一杯、人のいのちを大切にして行かにゃならんとであります。」

冬木の声はかすかに震えていたけれども、その発言内容は確固としていた。

（大西巨人『神聖喜劇〔五〕』文春文庫、一九八二年、二八八―二八九ページ）

この発言のしばらく前に冬木は、親しくなった東堂との二人だけの会話のなかで、子どものころの思い出話をしている。店に買物に行って代金を払おうとしても、被差別部落出身の自分たちの出す硬貨は店の人に手で受けとってもらえず、そばにある水の入った四斗樽に投げいれなければならなかったという思い出話を。

そんな経験をもつ冬木にたいして、対馬兵営で出会ったグループの仲間たちは、冬木の前科と被差別部落出身のことを知ったあとでも、剣鞘事件での冬木の無実を信じ、疑いをはらすべく陰に陽に力添えをしてくれる。そんな日常が生きる喜ばしさのようなものを冬木に感じさせ、いまの引用文に見るような調子の高い生命讃歌となってあらわれたのだ。

対馬での三ヵ月の教育召集期間が終わろうとするころ、冬木と東堂がもう一度、二人だけで語らう場面が出てくるが、そこで語られる次のような思いは軍隊での三ヵ月の日常を要約するものといえるかもしれない。


冬木は……訥々《とつとつ》として語った、——冬木は、ようやく……人間らしい人間に出会ったような・友達らしい友達が出来たような気がしていたのに、それらの人々とまもなく別れ別れにならねばならぬことが甚だ残念である。……新砲廠における三ヵ月の生活は、冬木にとって真に有益であって、彼は、「生源寺や橋本や鉢田や曽根田たちから、特に東堂から」多くのことを感動的に学んだ。……

冬木の訥々たる語り口に耳をかたむけるうち、私は、生源寺、橋本、鉢田、曽根田、室町、白水、村田、仲原たちと訣別することに、なかんずく冬木と訣別することに、そこばくの名残惜しさを覚えていた。

(同右、三七五—三七六ページ)


『神聖喜劇』が直接に対象とするのは四二年一月から四月にかけての三ヵ月間、日本中が戦争へと向かう時期だ。軍隊の生活はむろんのこと、「地方」の生活も安らかな日常がそこにあるといえるようなものではなかった。が、その日常を冬木が、そして東堂が、人間らしいものと感じるその感覚が偽りだとは思えない。戦争の影が大きく社会を覆う時代状況のもと、冬木と東堂はさまざまな疑問や不満や不如意をかかえつつ自分を失うことなく生きることによって生きるに値する日常を見出すことができているのだ。そういう人物像、そういう集団像を描き出すことは作者・大西巨人のめざすところでもあって、そうした作家の、現実の深部にとどく人間理解と洞察力を通じて、二五年にわたる長い労苦の末に、軍隊と「地方」にともども広がる無名の人びとの日常がゆたかな一つの世界として構築されたのだった。

3　戦争の文学（二）――大岡昇平『レイテ戦記』

『神聖喜劇』ほどではないが、大岡昇平の『レイテ戦記』も大長編小説である。雑誌「中央公論」連載が一九六七年から一九六九年にかけての二年半、その後、何回か単行本として刊行され、刊行のたびに訂正と追補がなされている。厖大な資料を読みこみ事実を正確に記述しようとしてなされるのが訂正のおもなものであり、レイテ戦後の日本とアメリカとフィリピンの状況を書き足すのが追補のおもなものだ。

同じ戦争文学といっても『レイテ戦記』は『神聖喜劇』とは随分と肌合いがちがう。『神聖喜劇』では軍隊という特別の空間にも日常の生活と人間関係があり、それが時とともにしだいに浮かび上がり、さらには軍隊の外の日常世界へとつながっていくさまが眺めやられたのだが、『レイテ戦記』では、戦争の非日常性こそが圧倒的な力をもって読者にせまってくる。典型的な例として、日本軍十六師団の兵士たちが米軍の艦載機の爆撃を受けた場面を以下に引用する。小説中、日米の実戦部隊が初めてぶつかる場面だ。

彼等〔日本の兵士たち〕はヤシの丸太の粘土で固めた砲台が、土台ごと吹き飛ぶのを見た。ヤシの並木が根元から燃え、梢から仕掛花火のように焔を吹き上げるのを見た。隣にいた戦友が全然いなくなり、気がつくと彼自身も大腿の肉がそがれていたりした。ある者は胸に手を当てて眠るような恰好で横たわっていた。頬をくだかれ、眼球が枕元に転がっている死体もあった。首がない者もいた。手のない者、足のない者、腸が溢れて出ている者、想像を絶したこわれ方、ねじれ方をした人間の肉体がそこにあった。

大岡昇平

空中には掘り返された土の匂い、火薬の匂いがまじって、異様につんとする匂いが漂っていた。いつもの大言壮語に似ず眼を吊り上げて、ふるえている下士官がいた。両手をだらりと下げて、壕の外へ歩き出す見習士官がいた。土に顔を埋めて泣きじゃくっている補充兵がいた。最もよく訓練された下士官でも、自分の身体がこのまま空中へ飛び上がり、ずっとうしろの林の中へ、ふわりと着陸する奇蹟は起らないものかな、というようなことを考えた。
しかし中にはアメリカ兵を射つまでは死ぬものかと思っている下士官もいた。自分が眼を開けていることが出来、時々壕から首を出して、前方の輝く海を眺めることが出来るのに、自分で驚いている補充兵もいた。こういう相違は精神よりは肉体の構造から来た。兵隊の中には神経の鈍い、犯罪的傾向を持った者がいた。石のように冷たい神経と破壊欲が、あくまでも機関銃の狙いを狂わせないこともあった。普段はおとなしい奴と思われ、与えられた務めを果さないと気持の悪い律義なたちの人間も頑強であった。大きな声でものをいわない人間が、不意に大きな声を出して、僚友をはげましたりした。

（大岡昇平『レイテ戦記（二）』中公文庫、二〇一八年、八六―八七ページ）

死のさまを、恐怖のさまを、自己喪失のさまを、あるがままに冷たくそっけなく一つ一つ列ねていくような文章だ。それが大岡昇平のあえて選びとった戦争の書きかただった。作者の側の主観的な情動の表出をできるかぎり抑え、事実をして語らしめる書きかたといってよい。見られる通り、事実の列なりは酸鼻で、苛酷で、陰惨だ。それこそが戦争の実相だと大岡は考える。そして、その実相に目を凝らし、実相にかなう文学を書くことが小説家としての自分の使命だと考える。

さきの引用文の数ページ前に大岡の戦争観を簡潔に述べた次の一節がある。

山本五十六提督が真珠湾を攻撃したとか、山下〔奉文〕将軍がレイテ島を防衛した、という文章はナンセンスである。真珠湾の米戦艦群を撃破したのは、空母から飛び立った飛行機のパイロットたちであった。レイテ島を防衛したのは、圧倒的多数の米兵に対して、日露戦争の後、一歩も進歩していなかった日本陸軍の無退却主義、頂上奪取、後方攪乱《かくらん》、斬込みなどの作戦指導の下に戦った、十六師団、第一師団、二十六師団の兵士たちだった。

（同右、七九ページ）

どうくつがえしようもない劣勢のなかで配下の部隊を次々と死地へ送り出す日本の戦争指導者たち。送り出されて絶望の戦いに邁進する無名の兵士たち。

胸に渦まく戦争指導者たちの無能・無責任への憤りをできるかぎり抑え、大岡は無名の戦士たちの苦難と絶望の戦いに目を凝らし、その戦いを文字に書きとどめようとする。

改めていえば、大岡自身、かつてはそういう無名の兵士の一人だった。レイテ島で戦うことこそなかったが、すぐ近くのミンドロ島で戦い、そこで捕虜となり、レイテ島の収容所に送られた兵士だった。レイテ島で戦死した無名の兵士たちの絶望と無念の思いへの共感と共苦には、余人の計り知れぬものがあったにちがいない。溢れんばかりの共感と共苦を抑えて、大岡は、戦ったのは「空母から飛び立った飛行機のパイロットたちであった」と書き、「十六師団、第一師団、二十六師団の兵士たちだった」と書く。

戦後の統計によれば、レイテ島に投入された日本軍の兵力は約八万四〇〇〇人、死者は約七万九〇〇〇人という。その厖大な死者たちの戦いへの共感と共苦をことばにし、一小説作品に仕上げることが、戦後二二年経って書き起こされた『レイテ戦記』の課題だった。

その課題をおのれの主観的心情に引き寄せて大岡は「死んだ兵士の霊を慰める」とも表現しているが、最前の引用文に続く文章のなかで、死んだ兵士の慰霊と小説制作との関係についてこう述懐している。

家畜のように死ぬ者のために、どんな弔いの鐘がある?
大砲の化物じみた怒りだけだ。
どもりのライフルの早口のお喋りだけが、
おお急ぎでお祈りをとなえてくれるだろう。

これは第一次世界大戦で戦死したイギリスの詩人オーウェンの詩「悲運に倒れた青年たちへの賛歌」の一節である。私はこれからレイテ島上の戦闘について、私が事実と判断したものを、出来るだけ詳しく書くつもりである。七五ミリ野砲の砲声と三八銃の響きを再現したいと思っている。それが戦って死んだ者の霊を慰める唯一のものだと思っている。それが私に出来る唯一つのことだからである。

（同右、八〇―八一ページ）

胸にすっと落ちる文章ではない。

オーウェンの四行ほどの詩句は、死者を弔うことばのむなしさを言っているように読める。大砲やライフルの音こそが弔いにふさわしい、と。それを受けるようにして大岡は、「事実と判断したものを、出来るだけ詳しく書くつもり」だと言う。それが大砲やライフルの音に重なるものではないか、と。

そこが引っかかるところだ。書かれたものは大砲やライフルの音に――あるいは「七五ミリ野砲の砲声と三八銃の響き」に――重なるのか、というのがわたしの疑問だ。戦死者をことさらに英雄視したり美化したりすることばが真摯な弔いのことばとは異質のものであるのはいうまでもないとして、事実にせまろうとし、事実を正確に表現したことばであれば、そのことをもって戦死者の霊を慰めるものということができるのか。ことばによる表現である以上、表現された事実の意味と価値が――その事実が死者の霊を慰めるに足るものであるかどうかが――問われるのではないか。

主観的な価値判断をできるだけ排し、あくまでも事実に即《つ》こうとするのは戦記の作者にまことに似つかわしい姿勢だ。そして、事態を冷静に見つめ、見えてきた事実を簡潔・的確に表現する術に長《た》けた大岡はそういう戦記の書き手として打ってつけの人物だということができる。そして実際、『レイテ戦記』は大小さまざまな戦闘が、ときに読者がもういい加減にしてくれと言いたくなるほどに、次から次へと詳しく、冷静に列ねられていく。大岡の知的姿勢は長編小説の始めから終わりまでゆるぎなく保たれている。

それでもなお、それが死者の霊を慰める文学か、という疑問がわたしに残る。書かれた事実が重すぎるのだ。具体例を二つほど挙げる。

日本兵の白旗による欺瞞はニューギニア戦線でもよく見られた行動である。二〇対一、五〇対一の状況になった時、敵を斃《たお》すためには手段を選ばずという考え方は、太平洋戦線の将兵に浸透していた。しかし白旗は戦闘放棄の意思表示であり、これは戦争以前の問題である。こうでもしなければ反撃の機会が得られない状態に追いつめられた日本兵の心事を思えば胸がつまる。射ったところでどうせ生きる見込みはない。殺されるまでに一矢を報いようという闘志は尊重すべきである。しかしどんな事態になっても、人間にはしてはならないことがなければならない。

卑怯を忌む観念は戦国武士にもやくざの中にもあるのに、私が今日カイバアンの日本兵の物語〔白旗を掲げてアメリカ兵を騙《だま》し討ちした話〕をすると、大抵の元兵士は「うまくやりよったな」という。いつからわれわれはこうなってしまったのか。

（同右、一八六―一八七ページ）

大岡が書きにくそうにして筆を運んでいるのは文面からして想像できる。しかし、それが人道に反する卑怯のふるまいだとしても、歴然たる事実である以上、書かないわけにはいかなかった。それを書くことと死んだ兵士たちの慰霊との微妙なかかわりについては、もう一つの具体例を引用したのちに考える。

二つ目の具体例は「神風特攻」と呼ばれる行為にかんするものだ。「神風特攻」はレイテ戦に始まり、敗戦直前まで継続して行なわれたが、ここでは沖縄戦での特攻について述べた文を引く。


特攻という手段が、操縦士に与える精神的苦痛はわれわれの想像を絶している。自分の命を捧げれば、祖国を救うことが出来ると信じられればまだしもだが、沖縄戦の段階では、それが信じられなくなっていた。……

口では必勝の信念を唱えながら、この段階では、日本の勝利を信じている職業軍人は一人もいなかった。ただ一勝を博してから、和平交渉に入るという、戦略の仮面をかぶった面子《めんつ》の意識に動かされていただけであった。しかも悠久の大義の美名の下に、若者に無益な死を強いたところに、神風特攻の最も醜悪な部分があると思われる。

しかしこれらの障害にも拘らず、出撃数フィリピンで四〇〇以上、沖縄一九〇〇以上の中で、命中フィリピンで一一一、沖縄で一三三、ほかにほぼ同数の至近突入があったことは、われわれの誇りでなければならない。

想像を絶する精神的苦痛と動揺を乗り越えて目標に達した人間が、われわれの中にいたのである。これは当時の指導者の愚劣と腐敗とはなんの関係もないことである。今日では全く消滅してしまった強い意志が、あの荒廃の中から生れる余地があったことが、われわれの希望でなければならない。

（同右、三一〇―三一一ページ）

命中率はどんどん低下する一方、死を逃れる可能性のほとんどない特攻の若者たちの、想像を絶する精神的苦痛に思いを寄せ、指導者たちの醜悪と状況の荒廃のなかで守りぬかれたかれらの強い意志を、勇気と冷静さを称えたのが右の文章だ。それが「われわれの希望」だと大岡はいう。事実の重さゆえにそこに希望を見るほかない、といった希望だ。

いうまでもないことだが、「われわれの希望」たりうる強い意志を、勇気と冷静さを、もちえなかった若き特攻兵もいたはずだ。そして、かれらもまた、戦争の重たい事実のなかから生み出された兵士たちだ。白旗を掲げてアメリカ兵をだまし討ちしたカイバアンの兵士や、だまし討ちの話を聞いて「うまくやりよったな」と呟く元兵士たちも、同じく戦争のなかから生み出された兵士たちだ。

そして、「われわれの希望」だと素直にはいいえないそういう兵士についても、かれらが戦場に駆り出され、戦いに斃れた兵士である以上、その霊は慰められねばならなかった。そういうものとして大岡は『レイテ戦記』を書こうとしていた。

戦死した無名の兵士たちへの共感と共苦が小説家・大岡に、レイテ島での具体的な戦闘の一つ一つへと凝視をせまり、そこに浮かび上がる戦争の実相を正確に綿密に記述することが死んだ兵士の霊を慰める行為だと大岡が思い定めた経緯についてはすでに述べた。そして、それにたいし、事実の正確・綿密な記述と慰霊行為はそう簡単に重なり合いはしないのではないか、という疑問をわたしはあえて提示した。

死んだ兵士たちの霊を慰めるという行為は、たしかに、大岡の体験と思想に深く根ざした試みだ。市民として、また兵士として軍国主義一色の時代にも戦争に違和感をもち、戦場では「生きて虜囚の辱《はずかし》めを受けず」の戦陣訓を外れて捕虜の身となった大岡が、戦争が終わって時が経ち、過ぐる戦争で悲惨・無情・非運の死に追いやられた兵士たちを思いやるとき、かれらの霊を慰めたいと思うのはいかにも自然な心の動きだ。そして、自分がその近くに従軍したレイテ島での日米両軍の戦闘を事実の列《つら》なりとして書き記そうと思い立ったとき、その記述が死んだ日本兵のみならず、死んだアメリカ兵の、またフィリピン兵の霊をも慰めるものになるかもしれない、なってほしい、と思うのも、これまた自然な心の動きだといえる。

かくて、日米軍事当局の公刊戦史を始めとする厖大な記録、報告、調書、手記、日誌、回想記を読みこみ、「事実と判断したものを、出来るだけ詳しく書く」作業が始まる。

だが、事実を書くことと死者の霊を慰めることとはやはり二つのちがった事柄だ。さきに引用した白旗を掲げただまし討ちの事例にしても神風特攻の事例にしても、事実を追求し探り当てることがそのまま慰霊の行為だとは言えそうにない。文をつづる大岡が書き泥《なず》んだり主観的な感想を差しはさんだりするのも、事実を素直に受け容れられない苦悩を示していよう。

が、苦渋をかかえつつ、大岡は筆を投げ出すことなく、日本軍の潰滅的な敗北に至るまでの戦争の経緯を事実の列なりとして書き切った。そこには、書くことによって事実をことばに定着する、という作家本来の情熱が消えることなく働いていたと思う。書くことが慰霊の行為だという信念が大きくゆらぐことはなかったろうが、一つ一つの事実に真摯に冷静に立ちむかい、見えてきた実相を簡潔・正確・明晰なことばに定着していくという作家としての情熱は、慰霊の心情を超えるものがあった。慰霊というなら、作家としての情熱に駆られて書き記した総体が無数の人間の行為のありのままの集積として死者の霊の慰めになれば、と大岡は願っていたように思われる。

さきにわたしは『レイテ戦記』に記される事実の重たさを言ったが、戦闘の記述はどこまで行っても重たさが減ずることはない。そのことからしても、死んだ兵士たちは、そして生きて帰還した兵士たちも、だれもかれもが不運であり、不幸であり、悲惨だった。その不運、不幸、悲惨を大岡は詳しく丁寧に書き記す。以下に引用するのは、小説中もっとも戦闘の激しかったフィリピン北部のリモン峠の戦いの一節である。

〇七〇〇〔午前七時〕F中隊とL中隊〔どちらも米軍の中隊〕は北尾根の東側斜面の壕から躍り出し、雨の中を斜面を攀《よ》じはじめた。風は強かったが、降雨は途切れがちだったので火焔放射器は有効だった。たちまち萱を乾かし、燃え上らせることが出来た。蛸壺から飛び出す日本兵は焼き殺された。北尾根全体が火と煙で蔽《おお》われ、飛び立った鳥の群が、嵐の中をカリガラ湾の方へ流されて行った。

日本兵も草にガソリンをぶっかけて火を放った、と米側ではいっている。火は絶えず方向を変える風によって、あるいは日本軍の方へ、あるいは米軍の方へ向った。狂ったように斜面を駈け廻った。

草の中に倒れた負傷者は火から逃れようともがいていた。生きながら焼かれる日米の兵士の叫び声、尾根全体に燃え上る音は、機関銃の音より高かった。

壕の中にうずくまって火が頭の上を通りすぎるのを待っていた日本兵は、激しい息遣いを近くに聞いて、首を出して見た。真赤な顔をした兵士が匍《は》って通りすぎるところだった。声をかけたが聞えないらしく、はあはあ息をしながら、両手で焼けた萱の根をつかんで匍って行った。腰から下も真赤だった。腿から下に脚はなかった。

どこにも行くところはなかった。七十までも生きられるかも知れない命が、たった二十五でおしまいになってしまう、という胸がつぶれるような思いに若い兵士は圧倒されていた。雨と火のあとから、米兵が進んで来、通りすぎて行った。しかしほかに行くところはないのだから、日本兵はそのまま蛸壺の中に残って、狙撃兵となった。そして結局焼き殺された。日本軍が以後この方面を「禿山」と呼んだのは、この日草がきれいに焼き払われたからであった。

（大岡昇平『レイテ戦記（二）』中公文庫、二〇一八年、九二—九三ページ）


虫けらのような死、ということばが思い浮かぶ。兵士は虫けらではないし、大岡も虫けらだと思って書いているわけではないが、悲惨の極みでなすすべなく死んでいく兵士のすがたがそんな連想を呼ぶのだ。

日米両軍が激烈な攻防を演じたレイテ島山中の戦闘の記録を数多く読みながら、自分なりの戦いのイメージを構想し、それを明晰かつ正確なことばに定着しようとする。戦いの陰惨さを思い、死に行く兵士の苦渋と悲哀と無念を思えば、一再ならず筆も鈍ったであろうが、戦争の真実にせまろうと思えば気持ちを揮い立たせて前へと進むほかはなかった。どんなに勇気のある忍耐強い兵士でも、また射撃に秀でた兵士でも、心優しい仲間思いの兵士でも、まわり一面の萱がすさまじい音を立てて狂ったように燃え上がるときには、虫けらのように焼かれて死ぬしかない。その情景を戦争の真実として書き記すことこそが作家の使命だとの思いは、『レイテ戦記』構想の当初からあったろうが、レイテ島上の各所に戦闘が一つ、また一つと拡大していくにつれていよいよ強まっていったように思われる。戦場が移るたびごとに事実の重たさが読む者の心にのしかかり、戦争の非道と不条理の印象が濃くなることをもって、その証左の一つとすることができようか。

戦争の非道と不条理といえば、「生きて虜囚の辱《はずかし》めを受けず」という戦陣訓に表明された日本の軍隊組織の、命を軽んじる非人間性は、『レイテ戦記』執筆中も大岡を悩ましてやまぬ事柄だった。

以下に引用するのは、すぐ前の引用が戦闘の悲惨・酷薄を記述するものだったのにたいして、すでに戦闘能力を失った敗残兵の悲惨・酷薄をいうものだが、逃げまどいながらいつしか死んでいく兵士たちの惨状は、捕虜になることを恥とする軍事至上の集団倫理に遠くつながるものだった。

〔日本軍十六師団は〕米軍〔のレイテ〕上陸以来五〇日、補給を受けることなく山中に立て籠った後に、一つの作戦に従軍した兵である。幕僚、中隊長も殆んど戦死し、師団長牧野四郎中将以下みなマラリア、熱帯性潰瘍、下痢、栄養失調に悩んでいた。既述のように十六師団には正規の転進命令は出ず、各自ばらばらに転進に移ったので、その状況は一層悲惨であった。兵の大部分は小銃を持たず、米哨戒《しょうかい》隊とゲリラに脅かされつつ、ダナオ湖の水と魚を求めて、脊梁《せきりょう》山脈中の道のない叢林《そうりん》中を北上したのである。

敗走の模様は、数少ない生還者の断片的な記憶にしか残っていない。山中到る所に白骨化した日本兵の死体があった。それを通路であることを示す道標として進んだという。靴も地下足袋も破れ、大抵の兵は裸足であった。小銃を持っている者も棄て、生きるための唯一の道具、飯盒《はんごう》だけ腰にぶら下げた姿になった。

病み疲れて、道傍にうずくまっている兵がいる。彼等は通りかかる兵に向って、黙って飯盒を差し出す。まったくの乞食の動作であった。

歩く力を残した兵士も飢え疲れていて、人に与えるものは持っていない。なにもくれはしないのを、乞食の方でも知っている。従って彼等はひと言も口をきかず、その眼にも光はない。ただ飢えが取らせる機械的な動作を繰り返すにすぎないのである。彼等は次第に死んで行った。

……

脊梁山脈中の谷間には、戦線離脱兵が到る所にいた。彼等は通りかかる輜重兵《しちょうへい》に〔米をくれと」頼んでも、部隊の形を取っていないから、米を渡して貰えない。そこで強奪し、あとで罪が発覚しないように殺してしまった、と信ぜられている。これらの若い輜重兵はもはや軍紀の通用しない山の中で、固苦しいことをいったので殺されたのであった。

（大岡昇平『レイテ戦記（三）』中公文庫、二〇一八年、二八九―二九一ページ）

あちこちに転がる自軍の兵士たちの白骨死体が敗残兵の逃走の道しるべになったという記述などを読むと思わず深い溜息が出る。別の箇所には、「米軍の戦死体収容は味方に関する限りほぼ完全で、米兵の死体を見た日本兵は少ない」（（四）九二ページ）といった記述もあって、死者への哀れみは深まる一方だ。そういう白骨死体を横目で見ながらあてのない逃避行を続ける兵士たちの心事を思いやると、かれらが固苦しいことをいう輜重兵を殺して米を奪う行為に出る道筋もどこまでかたどれる思いがしなくもない。大岡も追いつめられた兵士たちの悪辣《あくらつ》な殺人行為に憤りを抑えかねながら、これまた戦争のどう否定のしようもない局面として息苦しい思いを引きずりつつ筆を進めているように思える。レイテ島北部の戦闘では、非道の行為をあちこちに露出させつつ、胸のふたがるような陰惨な戦いが山中のいくつもの場所で展開し、むごたらしい死が次々と読む者の目に突きつけられる。

が、ほんの時折、黒と灰色の世界に光の射すことがある。兵士たちの勇敢な戦いぶりに大岡が称讃のことばを送る場面だ。凄惨な戦いのなかにも光を見出そうとする大岡の姿勢に留意するために、以下の引用をしておきたい。

隊長・原口豊二大尉の名を取って原口山と呼ばれた陣地での奮戦を顕彰する文章である。

原口山は師団最左翼の孤立した戦場で、細長い稜線を縦に攻めて行くので作戦の余地もなく、また絶対後退を許されない戦場であった。ただ大尉の弾力性のある指揮によって、優勢な敵を一五日支え、一時は二キロ押し戻すことが出来たのであった。

相手のクリフォード大隊は何度も書くように、米軍の右翼から迂曲して脆弱《ぜいじゃく》な補給線の先で孤立して戦った精鋭部隊である。十二月一日軍団長からのメッセージを受けた。「貴下及び貴部隊の奮戦は永久に記憶されるであろう。貴部隊はレイテ島の諸部隊の語り草になっている」

これはそのまま原口大隊にもあてはまる言葉である。十一月十九日、原口山の攻撃に赴いた時、原口大尉の表情に特に変化はなかったが、死を決していたはずだと、当時リモン南高地の情報署にいた土居参謀は観察している。

大尉は鹿児島県の生れ、幼時よい家庭にあって、古い孝行の美徳を守り、兄弟と争ったことがなかった。人当りもよく、大言壮語する当時の士官候補生とは全く違っていた。よく戦う将校がこの型に多いのは、中国戦線でも認められたことである。原口大隊の奮戦は、惨めな語り草の多いリモン峠の戦いの中の華といえる。

（大岡昇平『レイテ戦記（二）』中公文庫、二〇一八年、二九五―二九六ページ）

原口大隊の顕彰がアメリカのクリフォード大隊の顕彰に自然と結びつくところに、大岡の戦争に向き合うまなざしと思考の透明さと普遍性がよくあらわれている。同じ透明さと普遍性が『レイテ戦記』の最終章「三十　エピローグ」で、

しめてみれば歴史的なレイテ島の戦いの結果、一番ひどい目に会ったのはレイテ島に住むフィリピン人だったということが出来よう。

（大岡昇平『レイテ戦記（四）』中公文庫、二〇一八年、一八六ページ）

ということばを書かせたのでもあった。

心引かれるのは、雑誌連載後二年あまり経って『レイテ戦記』が単行本として刊行されるとき、その「あとがき」に次の文言が記されていることだ。

著者がこの本で実現しようとしたのは、いわゆる戦史ではない。レイテ島という限られた場所で演じられた一つの劇である。……結局は小説家である著者が見た大きな夢の集約である、ということはいっておきたいと思う。

（同右、二二一ページ）

すでに引用した（本書三〇〇ページ）「私が事実と判断したものを、出来るだけ詳しく書くつもり」という心構えと一見矛盾するかに見えるもの言いだ。が、二つながらに大岡の真意の表現と

取るべきだろう。

事実にせまろうと努力を重ね、これこそ事実だと思えることをことばにする。が、ことばになったものを読み返すと、そのまわりにはことばにならなかった事実が広く深くたゆたっている。となると、ことばになった事実は事実そのものというより、事実探求の途上で自分のことばがとらえた夢かもしれない。が、そうやって事実とことばをぶつけ合い、まとまりのある夢を紡いでいく以外に戦争を書く営みはなりたたないのではないか。戦争を文学として表現することは、事実に即《つ》くことと自分の大きな夢を集約することとが融和するような地点に向かって歩みを進めることではないのか。一見矛盾するかに見える大岡の二つの文言は戦争を書く小説家の困難を率直に表明したものに思える。

書き終わっても困難を克服したとの自覚は得にくかった。書き直しや書き足しはそのことと関係していよう。『レイテ戦記』完結後にレイテ戦について語る大岡のことばの多さに、戦争を考えることと戦争を書くことが未決の課題として残っていることが如実に示されている。

4 戦争の絵画（一）――丸木位里・俊《原爆の図》

アジア・太平洋戦争のさなか、国を挙げての戦意昂揚の勢いに乗って数多くの戦争画が描かれた。

戦争についての報道や表現は国家権力による厳しい監視と統制のもとに置かれていたから、絵を描くについても自由な表現が許されるはずはなく、戦意昂揚の絵画展はあちこちで催され、観客も集まったが、見るべき作品は少なかった。

敗戦後、戦争を主題とする絵画はほとんど描かれなかった。

戦争中から絵を描いていた丸木位里《いり》と俊《とし》は、戦争にたいしては批判的立場を取っていたから、思想統制なき敗戦後の時代を貧しいながらに解放感をもって生き、新興の日本美術会や前衛美術会の会員として制作を続けていた。

一九四五年八月六日にアメリカ軍が広島に原爆を投下した。当時、浦和に住んでいた位里は、「新型爆弾」が落ちたと聞いてただちに実家のある郷里・広島に向かい、三日後に瓦礫の惨状を目撃した。それから一週間後に俊が広島の丸木家に着いた。原爆投下地点からやや離れた実家と近所の被災者の世話をしているうちに、俊が体調を崩し、二人は浦和に帰ってくる。戦争が終わったとはいえ、焼け野原での貧乏生活は苦しく、俊の体調は回復せず、二人は神奈川県の片瀬に転居した。

夫婦で画業に励む一軒家には画家志望の若者がぽつりぽつりと集まり、なかには泊まりこんだり住みこんだりする者も出てきた。二人は人体デッサンに力を入れ、モデル代を払えないことと て、若い画学生とともにたがいに裸体モデルになって腕を磨いた。

二人のあいだで「原爆の図」を描こうという話が出たのは片瀬に移って間もなくのことだった。俊は自伝『女絵かきの誕生』のなかでそのときのことをこう回顧している。

原爆の絵を描かねば、と思いたったのは、原爆が落されてから、なんと三年もたった雨の降る夏の夜のことでした。二人して、そうだ、と、どちらがいうともなく言って、ぞうっとして、よりそいました。（丸木俊『女絵かきの誕生』朝日新聞社、一九七七年、一二六ページ）

《原爆の図》に取り組むのに三年もかかったことを俊は悔いてもいるのだが、企画の困難さを思えば二人のあいだに取り組む意欲が湧いたことこそ偉とすべきだろう。原爆投下の惨劇はそれまでの空爆とは次元を異にし、人間の想像力をもってしては容易に追いつけないものであったし、占領軍の徹底した報道統制のもと、八月六日の現場写真を手に入れることすら困難だったのだから。「ぞうっとして、よりそ」った二人には取り組みの困難さが漠然と予感されてはいたのだろうが、予感が具体的現実となって目の前にあらわれたとき、俊と位里は表現者としての全存在を賭けて初志をつらぬかねばならなかった。

原爆の図を一つの場面に描き出す取り組みは、まず、位里と俊とのあいだの鍔《つば》ぜり合いを誘発する。絵の共同制作が絵をめぐる対決の様相を呈する。

同じ目的に向って話しあうのですが、描けば描くほど仕事の道は遠く、油断のならぬ大作に気がつくのでした。二人の持ちあわせている力の最大を、その頂点を持ちより、あわせていかねば、と思うのでした。相手の力を尊重し、自尊心を傷つけてはいけません。わたしたちは、お互いに批評をさけ、沈黙の時が多くなりました。緊張した日々が流れていきました。貧しいけれど、張りつめた弓のように、りんと音の鳴るような、そんな年月だったような気がします。　（同右、一二九ページ）

共同制作の熱気とむずかしさが伝わってくる文章だ。

画家とはなにより自分の思いを画面にたたきつけようとする表現者だ。が、共同制作となると、同じく自分の思いをもって画面に向かうもう一人の表現者が傍《かたわら》にいる。自分を通すことと相手への気遣いとの按配がむずかしい。うまく按配できなければ、関係が壊れ、共同制作はなりたたなくなってしまう。

しかも、主題が原爆の図像化だ。原爆の表現としてなにをどう図像化するか。そこからして大問題だ。議論は紛糾したかもしれない。描かれた絵から推測すれば、二人は原爆で犠牲になった広島の老若男女を描こうと心に決めた。きのこ雲や原爆ドームの鉄骨が原爆の象徴とされる時代に、それとはまったくちがうイメージを世に問おうとしたのだ。絵の大きさも全一五部の一部一部が、縦一・八メートル、横七・二メートルという巨大さだ。第一部「幽霊」は麻紙《まし》に墨一色で描かれた日本画だが、幽霊のような裸体の男女が数多く群れをなし塊をなしてうごめく画面は、日本画か洋画かの区別を意に介さぬ迫力を備えている。

横長の絵は大きく左から右へと流れる群衆の動きを示している。ほとんど服をつけない数十人の――いや、一〇〇人を超えるかもしれぬ――人びとがふらふら、ゆらゆらとあてもなく足を運ぶ塊を背後にして、四人の人物が手前に個体としての形を保って描かれる。この四人も全裸に近い。左から三番目の、画面中央に位置する女性は色白で背が高く、見る者の目を引きつける。ただし顔の目鼻立ちははっきりしない。残りの三人も目鼻立ちはうまくつかめない。放射能の高熱で溶け崩れ、元の形を保てなくなったということか。背景の塊をなす群衆も顔の形は原形をとどめないものがほとんどだ。体の形はといえば、前方の四人は胸部のふくらみからして四人とも女性だと知られはするのだが。さらにいえば、左端の女性は下腹部が大きく張り出して妊婦なのだと知れる。

丸木位里・俊

原爆の恐るべきエネルギーによって衣服を溶かされ奪いとられ、顔も胴体も四肢もゆがめられ痛めつけられ、かろうじて命だけは残ってゆらゆらとうごめく群衆の足元に、安らかに眠る赤ん坊のすがたが描かれる。八つの折り目に即していうと、左から二つ目の区画のやや下よりだ。画面全体のおどろおどろしさに張り合う力はむろんないが、その存在に気づくとほっとする。見つめていると、赤ん坊は生きていけるのかどうか、疑問が湧く。絵に添えられた作者の短文「絵解き」にはこうある。「赤ん坊がたったひとりで、美しい膚

のあどけない顔でねむっていました。母の胸に守られて生き残ったのでしょうか。せめてこの赤ん坊だけでも、むっくり起きて生きていってほしいのです。」

おどろおどろしいと言っても、前景に四人の女性が配され、群衆のなかに赤ん坊の眠る、画面の左半分は人びとの動きに戸惑いとかうごめきと形容したくなるような静の雰囲気が広がる。たいする右半分は一転、激しく荒っぽい動の画面となる。動きは左右の二つに分かれ、左のほうは重なりもつれ合う十数人の全裸に近い男女が一つの塊となってだんご状に前のめりに動く勢いを示し、わずかの空間を隔てたその前方では五、六人のこれまた裸の男女が、墨で描かれた煙だろうか炎だろうか、そんなものの立ちこめる空間に向かって思い切って身を投げこむような、あるいは身もだえするような荒々しい動きを示している。異常の場面で異常なことが起こり、それが人びとの異常

丸木位里・俊《原爆の図　第一部　幽霊》［丸木美術館］

な動きを誘発したのだろうと推測はできるが、それ以上になにがどうなっているのかを言うのはむずかしい。

すでに述べたように、位里が広島に着いたのは原爆投下の三日後、俊はその一週間後のことだから、二人とも焼けただれた人びとが幽霊のように路上を徘徊する場面を見てはいない。見てはいなくても、それこそが原爆の悲惨さにもっともふさわしい場面だとして選びとったのだ。議論の上でそれなりに合意に達し、描きながら何度となく大きく、また小さく変更や修正の筆が加えられてしだいに形が出来上がっていったのだろうが、さきにいう画面の左半分の静と右半分の動との均衡や、右半分の意味を確定しにくい二種類の荒く激しい動きについて、二人はどうやってこれでよしという地点にたどり着いたのか。俊の回想には「相手の力を尊重し、自尊心を傷つけてはいけません」と共同制作への心構えが述べられるが、それと並んで、いやそれ以上に、筆を手に取って描きながら自分の原爆のイメージと相手のそれとを突き合わせ、共同のイメージというべきものを画面に定着させていくのは困難な作業だったにちがいない。

《原爆の図》はシリーズとしては第一五部まで続くが、出発点をなす「第一部　幽霊」は、原爆という古今未曽有の巨大な破壊兵器に打ちのめされ、それまで生きてきた基盤を——生きてきた時間と空間を——奪い去られ、茫然自失の体《てい》であてもなくうろつきまわり、また発作的行動に出、やがて死んでいく痛ましい犠牲のすがたを表現したものということができる。安らかに眠る「赤ん坊だけでも……生きていってほしい」という絵解きの文言からしても、画中の群衆が間近に死を運命づけられていることが知られるが、横長の大画面を前にして、目を近づけて人物一人一人を具《つぶさ》に観察しても、身を退いて全体を視野におさめても、そこにいるだれもかれもが死に向かって歩んでいると思えて、運命の苛酷さに胸を塞がれる。共同制作に邁進する位里と俊にとっては、絵と長く向き合うというだけで並ならぬエネルギーを必要としたにちがいない。

《原爆の図》の第二部は「火」と題される同じ横長の絵だ。共同制作のありさまについてやや具体的に俊はこう記している。

紙を巻いたりのばしたり、台の上にあがって描いたり、またおりて描いたり、台所に走ってご飯を炊いたり、掃除をしながら考えたりしました。位里は墨をすり、朱を流し、乾かし、また墨を流し、わたしが描き、描きすぎたといって水で洗い、そしてまた描き、片瀬の山小屋に、ひとしきり緊張の日々がつづきました。一部の「幽霊」は麻紙《まし》に墨一色で描いたから二部の「火」はとりのこ〔鳥の子紙〕に墨と朱をつかいました。〔同右、一三一ページ〕

人物の形を描くのはおもに俊の仕事、墨で濃淡をつけたり、朱を流し水で洗うのは位里の仕事、といったふうな一往の任務分担はあったようだが、いざ絵筆を取れば納得の行く線や色や形や構図を求めて絵と格闘し、自分と格闘し、相手と格闘するのが現場のありようだったろう。

朱色の炎が全体を覆うのが第一部との大きなちがいだ。火炎は日本画では《地獄草紙》などでよく用いられてきたものだが、この絵では朱色が加わることによって絵が活気のあるものとなっている。朱の火炎に張り合うように、墨で描かれる裸体群像も画面の全体に広く散らばっているが、一人一人の輪郭がはっきりし、体の動きが活発になっているのは、それもまた火炎との兼ね合いを考えてのことなのだろうか。死が間近にせまっていることは「第一部　幽霊」の群像と変わらないが、画面に表現された運動感の大きさが、運命に打ちのめされ押しつぶされる人びとの、死への抗《あらが》いの気力を感じさせるのも確かだ。死を免れる術はないにせよ、人びとは茫然自失の状態をぬけ出して、わずかながらも自分を取りもどしつつあるといえばいえるだろうか。作者の丸木夫妻にも、運命に打ちのめされた犠牲者の群像にどんなにかすかでも生命の光をともすことは、この上なく大切なこととして感じられていたにちがいなく、その思いこそが共同制作の続行を促す大きな力だった。画面に朱の火炎を配したり、左から右へと流れる動きを右から左への

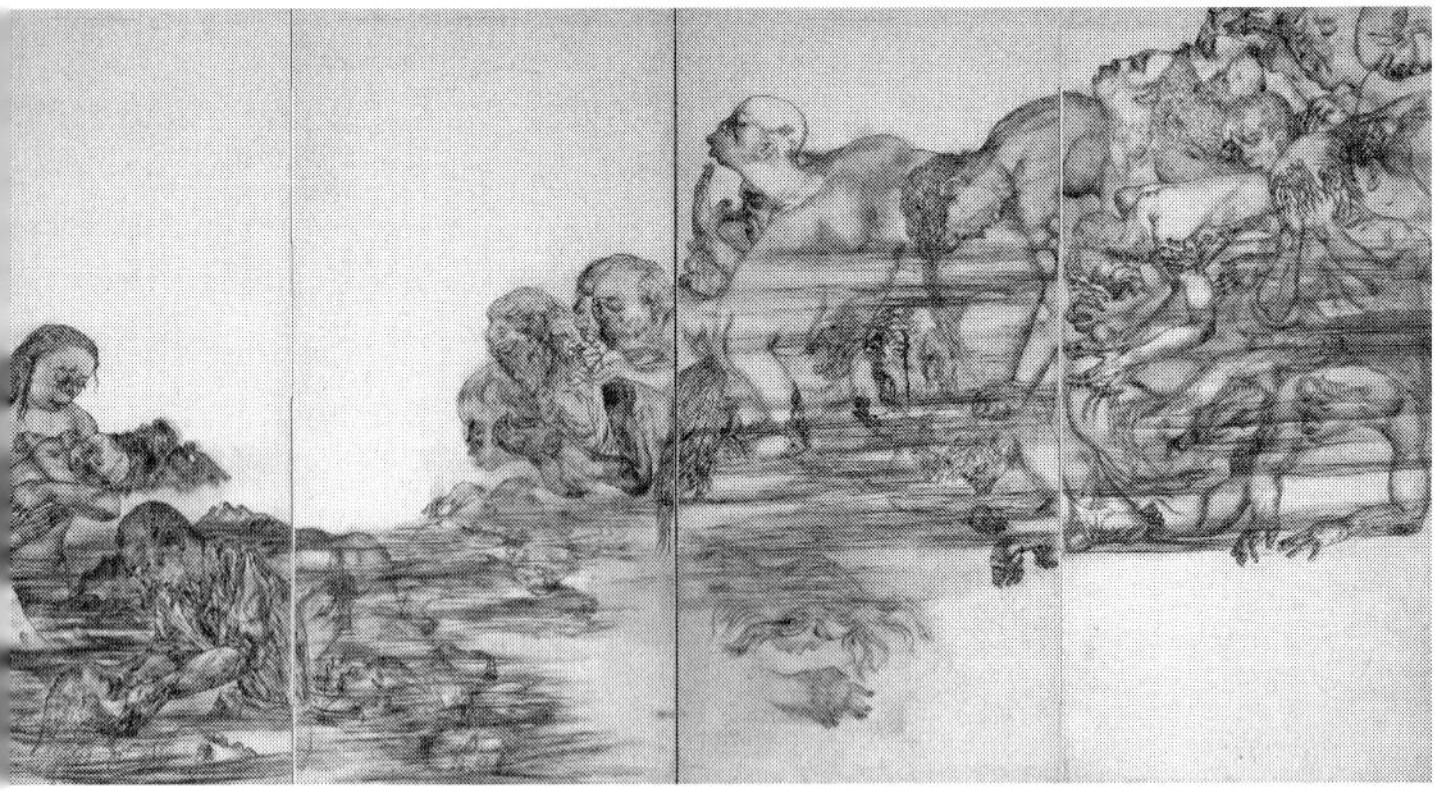

動きに変えるといった試みも、そこに「第一部　幽霊」の痛ましい受動性を脱却するという思いがこめられていたのかもしれない。

鳥の子紙に対象を定着するに当たっては、人物の不自然な体の屈曲やねじれを表現するべく、若い画家仲間たちとたがいに裸体モデルになってデッサンを重ねた成果が生きていようし、火炎についても細かく見ていくと、伝統的な様式を人物の動きに合わせてうまくあしらうというだけでなく、火勢に変化をつけるべく炎に幾種類もの肥《ひ》瘦《そう》・濃淡の変化をつけ、ときに滲《にじ》みの効果が活用されたりもしている。

「幽霊」「火」と来て、次が「第三部　水」だ。画面全体の構成に十分に意の用いられた絵だ。屏風立ちに即して言うと、左の二曲と、中央の四曲と、右の二曲の三部分に分かれる構成で、二ヵ所の継ぎ目はつながりの不整合がいやでも目にとまる。《原爆の図》は、北は北海道から南は九州に

丸木位里・俊《原爆の図　第三部　水》［丸木美術館］

至る全国各地で巡回展が催され、さらに海外でもいくつもの地で展示されているから、移動の途中で絵に故障が生じることもあっただろう。

構成上、強く目を引くのは中央四曲の上半分がなにも描かれない空白の部分となっていることだ。「第一部　幽霊」には左下、中央やや右上、右端の三ヵ所に空白があるが、右上と右端の空白は周辺の人間の動きがいまにもなだれこみそうだし、「第二部　火」は一面に墨と朱が塗られて空白はほとんどない。で、この二作を見たあとに「第三部　水」の前に立つと、むごくはあってもふわーと風が吹きぬけるようでもあって、気分が多少とも軽くなる。中央四曲の広い空白ゆえに、画家二人が距離を取って状況を眺めわたしていることが感じられ、見るほうもやや落ち着いて絵に対峙することができる。

中央の大きな空白もそうだが、画面の中央から右にかけて川が描かれ、そこが白の勝った場景となっていることが前二作に比べて絵を明るく軽いものにしている。明暗の対比は作者にも強く意識されていて、左二曲に描かれる何十体と積み上げられた死体の山が黒々とした塊をなしているのにたいし、川中と川辺に横たわる死体や、水を求めて川にやってきて息絶えた死体の群れは白っぽく色づけされている。原爆投下の惨状を絵に表現する、という思想的モチーフを堅持しつつ、絵として内容ゆたかな、魅力的な形式の作品にするという意図が強く働いている。経験の蓄積が生んだ余裕ともいえようか。

もう一つ、水が画題になったことで絵と生命とのつながりがいま少しよく見えるようになったことを言っておかねばならない。原爆投下の現地にあっては熱や煙や火は人間を死へと追いやる有害で悪質な自然力だが、水はそうではない。予想だにしない熱エネルギーを浴びて死へと追いやられた人びとが、必死になって求めるのが水だ。画面の右三分の一ほどに塊をなす人びとの群れは、水を求めて川辺までやってきてこと切れた哀れな男女だが、見ようによってはその顔に、その肢体に、なんとか生きようとする意欲を読みとることができる。川のなかに横たわる四つ五つの死体も、場所が川だけに安らぎらしきものを見てとれなくはない。そして、そういうかすかな生命への思いに囲まれるようにして、目立つというほどではないが、絵のほぼ真ん中に母子像が描かれる。

「第一部　幽霊」に付された「絵解き」の一節をさきに引用したが、ここでは「水」に付された「絵解き」の一節をもとに考えを進めたい。

傷ついた母と子は、川をつたって逃げました。水の深みに落ち込んだり、あわてて浅瀬へのぼり、走り、炎が川をつつんであれ狂う中を水に頭を冷やしながら、のがれのがれて、ようやくここまできたのです。乳をのませようとしてはじめて、わが子のこときれているのを知ったのです。二十世紀の母子像。傷ついた母が死んだ子を抱いている。絶望の母子像ではないでしょうか。母子像というのは、希望の母と子でなければならないはずです。

（丸木位里・俊『鎮魂の道——原爆・水俣・沖縄』岩波グラフィックス、一九八四年、七六ページ）

引用の前半は画家の脳裡のイメージをことばにしたもので、画面にはあらわれない。画面に描かれるのは水につかって母が赤ん坊を抱く静かな像だ。赤ん坊は眠るように死に、母親は悲しみをこらえて死顔を見つめている。幼な子を抱きしめるすがたは、遠く、中世ないし近代初頭の聖母子像に通じているが、まわりに広がる濃密な死の世界はこの母子像に清らかな聖性を見ることを許さない。「絵解き」にいうように「絶望の母子像」と見るほかない。

が、そう見てなお、この像には生の吐息のようなものがまつわりついている。母は痛みと苦しみと悲しみのなかで、胸に抱きしめた子どもとなんとか心を通わせようとしている。死へと追いやられながら、この世にとどまるわずかなあいだだけでもわが子を思い、わが子とともにありたいと願っている。子を見つめる母の顔は、悲しむことによって生きている顔だ。この母子像のすぐ右下に斜《なな》めに身を傾けた着衣の男性がやや濃い墨で描かれるが、この男性もおそらく肉親のだれかの首を両手にかかえて悲しみに沈んでいる。それに気づくと、絵のその部分には生の温もりが広がるように感じられる。

そういう生の温もりと対照的なのが左二曲の、死体が密集状態で次々と積み上げられた山のような塊だ。死んでやや時間の経つ死体らしく、こんなふうに片づけられたのだと思うと痛ましさが募《つの》る。どう見ていいものか、心が落ち着かない。絵に近づいて細部を追っても、身を退いて一つのまとまりとして見ても、人の死に——しかも無辜《むこ》の死に——きちんと向き合っている気がしない。すぐ前に述べた母子の心の通い合いや肉親の情愛を表現した場面との対比で、こういう冷厳な死にも表現としての価値があたえられると思えなくないが、対象となるのが死であるだけに見る者の屈託は深まるばかりだ。色の配合としては、左端の濃い黒の塊が、中央上部の白の空白や右下の水面の淡灰色と絶妙の対照をなしているのだが。

以上見てきた三部作は一九五〇年に仕上げられ、以下、五一年に「第四部　虹」「第五部　少年少女」と続き、さらに年とともに作がふえ、最終的に「第一五部　長崎」（八二年）をもって《原爆の図》は完結する。位里・俊の当初の思いを大きく踏み越えて共同制作が続行されたわけだが、制作続行を促し、絵の主題設定にも強く影響を及ぼしたものとして、日本各地で巡回展が催され、さらに海外の地でも巡回展が催されて話題を呼んだという展示方式が挙げられる。《原爆の図》の基本線は第三部までの絵の展開のうちに一往はたどれたとして、以下、巡回展が絵とどう交錯し、二人の作者をどう動かしたかを時代とのからまりのなかで見ておきたい。

巡回展の始まりは、五〇年八月の日本橋丸善画廊「原爆の図三部作完成記念展」（主催・平和を守る会）と考えられる。国際的に社会主義圏と資本主義圏の東西対立が強まり、六月には朝鮮戦争が起こり、七月には日本国内でレッド・パージが始まるという激動の時期だ。八月には占領軍司令官マッカーサーの指令にもとづき警察予備隊令が公布・施行され、再軍備への道が踏み固められるなか、《原爆の図》三部作の巡回展は原爆の凶暴さと戦争の惨禍を改めて人びとの心に呼びさます芸術的催しとして、反戦平和の世論を盛り上げる方向性を強くもつものとなった。位里・俊は政治色の強い画家ではなかったが、「幽霊」「火」「水」の三部作は想像を絶する破壊力の犠牲になった人びとの無残なすがたを巨大画面に力を尽くして真摯に誠実に図像化したものであって、となれば絵に向き合った人びとが反戦の思想に導かれるのは自然なことだった。しかも、原爆投下のもたらす残虐きわまる惨状については、その記事も映像も占領軍の監視のもとに厳重に秘匿されていたから、絵を見た人びとの驚きは大きかった。大袈裟に描きすぎている、グロテスクにすぎる、エロチックにすぎる、といった的外れと思える批評の声も小さくなかった。改めて原爆に向き合う、戦争に向き合う、という意味でも絵の衝撃は大きかった。主催者の統計によれば、五〇―五一年の各地での展覧会の延べ日数は二二三日、入場者数は六四万九〇〇〇人に達したという。

人びとに衝撃をあたえつつ日本各地をまわった巡回展は、同行した画家夫妻にも原爆とはなにか、戦争とはなにか、生とはなにか、死とはなにかを改めて問いかけるものだった。《原爆の図》を描くに当たっては資料に当たり、体験者の話に耳を傾け、たがいに議論を重ね、絵筆を取って線と色をぶつけ合いもした二人だったが、展示会場で目にする人びとのふるまいや耳にする会話と一人言は、ときに思いもかけぬ方向から絵に光を当てるものだった。絵のなかの死んだ赤ん坊を撫でさする母親、いつまでも目にハンカチを当てている娘、原爆はこんなものじゃない、もっともっとひどいと声を挙げる男性……。

位里と俊は絵の力の大きさと、しかもなお現実に張り合い切れぬという思いとをともども感じたにちがいない。やがて二人は——主として俊が——展示会場で絵を背にして「語り」なるものを始め、また、(わたしがこれまでその一部分を引用した)「絵解き」の短文を絵に付したりするが、それもこれも、見物客のふるまいやつぶやきに感銘を受けた画家の二人が、絵を踏まえつつ絵を超えたことばによる対話にも出ていこうとする姿勢を示すものだった。また、巡回展に多くの観客が集まったのを受けて五二年には『画集普及版 原爆の図』(青木文庫)が刊行され、その付録に位里・俊の「解説」が付される。そこにも、絵を媒介にして原爆について、戦争について普通の人びととことばを交わしたいという二人の思いが溢れている。見事なのは、絵が人びとにどう見られ受けとめられたか、自分たちがどう描いてきたか、これからどう描いていくか、という画家としての原点にしっかりと足を据えてことばが発せられていることだ。

『画集普及版 原爆の図』に、シリーズをなすこの絵について、

> 私たちは大衆が描かせた絵画を「原爆の図」と名づけました。
>
> (丸木位里・赤松俊子『画集普及版 原爆の図』青木文庫、一九五二年、一〇七ページ)

という文言がある。二人の思いを素直に表明したことばだ。ただし、「大衆が描かせた」と言

ってもかれらは大衆に迎合も追随もしなかった。時代にたいしても大衆にたいしても自由な自立した画家として向き合えたことがかれらの強さであり、《原爆の図》の強さだった。

5　戦争の絵画（二）――香月泰男「シベリア・シリーズ」

香《か》月《づき》泰男《やすお》は一九一一年、山口県の日本海沿いの町、大津郡（現・長門市）三隅町に生まれた。香月が四歳のとき両親が協議離婚し、独り子の香月は祖父母と叔父に育てられる。家を出ていた父・貞雄は二二年（泰男一一歳）に朝鮮で客死し、母・八千代は二五年（泰男一四歳）に再婚し、島根県津和野に嫁していく。

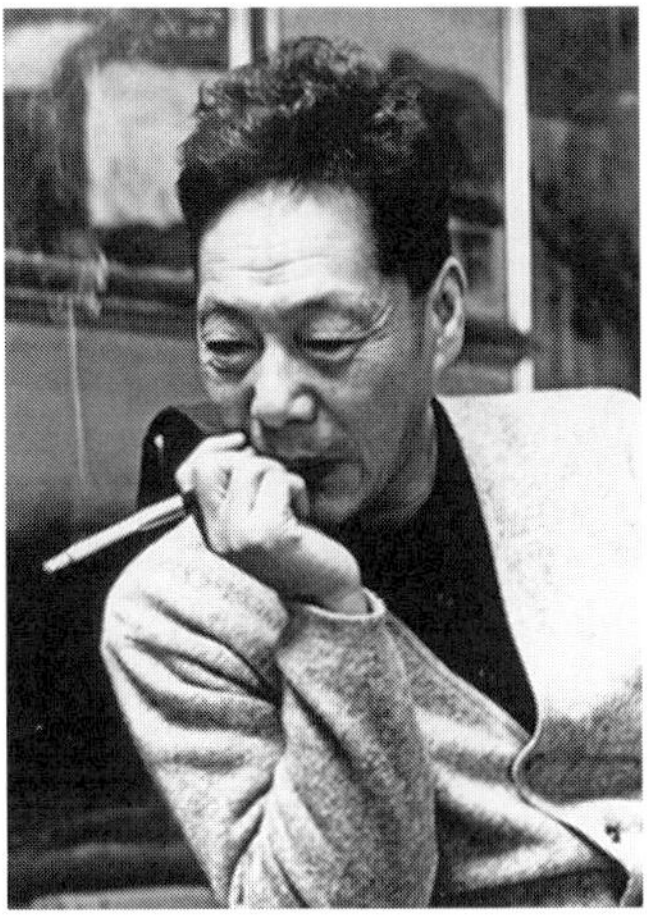
香月泰男

両親のいない寂しさもあってか、絵を描くことの好きな泰男少年は、小学校に入ったころには絵描きになると心に決め、中学四年のとき津和野の母に手紙を書いて油絵の道具一式を無心し、油絵を描き始めている。

三一年に東京美術学校西洋画科に入学。三六年、美術学校卒業とともに北海道庁立倶知安《くっちゃん》中学校に美術教師として赴任した。

三八年に山口県立下関高等女学校に転任し、藤家婦美子と結婚。絵画作品は国画会展や文展に入選を重ねた。

アジア・太平洋戦争が拡大するなか、四三年、教育召集兵として山口西部第四部隊に入隊。教育召集が本召集に切り替えられ、満州国ハイラル市の野戦貨物廠営繕課に配属された。

四五年八月一五日の日本敗戦ののち、満州に侵攻してきたソ連軍に拘束され、シベリアのセーヤ収容所に送られ、火力発電のための森林伐採作業に従事させられた。セーヤ収容所での半年あまりの強制労働ののち、コムナール収容所、チェルノゴルスク収容所での強制労働を経て四七年四月に帰国が決まり、四年五ヵ月にわたる軍隊生活、収容所生活を終え、ようやく故郷・三隅町の土を踏むことができた。

シベリアでの一年半ほどの収容所体験は、香月の私生活にとっても画業にとってもまことに重たいものであったが、戦争に行く前に郷里でこつこつと絵に勤《いそ》しんでいたころの画風からすれば、苛酷きわまる収容所体験は容易に手に負えるものではなかった。とはいえ、絵がなにより好きで絵を描くことこそおのれの使命と感じていた香月は、絵筆を捨てることができなかった。思うように絵の描けなかった軍隊生活と収容所生活から解放されると、水を得た魚のように身辺の風物を次々と描き、国内のみならず海外の展覧会にも出品した。キュビスムに学んだ、平面性重視の構図のもと、花や果物や台所用具や机・椅子や動物を画題とするものが多いが、なかに二点だけ、シベリアに取材したものが混じる。のちに「シベリア・シリーズ」と名づけられる連作全五七点の第一作と第二作に当たる《雨〈牛〉》と《埋葬》だ。

この二作は、しかし、黒と茶褐色を基調とする、暗く寂しいシリーズ後続の五五点とは趣きを異にする。《雨〈牛〉》は柔らかく暖かい茶色の平原に、左右に離れて蒙古犬と蒙古牛が濃いめの茶色で描かれる。その犬と牛をつなぐように下方に二本、上方に一本、切れ味のよい轍《わだち》の跡が真横に引かれ、その水たまりに雨後の虹が映っている。他方、《埋葬》のほうは、栄養失調と過労のため収容所で死んだ日本兵が頭部に白い布をかけられて地面に静かに横たわる絵だ。死者の足元には黒い影の人物が寄りそい、死者の下半身の毛布を整えている。左端に位置するこの男には不気味さがつきまとうが、絵の全体は白、茶、黄、緑の配合に落ち着きがある。右上端には蔓草《つるくさ》が死者の慰めになるかのように置かれ、絵にゆったりと詩情が流れている。亡くなった兵士への香月の鎮魂の思いが伝わってくる絵だ。

が、絵のその抒情性が香月には気に入らなかった。絵が出来上がったところで改めて眺め直してみる。自分の経験した満州の一場景、シベリアの一場景を、慣れた手法で心をこめて描いたつもりだったが、絵は経験を映し出してはいない。異国での経験は帰国後の郷里に見てとれる田園や花々や台所の穏やかな抒情性とは似ても似つかぬものだったのだ。――絵に描くことによって、そんなふうに戦争と収容所の経験が香月の内面にふつふつと湧き出てきたのではなかろうか。

《雨〈牛〉》と《埋葬》の二作が発表されたあと、四九年から五五年まで七年間、シベリアに取材した作品は一つも発表されていない。辛苦の経験をなんとか表現しようと身を削るような模索が続いていたにちがいない。

五六年の第三作《左官》以後、「シベリア・シリーズ」は暗晦・陰鬱な絵に大きく方向転換し、画家の死によってシリーズに終止符が打たれるまで基調を変えることなく五五点の連作が続く。戦争体験と収容所体験にたいするどのような思想上の深化が大転換をもたらしたのか。そこのところをまず五九年の作《北へ西へ》と《ダモイ》をもとに考えていきたい。

二作とも横長の画面にまだらな黒色と茶褐色が広がる暗い絵だ。イエローオーカーを薄く塗った上に、日本画の画材である方解末を混ぜたイエローオーカーが塗り重ねてあるため、画面がざらつき、色につやがない。それがシベリアで香月の経験した世界の感触のごときものだったようだ。ざらつく地塗りのその上に、木炭の粉を油で練り上げた黒の絵具をペインティングナイフでこすりつけ、顔や手や太陽や星や川や海を描くというのが香月の「シベリア様式」といわれるものだ。穏やかな明るい抒情を厳しく斥けて出来上がった画面だ。

《北へ西へ》では、くすんだ茶褐色の地の上に鉄格子のついた窓が描かれ、そこから八人ばかりの男の顔がのぞいている。窓のむこうには黒い空間が広がり、そこから浮き出るように、地よりも黒味を帯びた顔が描かれる。目は閉じられていて表情は読みにくい。うれしそうな顔でないのは確かなのだが。

画家の自筆解説文の一節を引く。

奉天を出発する貨車は、四方の窓が鉄格子で出来ていた。虜囚の貨車は、相変わらずぎゅう詰めの状態で、行方もわからず、来る日も来る日も北へ走りつづけた。……アムール河を渡り、シベリア鉄道に乗った翌朝、ふと見ると、太陽が列車の後方からのぼっている。我々は疑いもなく西に向かっている。

もはや完全に帰国の望みは断ち切られた。

（山口県立美術館監修『香月泰男シベリア画文集』中国新聞社、二〇〇四年、四六ページ）

香月泰男《北へ西へ》［山口県立美術館］

奉天からシベリアを行くにはまず北へ向かってどんどん行き、アムール川を越えたところで方向を変え、西に向かってさらにどんどん行く。絵の題名の《北へ西へ》は、香月をふくむ日本の兵士たちがシベリア行きと分かったときの失望と落胆を絵にする意図を示すものだ。自筆解説文にも「完全に帰国の望みは断ち切られた」との文言が見える。

しかし、列車の窓からのぞく兵士の顔は、失望と落胆の表情というには曖昧にすぎ、無表情にすぎる。悲しげな、寂しげな表情だとはいえようが、そうか、やっぱりシベリアに連れていかれるのかと分かったときの、沈みこむような心の動きを示してはいない。窓に見える八人の顔がどれもこれも似たような表情に描かれていることが曖昧さと無表情の印象を強める。集団が激しい心の動揺にさらされたとき、各人はそれぞれに独特の表情の変化を示すのではないかと思われたりもする。

同じ年に描かれたもう一つの作品《ダモイ》とこの絵とを並べて見ると、兵士の表情の曖昧さが画家のシベリア体験に深く根ざすものであったことがはっきりしてくる。「ダモイ」とは「帰国」を意味するロシア語だ。まずは絵に付された自筆解説文を全文引用する。

スコラーダモイ（帰国は近いぞ）。この言葉を何度聞かされたことだろう。その度に私たちは跳び上がって喜んだ。しかし、いつまで待ってもダモイは来ず、ぬか喜びに終わることばかりだった。しまいには、ロシア人のスコラー（もうすぐ）を信用しなくなった。そのうちにも、少しずつ、確実に、ダモイの気配が感じられるようになって来た。そしてある日、突然ダモイの通知が届いた。収容所の中は喜びのかん声がどよめいた。

翌日、厳重な所持品検査があった。私達は下着だけになって毛布にくるまり、所持品を前にならべ、フェルトの長靴をぬいで脇に置いて、おとなしく検査官の来るのを待った。その間にも、喜びと不安の入り交じった、複雑な気持ちがおそってくるのだった。

（同右、九六ページ）

絵は空間が茶褐色の上部と黒色の下部に大きく区切られ、下部の中央に長靴が、その右に毛布が、毛布から茶褐色の上部に突き出た、兵士一人の顔が描かれ、長靴の左にはロシア語で大きく「ダモイ」と書かれている。自筆解説文の第二段落を図像化したものだ。

自筆解説文によれば、失望と落胆の《北へ西へ》にたいしてこの絵の表情は「ダモイ（帰国）」の通知に接した囚人の「喜びと不安の入り交じった、複雑な気持ち」をあらわすが、実際には、《北へ西へ》の表情とまったく変わるところがない。額、眉、目、鼻、口、頬、顎の作りも同じだし、目をつぶって無表情に近いその表情も同じだ。そう思って、そのあとにくる絵をたどると、《穴掘人》《避難民》《渚〈ナホトカ〉》などに出てくる人びとも同じ表情をしている。これが、払っても払っても画家の脳裡に浮かび上がってくる、収容所生活を共にし死んでいった仲間たちの原像なのだ。無表情に近いその表情には、生と死が、そして恐怖と疲労と不安と悲しみが、さらにはわずかながら喜びや安らぎもがこめられていたにちがいない。

ざらつく暗鬱な黒と赤褐色の画面という表現様式と、生と死を包みこむ無表情に近い顔の表情という人物表現の基本が確立すると、シベリアの経験を絵にする作業は題材を変え、場面を変えつつ次々と進められていく。同時に、故郷の身近な風物をあしらった絵も描かれるが、それとこれとは容易に近づくことがない。

「シベリア・シリーズ」から顔のない絵を二点取り上げよう。いずれも六六年に描かれた、《凍河〈エニセイ〉》と《海〈ペーチカ〉冬》だ。

《凍河〈エニセイ〉》は赤褐色と黒色のまだらに入り混じる冬の原に白っぽく光る凍河が右に左

に大きく蛇行する殺風景な絵だ。が、その殺風景のさまがシベリアの冬の寒々しさを肌に感じさせて目が離せなくなる。ざらざらした赤褐色と黒色の絵肌が厳寒の冬の荒涼感をいやが上にも高めている。こんな風景のなかで日々を暮らしていれば、風景そのものによって生命を奪われていくかに思える。そういう意味でこの絵は無表情に近い表情の並ぶ兵士たちの絵によく照応するものということができる。これまた、画家のシベリア経験の核心をなす原像の一つということができるかもしれない。

もう一点の《海〈ペーチカ〉冬》は、珍しく室内の情景を描いたものだ。

四辺の細い縁取りに方解末を混ぜたイエローオーカーの赤褐色が残るほかは、画面の全体が木炭の粉を油で練った黒色に塗られ、その黒の闇のなかから嘱目の対象が浮かび出てくるといった絵だ。《凍河〈エニセイ〉》よりずっと暗い。

対象としては、真ん中にペーチカらしきものが置かれ、そのまわりに五対《つい》の手が左右さまざまに組み合わされてペーチカに向かって差し出され、左わきに一対の足の裏と、飯盒と、なにやら意味不明の対象が一つ。見ているうちに、暗い寒い部屋のなかで人びとが静かに寄りそっているさまが想像されてくる。自筆解説文にはこうある。

> 冬の日暮は早く、午後5時には真っ暗になった。電燈がないので、ススのひどい白樺の皮を燃やした。作業の疲れから口をきくのもしんどかったが、ペーチカをかこんで話すことといえば、きまって故郷の風物、食物、家族のことだった。手をさしのべてあたっているペー

チカの、表面のしみや凹凸が、地図に見えることがある。ここがシベリア、日本海、その向こうに横たわるのが日本、山口はあの辺になる。……　（同右、七二ページ）

絵では紙の地図が描きそえられ、一番手前の一対の手がその地図の右上と左下をつまんでいる。暗い画面のそこだけが妙に明るい。地図は幻想であろうが、集う人びとの想念を伝えて、切ない。ペーチカを囲んでの話が故郷の風物、食物、家族のことだったというのは、いかにもと思えるし、そのときペーチカのしみや凹凸が地図に見えてくるのも分かる気がする。厳寒の異国の収容所生活のなかで、この図は珍しくどこかほっとする気分を映し出した絵だということができる。手にもつ地図の周辺のほのかな明るさはその気分のあらわれとも見ることができようか。が、地図の明るさはやはり幻想の明るさだ。ペーチカに差しのべられた幾本もの現実の手は、収容所生活の暗さと苦しさを示すものとしてそこにある。

手は顔と並んで「シベリア・シリーズ」にはよく出てくる図柄だ。《北へ西へ》にも列車の鉄格子を握る三本の太い手が描かれていたが、ほかにも《穴掘人》《避難民》《アムール》《雪》《餓《うえ》》《復員〈タラップ〉》などに手が描かれる。何本かの手が形を変え、あちこちに不揃《ふぞろ》いに置かれていることが多い。手の持ち主がどこにどう置いたらいいか決めかねてなんとなくそこにある、といったふうな手だ。腕のない手だけがさまざまな形をしてそこにあるから、そこになんらかの思いがこめられていると思えるのだが、その思いがしかとつかめない。思いのつかめない手だけがぎこちなくそこにあることが、生きる人びとの孤独を感じさせる。なにかを言おうとしているのに、言おうとするなにかがつかめないとなると、そこにシベリアの寒さや収容所の不自由さが重ね合わされもする。無表情に近い顔の表情と比べると、手の位置、もののつかみかた、指の曲げかた、伸ばしかた、掌《てのひら》の丸めかたに変化の見られる手の動きは、表情があるとはいえるが、汚れたぎこちない手が暗闇のなかからそれだけ浮かび出て切なげになにかを訴えるといった構図は、行きつくところ、身体の疲労と精神の悲しみの底深い表現だといわねばならない。

「シベリア・シリーズ」は何度もこれで終わりにしようと思って描かれながら、描き終わると次に描くべきことが思い浮かぶというようにして香月の死まで描き継がれた。絵を通しての戦争と収容所生活の探求は、やむことがなかった。

晩年の作として《朕》（七〇年）と《渚〈ナホトカ〉》（七四年）を取り上げる。

まずは《朕》だが、「朕《ちん》」とは敗戦前まで天皇が自分のことを言うのに「朕《ちん》は……」というように使っていたことばだ。絵では縦長の画面の真ん中に「軍人勅諭」が置かれるが、「軍人勅諭」には「朕は汝等軍人の大元帥なるぞ」というように「朕」が使われていた。ちんという音の響きは日本語として滑稽味があって、実際わたし自身、敗戦後しばらくは子どもたちが戦時下「ちん」という音を茶化して遊んでいた実話をよく耳にしたが、公式の場で「朕」を茶化すことなど許されるはずもなく、「軍人勅諭」奉読の場ではすべての軍人が直立不動の姿勢でありがたいことばを拝聴しなければならなかった。

その「朕」に強い批判の意をこめて描いたのがこの絵だ。真ん中に置かれた勅諭の白いページは「朕」の字が所狭しと刻みこまれ、そのむこうにいくつもの軍人の顔が透《す》けて見える。勅諭のまわりの黒っぽい空間には例の無表情に近い顔が二〇ばかり並び、その外をイエローオーカーに方解末を混ぜた赤褐色の地肌が取りかこんでいる。自作解説文にはこうある。

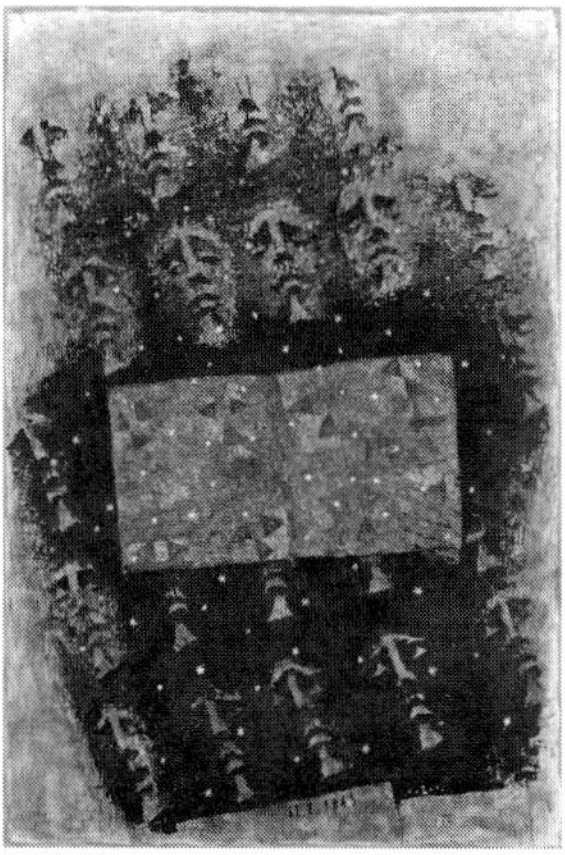

香月泰男《朕》［山口県立美術館］

人間が人間に命令服従を強請して、死に追いやることが許されるだろうか。民族のため、国家のため、朕のため、などと美名をでっちあげて……。

朕という名のもとに、尊い生命に軽重をつけ、兵隊たちの生死を羽毛の如く軽く扱った軍人勅諭なるものへの私憤を、描かずにはいられなかった。敗戦の年の紀元節の営庭は零下30度余り、小さな雪が結晶のまま、静かに目の前を光りながら落ちてゆく。兵隊たちは凍傷をおそれて、足踏みをしながら、古風で、もったいぶった言葉の羅列の終わるのを待った。

我国ノ軍隊ハ世々、天皇ノ統率シ給フ所ニソアル……朕ハ大元帥ナルソ、サレハ朕ハ……朕チ……朕……

朕の名のため、数多くの人間が命を失った。

（同右、三五ページ）

戦争での死者、収容所での死者を思うときの深い悲しみが、軍人勅諭の朕にたいする憤《いきどお》りにまっすぐ通じている。そこに香月の戦争批判の思想的な鋭さがある。その憤りを香月は自作解説文のなかで「私憤」と書いているが、戦後、「朕」ということばは忘れ去られ、天皇の戦争責任が正面切って問われることがなかったとしても、朕の名で多くの人間の命を奪った戦争体制への憤りは自分のなかに、そして多くの戦死者たちのなかに生きている、という確信が香月のうちにゆらぐことなくあった。「軍人勅諭」のまわりに並ぶ二〇あまりの顔はおなじみの無表情に近い表情の顔だが、この絵の思想性からすれば、そのうちの一つが香月自身の顔だと考えることになんの違和感もないように思えるのだ。香月が朕や国家について書くことはけっして多くはないが、戦争の体験者として、また収容所の体験者として朕や国家に思いが及ぶとき、朕や国家の非道を見すえるその目がくもることはなかった。

さて、「シベリア・シリーズ」の最終作《渚〈ナホトカ〉》だ。画面の上下に砂浜が描かれ、真ん中に黒々とした海が描かれる単純な構図の絵だ。ナホトカは日本海に面したソ連領の港だ。ここで船に乗ればまちがいなく日本に帰ることができる。

しかし、帰国の喜びなどがどこにも感じられることのない寂しい絵だ。よく見ると、黒い海にはおびただしい数の顔が浮かび、こちらを見ている。戦争で、またシベリアで死んだ無数の死者の顔だ。「海行かば水漬《みづ》く屍《かばね》」という歌の一節が思い浮かぶ。ようやく収容所生活から解放され帰国できる場面を描こうとカンバスに向かっても、画家はそこに死者の顔を次々と描かないではいられなかったのだ。それが戦争から、シベリア収容所から香月のもちかえった積もる思いの、底の底にあるものだった。自作解説文はこう綴られる。

1947年5月初旬、私達はナホトカの渚に下車、漸くたどり着いたと言えよう。ああ、この塩辛い水のつながる向こう岸に日本があるのかと舌でたしかめたものだ。私達は一晩砂浜で寝た。その時の情景を描いた積もりだが、何だか日本の土を踏むことなくシベリアの土になった人達の顔、顔を描いているような気がしてならぬ。20数年経った今の、単なる私の感傷であろうか。

（同右、一〇二ページ）

二十数年経ってなお死者の顔を描かないではいられない。その制作行為には「感傷」の甘さとは別種の、苦い思想性というべきものが核をなしていると思う。そして、「シベリア・シリーズ」は香月の死によって《渚〈ナホトカ〉》で終わったが、かれが生きていれば、まだまだ続いていたと思う。一作出来上がれば戦争についての、また収容所生活についての、自分の思いの一部が確実にそこに定着されるが、そのことが新たな疑念や記憶や探究心を呼びさます、――それが「シベリア・シリーズ」の制作のありかただったからだ。

香月の戦争批判、国家批判のことばとして、

わたしには家族がある。わたしは国より家族のほうが大切であると思う。

（香月泰男『画家のことば』新潮社、一九七四年、四七ページ）

という凛とした文言があるが、戦争と収容所の五年間以外は山口県の片田舎に暮らし続けたこの画家は、自分にとって苦しみと悲しみの経験であり続けた戦争と国家にたいし死ぬまでこだわらないではいられなかった。死者たちの不安と悲哀と絶望とはどこまでも画家を追いかけ、かかわりは完結に至らなかった。

一作ごとに戦争と抑留の暗黒面を映し出し、全体像を奥行きの深いものにしていく「シベリア・シリーズ」は、出来上がって半世紀近く経ついまも稀有の戦争画としてわたしたちの前にある。

第十六章

時代に抗する種々の表現

一九三一年九月一八日の柳条湖の満鉄線路の爆破（満州事変）に始まり、一九四五年八月一五日のポツダム宣言受諾による日本の全面敗北をもって終わった一四年にわたるアジア・太平洋戦争は、国外・国内の多くの地域に計り知れない殺戮と破壊をもたらす歴史上の大事件だった。敗戦を境に国の体制が大きく変わっていったのはこれまで見てきた通りだ。婦人参政権の賦与、財閥の解体、農地改革、治安維持法の廃止、天皇の神格化の否定、戦争指導者の公職追放、日本国憲法の制定、労働組合法の制定、教育基本法の制定、など、国家体制の基本的な骨組に大きな変更が加えられた。戦時の軍国主義体制から戦後の民主主義体制へと方向転換が図られたのだ。占領下の時代だったから方向転換はＧＨＱ（連合国軍総司令部）の指示によるところが大きかったが、長い戦争のなかで社会の疲弊と個人の生活の困窮に耐えてきた人びとは、殺戮と破壊のない体制ならばなんとかそこで生きたいと思い、生きていこうとしていた。そして、ＧＨＱの占領政策は、極東の危機として朝鮮の情勢が国際的に注目される以前は、日本の非武装・民主化を真剣に推し進めようとする意志が強く、そのかぎりで日本の民意にかなうものだった。

朝鮮戦争を境にＧＨＱは日本の非武装・民主化の路線から、東西冷戦下での同盟国として日本の再軍備を企図する方向へと転じる。「逆コース」の名で呼ばれる方向転換だ。

が、戦争の悲惨と苛酷さをいやというほど味わい、戦後も混乱と貧困のただなかで、しかしなんとか平和と自由と平等を希求し享受しつつ日々を生きてきた人びとにとって、再軍備の道は容易に受け容れられるものではなかった。政治ないし経済指導層のなかにはＧＨＱの方向転換に同調する勢力も小さくなかったが、反戦平和の体制を堅持し、民主化をさらに押し拡げようとする人びとの声も弱くはなかった。

戦争でだれよりひどい目に遭ったのは名もなき普通の人びとだったから、かれらのあいだには反戦ないし厭戦の気分が大きく広がっていた。聖戦の名のもとに召集令状一枚で否応なく戦場に送られ、軍律の厳しい軍隊生活を強いられ、戦闘場面ではたえず死の危険にさらされ、実際に戦死者、病死者、餓死者、負傷者が続出し、戦争末期には銃後の内地でも勤労動員に駆り出され、疎開で家族は離散し、空襲が始まると日に何千何万もの死傷者が出るという戦争の経験は、多くの人びとを戦争から遠ざけこそすれ、戦争のほうへと引き寄せるものではなかった。

名もなき普通の人びとだけではない。時代の動向を冷静に観察し、そこから解くにむずかしい問題を引き出し、それに思いを凝らし、自分に向かって、また他人に向かってその思いをことばに、あるいはイメージに表現しようとする知的な人びとのあいだでも、改めて反戦ないし厭戦の感覚が呼びさまされ、ともに人によってはその思想的意味や政治的意味に幅広く、また深く探りを入れようとした。以後、戦争と平和の問題は、時代状況の変化のなかで基軸と論点の移動をともないながら、社会のありかたと個人の生きかたにかかわる重要この上ない課題として人びとの関心を引き続けてきた。さらにいえば、戦争と平和の問題と密接に不可分の関係にある民主主義と権力支配、表現の自由と社会秩序の安定、個人の幸福と共同体の安寧、といった問題も、時代の移りゆきのなかでさまざまな形を取って突きつけられてきた。

以下、二〇世紀後半の、広く人間の生きかたにかかわる思想と文化の営みを目につくかぎりでいくつか見ていきたい。

1　堀田善衛と日高六郎

堀田《ほった》善衛《よしえ》は視野の広さにおいて日本でほかに類例を求めがたい作家だ。時間的な広がりにおいても空間的な広がりにおいてもかれの好奇心は自由に自在にのびていく。その作品は小説、評論、エッセイ、ルポルタージュと多岐にわたるが、どの作品を手にしてもそこに歴史の足音がはっきりと聞きとれるのは、その思索と想像力が時間の世界にも空間の世界にも広く縦横無礙に行き来するからだ。

多くの作品のなかから、好奇心が時間の軸を自在に行き来するエッセイとして一九七一年（作者五二歳）の『方丈記私記』を取り上げる。鴨長明の『方丈記』を論じつつ、長明の描いた平安末の激動の時代に、自身の生きた戦時下の時代を重ね合わせ、改めてアジア・太平洋戦争下の精神のありかたを問おうとした書物だ。

長明の生きた時代の悲惨を堀田は次のように要約する。

　長明の青春は惨憺たる時代におかれたものであったとは、言って過言ではない。はじめの火事騒ぎは、長明二十五歳の時、その次の大風は二十八歳の時、都遷りという政治的災禍の時は同じく二十八歳、大飢饉は二十九、三十歳の時、最後の三ヵ月にわたる連続大地震は、三十三歳の時である。この間の戦乱、群盗跋扈などの不安はさておくとしても、これらのすべては平安期という一つの大時代が地底から揺り動かされ、音をたて砂煙をまきたてて崩壊して行くことの、一つ一つの表徴なのでもあった。

（堀田善衛『方丈記私記』ちくま文庫、一九八八年、八三―八四ページ）

山奥の方丈（三メートル四方）の庵《いおり》に住み、「行く川の流れは絶えずして、しかももとの水にあらず」、人生もそれと同じですべてははかなく移り変わっていく、といった、そんな無常観を説く長明像を、長明の実像とはちがうとして遠きに置き、混乱と災厄の時代を不器用に誠実に生きた知的な人としてとらえ直そうとする姿勢の見てとれる文章だ。読むと時代の混乱に戸惑いつつ生きる知識人像が浮かび上がるが、読者としては時代が長明にそういう生きかたを強いたという一面に目を据えた上で、そのように生きた長明だからこそ時代の混乱と災厄がなおさらによく見えていたことをも見落としてはならないだろう。平安末と二〇世紀の戦時下を重ね合わせるようにして書かれたのが以下の引用文だ。

堀田善衛

戦争という厖大な事件は、その巨大なまでに空しい必然性のなかに、無限の偶然性を内包しており、人々がぶつかるその一つ一つの偶然性の総体が、その人、一人一人の場から見ての戦争そのものであったと言えるようなものなのであったかもしれない。そうして、その一つ一つの偶然性は、その人一人一人の生と死にかかわった。

（同右、一〇ページ）

「戦争という厖大な事件」から「一つ一つの偶然性」、「一人一人の生と死」に降りていこうとするのはいかにも文学的なもののとらえかただが、その一方、堀田善衛の場合、個別の偶然性や生と死から全体へと登りゆく思考の過程にも文学的な感性と想像力がゆたかに生きていた。その見事な例が、四五年三月一〇日の東京大空襲の一週間後に堀田の経験した個別・偶然の経験と、それに続く、何年何十年にわたる思索との粘り強い行き来であり、切っても切れない連なりだ。読みようによっては、平安末の激動と二〇世紀の大戦争を重ね合わせて論じるこのエッセイ自体が、その思索の連なりの一環をなすものともいえるのだ。

個別・偶然の経験は、三月一八日に堀田が知り合いの女性の安否を気づかって、江東区・深川の焼け跡を訪れたときに起こった。かれは不思議な光景を目にする。やや長いが、原文を省略なしに引用する。

焼け跡はすっかり整理されて、憲兵が四隅に立ち、高位のそれらしい警官のようなものも数を増し、背広に巻脚絆の文官のようなもの、国民服の役人らしいものもいて、ちょっとした人だかりがしていた。もとより憲兵などに近づくものではない。何事か、と遠くから私はうかがっていた。

九時すぎかと思われる頃に、おどろいたことに自動車、ほとんどが外車である乗用車の列が永代橋の方向からあらわれ、なかに小豆色の自動車がまじっていた。それは焼け跡とは、まったく、なんとも言えずなじまない光景であって、現実とはとても信じ難いものであった。これ以上の不調和な景色《けいしょく》はないと言い切ってよいほどに、生理的に不愉快なほどにも不調和な光景であった。焼け跡には、他人が通りがかると、時に狼のように光った眼でぎらりと睨みつける、生き残りの罹災者のほかには似合うものはないのである。乗用車の列が、サイドカーなども伴い、焼け跡に特有の砂埃りをまきあげてやって来る。

小豆色の、ぴかぴかと、上天気な朝日の光りを浴びて光る車のなかから、軍服に磨きたてられた長靴をはいた天皇が下りて来た。大きな勲章までつけていた。私が憲兵の眼をよけていた、なにかの工場跡であったらしいコンクリート塀のあたりから、二百メートルはなかったであろうと思われる距離。

私は瞬間に、身体が凍るような思いをした。

（同右、五八—五九ページ）

堀田善衛『方丈記私記』

一週間前の大空襲で一帯が火の海と化し、死者が一〇万人近くに及んだというその現場に天皇が登場する。そこだけきれいに掃き清められたところに乗用車の列がやってきて、小豆色の車から戦争の最高責任者たる天皇が軍服に磨きたての長靴を履き、大きな勲章までつけて降りてくるのだ。引用文に続く箇所には、焼け跡をほっくり返していた人たちが天皇の存在に気づくとその場に土下座し、涙を流しながら「私たちの努力が足りませんでしたので」「まことに申訳ない次第でございます」、と小声で呟く情景までが綴られている。

かれらには「身体が凍るような思い」はなく、堀田自身、そのことを明確に意識していた。とはいえ、「身体が凍るような思い」は以後、執拗に堀田につきまとい、堀田のほうにもその思いを掘り下げるところに戦争の経験を生かす本質的な道があり、作家としての使命があるとの確信が育っていった。「身体が凍るような思い」は、堀田の文学思想と、軍国ファシズム下の天皇制思想との火花を散らすぶつかり合いが生んだものだが、焼け跡に平然と立つ軍服・長靴・大勲章の男という不調和な図像は、堀田にとって、日本文化の根底と深くつながるものだった。

戦時中ほどにも、生者の現実は無視され、日本文化のみやびやかな伝統ばかりが本歌取り式に、ヒステリックに憧憬されていた時期は、他に類例がなかった。……危機の時代にあって、人が嚇ッと両眼を見開いて生者の現実を直視し、未来の展望に思いをこらすべき時に、神話に頼り、みやびやかで光栄ある伝統のことなどを言い出すのは、むしろ犯罪に近かった。天皇制というものの存続の根源は、……生者の現実を無視し、政治のもたらした災殃《さいおう》を人民は眼をパチクリさせられながら無理矢理に呑み下さされ、しかもなお伝統憧憬に吸いこまれたいという、われわれの文化の根本にあるものに根づいているのである。

（同右、二二一ページ）

引用はすでに多いが、堀田の歴史眼の特質を見る上で次の文章だけはぜひとも引いておきたい。「プラハの春」と呼ばれる六八年、チェコスロバキアの民主化運動のただなかに堀田がたまたま居合わせたときの感想文だ。読者としては、平安末と敗戦間近の日本とチェコ事件との三つを重ね合わせて読むことのできる文章だ。

歴史の転換期においては、つねに「古京はすでに荒（れ）て」いて、またつねに「新都はいまだ成」ってはいないのである。そうしてこの亀裂に、人々を浮雲の思いに放り出すところに、歴史そのものの無意味な姿が、歴史の実存そのもののかたちが現出するのである。歴史はそういうかたちでしか人々の眼前に現出することが出来ないのだ。人々が歴史の進行している、方向状況にどっぷりと首までつかっていることが出来る時ならば、歴史などに用はない。

（同右、一〇七ページ）

時間軸を自在に行き来する『方丈記私記』に続いて、空間の広がりを興にまかせて動きまわる『スペイン断章——歴史の感興——』に触れておきたい。

＊

六〇歳近くなって、知り合いなどいないスペイン北部の片田舎に住む、というところから話が始まる。この一事をもってしても、並ならぬ好奇心が堀田の心に渦巻いているのは明らかだ。旅はスペインの中央部を北から南へと移動していくが、どの地方、どの都市に滞在しても堀田は活発に動き、見、聞き、好奇心を満たさぬということがない。

車でフランスからスペインに入った最初の都市サン・セバスチャンで、バスの横腹に「バスク語を学ぼう！」と大書されているのを見て、早くも堀田の好奇心はいたく刺激される。フランコ独裁政権下ではバスク語は厳しく禁止されていたのに、いまは本屋をのぞくとバスク語による物理学や化学の辞書までが何冊も積み上げられていることに感銘を受ける。

民族の魔、というものがあると、私はつくづくと思うものだ。それは善意や利害などというものをとうに越えている。そういうものが存在するのである。かつてアルジェリアへ行ったときにも、人口千八百万しかないこの民族が百万人もの犠牲を払ってフランスと戦い、ついに独立と解放をかちえたことに、感動などというよりも、むしろ魂の底の方から揺さぶられるような思いをしたことがあった。大国アメリカと戦ったヴェトナムについても同じことが言えるであろう。

（堀田善衛『スペイン断章――歴史の感興――』岩波新書、一九七九年、五―六ページ）

ここでは、バスク、フランコ、アルジェリア、ベトナム、と好奇心は現代世界を経めぐるのだが、次の例では自分の滞在するスペインの小村からイギリスの古代遺跡へと飛んでいく。

村人に「ペニャ・トウ」を見に行けと勧められる。「ペニャ」は岩だが「トウ」が分からない。村人にも分からない。行ってみると、低い山の頂上に巨大な岩があって、その上にもう一つ巨大な岩が載せられている。わけの分からぬものだと思いつつ、見て満足して山を降り、村人にも「あれはよかった」と報告する。そして、内心こんなことを考える。かつてイギリス南部で巨石の並ぶストーン・ヘンジを見たときも自分は満足した。

> 人間は何をするか、如何なることをしでかしてくれるか、それを見、かつ知ることが私の目的である。
>
> わけがわからなくても、納得しがたくても一向にかまわないのである。そういうえたいの知れない感動と経験が自分のなかに積み重なってくれること、それだけで充分にして足りるのである。
>
> 「ペニャ・トウはよかった」

堀田善衛『スペイン断章』

と私は繰りかえした。それしか言い様がないのであり、かつそれで充分であろう。パコおじいさんも満足げににこにこしている。

（同右、一八ページ）


「わけがわからなくても、納得しがたくても一向にかまわない」と堀田は言う。もっと強く言えば、わけのわからぬもの、納得しがたいものにどうしても引かれる、ということであろう。それが堀田における好奇心の働きかただ。ペニャ・トウは異様なものとして目の前にある。これはなんだ、なんでこんなものが、といった思いがしきりにする。長く見つめていても疑問は解けそうにない。容易に解けないからこそその存在に意味があり、思考を重ねるに値する。思えば、『方丈記私記』も『スペイン断章』も次々と解きがたい疑問を提示しつつ話が進行していくのだ。

堀田は作家として疑問をことばに表現しようと努力するが、疑問は作家ならぬ普通の人びとがことばにならぬままに心に抱くものも少なくなかった。ペニャ・トウの分からなさもその一例といえよう。引用文中のパコ老人と堀田の満足感も疑問の共有とつながるかに思えなくないが、もしそうだとすれば、堀田の好奇心のありようは、未知の土地の名もない住民とかれの心を多少とも近づける力をもったといえるかもしれない。

そんなふうな異国の人びととの交流を交えつつ、北から南へのスペインの旅は続く。山が幾重にも連なる風土に接し、農業中心の、けっして豊かではない人びととの生活に接し、作家の好奇心と思索はここでも時間的・空間的に自在にのびていく。

そのなかから以下では、ポルトガルに隣接するやや南寄りのメデリン村の旅における堀田の重層的な思索のさまを見ていく。

メデリン村は、一六世紀に西インドに渡り、アステカ帝国を滅ぼしてメキシコを征服し、スペインの植民地とした武将エルナン・コルテスの生地だ。コルテスがアステカ帝国を滅ぼす際にインディオにたいして行なった、極悪非道、残忍無残、狂暴凶悪な仕打ちはドミニコ会士バルトロメー・デ・ラス・カサス師の『インディアスの破壊についての簡潔な報告』(岩波文庫)にくわしいが、その恐るべきメキシコ征服者を記念するものを見たい、と思って作家はメデリン村を訪れたのだった。あったのは銅像が一体、殺風景な広場に醜悪なすがたで立っているのと、その近くにかつてコルテスの家があったことを示す碑が立っているのと、ただそれだけだったという。

アステカ帝国を滅し去るほどの暴掠《ぼうりゃく》を行ない、計り知れないほど大量の金と銀をヨーロッパに運びこんだ希代《きたい》の大征服者の残影としてあるのが、醜悪な銅像と家のありかを示す碑だけだ、という事実は堀田を驚かすに十分だった。驚いてかれは考えこむ。「無もまた歴史の属性の一つであるか」と。


メデリン村の、荒れ果てて、風が吹いて来て赤い埃が舞い上ってコルテスの銅像に吹きかけている、その広場に立っていると、頭上の雲一つない虚無の青空同様に、言うにことばがなくなってしまう。

ここで歴史は一基の銅像だけであって、目に見えるものとしては無である。無もまた歴史の属性の一つであるか。

村人たちが、おそらくは総出で、広場の一隅を舗装すべく甲斐甲斐しく働いているのを見ていると、よそ者は早く立ち去るべきである、と思うにいたるのである。

だから、と言うのも妙な具合であるが、多くの人々が冒険と金を求めて出て行ってしまい、エストレマドゥラのみならずスペイン国全体は、新大陸の〝発見〟とその劫掠以後に、それ以前よりも一層貧しくなってしまったのである。

メデリン村は、私にとってヨーロッパのなかでももっとも理解に苦しむ場所である。

（同右、一一四ページ）

いまでもわたしたちはヨーロッパ先進諸国とか欧米先進諸国といったいいかたを普通にしている。そして、その先進性が新大陸の〝発見〟とそれに続く植民地の建設と劫掠を端緒とし、いまも続く途上国の収奪と搾取によって可能となったし、可能となっていることは、世界の近代史の土台をなす事柄といってよい。となると、コルテスのメキシコ征服は、十数年後の同じスペイン人ピサロのペルー征服と並んで、ヨーロッパによる強欲な植民地建設のもっとも早い例と見なすことができる。

そのスペインが、歴史に広く深い関心をもって現地を旅する作家の目に、国の全体が「新大陸の〝発見〟とその劫掠以後に、それ以前よりは一層貧しくなってしまった」と見える。目の前のメデリン村が「ヨーロッパのなかでももっとも理解に苦しむ場所」だという感懐は、もっともだと思える。

が、堀田の好奇心は理解に苦しむ場所に背を向けない。あえてなかに分け入ろうとする。ヨーロッパの植民地主義が、そしてその延長線上にある帝国主義が、西ヨーロッパのいくつかの国を先進国の地位に押し上げたのは確かだ。しかし、堀田にはそれが世界の人びとや国々の平和や幸福や安寧に役立ったとは思えない。先進国とはなりえなかったスペインのうちにかえって新たな可能性があるかもしれない、という考えを捨て切れない。

いずれにせよ、一六世紀以降の、いや、それよりはるか以前から世界の歴史がかかえこんだ近代化という難題には、考えても考えても明快な回答が提示できるものではなかった。そんなことは百も承知で堀田は考え続ける。好奇心を働かせ続ける。ドミニコ会士ラス・カサスの報告を長々と引用して、コルテスやピサロの、目を覆いたくなるような悪逆非道に近代史の暗闇を見すえる思索を重ねた。その締めくくりとして、堀田はこう書き記す。

私が思うのに、〔中南米やカリブ海地区の〝発見〟と征服についての〕最終的な判定は、メキシコが決してコルテスの記念像を作らせないという事実に見られるのではなかろうか。

（同右、一三一ページ）

ここにいう「メキシコ」は国家としてのメキシコではない。無数の人びとの集まりとしてのメキシコだ。歴史の正否・功罪は最終的に無名の人びとの判定に委《ゆだ》ねられるべきだと堀田はいうのだ。

メデリン村の広場でも堀田は甲斐甲斐しく働く村人のすがたにある種の安心感を覚えていた。ここにいうメキシコ人にも同じ安心感を覚えているように思える。その安心感は、そういう名もなき人びとの日常のふるまいが歴史の土台をなす、という堀田の文学思想に通じていると思う。そして、その文学思想は読者の信頼を呼ぶに足るものであると思う。

＊　＊　＊

堀田善衛が時間的・空間的に視野を大きく広げ、人間という生きものの奇怪さ、ふしぎさ、賢さ、愚かさ、美しさ、醜さに興味をそそられてやまぬもの書きだったとすれば、以下に取り上げる日高六郎はとくに八〇年刊行の『戦後思想を考える』（岩波新書）以降、自分の目の前にある身近な具体的な事実にこだわり、その意味を自分がかつて体験した、これまた身近な具体的事実と対比しつつ思考するもの書きだったということができる。その思考方法は戦争と平和を考える際の日高の議論に独特の視点を用意するものとなった。

『戦後思想を考える』の底に流れるのは、五〇年代後半に始まり六〇年代、七〇年代にまで続く高度経済成長にたいする根深い違和感、疑問、批判である。戦後の貧困と混乱のなかで人びとは身を粉にして働き、少しでも豊かな楽な暮らしを手に入れようとした。とともに、自分たちが積極的に、あるいは消極的に翼賛し協力した無謀な戦争と軍国体制への反省から、平和と民主主義の実現に向かって努力を重ねてもきた。そして、そういう多面的な願いや努力の結果として、六〇年代に高度経済成長の名で呼ばれる流れが目に見える形を取ってあらわれ、多くの人が生活水準の向上を実感できるようになった。

が、平和と民主主義への願いと努力はどうなったのか。

生活水準の向上とともに平和と民主主義への願いと努力もいっそう大きく実を結び、強固なものになったとはいえないのが、六〇年代以降の日本社会のありさまだった。反戦平和の声はけっして小さくはなかったものの、自民党政権の再軍備やアメリカ軍への基地提供を阻止することはできなかったし、民主主義に逆行する差別や不平等や人権侵害はいまだ社会に根強く残っている。のちに見るように、アジア・太平洋戦争の時代に日本の侵略主義と軍国主義にたいし強固な反対意思をもって青年時代を過ごした日高は、高度経済成長下において人びとが政治・社会状況への広い関心を失い、私生活の快適さに埋没していくありさまに並ならぬ違和感と危機意識をもった。こういう受身の生活のなかでわたしたちは権力者の敷いたレールに乗せられていくのではないのか、と。

日高はそういうことを声高に言う論者ではないが、たとえば、戦前・戦中に自分の暮らした中国の青島《チンタオ》市での日本人の日常を回顧した次のようなことばがある。

日高六郎

個人の日常生活、そのなかでの生活態度や姿勢が、じつは戦争そのものの遠因となり、戦争をはじめさせ、戦争を支える力の一部となっているということだ。たとえば、戦前・戦中、中国にわたった日本人のひとりびとりが中国人に対してどのような姿勢で接触していたのか、家庭で使っている中国人をどう待遇したのか。そうしたことは、けっして戦争と無関係だったとはいえない。もちろん、戦争をはじめたのは大日本帝国政府であった。それを動かしたのは、軍部であり、官僚であり、財閥であり、右翼であった。しかし、一般庶民もまたその日常生活のなかで、戦争の種を温存し、育てていなかったとはいえない。個人の生活の日常性を破壊するものとしてだけ戦争を考えるのではなく、戦争の種のある部分を育てたものとして、人びとの日常性がある。

（日高六郎『戦後思想を考える』岩波新書、一九八〇年、三三―三四ページ）

こうした日常性のとらえかたは、気楽に、安易になりたっているかに見える日常にきちんと向き合うこと、そしてそこでの生活と意識を冷静に粘り強く立て直していくことこそが大切だという認識を導き出す。そのころ京都の大学で教えていた日高は、その認識をもって教壇に立つ。

私は、学生たちに目先の政治論議などしない。非政治的と見える日常の生活の全体が、もっとも政治的となっていることが、現代社会の特徴であると考えるから。私は、大半はまったく非政治的な学生たちに、生活の場のなかで機械人形であることはつまらないということ

を話す。生活と意識のつくりかえは、いま私たちにとって、とくに肝心な問題だと思うから。（同右、二五ページ）

『戦後思想を考える』の刊行された八〇年は高度経済成長の時代は終わっていたが、いまだ年率四〜五％の成長は続いていて、日常生活の全体が政治的だという見かたに妥当性があった。上からの管理が強まり、庶民が機械人形的な生きかたを強いられる場面は少なくなかった。「生活と意識のつくりかえ」こそが肝心だという日高の時代認識は的を射てはいたが、課題の実現は恐ろしく困難だった。日高の思想的力量をもってすれば、目先の政治論議を避け、人びとの日常のうちに潜在する政治的な力をことばにすることは可能だったろうが、それが若い学生たちの胸にとどいたかどうか、日高自身が疑問に思う場面も少なくなかったにちがいない。

思想の交流のむずかしさを痛感しつつ、時代にたいする日高の抵抗と批判は静かに執拗に続く。抵抗し批判すべき日常とは自分をも他人をもともども包みこむような日常だ。だとすれば、日常からの解放は自分と他人をともども解放するような、もう少し丁寧にいえば、自分が解放されることによって他人が解放され、他人が解放されることによって自分が解放されるような、そんな解放でなければならなかった。そこで日高は自立と連帯ということを考える。

それ〔分権の思想〕は、けっして地方分権とか地域主義とかの次元にとどまらない。それは最後には、ひとりびとりの人間の「自立」の次元にまで下降する。しかし、その「自立」

は反転して「連帯」へ向かう。人間はひとりで生きることはできない。その「連帯」の初発の形は、労働者の団結というよりもっと小さな、家族あるいは友人あるいは隣人とのコンミユーンであろう。労働者の「団結」だけを重視して、そうした小さな「連帯」を無視してはなるまい。

（同右、一二〇―一二一ページ）

自立、連帯、コンミューン、といったやや格式張った思想語が使われているが、文にこめられているのはありふれた日常の世界に静かに降りていきたいという切実な思いだ。個が自立し、自立した個が連帯し、ささやかなコンミューンをなすところに日常世界の原点を見定めようとするとき、日高は、私生活の快適さを優先する高度経済成長下の日常のそのむこうに新たな個と共同性のつながりを求めていた。それこそが人間本来のつながりであり、私生活優先の時代にあってもそういう自立と連帯とコンミューンは作り出せると日高は考えていた。

＊

『戦後思想を考える』から二五年後に世に出た『戦争のなかで考えたこと――ある家族の物語』（二〇〇五年刊）は、高度経済成長の時代ももはや過去となった二一世紀において、はるか六〇〜七〇年前のアジア・太平洋戦争下の過去と現在とを行き来し、自分とその家族という身近な、ささやかな集団の動きに光を当てつつ、人間の日常世界に潜在する平和と民主主義の可能性を探ろうとした書物である。

日高一家は、アジア・太平洋戦争前から中国山東省の青島市《チンタオ》に住む、父・母・兄弟四人の六人家族だ。父は青島に小さな店をもち、中国人の友人も多く、本好きの人で、その影響もあって一家には知的雰囲気が流れていた。本の冒頭、小学五年の末弟が家庭新聞『暁』を発行すると宣言する。父と四人兄弟が短歌、エッセイ、童話などを投稿し、母をふくめた六人を読者とするごく小さな新聞だ。それが月に二、三回発行され、四年半にわたって続く。そのことからも一家の知的空気を推し測ることができる。

満州事変の一年後に第一号が出た『暁』は、盧溝橋事件の一年前に終刊となったわけだが、戦線の拡大とともに軍国主義体制がいよいよ深まっていく状況のもとで、『暁』はむしろ戦争批判の傾向を強めていった。一人離れて東京に住み大学に通う長兄がマルクス主義に傾きつつあったことと、日中友交を願う父親が軍部の横暴な戦線拡大とそれに乗った青島の民間人の横柄な中国人蔑視に心を痛めていたことが、母や他の兄弟たちにあっても現実を冷静に観察する目を保たせたと考えられる。

日高六郎『戦争のなかで考えたこと』

満州国の占領からさらには中国本土への侵略をうかがう軍国支配層の方針に世論の支持が集まるなか、それに批判の目をもちつづけることはある種の緊張感なしには済まないことで、一〇代半ばの中学生としてその時代を生きた日高にも、その緊張感は意識された。家にいるときと学校にいるときとの心のもちかたのちがいを、日高は、「二重人格」ということばを用いてこう表現する。

私は、自分が二重人格ではないかと疑ってみた。二重人格者はいやがられる。しかし、私は、用心深く、二重人格で通していくことを決心した。あるときは、人とちがう知識や判断を持っていることに、小さな誇りを持った。あるときは、そのことを人に知られまいとする自分のふるまいがいやになった。

私は、二重人格的であることが、自分を守ることであると考えるようになる。自分を守るとは、自分の〈心〉を守ることである。学校の規律、教師の教えに同調できないことがあると感じても、そのことを表現する必要はない。沈黙していればよい。沈黙しているほかない。

（日高六郎『戦争のなかで考えたこと――ある家族の物語』筑摩書房、二〇〇五年、七六ページ）

中学生で二つの世界のちがいをそこまで意識し、二重人格者として生きる決意を固める。その知的な早熟ぶりは驚きだ。しかし、引用文が少年期から青年期にかけてのゆれ動く心情に寄りそうようにして書かれていることは疑えない。

ただ、つけ加えておきたいのは、引用文にいう「自分の〈心〉を守ること」ということばが、自分たちの家族の自然な人間関係を守ることにまっすぐ通じていたことだ。日高一家はそれぞれが自分なりの言いたいことをもち、それを率直に表現する人びとの小さな集まりで、意見のちがいについても、ちがって当然だと考えられていた。たとえば、保守派で伝統主義者だった父とマルクス主義に傾く長兄とのあいだには明確な意見の対立があり、議論も交わされ、思想弾圧の強まる時代のこととて両親は長兄の身の安全を気づかってもいたようだが、そんな父が危険思想と目される論文の載る「中央公論」と「改造」の購読を長兄に奨められると、それまで読んでいた「日本及日本人」に加えて二冊の雑誌の定期購読に踏み切るという、そんな間柄だった。

たがいの信頼感に支えられたそういう自由な人間関係は、中学生の日高にも無理のない大らかなものに思われていた。二重人格者として生きるという、中学生にしては知的に尖った決意を日高に固めさせたのも、自由な人間関係のもつ温もりが背景にあったからだったと思う。その温もりは画一的な規律や教えの支配する家の外にはなかったが、日高一家のいわば家風となって親にも兄弟にも共有されていた。小学五年生の末弟が発案し、多忙な母親以外の家族が自由に投稿した文章を手書きにして印刷し、六人でまわし読みした『暁』が、みんなの暗黙の諒解のもと、第一号から「門外不出」の扱いを受けていたのも、家族の一人一人が家の内と外との空気のちがいを感じつつ生きていたことを示していよう。

『暁』は日中戦争の始まる前年に終刊になる。青島《チンタオ》で発行し、兄のいる東京に郵送されていたのだが、時局の緊迫とともに検閲が強化され、郵便物も警察の手で開封される恐れが出てきたためだ。

八郎〔末弟〕は……『暁』の終刊を、夕食のとき、父や母に告げた。

母は、中学三年生の『暁』社長に声をかけた。

「九四号も出して、よくがんばったね」

父はだまっていた。八郎もだまっていた。涙ひとつ出さなかった。

……

それは唐突な終りだった。八郎は、終刊号を出さなかった。そのことが、かえって彼の『暁』にたいする愛着の深さを語っているようであった。


（同右、八三―八四ページ）

家族の沈着さが感銘深い。母の短いねぎらいのことば、父の沈黙、六郎も沈黙していたのであろう。沈黙のうちに無念さが共有され、その共有もが自覚されている。以後も戦争への静かな抵抗の持続することが予見される、見事な終刊だ。

抵抗の持続が家族のふるまいとして明確な形を取ってあらわれる場面が本の最後に出てくる。四四年の夏に中国の雲南戦線で兄・三郎が戦死し、その知らせがとどいたときのことだ。

父は、鎌倉市役所にも隣組にも内密にした。名誉の戦死の大きな葬儀となることを、父は嫌った。父の、また三郎の友人にも知らせなかった。そして、父と母と長兄と私とだけが仏壇のまえにあつまって、父の読経につづいた。八郎は海軍下士官として舞鶴にいた。これ以上にひそやかな、これ以上に心をこめた葬送のいとなみはなかった。父は、天皇のため、国のための一言も発しなかった。……それは、私たち家族だけの事件であり悲しみであった。そして私たちが感じたのは、公的に口外できない怒りであった。……私の父が、息子の死を全くの私事としてあつかったことのなかに、父の無念の思いがこめられていることを、私ははっきりと感じた。

父は、その後六年間、病気で死ぬまで、一度も靖国神社に詣でなかった。

（同右、二二四―二二六ページ）

これ以上にひそやかで心のこもったものはない、という葬儀のなかで家族の感じる「公的に口外できない怒り」。内と外との緊張が鋭く感受されながら、内にたいしても外にたいしても意識が行きとどいていることが、生きる場としての日高一家の精神の澄明さと広さをうかがわせる。

この本は、副題が「ある家族の物語」となっていることからも知られるように、家族内の精神の行き交いに光が当てられることが多いが、外との関係もけっして不問に付されているわけではない。ときに厳しい対立関係が、ときに一体化するほどの牽引関係が生じつつ内との均衡が保たれる。そうした外との関係は当然ながら二〇歳を超えた青年期以降にかえって強く意識される。かつて家族のなかで培われた、戦争への抵抗の精神と自他の人格および自由を尊重する寛容の精神が、その心にしっかり生きて根づいていることは驚くべきことといえようか。

たとえば、四一年一二月八日の真珠湾攻撃の日に日高は東大文学部の教授たちの次のような会話を耳にする。

「わが帝国海軍は、向うところ敵なしだよ」

大きな声がきこえた。私は、それがだれの声であるか、すぐわかった。

「胸がすっとした。支那事変にはもやもやしてわかりにくいところがあった。これでほんとうの敵は、米・英であることがはっきりした」別の教授の声である。

「これは植民地解放戦争だよ。歴史が変るのだ」と史学科の教授。

「日本には新兵器もあるようです。勝算は十分あると聞きましたよ」若い助教授は、発言したあと、独特の笑い声をたてた。

私は、そっとその場をはなれた。


（同右、一七一—一七二ページ）

教授・助教授たちの会話を日高は次のように受けとめる。


私の胸のなかを、持って行場のない憤りが通りすぎた。

すでに日本は支那大陸で、一〇年間、戦いつづけている。もし、もやもやを感じ、わかりにくいと考えていたのならば、それはなぜかと、とことん考えるべきではなかったのか。

……満州事変、支那事変のころ、研究調査の条件は十分にあった。

……

満州事変が起ったとき、一部の大学で、学生たちは、ひそかに戦争反対のビラをはったり、チラシを教室でまいたりしたという。真珠湾攻撃の日、そうした気配は、東京帝国大学構内には全くなかった。私が聞いたのは、教授・助教授たちの会話であり、ハワイの大戦果に酔う笑声であった……。

（同右、一七二—一七三ページ）

こういう抵抗精神を堅持しながら、日高は四三年に東大文学部の助手となり、四四年には海軍技術研究所の嘱託にもなる。そして、四五年、戦局逼迫のなか「国策転換に関する所見」を率直かつ自由に書いて提出するよう求められる。自分の平和と民主主義の思想が反体制の危険思想であることを承知の上で、他方、書いてみたいという思いもなくはない。思い惑《まど》っているさなかに、モンペ姿のやせた若い女子学生と横須賀線に乗り合わせる。警戒警報のサイレンが鳴って電車を降りたとき、自分の食べている非常食を分けてくれないかと女子学生に所望される。渡した大豆と干しサツマイモをかの女はゆっくりと食べる。警報が解除になって、車中で二人で並んで腰かけたあとの様子が以下だ。

私は、彼女の顔を、うすぐらい車内灯で見た。彼女はやせおとろえて、勤労動員に通っているとは信じられなかった。……

「戦争は、もうそんなに長くはつづかないと思いますね。絶対、死なないようにね」

鎌倉駅を降りるとき、私は、雑囊のなかの大豆と干しサツマイモを、全部彼女が持っている袋に入れた。二人は、住所も名前も聞きあうことなく別れた。

鎌倉の駅を下りて歩きだしたとき、不意に涙が出てきて、おさえることができなかった。電灯の光ひとつもれていないので、道は暗い。そのなかを、私は、泣きながら歩いた。

そのとき、私は、技研〔海軍技術研究所〕の自由課題に応じようと決心した。書こう。なんの役に立たないとしても……。

（同右、一五〇ページ）


日常の些細な一齣にすぎないといえば、その通りだ。泣いて暗い夜道を歩くのも感傷的にすぎることかもしれない。しかし、こういう場面に立ちどまり、場面の意味と自分の心にわき起こったことを冷静に考えるのは自由と相互信頼と抵抗の道に通じる。横須賀線に乗り合わせた女子学生と日高との束の間の交流は、その道への一歩たりうるものだったと思う。

2　大江健三郎と石牟礼道子と中上健次

一九五六年の経済白書に書かれた「もはや戦後ではない」という文言は、アジア・太平洋戦争で何人もの近親者、友人、知人の戦死を経験し、戦争終結後には貧困と混乱のなかをどうにか働きながら生きぬいてきた人びとに向けて発せられたことばだった。三五年生まれで敗戦時には一〇歳だった大江健三郎は、それよりやや若い世代に属する文学者だ。

経済白書に右の文言が書かれた二年後の五八年に、大江は二三歳の若さで名作『芽むしり仔撃ち』を発表する。感化院の少年たち一五名が見知らぬ山村への疎開を強制され、疫病の伝染を恐れた村人が去ったあと、逃げ場のない数日の空家生活ののち、村人の帰還とともに再び厳重な監視下に置かれるという、息づまるような内容と文体の小説だ。

親もとを離れた感化院の少年たちが強制疎開ののちに収容される山村のようすは以下のごとくだ。

> 武器を握りしめ黙りこんでいる村民たちにかこまれて、僕らは暗く水っぽい森の中の狭い坂道を下った。森の奥から樹皮の凍てついて割れる音、ひそかな小動物の逃走のざわめき、甲高い鳥の叫びと不意の羽ばたきが僕らにおそいかかって僕らの足をたびたびすくませた。夜の森は静かに荒れくるう海だった。村民たちは僕らを俘虜のように前後から囲んでいたが、その必要はなかったのだ。僕らの最も向うみずな少年ですら、その海のように荒れくるいまた静まる厖大な森へ駆けこむことを可能にするだけの勇気を持っていはしなかった。
>
> 森をぬけるとやや淡い暗がりの底を、長い時間の雨や風のつらなりから丸みをおびて足うらにこころよい礫《こいし》を敷いた道が勾配をゆるめて伸びていた。そしてその向うに彎曲した狭い谷間にそって小さ

大江健三郎

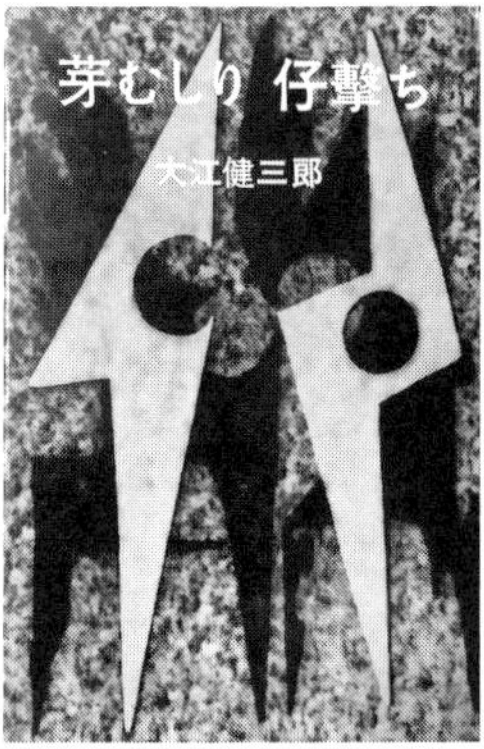

大江健三郎『芽むしり仔撃ち』

な集落があった。
それらは暗い谷間の樹木のように黒くおたがいに閉ざしあって群らがっていた。谷のやや高みから奥の窪みまでそれらは連らなり、中絶しまた連らなって夜の獣のようにうずくまり沈黙していた。
(大江健三郎『芽むしり仔撃ち』新潮文庫、一九六五年、三四―三五ページ)

武器を握って黙りこむ村民、森の奥から聞こえる樹皮の破裂音、小動物のざわめき、鳥の叫びと羽ばたき、海のように荒れくるい静まる森、連なり中絶する夜の獣のような谷間の集落――それらは、経済が好転し、人びとの生活に多少ともゆとりの感じられるようになった五〇年代後半の時代を映し出す情景ではない。時代と関係づけていうなら、ゆとりのある生活に社会の弛緩ないしは上滑りのごときものを感じて苛立つ青年が、時代の裏面に潜む緊張感を表現しようとして、あえて戦時下へとさかのぼり描き出した情景というべきもののように思える。大江は小説を書くに当たって自分が苛立つ青年であることを自認し、その自覚の上に立って時代と対決しようとしていた。

時代との対決の姿勢は情景の描写よりも人物の設定や人間関係の構成にはるかに強くあらわれ

る。

小説の語り手の「僕」は感化院の少年たちのなかではやや年長で、リーダー的な位置にあるが、「僕」の父子関係は次のようだ。集団疎開の前に感化院が子を引きとるよう連絡したとき、父は「僕」を引きとるどころか、自分がいっしょに暮らしていた弟を連れてきて、二人とも感化院に預かってもらおうとするのだ。

一週間目に、かつて僕を〔犯罪ゆえに〕告発した僕の父が……弟をつれてあらわれた時、僕は歓喜におそわれた。しかし父は、弟を疎開するための土地を探しあぐねて、そのあげく感化院の集団疎開に弟を便乗させることを考えついたというわけだった。僕は失望にうちひしがれた。それでも父が帰って行ったあとでは僕は弟とかたく抱きあったのだ。

弟は僕ら少年の犯罪者たちの間へ入り、その制服を着せられたことで、始めの二三日、好奇心と喜びに異常なほど昂奮していた。それから仲間たちに尊敬のあまりに眼をうるませてとめどなく話しかけ、その犯罪についてうちあけ話をせがみ、夜になって僕と同じ毛布の下で寝る時も、長いあいだ彼の聞いたばかりの兇暴な体験を反芻して息をはずませるのだった。

（同右、一五ページ）

小説の世界では管理される感化院の少年たちと管理するおとなたちとのあいだに明確この上ない対立が設定される。右の父親の冷たさも特別のものではない。少年たちの世話を引き受けた村

長は、少年たちに向かって、

「盗み、火つけ、乱暴を働く奴は村の人間が叩き殺してやる。お前らは厄介者だということを忘れるな。それをかくまって食わせてやるんだ。この村のむだな厄介者だといつも覚えておけよ。お前ら」

（同右、三七ページ）

と言い放つし、暴言に異を唱えたり村長をなだめたりする村人はいない。

おとなたちの側が有無を言わさず力ずくで少年たちを押さえこもうとするのに見合って、少年たちは少年たちで一見おとなの管理に従うふうを装いながら、心のなかではそれぞれがぬきがたい反抗心を募らせている。そこにあるのは、生活上のゆとりを享受する高度経済成長下の気分とは肌合いの異なる、硬質の集団間の硬質の対立なのだ。そういう反時代的な人物や集団や、それらの織りなす反時代的な世界を読者に突きつける形で若き大江は文学の場に登場したのだった。

小説の筋を少しく追いかけてみる。少年たちの追いつめられかたが徐々に見えてくるはずだ。

少年たちが最初に押しつけられるのは動物の死骸を埋める作業だ。犬、猫、野鼠、山羊、仔馬の死骸が積み上げられ腐りかけているのを、穴を掘って埋めるのだ。命令する男は死骸についてはなんの説明もしない。ただ埋めろと言う。村の子どもたちが遠まきに見物するなか少年たちの作業は進む。

村人たちの話によると、動物だけでなく人間も一人二人死んでいるらしい。

次の日になると、村が疫病に侵されたことがはっきりする。村中が、男も女もおとなも子どもも家財道具をもち、山羊や牛まで連れて村を出ていく。かれらに少年たちを連れていく気はない。寺の大部屋に閉じこめたまま出ていく。森に囲まれた村から外へ出ていく道は一つ、山を下るトロッコの線路を越えていく道があるだけだ。村人を追いかけるようにして少年たちがそこを降りていくと、トロッコ置場には頑丈なバリケードが築かれ、バリケードのむこうには銃をもった監視の男を配置するという念の入れようだ。

村には、感化院の少年たちのほかに、母が死んだばかりの村の少女と、父が死んだばかりの朝鮮人の李少年と、李のかくまう脱走兵とが残される。この三人と少年たちはたがいに手探りで近づいていき、信頼感らしきものが芽生えてくると、閉鎖空間における束の間の集団的な解放気分とでもいうべきものが生まれる。

しかし、見棄てられた少年たちと村人についていけなかった三人の間柄は優しさとか思いやりといったことばで括《くく》れるような穏やかな関係ではない。たとえば、「僕」と李との最初の出会いは次のようだ。

僕らの残してきた品物の前に一人の朝鮮人の少年が立ちはだかり、しかも片腕には米の入った袋を持ちあげて僕らを見つめているのだ。まわりの谷の静寂、仲間たちのまのびした不意の叫び、そして午後遅い陽ざしが僕をつつみこみ、そのなかで躰中の皮膚をほてらしながら僕はゆっくり敵を睨みつけて進んだ。敵の腕から袋が落ち、敵が頭をさげて身がまえるところへ僕が跳びこんだ。

激しく息もつかぬ最初の殴りあい、お互いの皮膚にくい入る爪、そしてぶっつかる躰、からむ足、僕らは敷石の上へ倒れ、音もたてずに転げまわり蹴りつけ膝でしめあった。僕らは黙ったまま全力をつくして戦っていた。

（同右、八六―八七ページ）


朝鮮人の少年はだれのものとも知れぬ袋が道端にあれば黙ってもち去ろうとするような不良少年であり、僕は僕で相手を「敵」と見なし打ちのめそうとする。なぐり合いは二人にとって初対面の挨拶のようなものだ。そこから友情が芽生えるとしても、――実際に芽生えるのだが、――それは凶暴さを内にかかえこんだ硬質の友情たらざるをえない。

居残ったもう一人の少女のほうは、暴力性はまったくなく、むしろ母が死んで頼りなげに泣き悲しむかよわい存在だから「僕」の同情を引く。「僕」は少女のひっそりと住む土蔵に自分たちの朝食の残りを運んだりしているうちに少しずつ打ち解け、ぽつりぽつりとことばを交わすようになる。そのうち二人のあいだには淡い恋心のようなものが芽生えるが、子どもだけの閉鎖空間となれば、生活を組み立てる力のない「僕」にとって、恋心など扱いに困る厄介な心情でしかない。集団生活のなかで少女の居場所はいかにも見つけにくく、少女は救いようなく哀れな存在に思える。

そんな少女を集団の隅っこにかかえつつ、少年たちの若いエネルギーは村人のいなくなった村落空間のなかで力強く解き放たれていく。解放感をいやが上にも盛り上げるように、朝、目を覚ますと、その冬初めての雪が地肌や樹木や家々を白く覆い尽くすほどにたっぷりと積もっている。村人たちのいなくなった空家に、扉を壊して入りこみ、一軒に一人か二人かで泊まりこんでいた少年たちは、朝早く起き出して分教場前の広場に集まってくる。僕の弟がどこかから見つけてきた犬も、興奮してあたりを走りまわっている。早く夜明け前にそこに来ていた少年たちは、広場の近くの坂道の雪を踏み固め、雪滑りをしている。踏み固められて凍りついた坂道をだれかが「スケートリンク」と呼ぶと、皆が狂ったように笑う。遅れてきた僕と弟が勢いよく転倒するのにも大きな笑いが起こる。見ると、土蔵の少女も近くの大木に背をもたせかけてまわりのようすを笑って見ている。僕も気がほぐれて少女と並んで木に寄りかかり、ことばを交わす。その親しげなそぶりを少年たちが驚いて見ている。

この陽気な場景は「第七章　猟と雪のなかの祭」から引いてきたものだが、小説全体に徒労感と閉塞感の濃い記述が続くなかにあって、後半三分の二あたりに位置するこの第七章だけは、始めから終わりまで明るく晴れやかな章に仕立てられている。音楽でいう短調から長調への転調を思わせる変化だ。

章題にある「猟」と「祭」は雪滑りのあとにやってくる。

猟は朝鮮人の少年・李の指図に従って行なわれた。棕櫚の繊維で鳥用の小さな罠を作り、それを雪の浅い草むらに置き、穀粒をえさに、鳥の足が罠にからまるところを待ちうけて捕まえるのだ。少年たちは夢中になって罠を作ると、森のなかの思い思いの場所に仕掛け、息をつめて鳥の来るのを待った。僕は弟と組んで罠を作り見張ったが、鳥はなかなかやってこない。暇をもてあまして土蔵の女の子のようすを見に行き、森の罠に帰ってみると、ちょうど弟と犬のレオが色鮮やかな雉《きじ》を捕獲しようとしているところだった。格闘の末、弟の胸に抱かれた雉の喉にレオが嚙みつき、鳥はぐったりと崩れ落ちる。弟の首筋には無数の引っ掻き傷がついていた。

分教場前の広場に少年たちがめいめいの獲物をもって集まってくる。弟の獲物が群をぬいて立派で、皆の羨望の的だった。李が言う。「俺たちの村で、雉が初めて獲れた日にはお祭をやるんだ。」祭りのやりかたを訊かれて、李は答える。「ここで鳥を焼いて皆で食おう。……歌って踊るだけさ、祭はそれでうまく行くんだ、ずっとそうなんだ。」皆は喚声を挙げ、薪と食物と鍋をもち寄って祭りが始まった。

祭りの賑わいは、章をまたいで次の第八章で述べられる。しかし、第八章の章題は「不意の発病と恐慌」となっている。感化院の少年たちの重苦しい境遇を追ってきた読者には、明るく晴れやかな世界がもう一度、暗くくぐもる世界へと転調することが予感される。

予感通りに急激な転調がやってくる。発病するのは土蔵のなかの少女だ。少女は顔を真っ赤にして唸りながら寝ている。口もきけなそうだ。少年たちの祭りにただ一人のおとなとして加わっていた脱走兵に多少の医療の心得があって、「火を焚け」「氷嚢を探して雪と水を入れてこい」と指図する。少年たちが疫病をこわがって恐慌を来たすなか、僕と李はいままで手をつけなかった村長の家に押しこんで氷嚢を取ってくる。少女は見るまに衰弱し、動けなくなり、汚物にまみれ、やがて死んでいく。脱走兵がぼろ布に包んだ少女を村の墓地に運び、少年たちが離れてあとに従う。僕も泣きながらついていく。穴を掘って死体を埋めると、兵士は防疫のため少女の寝ていた土蔵を焼き払う。

翌日の朝、村人たちが帰ってくる。家に入りこまれ、食物を取られ、土蔵を焼かれたのを知って怒り狂った村人たちは、暴力的に悪事の自白を強要する。隙を見て逃げた脱走兵と弟はどうなったか分からない。殺されたかもしれない。村人は自分たちの不在だった五日間のようすのおおよそをつかむと、少年たちを広場の近くの納屋に閉じこめ善後策を協議する。明くる日の朝、感化院の教師が残りの生徒を連れて村にやってくることを踏まえて、村長は提案する。お前らの悪事は教官に言わない、その代わり、お前らは村に着いてから普通の生活をした。疫病は流行しなかったし、村人の避難もなかった。そういうことにする。分かったな、と。

取引をもちかけられて少年たちの反抗心が頭をもたげる。その空気を身にまとうようにして僕は正面切って村長に言う。俺たちがやられたこと、見てきたことを全部しゃべってやる、黙ってなんかいないぞ、と。

いきなり竹槍の太い柄が僕を横なぐりに払い、僕は羽目板に頭を打ちつけて倒れ、うめく。口に苦い血の味がし、起き上がれない。少年たちの反抗心は急にしぼんでいく。追い打ちをかけるように、温かい握り飯と鉄鍋の汁が運びこまれ、村長の言いつけに従う少年一人一人に配られる。李も、脱走兵のことが官憲に知られると朝鮮部落に類が及ぶ、と言われて、悔し涙とともにその場を出ていく。最後が僕だ。村長の差し出した握り飯と汁碗を払い落とした僕に、村長は村を出ていくよう通告する。鍛冶屋と二人でトロッコに乗って森までくると、車を降りた瞬間、鍛冶屋が鉄棒を振り回す。僕は地面につんのめって攻撃をかわし、暗い灌木の茂みのなかを必死に逃げる。追いつめられた僕の最後の思いはこうだ。

　僕は閉じこめられていたどんづまりから、外へ追放されようとしていた。しかし外側でも僕はあいかわらず閉じこめられているだろう。脱出してしまうことは決してできない。内側でも外側でも僕をひねりつぶし締めつけるための硬い指、荒あらしい腕は根気づよく待ちうけているのだ。

（同右、二二一ページ）

　村に残っても、村を出ていっても、安心してその日その日を過ごせるような場所は見つかりそうにない。それでもなんとかそういう場所を確保しようとして外から来る監視の、管理の、強制の、差別の力に反抗せざるをえない。それが追いつめられて孤立した僕の目に映る時代の状況であり、大江もそういう生きかたに熱い共感の念を抱きつつ息づまるような山村の世界を造形していった。

　感化院の少年たちの集団疎開がアジア・太平洋戦争の末期にあらわれた一時的な現象だったという歴史事実からしても、書かれた出来事がそのまま五八年当時の時代状況を映したものだとはいえないが、書き進むほどに人間関係の密度が高まり、社会の骨格が明確に立ち上がってくるという力強い筆の運びは、作者が確かな手応えをもって世界の構築に向かっていることを感じさせる。大江は打ちのめされ、追いつめられる「僕」や弟や李や、死にゆく薄幸の少女や、脱走兵に存分な愛情を注いでいるだけでなく、冷酷な村長や鍛冶屋や医者にも人間としてそうならざるをえないある種の必然性を認め、さらには、感化院の少年たちを遠巻きに眺めたり、握り飯や汁を作ったりという以外に出番のない村の子どもや主婦にも、社会を支える存在として敬意を払っている。中心に位置する人物たちにも脇に位置する人物たちにも具《そな》わるそうしたリアリティが、大江とこの世界との近しさを思わせ、延《ひ》いては、この世界と高度経済成長が形を取りつつある五〇年代後半の時代状況の近しさを思わせるのだ。

ゆとりや優しさのもてはやされる時代に、その背後に横たわる冷酷で非人間的な監視体制や差別意識を見ないではいられなかった大江は、絶望のなかでの抵抗と、抵抗のなかで主体に見えてくる絶望とを形象化することによって、現実社会を生きるとはどういうことかを読者に厳しく問いかけようとしたのだった。

＊＊＊

高度経済成長の続くなかで多くの人びとが暮らしがゆたかになるのを実感できた五〇年代後半から六〇年代は、公害の名で括《くく》られる大気汚染、水質汚濁、土壌汚染、騒音、悪臭、等々が日本各地に広がる時期でもあった。経済成長に邁進する企業や政府は公害防止についてはきわめて消極的だったが、六〇年代半ばにイタイイタイ病、水俣病、四日市ぜんそくなどの公害病が大きな社会問題となるに及んで、真剣に対策を講ずる必要にせまられた。六七年に不十分ながら公害対策基本法が制定され、七〇年には、環境権にもとづく法の全面改正が行なわれ、翌七一年に新た

石牟礼道子

に環境庁が発足した。

公害問題で群をぬいて耳目を集めたのが熊本県の南部の都市・水俣に発生した水俣病だった。そして、水俣病の広がる地域とそこに生きる人びとの暮らしのさまを、病いに苦しむ人びとに限りなく近づくようにしてつづった文学が、石牟《いしむ》礼《れ》道子の『苦海浄土――わが水俣病』だった。

石牟礼は一九二七年、不知火海に浮かぶ天草島に生まれ、生後数ヵ月して両親とともに水俣市に移り住み、水俣病の発生した五三年以前もそれ以降も、水俣市民として水俣病を身近に感じる位置にあった。

とはいえ、水俣病とのつき合いはおよそ気楽なものではなかった。そもそもどんな病いなのかがはっきりしない。いまでこそ「水俣病」という病名は医学的にも社会的にも周知のものとなっているが、当初は該当する病名が見当たらず、「奇病」とか「猫おどり病」とか「ハイカラ病」とかと名づけられていた。原因も治療法も確定するのに何年もの日時を要した。そのあいだに重篤の患者は奇声を発したり、激しい痙攣を起こしたり、目がみえなくなったりした。死亡率が高く、重い後遺症が消えずに残った。

石牟礼は医療に携わる人ではなかったし、水俣病の多発した漁村の住人でもなかったけれども、働き手が倒れて家がなりたたなくなり、さらには人と人との関係、家と家とのつながりにひびが入り亀裂が生じ、村落共同体が陰に陽に荒廃していくさまに心を痛めないではいられなかった。

『苦海浄土──わが水俣病』の文章が雑誌「熊本風土記」に連載された六〇年代半ばは、水俣周辺に病いが広がり、村落の荒廃が深刻の度を増していく時期に当たっていたが、水俣市においてすら、村落の外に出れば水俣病のことを心にかける人は少なく、患者をかかえた家族や村落はうち棄てられた家族であり村落であった。そういうなかで、文学を生き甲斐としつつ主婦として日々を生きる一女性が、病いに侵される家族や村落に心ゆさぶられ、周辺の世界の悲惨と内面のやりきれぬ思いを言語表現として屹立させたのがこの作品だった。

漁村の荒廃は、たとえば次のような表現として立ちあらわれる。

住む人を失った家が、加速度的に廃屋《はいおく》と化すように、船主を半年間も乗せずにいる舟というものは、たとえそれが、伝馬舟《てんません》のような、一本釣の舟であろうと、たちまち、舟自体が具えている生気や、威厳を失い、風化してゆく。まして、水俣湾のさまざまの異変を、漁民たちが気づきはじめてから、あの、夏のボラ漁の、糠の話が持ちあがってから、六年も経っており、実際上の操業不能から、まる三年も経っていたのであった。

引き綱をながくのばして、つながれている舟という舟の舳先《へさき》は、じっさい、だらりとのびているようにみえ、舟板は割れたように乾《ひ》ぞり返り、満足な姿の舟はただの一艘《そう》もなかった。なかには船体自体が、ある夜、ばらりと解けほどけたかとみえるほどに、風化解体の凄

石牟礼道子『苦海浄土』

まじい進行をみせている新造船もあったのである。

　百間港も、丸島港も、水俣川河口の八幡の波止も、港はそれら打ち捨てられた舟の、墓場と化していた。

（石牟礼道子『新装版　苦海浄土――わが水俣病』講談社文庫、二〇〇四年、八〇―八一ページ）


目を背けたくなるような無残な光景だ。海の近くに育った石牟礼とて、見たくはない光景にちがいない。それでもその場に踏みとどまり、風化のさまを具体的に書きとどめようとするのは、墓場を前にしてかえって舟への哀惜の念をかき立てられ、残骸のそのむこうに生きた舟のすがたを呼びさましたいからであろう。見て見ぬふりをするのでは、かつて生きていた舟のすがたはいよいよ遠ざかるばかりだ。生きた舟のすがたは現実にはもうやってこないのかもしれない。ならば、そのすがたを文学の世界に形象化する。それは困難ではあるが、けっして無駄な試みではあるまい。それどころか文学の根本をなす衝動であり、試みであるかもしれない。『苦海浄土』を書き進む石牟礼の心裡にはそんな思いがわだかまっていたようにも思える。

　舟の生きたすがたの文学的表現として、たとえば「第三章　ゆき女きき書」に次のような文章があらわれる。

二丁櫓の舟は夫婦舟である。浅瀬をはなれるまで、ゆきが脇櫓を軽くとって小腰をかがめ、ぎいぎいと漕ぎつづける。渚の岩が石になり砂になり、砂が溶けてたっぷりと海水に入り交い、茂平が力づよく艫櫓をぎいっと入れるのである。追うてまたゆきが脇を入れる。両方の力が狂いなく追い合って舟は前へぐいとでる。

不知火海はのどかであるが、気まぐれに波がうねりを立てても、ゆきの櫓にかかれば波はなだめられ、海は舟をゆったりあつかうのであった。

ゆきは前の嫁御にどこやら似とる、と茂平はおもっていた。口重い彼はそんなことは気ぶりにも出さない。彼がむっつりとしているときは大がい気分のいいときである。ゆきが嫁入ってきたとき、茂平は新しい舟を下した。漁師たちは、ほら、茂平やんのよさよさ、舟も嫁ごも新しゅうなって！　と冷やかしたが、彼はむっと口をひき結んでにこりともしなかった。彼の気分を知っている人びとは満足げな目つきで、そのような彼を見やったものである。

二人ともこれまで夫婦運が悪くて前夫と前妻に死に別れ、網の親方の世話でつつましく灘《なだ》を渡りあって式をあげた。ゆきが四十近く、茂平は五十近くであった。

茂平やんの新しい舟はまたとない乗り手をえて軽かった。彼女は海に対する自在な本能のように、魚の寄る瀬をよくこころえていた。そこに茂平を導くと櫓をおさめ、深い藻のしげみをのぞき入って、

「ほーい、ほい、きょうもまた来たぞい」

と魚を呼ぶのである。しんからの漁師というものはよくそんなふうにいうものであったが、天草女の彼女のいいぶりにはひとしお、ほがらかな情がこもっていた。

海とゆきは一緒になって舟をあやし、茂平やんは不思議なおさな心になるのである。

(同右、一五二—一五三ページ)


舟があり、海があり、空があり、風があり、魚がいる。夫婦でそんな世界に元気に舟を漕ぎ出せば、そこには至福の安らかさがあった。

その至福の安らかさももう還ってくる見こみはない。どころか、四〇代で新しく嫁ごに来たゆき女は体がしびれ、呂律《ろれつ》がまわらず、まっすぐに歩けず、不意に痙攣が起きる。そんな状態の入院生活が続き、日常生活に復帰できるかどうかもさだかではない。

段々に明らかになったのは、原因が水俣市を代表する大化学工場チッソの廃水にあるということだ。廃水にふくまれるメチル水銀が川を汚し、汚水が不知火海に流れこみ、海中の植物や魚介類の体内に蓄積され、それを食べた陸の動物に、そして人間に神経系統の異常をもたらし、多様な疾患が引き起こされたのだ。

六一年度の統計によれば、水俣市の税収入二億一〇六〇万円のうちチッソ関係の税額が合計一億一五六〇万円にのぼる。水俣市の中心にどっかりと腰を据える大企業だ。その大企業がひたすらなる利潤追求の過程で、川を汚し海を汚し零細な漁家の生計をなりたたなくし、村落共同体を荒廃の淵へと追いやる。それが、高度経済成長を謳歌する日本の近代化が、九州南部の一地方都市に突きつけた、掛値のない現実だった。工場排水が原因ではないかとの疑いが濃くなってもチッソは公正な態度で原因究明に取り組もうとせず、あろうことか熊本大学医学班の原因究明作業を妨害しようとまでしたのだった。

病いに侵された患者の身心の痛み苦しみを思い、家族の窮迫に心を痛め、村落の荒廃に憂いを募らせる石牟礼は、打ち棄てられた患者や家族や共同体への共感と共苦が深まるとともに、そういう苦しみや痛みを顧《かえり》みることなく社会の表街道を驀進《ばくしん》する近代化の流れに心底から憤らざるをえなかった。

六〇年代にあっては、近代化の光景は見ようと思えばどんな都市のどんな出来事のうちにも見てとることができた。石牟礼はたとえば死んだ水俣病患者の葬列のさまに近代化の光景を見てとり、次のように書く。

私のこの地方では、一昔前までは、葬列というものは、雨であろうと雪であろうと、笛を吹き、かねを鳴らし、キンランや五色の旗を吹き流し、いや、旗一本立たぬつつましやかな葬列といえども、道のど真ん中を粛々と行進し、馬車引きは馬をとめ、自動車などというものは後にすさり、葬列を作る人びとは喪服を晴着にかえ、涙のうちにも一種の晴れがましさえ匂わせて、道のべの見物衆を圧して通ったものであった。死者たちの大半は、多かれ少なかれ、生前不幸ならざるはなかったが、ひとたび死者になり替われば、粛然たる親愛と敬意をもって葬送の礼をおくられたのである。

いま昭和四十年二月七日、日本国熊本県水俣市出月の、漁夫にして人夫であった水俣病四十人目の死者、荒木辰夫の葬列は、うなりを立てて連なるトラックに道をゆずり、ぬかるみの泥をかけられ、道幅八メートルの国道三号線のはしっこを、田んぼの中に落ちこぼれんばかりによろけながら、のろのろと、ひっそり、海の方にむけて掘られてある墓地にむけて歩いて行ったのだ。

……われわれの風土や、そこに生きる生命の根源に対して加えられた、そしてなお加えられつつある近代産業の所業はどのような人格としてとらえられねばならないか。独占資本のあくなき搾取のひとつの形態といえば、こと足りてしまうか知れぬが、私の故郷にいまだに立ち迷っている死霊や生霊の言葉を階級の原語と心得ている私は、私のアニミズムとプレアニミズムを調合して、近代への呪術師とならねばならぬ。（同右、七三—七五ページ）

読むうちに書き手の切なさがこちらの心に沁みわたってくるような文章だ。笛を吹き、かねを鳴らし、キンランや五色の旗を立てて荘厳《しょうごん》した葬列や、もっとずっとつつましくとも参列者の威儀を正した歩みが死者への親愛と敬意をしかと感じさせた葬列と、人びとの悲しみを湛えた歩みを道のはじっこに追いやり、泥をはねかえして国道をわがもの顔に疾走するトラックの連なりとの対比は、時代の推移を鮮やかに形象化する石牟礼の文学的力量を示すものだし、とともに、アニミズムやプレアニミズムにまでさかのぼって近代を呪詛しようとする徹底した反近代の姿勢には凜とした輝きがある。

しかし、石牟礼の文学的感性は、鮮やかなイメージの対比や断固たる決意の表明としてあらわれ出るだけでなく、ものごとの微細なあわいに入りこもうとする繊細さを合わせもち、そして、そちらのほうが「近代への呪術師」にはふさわしい動きであった。

水俣病の広がりは近代化する社会と零細な漁村とのあいだに越えがたい亀裂を作り出しただけではない。零細な漁村の内部にも、たとえば水俣病患者のいる家族といない家族とのあいだに小さな、しかし否定しがたい亀裂を作り出した。

水俣病の定期検診の日には患者たちは村でまとまって市の専用バスに乗って検診会場に赴く。石牟礼も患者やつき添いの家族の乗るバスに同乗したのであろう。そのバスのなかでいまいう小さな亀裂を感じとる。みんながバスに乗り終わり、運転手がドアをしめると、人びとのあいだにくつろぎの気分が生まれる。

> そのようなバスの中の様子は、ことに水俣病発生いらい、人びとが、バスの外の、つまり自分たちが生まれ育ち住みつき、暮らしをたててきた故郷の景色の中に、いつもすっぽりと入りきれないで暮らしてきたことを物語っていた。大塚運転手が……ハンドルを握ると、人びとは安堵し、なごやかさを取りもどし、凝固していた外の風景から解きはなたれて、運転手青年の存在などはすっかり忘れてしまったようにみえるほど、自然のバスの中の光景になるのであった。
>
> （同右、二〇—二一ページ）

亀裂の一方にバスのなかのなごやかさがあり、他方に凝固する外の風景がある。石牟礼は生活者としてはバスのすぐ外というより、そこからもう一つ離れた村に居を構えているが、水俣病に心痛める文学者としては患者の暮らしと心事に限りなく近づきたいという思いが、近代化の時代にあって強まりこそすれ弱まることはなかった。右の引用文も、バスのなかのなごやかさに石牟礼自身の心が安らいでいることからして、そこにアニミズムないしプレアニミズムの情感が流れているということができる。

思えば、患者の暮らしと心事に分け入ろうとすることは、石牟礼にとってその暮らしと心事を理解しようとすることであるとともに、その暮らしや心事と一体化することでもあった。理解することと一体化することは人間の知能の動きとして、また心情の動きとしてそう簡単に結びつくものではないが、患者の思いが石牟礼の心に——いや、石牟礼の全身に——憑依するような『苦海浄土』の表現に触れると、そう言いたくもなるのだ。

憑依といえるほどに患者一家の霊が石牟礼の内面に入りこむさまを、「第四章　天の魚」を例に見ておきたい。

第四章は、作者の江津野家訪問の次第を語るものだ。

江津野家は祖父母、父、三人の息子（いずれも小学生）の六人家族で、入口のほかに窓はなく、障子は破れ紙で補修され、床はすすけた畳にところどころござが敷いてあるという極貧の暮らしだ。父親は外に稼ぎに出ていて、胎児性水俣病の次男（杢太郎、小学三年）は祖父母が面倒を見ている。母は家を出たまま何年も帰ってこない。石牟礼が訪問した日は父が出かけていて、かの女は爺さん婆さんを相手に、神棚に祀られる神様・仏様の話をする。


「あの婆さま、九竜権現《くりゅうごんげん》ちゅう神様は」

「はいはい」

「……いったいどげん御姿しとらす神様じゃろ」

「ああ、あのひとは竜神さんでござす」

「いっぺん拝ませて貰おうごたるですばってん」

「そりゃまた有難かこつでござす」

「手に受けて拝めば罰かぶるでっしょか」

「なんの」

ふたりは声をそろえて中腰になる。

「なんのあねさん、心やすか神さんじゃもね」

ばあさまがそういうと続けてじいさまが、

「はよ婆《ば》さま、拝ませてあげ申せ」

と天草言葉でいう。


（同右、一九五ページ）

いくつもの神様やら鳥居やら沖の石やら位牌やら写真やらの並ぶ神棚の前で向かい合う、老夫婦と石牟礼。ことばも動作もよどみなく流れ、三人が同じ一つの世界を共有していることが思われる。会話の終わりのほうに「あねさん」という呼び名が出てくることに注意しておきたい。石牟礼自身が、このことばで呼びかけられると、「生まれてこのかた忘れさられていた自分をよび戻されたような、うずくような親しさを、この一家に対して抱く」(同右、一九五ページ)と書き添えているのだ。

老夫婦のうち石牟礼に話しかけるのはおもに爺さんのほうだが、聞き手の石牟礼がこの一家にうずくような親しさを抱くのに見合って、爺さんのほうも話すうちにしだいに心がほぐれ、神様・仏様のこと、昔から働き者で、いまも障害をかかえて仕事を続ける息子のこと、家を出ていった嫁ごのこと、一言も口をきけぬ胎児性水俣病の杢太郎のことなどを、愚痴や怨みを交えつつ、心の底の思いがそのまま呟きになったように語っていく。

淡い宗教性までが感じとれる江津野家と石牟礼との心情の一体化は「あねさん」という呼び名に媒介されるだけでなく、もっと具体的に、少年杢太郎が爺さんの手から石牟礼の手へと受け渡しされるという行為によって媒介される。

おるげにゃよその家よりゃうんと神さまも仏さまもおらすばって、杢よい、お前こそがいちばんの仏さまじゃわい。爺やんな、お前ば拝もうごだる。お前にゃ煩悩の深うしてならん。

あねさん、こいつば抱いてみてくだっせ。軽うござすばい。木で造った仏さんのごたるばい。よだれ垂れ流した仏さまじゃばって。あっはっは、おかしかかい杢よい。爺やんな酔いくろうたごたるねえ。ゆくか、あねさんに。ほおら、抱いてもらえ。

（同右、二一三―二一四ページ）

石牟礼に少年を預けて、酔いのまわった爺さんの話はいましばらく続く。薄暗い江津野家に静かな時が流れる。

やがて爺さんは眠り、声はやむ。章の最後、少年と石牟礼は取り残されたように部屋にいる。石牟礼は改めて少年と向き合う。締めくくりのことばは以下のごとくだ。

皮膚も肉も一重のようにうすい少年の頭骨と頬がわたくしのあごの下にあった。わたくしたちは、目と目でちょっと微笑みあった。

それからわたくしは彼の頭にあごをじゃりじゃりこすりつけ、さあ、といって爺さまのところに少年を持ってゆき、えびのように曲がって唇からぷくぷくと息を洩らしながらねむりこけた爺さまの胸と膝を押しひろげ、その中にこの少年を置いた。

……

少年は……ぼこぼこした古畳の上を這いまわり、細い腹腔や手足を反らせ、青く透き通ったうなじをぴんともたげて、いつも見つめているのだった。彼の眸は泉のかげからのぞいている野ぶどうの粒のように、どこからでもぽっちりと光っていた。

（同右、二三一―二三二ページ）

近代化の滔々たる流れに抗して、その近代化によって身も心も踏みつぶされそうになっても生きる人びとと心を通わせようとする。石牟礼にとってそれが水俣病にかかわることであり、水俣病を生きることだった。病む人びととその周辺の人びとの暮らしと心事に寄りそって生きるそのなかで、水俣病という「苦海」を生きることが「浄土」を生きることだという稀有の思想が生まれた。思想の生まれかたといい、つらぬかれかたといい、高度経済成長下の日本における反近代思想の極北に位置するものということができる。

＊　＊　＊

戦後日本の近代化の流れにさからうように、土俗社会の存在に執着しつづけた作家として、もう一人、中上《なかがみ》健次を取り上げる。

中上は一九四六年、和歌山県新宮市に生まれた。生誕の地は、近代化し都市化していく戦後日本にあって、半ば置き去りにされたような海沿いの、しかも背後には山のせまる地域だ。家族・親族の関係も入りくんで複雑だった。辺境ともいうべき紀伊半島の海と山に囲まれた地に生まれ育ち、閉鎖的な地域と錯綜する血族の暗闇を底までのぞきこむようにして、人間にとって、共同体にとって、生きるとはどういうことかを問い続けたのが、作家中上健次の長くはない生涯だった。

ここでは作家三〇歳の七七年に刊行された長編小説『枯木灘』によって、中上のとらえた土俗社会のありかたを見ていきたい。

主人公は中上に通じるところの多い二六歳の青年・竹原秋幸である。秋幸の実父は浜村龍造という。共同体の表と裏に通じ、大小の地主をだまして土地を手に入れ、あちこちに火をつけて町の改造を策し、人びとに恐れられ冷たい目で見られながら、行動力のある事業家としてのし上がっていく。秋幸はこの実父に強い嫌厭の情を抱くとともに、反面、どうしようもなく引かれるものを感じている。実母のフサは最初の結婚で四人の子をもうけ、夫の死後、龍造と関係して秋幸を私生児として生み、そのあと、連れ子のいる竹原繁蔵と再婚している。

ここからさらに外へと広がる血族の関係をも秋幸は十分に意識しつつ、この土地に生きている。

中上健次

自分には名前が三つある、と秋幸は昔思ったことがあった。実際にそうだった。秋幸はフサの私生児としてフサの亡夫の西村という籍に入り、中学を卒業する時に、養父の繁蔵が自分の子として認知するという形で竹原の籍に入った。その男は浜村龍造と言った。秋幸は子供の頃から、自分はその男やその男の子供〔姉一人、弟二人〕とは無関係だと思っていたにもかかわらず、浜村という言葉を耳にし眼にするたびに体がほてる気がして、それが不思議だった。自分と顔、体つきがよく似ていた。男がいま暮らしているヨシエとの間の子の誰よりも、秋幸が似ているのは認めていた。

（中上健次『枯木灘』河出文庫、一九八〇年、四九ページ）

払っても払っても血族のしがらみがからみついてくる。そんな意識は村落共同体の外に出たことのある者の心にこそ強く芽生えるのではないか、と、中上と同じく田舎育ちのわたしは思う。村落共同体の外を自分の生きるもう一つの場として設定しない人びとには、生まれにくい意識ではないかと思う。島根県出雲地方の小さな町に育った経験からしても、わたしにはそんなふうに思える。田舎町の血縁・地縁にまつわるしがらみはわたしもいつのころからか感じるようになったが、それは東京で大学生活を送るようになって初めて強く意識されるようになったのではないか、と。さきの引用文に見られるようなしがらみの意識は『枯木灘』全編に色濃く流れるものだが、それは作家として故郷とは別の世界を生きる中上にとって、郷里の土俗の生活経験が忘れようにも忘れられぬものとして心に沈澱していることを思わせる。土俗の体験と外からそれをなかば客観的に観察する意識とが中上のうちにともども生きていることによって『枯木灘』は生まれたのだと思う。

『枯木灘』の多くの登場人物たちは、複雑な人間関係の網の目に縛られて生きながら、それをしがらみと感じているふうではない。一九歳で上京の機会を得た中上が、それを機縁に故郷の人間関係をしがらみとして強く意識したとして、その意識は秋幸以外の人物には投影されてはいない。秋幸以外の田舎人たちは複雑な人間関係を自然なものと受け容れて生きている。秋幸のほかにも郷里を出てたとえば他県に嫁いだ女性はいなくないが、かの女らにも人間関係をしがらみと感じる意識は薄い。

だとすれば、中上におけるしがらみの意識のありようが改めて問われなければならない。

土俗の共同体の人間関係が陰に陽に個人を縛る強固な網の目として存在するとき、秋幸は、そして中上は、そのしがらみにどう対決していけばいいのか。生まれ育った共同体との違和感を中上はそのような形で意識せざるをえなかったのだが、その意識が払っても払っても消えぬおのれの共同体経験の核心をなすものだと自覚されたとき、作家は共同体にたいするおのれの違和感を文学作品として表現することこそが、共同体に分け入り、その謎めいた重たさにせまることだと考えたのだ。ことばを換えていえば、しがらみへの強烈な違和感が消えずに残っているがゆえに、生まれ育った紀伊半島の郷里は、文学的想像力をかき立ててやまぬ魅力溢れる土地だったのだ。

中上健次『枯木灘』

ところで、土地の魅力は、共同体のありかたに消しがたい違和感と苛立ちを覚える秋幸の心性をも、半ば包みこむような大きさをもって立ちあらわれる。小説中に何度か出てくる秋幸の労働場面に――われを忘れて自然と一体化する労働場面に――土地の魅力の一端をしかと読みとることができる。

光が撥ねていた。日の光が現場の木の梢、草の葉、土に当っていた。何もかも輪郭がはっきりしていた。曖昧なものは一切なかった。いま、秋幸は空に高くのび梢を繁らせた一本の木だった。一本の草だった。いつも、日が当り、土方装束を身にまとい、地下足袋に足をつっ込んで働く秋幸の見るもの、耳にするものが、秋幸を洗った。今日もそうだった。風が渓流の方向から吹いて来て、白い焼けた石の川原を伝い、現場に上ってきた。秋幸のまぶたにぶらさがっていた光の滴が落ちた。汗を被った秋幸の体に触れた。それまでつるはしをふるう腕の動きと共に呼吸し、足の動きと共に呼吸し、土と草のいきれに喘いでいた秋幸は、単に呼吸にすぎなかった。光をまく風はその呼吸さえ取り払う。風は秋幸を浄めた。風は歓喜だった。

（同右、八〇ページ）

全身汗だくになって土方仕事をする秋幸は一本の木になり、一本の草になり、風になり、呼吸そのものになる。そのように労働に没入し、自然と一体化する秋幸は、共同体との違和を感じてはいない。血族のつながりが複雑にからみ合う枯木灘の郷里は、そのような労働や自然を提供してくれる場でもあるのだ。

引用文のような、秋幸が肉体労働に打ちこむなかで自然と一体化する爽快な場面は、視点と表現にわずかな変更を加えながら何回かくりかえされる。大小さまざまな事件が出来《しゅったい》し、人間関係も激しくゆれ動くなかで、静謐と調和を感じさせる労働場面のくりかえしは読者にもそれとはっきり分かる濁りのない表現となっている。

この反復はなにを意味するのか。

労働に没入し、自然と一体化する快感が特別の感覚ではなく、日々の暮らしに生じる身近な感覚であることをそれはあらわしていよう。外の世界から切り離された、狭い閉鎖的な世界に生きる者にとって、好悪の情を呼びさます身近な慣れ親しい感覚や出来事はそのたびごとにそれと意識されるのだが、その感覚ないし出来事として自然と一体化する肉体労働の場面が選ばれているのは、若さと生命力に溢れた秋幸の日常にいかにも似つかわしい。

が、それは共同体の多くの若者のもつ一般的な日常感覚ではない。肉体労働の経験は多くの若者に共有されるものだが、肉体労働が清爽感と結びつくのは秋幸に特有のことなのだ。一方、それとはちがって、多くの人に共有されるもっと一般的な感覚ないし出来事として小説中にくりかえしあらわれるのは、だれかにどこかから見られているという視線の感覚と、耳目を驚かす事件に尾鰭《おひれ》がつき真偽さだかならぬままに広がるうわさだ。二つながら、閉鎖的な村落共同体ならではの人と人とのつながりと他人への興味のもちかたを示す事柄だ。

道をさらに左に折れ路地に入った。……秋幸は歩きながら、その涼台や家の中から、自分を見ている眼があるのを知った。いつも誰かが見ているのだった。秋幸だけに限らずこの路地に入ってくる者はきまって物陰、窓のすき間、路地の家の前や隣りの家とのわずかな土地に植えた樹木や草花の陰からの眼に見られていた。三歳の秋幸を刑務所から出たばかりの男〔龍造〕が、一目確かめようとしてやって来た時もそうだった。……幾つもの眼が、男を見ていたのだった。

（同右、六一—六二ページ）

これらの「眼」の見たもの、見たと思ったものが重なり合い、もつれ合って、二つ目に挙げたうわさが作り出され、流布していく。真偽さだかならぬといっても共同体に生きる人びとにとってはそれこそが事実であり、それを事実と受けとって人びとは自分たちの日々を生きていく。秋幸も龍造もその周辺の親族・血族も、個として特異な面をもち、たがいの関係も錯綜し屈曲するが、その思いも、生きかたも、個々の言動も、共同体の枠を大きくはみ出すものではない。なかで「蝿の王」と呼ばれる浜村龍造が共同体にとってもっとも毒のある厄介な人物だが、しかし、芳しいうわさは一つもなく、だれしも警戒心をもってつき合わざるをえないその龍造ですら、この地に腰を据え、かれなりのあくどい手法でのし上がることができているのだ。龍造は共同体とのあいだであちこちに軋みが生じ、共同体の人びとから恐れられる存在でもあるが、見ようによっては、反近代の要素の多分に残る共同体の土壌がそういう人物を育て上げたともいえるのだ。のみならず、龍造と秋幸との牽引と反発、愛と憎しみの交錯する救いようのない父子関係は、血族のあいだに血腥《ちなまぐさ》い暴力沙汰の起きるのが珍しくない閉鎖的な村落共同体を背景にしてこそ、生身の人間が全存在を賭けて渉り合う生き生きとした奥深いものになっているのだ。

秋幸は龍造を憎しむあまりに男が愛人のキノエとのあいだにもうけたさと子との情事に及ぶ。秋幸は龍造の息子だから、さと子は腹ちがいの妹に当たる。情事は兄妹相姦だ。そのことを承知の上で秋幸は駅裏の新地で娼婦まがいの仕事をしているさと子を買い、情を通じる。龍造への腹いせのためだ。龍造の悪に対抗する悪徳を身にまとおうとする思いもあったかもしれない。

しばらく日が経って、秋幸はさと子を連れて龍造に会いに行く。三人は待合で顔を合わせる。秋幸は、自分が私生児であることも兄妹相姦に及んだことも認めた上で、それを龍造攻撃の武器に転化しようと身構えている。龍造はひるまない。さと子と秋幸を目の前にして「二人共わしの子じゃ」とはっきり言う。二人のあいだに冷たい空気が流れる。

その時、秋幸は随分昔からその言葉を聴きたいと待っていた気がした。あのアキユキと呼ばれた時〔三歳の時〕からだった。秋幸は男を見つめた。男はいた。男はまっすぐ秋幸を見つめ返した。その眼が不快だった。蛇のような眼だった。三歳ではない、秋幸は二十六歳だった。喉元に言葉が這い上ってきた。確かにおまえの子だ、おまえからこの胸も眼も歯も性器も半分ほどもらった、だがその半分が嫌だ。男は町で秋幸を見ていた。それは秋幸を見ているのではない、半分ほどの自分を見ているのだ。秋幸は男を消してしまいたかった。男を殴りつけたかった。さと子のように酒に酔っているなら、男を、膳をとび越えて殴りつけたかもしれなかった。

男は汗をかいたのか長袖シャツをまくり上げた。二の腕に刺青が見えた。男が今日一晩でもゆっくり酒を飲もうと言うように片膝を立てかかったのを見て、秋幸は、「二人の子同士で寝てしもた」と言った。

男は秋幸を見た。

「知っとる」男は言った。「しょうないわい」男はこころもち怒ったような声で言った。

涙が流れた。秋幸は涙をぬぐった。

何故涙が流れ出てくるのか秋幸にはわからなかった。一切合財、しゃべってしまいたかった。


（同右、一四八—一四九ページ）


平然と秋幸を見つめる龍造。興奮して思うことをことばにできない秋幸。龍造との対決ではどう見ても軍配は龍造に上げなければならない。しかし、秋幸にとって、兄妹相姦の背徳行為とそれをめぐる龍造との問答は、共同体の懐の深さと価値観の多様な広がりを思い知らせてくれる大切なきっかけとなった。龍造との一対一の関係にこだわり続けてきた秋幸が、以後、路地を原点とする共同体と自分との関係を視野のうちにとらえ、龍造をもその共同体に生きる多くの人びとの一人ととらえる視点を獲得していくのだ。龍造との間柄は依然として憎しみと愛の渦巻く激越な関係だが、路地とその外へと広がる共同体は、過去二六年間のおのれの暮らしを包み、さらにその前へとさかのぼる歴史を内にふくんだ、ゆたかな世界として見えてきつつあるのだ。

いま引用した秋幸と龍造の対決からまたしばらく経って、秋幸は路地の盆踊りを種ちがいの姉たちと見物に行き、そのあと河原で精霊舟が流れているのを眺めているところで、たまたま家族といっしょにやってきた龍造に行き会う。

秋幸は男〔龍造〕を見ていた。その男は、駅裏のバラックに火をつけ、その足で路地にあらわれたのだった。男は路地に火をつけようとした。火をつけて、路地を消し去ろうとした。その路地は何処から来たのか出所来歴の分からぬ男には、通りすがりに立ち寄った場所だが、秋幸には生まれ、育ったところだった。共同井戸、それは、まだあった。路地の家のことごとくは、軒下に木の鉢を置き花を植えていた。愛しかった。秋幸は川原に立ち、男を見ながら、その路地に対する愛しさが、胸いっぱいに広がるのを知った。長い事、その気持ちに気づかなかった、と秋幸は思った。竹原でも、西村でもない、まして浜村秋幸ではない、路地の秋幸だった。盆踊りが今、たけなわであるはずだった。（同右、二五六ページ）

「愛しかった」とか「路地の秋幸」という表現には、新しい秋幸の登場を予感させる瑞々しさがある。しかし、小説はまもなく終幕を迎える。予感は予感にとどまるほかはない。

どころか、いまの秋幸のしんみりとした心の呟きのすぐあとに、ふとしたことから龍造の一九歳の息子と秋幸とのあいだに諍《いさか》いが生じ、河原の石を手に打ちかかる相手を秋幸が抱きかかえて投げ倒し、組み敷いた相手の頭をそばにあった石をつかんで思い切りなぐりつけ殺してしまう。相手が死んだと分かっても、秋幸は興奮さめやらぬ心のなかで、殺してなにが悪りい、と思っている。路地を愛しく思い、自分を「路地の秋幸」だと思うのが二五年の過去を背負ってここに立つ秋幸ならば、暴力沙汰に血がわき立ち、人を殺すところまで突っ走るのも同じ秋幸なのだ。

小説の残りの数十ページには、秋幸が自首したあとの村のようすが描かれる。人びとは事件に動顚《どうてん》したふうではない。母親のフサを始め、三人の姉や仕事仲間はいままでの生活の延長線上で秋幸の突発行為を理解し解釈し、その将来を気遣っている。自分が別々の女に生ませた二人の子が殺し殺された龍造の苦悶は深いが、なんとか冷静な日常を保とうと努力している。

うわさは撲殺事件についても、真偽とりまぜた話がさまざまな変奏をともなって広がり、他人の眼は今度の場合、母親フサのまわりに頻繁にあらわれた。

自首して留置場に入っている秋幸の将来はどうなるか、作者はそれについてはほとんど語るところがない。が、村落共同体の日常がゆったりと流れ、人びとが事件をそれとして受けとめつつ日常の営みを継続しているのを見ると、秋幸が刑務所から出てきたとき、村の共同体に受け容れられ、服役の事実をも踏まえた新たな生活が始まるだろうことは無理なく想像できる。人によっては悪辣非道と見る龍造でさえ、それなりの居場所をあたえられて暮らしているのだ。それが長い歴史の転変を経てきた土俗の共同体の懐の深さだ。自分の生まれ育った共同体に違和感をもちつづけ、といって外なる世界にも同調できぬ生命力ゆたかな荒々しい若者を主人公に据えることによって、中上健次は近代化の時代のただなかで近代にも容易に屈することのない土俗の世界の人間的なゆたかさを掘り起こして見せたのだった。

3　木下順二と唐十郎と別役実

この節では三人の劇作家の戯曲を取り上げ、時代とのかかわりを見ていきたい。

まず、文芸誌「群像」の五七年五月号に発表された木下順二の民話劇『おんにょろ盛衰記』だ。

一九一四年生まれの木下はアジア・太平洋戦争の末期にすでに、日本の昔話に取材した民話劇『二十二夜待ち』『鶴女房』（『夕鶴』の原型）『彦市ばなし』『狐山伏』を執筆し（発表はすべて戦後）、引き続き戦後に『三年寝太郎』『聴耳頭巾』その他の民話劇や放送劇を発表している。四九年一月に雑誌「婦人公論」に発表し、同年四月に初演された代表作『夕鶴』は、八四年七月には公演回数一〇〇〇回を数えている。

民話劇『おんにょろ盛衰記』は日本の昔話に取材したのではなく、中国の京劇『除三害』を原話としたものだが、舞台を日本の農村に移し、登場人物たちもいかにも日本の農民らしい心の動き、集団の動きをするように作られていて、日本風の民話劇と見てなんの差し支えもない。

主人公は大男で怪力で暴れん坊の「おんにょろ」。本名は熊太郎だが、村人はその乱暴ぶりを半ば厄介視し、半ばあきれて「おんにょろ」と渾名《あだな》している。「おんにょろ」とは仏を守護する仁王のことだ。

舞台の幕が開くと、早々におんにょろの乱暴ぶりが披露される。

木下順二

この日、村では、村人に危害を加える虎狼と大うわばみが村から退散するよう、村じゅう出そろってえんま堂に集まり、祈念のお籠《こも》りをすることになっている。そんなこととは知らず、おんにょろはえんま堂に通じるので山道で大の字になって眠っている。ちょうど目を覚ましたところへ村人（一）がお籠りで飲む酒を入れた壺をかかえて通りかかる。おんにょろは「ちょうどひと寝入りして、おら、酒が飲みとうなったところだ」と言うなり、酒壺をひったくってごくりごくりと飲んでしまう。もっと酒をもってこいと言われて、村人（一）はあわてて逃げていく。

すぐあとに村人（二）、（三）、（四）が重箱と銭袋をかかえてやってくる。おんにょろはこの三人にもそばの立札を引っこぬいて振り上げ、大声を出しておどし、重箱と銭袋を奪いとる。三番目にやってくるのは、亭主と孫息子をなくし山むこうに一人で住む老婆だ。頼りになる二人の男を失った老婆は気がぬけ耄碌《もうろく》し、おんにょろの態《なり》にも面《つら》にも大声にも恐がるようすがない。おんにょろのことはまったく無視して近くの木の枝に帯をかけようとしている。おどしのきかないのにおんにょろのほうが拍子ぬけして枝に帯をかけるのを手伝ってやる。頭の働きの鈍いおんにょろは老婆がなにをするつもりか分からないが、老婆が丸めた帯に首を突っこむのを見てようやく首吊りをするのだと分かる。あわてたおんにょろがかかえおろすと、老婆は手と首が帯にからまって気を失う。やがて老婆は息を吹き返すが、うすぼんやりした頭に現実のさまがうまく呑みこめない。目の前のおんにょろをえんまさまだと思い、自分はあの世にいると信じこむ。そして、死んだ亭主と孫息子に会わせてくれとおんにょろに泣いて訴える。

老婆となにやら気脈の通じるところのあるおんにょろは、願いをかなえてはやりたいが、これだけは力ずくでどうにかなるものではない。困りはてて、さきほど村人から奪った重箱と銭袋を気前よく老婆にもたせてやる。老婆はわけの分からぬまま重箱と銭袋を両手にもち、おんにょろに腰を押されてヒョタヒョタと道を歩いていく。

村人相手にわがまま勝手なふるまいに及び、人びとに恐れられ嫌われても気にすることのない乱暴者が、この世とあの世の区別もつきかねる気ぬけの老婆を相手に親切心を起こし、いつしか首吊りの手伝いをする仕儀となり、後始末に困って奪いとった重箱と銭袋を気前よくあたえてしまう。それが村の暮らしというものだ。作劇術として、村の厄介者のもつ二つの面――乱暴ぶりと気前のよさ――が誇張して表現されているのはいうまでもないが、観客にとって、日本の村落共同体にこんな人物が存在し、あちこちで問題を起こしながら生きていたことは無理なく受け容れられる。共同体はこれにどう対処していくのか。

さきの出来事の少しあと、老人を囲んで村人八人がえんま堂のわきの空地でこんな話をしている。

五　なんしろまあ、どひょうしもねえ厄病神が舞い戻ってきたもんだわ。

六　あらァまた、ぜんてえいつの間《ま》に村へつん返ってきよったもんだ？

五　おんにょろがつん戻ってきたなァ、そうよ、虎狼や大うわばみが荒れ出したよりゃ、あとのこんだな。

八　熊太郎が昔この村ァ突っ走っておん出てから、これでもう何年だな？

七　野郎が村ァおん出たちゅう話ァ、そうよ、ずいぶん昔に聞いただな。

八　そうだ。何でもあらァ、もう十と何年も昔のこんだぞ。

七　なんにしても、粟ァよこせ酒ェよこせで、いたぶられねえ家《うち》は、村じゅうもう何軒もあるめえに。

……

老人　（腕をこまねいて考えこんでいたのが）ふうん、そうか。熊太郎の奴、とうとう祭り酒にまで手ェ掛けたっちゅうだな？

（『木下順二集1』岩波書店、一九八八年、五九―六一ページ）

リズムに乗った会話が続くなか、話は当然にも酒壺や重箱や銭袋を奪われたことに及び、村人（一）、（二）、（三）、（四）が、勇を奮っておんにょろに突っかかっていった、などと嘘を言ったりもする。するうち、気ぬけの老婆がヒョタヒョタと皆のうしろに出てくる。「虎狼」「大うわばみ」のせりふに反応して老婆が声を挙げると、村人たちはそちらに目を向け、やがて老婆のもつ重箱と銭袋に気づき、それをどこで手に入れたかと問いつめる。自分たちがおんにょろに奪われたものらしいと分かった村人（一）〜（四）は老婆の要領を得ない答えにいきり立ち、重箱と銭袋を強引に奪い返す。村人たちの小さな乱暴ぶりを示す場面だ。

小競り合いでまたも気を失った老婆を近所の家に連れていって寝かしつけたあと、「さあて、これでどうやらこの村も、虎狼に大うわばみに、もう一枚おんにょろと、三つの難儀が揃うてしもうたというわけだな」という老人のせりふをきっかけに難儀退治の相談が始まる。冗談めいた感想やら本気らしい意見やらが出て、つまるところ、おんにょろをおだてて虎狼退治に行かせ、うまく退治して帰ってきたら、次は同じようにおだてて大うわばみを退治に行かせることで衆議一決する。

さて、どうやっておだてるか。まず道端に老人が一人で立って「困った、困った」と言っている。そこへおんにょろが通りかかって「なにが困っただ」と問いかけ問答が始まる。そうなったらみんなで出てきて口々におんにょろをおだてる。そんなおだての筋立てで行くことに決まり、村人のなかからおんにょろ役を選定し、下稽古をすることになる。と、そこへいきなりおんにょろが出てきて、驚いた村人たちはあわてて逃げ散ってしまう。残った老人はおんにょろと一対一で必死に問答を続け、なんとかおんにょろをのせて山へと送り出すことに成功する。

場面が変わって翌朝。

村人たちが待ちかまえているところへ、おんにょろが虎狼を倒して意気揚々と帰ってくる。すぐにも次の大うわばみ退治に行かせようと村人たちは必死だが、話の流れが大うわばみを飛び越えて「三の難儀」にまで行ってしまう。しかし、おんにょろに向かって「三の難儀はおんにょろだ」というわけにはいかない。万事に大雑把なおんにょろだが、そこになにかが隠されているのに感づく。三の難儀の名をどうしても言えない村人と、どうしても言わせたいおんにょろとの丁々発止の掛け合いはこうだ。

六 ようし、おらがいうだ。おらがいうだで覚悟しろ。そやつァなあ……

五 (引きとって)そ、そやつァなァ、こ、ここら近在、いつの何時《なんどき》、歩んで廻っとる外道《げどう》だわ。

おんにょろ なに? ここら近在、いつの何時《なんどき》、歩んで廻っとる外道だと?

老人 そ、そやつァな、ちっくい頃にゃあ、いじましい坊主っ子で、遥か昔にばあさまァ亡くして……

おんにょろ ちっくい頃なんざ、どうでもええだ。今はぜんてえ、何をしとる?

八 今はな、今はなんともかとも無法もんになりのぼって、こやつを恨まねえ百姓は、村うち村じゅう、いちにんもねえだわ。

おんにょろ けしからねえなぐれもんだな。どんげな無法をやりまくるだ?

一 てめえの思いが通らねえと、田ァ踏んこくる、畑ァぶち返す……

二 祭のおはなにまで手ェ出して……

三 なんしろ、腕ぢからのくそ力が、何よりかにより天狗じまんだ。

おんにょろ　ううん、天井突きぬけの悪《わり》い奴だな。ようし、会うたが最後、おらがたちまちとっぴしいでやるだ。
七　そのまたよ、腕ぢからなら天竺一だわ。
おんにょろ　どあほうが、おらより腕ぢからの強え金剛力が、天竺三界、一匹いちにん、あってたまるか。
八　さあて、おめえと一定《いちじょう》、どちらが強えだかな？
おんにょろ　何ィ？　ようし、もう大うわばみなんざァ次の次だ。こんにちただいま、おらがそのなぐれもんを、てっぺんごなしに叩き伏せて、ぎゅうぎゅうのぎゅうにへちゃげてやるだわ。やい、そいつァぜんてえ、どこにおる？
（同右、一一三―一一五ページ）

作者の言によると、いろんな土地の方言を混ぜ合わせて作ったせりふだとのことだが、読んでいるだけでも大きく波打つ田舎ことばのリズムに体がゆさぶられるようだ。舞台でせりふを口にする役者たちは、方言のリズムに乗って自然に体が熱を帯び躍動していったと思われる。そして、そういう流れるような力動感のあることばのやりとりがなりたつこと、そのことが村人とおんにょろとのあいだに一つの共同性が――心の通い合いが――存在するもっとも基本的な証《あか》しといえるように思える。
とはいえ、引用文の最後で「三の難儀はなんだ？」と問われて「おまえがそうだ」といえるほど両者の関係は気安くはない。村人たちはことばにつまる。そのとき、だれかが苦しまぎれに

「三の難儀が大うわばみを殺しに行く」と発言し、それに乗ったおんにょろが淵へと一目散に駆けていくことでその場はなんとかおさまる。

それから三日三晩、おんにょろは帰ってこない。おんにょろが帰ってきたら、力を合わせて生きるか死ぬかの叩き合いをする覚悟で、鍬や棒を手に待ちかまえる村人たちだが、三日三晩の緊張の連続でいまや疲労の色が濃い。淵に様子見に行った村人は、淵の水が静まり返っていたと報告する。夜が明けるにつれ、村人たちの心はおんにょろと大うわばみが相対死《あいたいじに》〔共倒れ〕になったという思いに固まっていく。おんにょろの死を悼む気持ちがなくはないが、これから安心して暮らせる喜びがそれに勝り、日が昇るとともに村人総出で賑やかなおまつり騒ぎをやることに一決し、その場に老人と老婆だけを残して人びとは散っていく。

そこへ、大うわばみと大格闘を演じ、最後は山刀で喉元から尾の先まで切り裂いて大うわばみを殺したおんにょろが、ふらふらになって帰ってくる。殺したあと三日もぐっすり寝るほどの乱闘だったという。話し終わったおんにょろは自分が空腹であることに気づき、おらは約束通り大うわばみを退治した、さあ、村の衆も約束通り重箱やら酒壺やらをおんにょろ様に供えるがよい、と得意げに声を挙げる。返答に窮する老人に向かっておんにょろはことばを継ぎ、一の難儀が虎狼で、二の難儀が大うわばみ……と来て、はっとする。老人もはっとする。が、「三の難儀はなんだ?」という問いには老人は答えられない。

たまりかねたおんにょろは老人ののどだんごをぐいぐい締め上げる。

老人　さ、三の難儀の呼び名はな、それがその……

おんにょろ　ええい、いわねえだかい、ごうのやける。（締めあげる）

老人　くっ、くっ、くっ、（思わずどなる）やあいみんな、これえかやあい。三の難儀が現われたぞやあい。

おんにょろ　何だ何だ、この野郎。

老人　（夢中で）三の難儀のおんにょろが戻ってきたぞやあい。やあいみんな、早う出てこう。三の難儀が現われただぞう。

おんにょろ　何だとう？

老人　（夢中で）三の難儀のおんにょろだぁ。

おんにょろ　やい、このもうろく。そらあぜんてえ、何のこった。

老人　や、やい熊太郎、こ、こうなったもんなら、もういうだぞ。む、村じゅう総体大困りの大難儀たァ、おめえのこったわ。……おめえ、わが村に住まわしてもれえてえだなら、おめえどうだ天竺一力じまんのくそ力で、手前のでっけえのど、だ、ん、ご見事しめあげてみせるだかい。

（同右、一四二―一四三ページ）

自分が三の難儀だと言われて、おんにょろは事情の呑みこめぬまま腕に力が入り、老人を気絶させてしまう。折しも、遠くから鐘や太鼓の音とともに、「喜べ喜べえ。おんにょろはお陀仏往生だぞやあい」「三の難儀のおんにょろが、めでたくご退散だぞやあい」、という村人の声が聞こえてくる。うろたえ、半狂乱の体《てい》で声のほうへ向かおうとして、おんにょろはあたりに横臥する老婆につまずく。おんにょろに気づいた老婆は、おめえの帰りを待っとった、と言い、いっとき二人のあいだに穏やかなことばのやりとりがなされる。が、それも長くは続かない。「おらの孫息子に会わせてくれるだな?」という例の一言《ひとつこと》を老婆が口にすると、会話はとぎれ、おんにょろは現実に引きもどされる。

なにをどうしていいか分からなくなったおんにょろの耳に、「わが村に住みてえだなら、てめえのくそ力で、てめえののどだんご締めあげてみせれ」といった老人のことばが響く。おんにょろは力の限りを尽くして自分の首を締めるが、喉は締まらない。おんにょろは、「どあほう。おらァ、おっ死《ち》んでもおっ死《ち》なねえだぞう」、と叫んで村の外へと出ていく。

そのあと老人が意識を取りもどし、老人と老婆の短い会話で劇は終わる。

老人　ばあさまやい、おんにょろはどけェ行っただ?

老婆　はあ?　おんにょろさまかい?　おんにょろさまは、またくるだと。

老人　何だ?

老婆　おんにょろさまは、また戻ってくるだと。

老人　何だ?

つき鐘の音、鐘と太鼓の音、うたいさわぐ声々が続いている。

——幕——

（同右、一四九ページ）

おんにょろはおまつり騒ぎをする村人たちの意に添おうとして自分の喉を締め、死ねないと分かると村を出ていく。村のまとめ役たる老人は今後どうおんにょろに対処するか態度を決めかねている。老婆だけが村に住みたいおんにょろの心の奥を察し、いっしょに住む気になっている。耄碌ゆえの心の動きともいえようが、劇中の老婆の言動はかの女が目先の利害や分別にとらわれることのない、寛闊な心の持ち主であることを思わせ、おんにょろを受け容れるその気持ちも村落共同体の寛闊さにはるかに通じていると感じられる。そして、その寛闊さは、程度の差はあれ、老人や村人たちの心の底にも息づいている。『おんにょろ盛衰記』の幕切れは、普通の暮らしからは大きくはみ出すおんにょろのような異常・異能・異形の存在をも包みこむ、ゆたかな人間の共同性を示唆する心打つ名場面ということができよう。

＊　＊　＊

アンダーグラウンド演劇（つづめて、アングラ演劇）と呼ばれる激しい波があらわれ、日本の演劇界にめざましい変化をもたらしたのは、六〇年代後半から七〇年代にかけてのことだ。動きを主導したのは、唐十郎《からじゅうろう》の「状況劇場」（紅《あか》テント）、寺山修司の「天井桟敷《てんじょうさじき》」、鈴木忠志《ただし》の「早稲田小劇場」、佐藤信《まこと》の「演劇センター68／71」(黒テント)などであった。

同じころ、全国の大学で全共闘運動が盛り上がり、多くの大学で学生たちが主要な建物をバリケード封鎖し、大学当局にさまざまな要求を突きつけて闘いを挑んだが、二つの運動には、高度経済成長下の一見安楽に見える状況にたいし若者たちの懐く苛立ちが、同時代的な社会心情として底流していた。経済大国たることはそれなりに容認できるとしても、それが公害をもたらし、所得格差を押しひろげ、社会的差別や管理体制を強め、人びとの自由を制限するとなれば、そうした流れに疑問を感じ、異議を申し立てるのは時代を生きる一つのありかたにほかならなかった。

唐十郎

演劇表現を通じて時代の状況にたいし、また既成の演劇の文化的位置と社会的役割にたいし果敢に異議を申し立てたアングラ演劇の旗手の一人が、「状況劇場」の唐十郎だった。新宿の喫茶店を舞台と観客席に組み替えて芝居を打ったり、新宿の花園神社を始め全国各地の空地に紅《あか》テントを張り茣蓙《ござ》を敷いた客席に坐る観客を前に、役者が肉体のすべてをさらけ出すようにして見せる破天荒の演技は、演劇の構えそのものが時代に激しくぶつかろうとする意志を示すものだった。ここでは七〇年初演の『愛の乞食』を題材に唐の反逆ぶりを見ていきたい。

『愛の乞食』は三幕からなり、一幕と三幕の舞台は都市の公衆便所だ。戯曲冒頭のト書で、そのありさまがこう指定される。

都市の谷間のどこか、ふきだまり、古い公衆便所。水洗の勢いだけは激しく、威勢いい。小便用のセメント張りの横には、草まで生え、右手の婦人用のドアの隙間には、金バエまで群がっている。……

（『唐十郎全作品集 第二巻 戯曲Ⅱ』冬樹社、一九七九年、八五ページ）

テント小屋そのものが、常設の劇場に比べればすでにして小汚ない粗雑な空間だ。隙間風が通るし、ときに雨洩りがしたりもする。そこにセメント張りの公衆便所を設え舞台とする。高度経済成長下に広がる清潔志向、上品志向の風潮に背を向け、あえて猥雑な世界に表現の場を求めようとする姿勢があらわだ。

暗い舞台に照明が当たって芝居が始まると、小便用のセメントにしゃがみこんで中年の男がゲーゲーと嘔吐し、その背中を古びた背広を着た若いサラリーマンがさすっている。嘔吐の男はくたびれた緑のワンピースを着、手に黄色い旗をもってゲーゲーやっている。元海賊、いまは学童の登校・下校の安全を守るミドリのおばさんだ。風采といい、嘔吐といい、猥雑さは増幅するばかりだ。

ミドリのおばさん（尼蔵）と朝日生命に勤める若いサラリーマン（田口）の会話は嚙み合わない。田口が、「僕、風呂屋に行かなくちゃ」、と言うと、尼蔵が、「いや、俺がそこの水道の水をジョーゴに溜めてかけてやるよ」、と言い、尼蔵の背中に触れた田口が「あなたの背中が熱い」、と言うと、「おできが出来てるんだ、愛のおできがね」、と尼蔵が言う——といったふうに。読みようによっては、せりふがなめらかに行き来する新劇ふうの会話の進行を、あえて壊そうとしているようにも取れる。芝居の観客には演技が稚拙だとか、役者の訓練が足りないとかと見えかねない。

一幕の半ばに初老のザ・ガードマンが用足しに入ってきて、テレビ番組「ザ・ガードマン」の話や家族の話を一くさりしたあと、万寿シャゲという名のセーラー服の少女と車つきの箱に乗ったチェ・チェ・チェ・オケラという名の「イザリ」の男が入ってくる。

少女と「イザリ」の男が自己紹介をしたあと、いっとき沈黙が訪れる。と、「万寿シャゲ、そろそろ店を出しな」という尼蔵のことばとともに舞台は一転、公衆便所が「朝鮮キャバレエ・豆《ス》満江《マンコー》」に変わる。舞台はやや暗くなり、便所の入口にチョウチンがかけられ、ろうそくの灯がともされる。取り立てていうこともないほどの変化だが、なかで少女万寿シャゲは鮮やかな様変わりを見せる。セーラー服を朝鮮服に着替え、地味な中学生からぎらぎらの派手なホステスに変身し、大きな身振りで堂々と猥雑な歌を歌う。

〽春が来るたび思い出す
豆満江に落ちた花
みるみるうちに巻きこまれ

四十八手できたえられ
うちあげられた知らぬ浜
荒んだこの身のゴミ砂漠
あの日の虹がかかります

（同右、九二ページ）

こういう転換が観客を驚かせつつ芝居を勢いづかせるものとして、劇中になんども仕組まれる。ただ、唐の演劇の場合、転換の主導力となるのは、大道具、小道具、照明、効果音ではなく、役者の演技――歌と踊りをふくむせりふと動き――だ。いまの場面でいえば、万寿シャゲはけれん味なくセーラー服の中学生から朝鮮キャバレエのホステスに変身しなければならず、それに導かれてうす汚ない公衆便所が浮華のキャバレエに転じるのだ。以後、ホステスは中学生にもどる必要はないし、朝鮮キャバレエは公衆便所にもどる必要はない。唐の作劇法が求めるのは、もとにもどることではなく、そこからさらなる先へ、未知の境地へと転じていくことだ。

一幕の最後に、その二度目の転換が用意される。

二度目の転換を主導するのは、その昔、満州で海賊をしていた尼蔵、馬田、大谷に、満州で酒場を経営していた「イザリ」のチェ・チェ・チェ・オケラを加えた四人だ。馬田と大谷はいまはしがない刑事をしている。たまたまキャバレエの無断営業の取り締まりに公衆便所にやってきて、かつての海賊仲間・尼蔵と再会したばかりだ。四人が満州時代の思い出話に花を咲かせていると、どこからともなく松葉杖の音が聞こえてくる。それが転換のきっかけだ。

以下、原文を引用する。

突然、彼方より一本杖の音がひびいてくる。皆、ギクリとする。

少女〈万寿シャゲ〉 どうしたの、皆。

ミドリ〈尼蔵〉 しっ！

馬田 あいつだ、あいつの杖だ。

大谷 あいつは、懲役十二年すました後、満州義勇開拓団に入って死んだというぜ。

全員 皆、誰のことを言ってるの？

ミドリ シルバーよ、豆満江のジョン・シルバーよ。

彼方より歌まで聞えてくる。

〽死人箱にゃ七十四人
それからラムが一ビンと
よいこらさあ　よいこらさあ

……

チェ あいつの歌だ。

馬田 こんな時代に何しに帰ってきやがる。

ミドリ シルバーがここへ会いに来るのは、俺たちじゃあねえ。

皆 誰だ？

ミドリ　万寿シャゲ、おまえはあの時、あいつのイロだったんだ。

少女　いつのことを話してるの？

ミドリ　大正時代の話をしているんだ、万寿シャゲ……。ほらお前がまだとても若かった頃の話。

少女　ちょっとまって、あたし余り年とりすぎたもんだから——。

〽死人箱にゃ……七十四人……それからラムが一ビンと……

杖の音がピタリとやむ。

女便所がパタンと開く。何と、その金かくしのある便所はつき抜けで、外は真昼の海。ギラギラ光り輝くあの海……姿を半分見せている一本足の黒い影、ユラリと入りこむように見えて、

少女　（その影に向って）あら、あんたなのね！

暗転

（同右、一〇〇—一〇一ページ）

戦後日本の朝鮮キャバレエ（公衆便所）から大正時代の満州に話が飛ぶのも奇矯なら、その満州に一本足のジョン・シルバーがあらわれるのも奇矯だ。さらに、少女万寿シャゲが大正時代にシルバーのイロだったというのも、その万寿シャゲが「あたし余り年とりすぎたもんだから」というのも、それに輪をかけて奇矯だ。そして、最後の最後に女便所が海に変貌し、そこにジョ

ン・シルバーの影があらわれる。唐は想像力の限りを尽くして場面転換の切れ味の鋭さを求めているように思える。転換の鮮やかさが現実を幻想に、幻想を現実に、一挙に変える力をもってでもいるかのように。わたしは七〇年に東京は吉祥寺の名店会館裏に設けられたテント小屋で麿赤《まろあか》児《じ》・李礼仙《りれいせん》主演の『愛の乞食』を見たのだが、狭苦しい女便所と真っ青な海との取り合わせが観客にも海への憧れを誘ってやまなかったことをよく憶えている。

二幕は、時間をさかのぼって元海賊の三人組が満州でどんなことをしていたかを見せて物語をふくらませ、人物像にくっきりとした輪郭をあたえようとする幕だ。しかし、この二幕にもいくつもの奇抜な趣向や、めざましい転換や、無頼で野性的なエネルギーの噴出が見られ、リアリズム風の話の厚みと展開と並んで、その意外な飛躍や逸脱に心惹かれ、想像力をかき立てられる。

幕が開くとそこは満州の港で、日本人の復員兵と万寿シャゲに生き写しの朝鮮人の女が日本行きの船を待っている。と、そこに、松葉杖を突いた一本足のシルバーもどきの馬田があらわれ、この男女とちぐはぐな会話を交わし、男が水筒の水を汲みに場を離れた隙に、女の首を絞めて殺し、金歯を奪って去る。元海賊の三人組は女を殺して金歯を集める海賊だったのだ。

すぐそのあとに、シルバーもどきの男が馬田から大谷に替わって、ちぐはぐな会話、絞殺、金歯強奪の場面がそっくりそのままくりかえされる。

それが終わると、舞台は満州の酒場。馬田、大谷に尼蔵が加わって、集めた金歯をテーブルの上に山盛りにして酒を飲んでいる。そこへ殺されたはずの万寿シャゲが花を売りにやってくる。

尼蔵が花を買い代金を払うが、万寿シャゲはその場にとどまって金歯を見つめている。やがて、「わたしはあなたたちが港で襲った十四番目の女だ」と言う。三人が適当にあしらっていると、突如、テーブルの金歯をわしづかみにして脱兎のごとく逃げていく。

幻の海賊ジョン・シルバーに絞殺される場面をなんども思い返し、憎悪を募《つの》らせているうちに、少女万寿シャゲの初《うぶ》な心にシルバーへの愛らしきものが芽生えてくる。題名にある愛の乞食への道だ。身元の定かでない思春期の少女は愛の乞食となるのにいかにも似つかわしい。少女の心の動きの表現には純粋無垢ともいうべき唐の抒情性が浮かび出ている。

別の場面で、万寿シャゲはおのれの真情をチェ・チェ・チェ・オケラにこう告白する。

万寿シャゲ　おじさん、あの時、あの人のオウムが「金歯をおくれ」って言ったのは、あたしの聞き違い。あの人のオウムは「花を一リン、花を一リン」って叫んでたんだ。あの寒い岸壁であの人に何で花がいるんだったんだろう。……あの人の手があたしの首に廻った時、あたしは、てっきり、殺されるって言ったんだ。でも、あの人は、あたしの首にぶらさがった母さんのお守りを見つめていたっけ、「寒いでしょう、お嬢さん」あの人のつっかえ、つっかえのあの声、あたし、もう一度、聞きたいの。

（同右、一一二―一一三ページ）

願望は半ばかなえられる。唐は、これまで口をきかない影のような存在でしかなかったシルバーを、非情で頑強な男として万寿シャゲの前に登場させるのだ。一幕の終わりと同様、「急に便所のドアがバタンと開いて、真昼の海を背に一人の一本足が立っている。肩にはオウム」とト書にあって、

男　目がジリジリする。俺の目の中は血走っていて、俺の目はもう美しいものなど、何も見えなくなっているんだ。

オウム　花を一リン、花を一リン。

男　花が一リンあるのかい、フリント。

オウム　花一リン。

男　ああ、花のようにきれいな満州娘だと言うんだな。

少女　あたし、あんたを追ってゆこうと思っていたの。

男　（ラムをグッと飲んで）――。

……

少女　ねえ、何をしようとしたの、あの時、あたしとあんたはこのくらい近づいて、あんたは、「寒いでしょう、お嬢さん」なんて言いながら、あたしの首に手を廻したじゃない、憲兵さん。目が見えないなんて言ってて、あの声のうわずり方、血走り方は一体どういうこと？

男　あんたを殺そうと思っていたんだ。

……〔男は少女の首に手をかける〕

少女 苦しいよ、あんた。

少女がガックリ前にのめる。

男 （便所の壁に押しつけて、まだ少女の首を絞めている）オモ舵、フリント、オモ舵、ここをどこだと思ってやがる。……ここは血まみれの北海なんだ！

……

男、虚空をつかむ。背後より、ナイフを持った三人の男が彼を刺した。男、前にのめって倒れる。

三人の男、松葉杖をついて前に進み出る。それは、あのニセのシルバー、馬田、大谷、尼蔵である。

尼蔵 （シルバーを蹴って）お国を離れて何百里

馬田 満州おろしの安酒場

大谷 興亜の文化のドサクサに

尼蔵 不死身の男も仏さま

馬田 おっと俺らは

大谷 豆満江の

三人 （揃って）歯医者くずれの、金歯組だあい！

（同右、一一四―一一六ページ）

肩にとまるオウムのフリントがシルバーの無意識を表現しているとの解釈が可能なら、「花を一リン、花を一リン」というフリントの甲高い声がかろうじて少女とシルバーの心をつないでいるといえようが、それ以外の、一方は愛、他方は憎に固まった少女とシルバーの真っ向勝負のせりふと動きは尖《とが》りに尖《とが》って、なんとしても相手を刺しつらぬかないではいない勢いだ。二人だけの対決なら、港の場面と同じく少女が殺されて終わりだが、そのぎりぎりのところで不意にニセのシルバーの三人組が登場し、幻の――本ものの――シルバーを刺し殺し、歌舞伎ふうの大見得を切る。目の眩むような転換だ。少女の愛はどこをどうさまようのか。

三幕――舞台は公衆便所の朝鮮キャバレエにもどる。少女は横になって眠り、初老のザ・ガードマンは横腹にナイフが刺さって仰向けに倒れ、元海賊の三人組はテーブルで酒を飲み、朝日生命のサラリーマンは三人のあいだをうろついている。隅っこにいたチェ・チェ・チェ・オケラはザ・ガードマンの死体をネオンの川に捨ててこいと尼蔵に命令されて、死体を背負って出ていったところだ。

元海賊三人とチェの四人がきょう集まったのは、それぞれが長年の海賊稼業で手に入れた獲物を披露し合うためだという。まずはチェの獲物だ。二幕で話題になった金歯がまわりまわってチェのものになったらしい。不在のチェに代わって尼蔵がその獲物を披露する。金歯の分配をめぐって三人は揉《も》めるが、五二〇個の金歯をチェには二個、残りを三人で山分けということで話がまとまる。

続いて、いまは刑事の馬田と大谷の獲物だ。かばんをごそごそやって出てきたのが二枚の調書、一枚が軽犯罪の調書で、もう一枚が乗車拒否の調書だ。獲物のみすぼらしさにあきれた尼蔵が調書を投げ飛ばし、「ふざけるな民主海賊！」「権力の傘下でキンタマすりへらした海賊が――」と激しく罵倒する。

最後は尼蔵の獲物だ。いまはミドリのおばさんの尼蔵は、ミドリの服のポケットに獲物を入れている。大谷が手を突っこむと、小さな靴、ものさし、弁当箱が出てくる。子どもたちの忘れものだ。尼蔵が、「もう一度、会ったら返してやりたい」と切なく言うのに、大谷が靴や弁当箱を放り投げながら、「ヒッヒヒヒ……小学生を守る海賊だあ、ヒッヒ……」と下卑た笑いを返す。怒った尼蔵はいきなりナイフをぬいて大谷を刺す。大谷は空をつかんで倒れ、息絶える。残った馬田と尼蔵がテーブルを隔てて向かい合う。馬田が、共通の獲物なんかどこにもないし、もう海賊の時代じゃない、と言うのにたいし、尼蔵が反論する。

尼蔵　……お前さんの海賊限界説はもっともらしいが、お前は平刑事を長くやりすぎて、海が見えなくなっちまったのよ。あの海が――。俺は今夜発つ、間もなく船が来るんで、それに乗って、また満州へ行くんだ。

馬田　お前には、この世間の風が見えなくなってるんだな、尼蔵、満州なんかありゃしねえ、船なんか来やしねえよ。

尼蔵　どうやら今度はこの俺がお前ら世間のはみ出し野郎になりそうだな。だが、馬田、これだけは言っとこう、登場の仕方によっちゃ、誰でもシルバーになれるように、退場の仕方によってもシルバーになれるんだ。船はきっと来る。

馬田 お前の船出は死の船出よ。もうろくしやがって、目がかすんでやがるんだ。

尼蔵 俺にはよく見えるよ、あの北海が――。

（同右、一二一―一二二ページ）

海のあるなしの口論はかつての海賊の血を沸かせるのに十分だ。激昂の末に二人はナイフとピストルを手にわたり合い、一方は銃弾に撃たれ、他方はナイフに刺され、ともに果てる。

そのとき、激しい物音に万寿シャゲが目を覚ます。豆満江の夢でも見ていたのか、少女は、「一本足の憲兵さんの水先案内をしなくちゃ」、と言って、公衆便所の戸口から大海原へ出ていこうとする。そこに、死体遺棄の嫌疑でチェを連行した警官が入ってきて、短い訊問ののち女を署へと連れ去る。残った朝日生命のサラリーマンは、突如、狂ったように「俺は海賊、……朝日生命の海賊だあ」と叫んで、もう一人の警官に逮捕されてしまう。

舞台は無人となる。

やがて、一人の通行人が小便をしに入ってくる。

急に右手の便所の戸がバタンと開き、海の音がとどろくと同時に、一本足のあの憲兵が仁王立ちしている。

通行人、ギョッ！　とする。

一本足　万寿シャゲ！　万寿シャゲは何処だ！
オウム　花一リン、花一リン。
一本足　万寿シャゲっ！
それと同時に、背後の海賊たち、どよめいて歌う。
〽死人箱にゃ七十四人
それからラムが一ビンと
よいこらさあ　よいこらさあ
……
海賊の行進、花道をよぎる
海のざわめきで、もう、世界はひとたまりもない。

——幕——

（同右、一二四ページ）

尼蔵の夢の世界——海——は万寿シャゲに引き継がれ、朝日生命のサラリーマンに引き継がれ、そこで絶えたと思われたが、さらにジョン・シルバーに引き継がれ、幻の海賊たちに引き継がれる。そのように夢想の世界を堅持し、押し広げていこうとすることが、唐にとって時代を生きることだったのだ。

＊　＊　＊

高度経済成長の時代の、安逸に流れる風潮に異を唱えるアングラ演劇の劇作家として、唐十郎に続いて別役実《べつやくみのる》を取り上げる。

しかし、唐の劇と別役の劇とでは肌合いが随分ちがう。唐の劇が鮮烈なイメージのぶつかり合いによって見る者の全身を激しくゆさぶり波立たせるのにたいし、別役の劇は、舞台の全体を斜めから見つめる作者の目が、役者たちのせりふにおいても動きにおいても、エネルギーの完全燃焼を押しとどめ、どこかから冷たい隙間風が吹いてくるように感じさせる。以下では、初期の代表作『マッチ売りの少女』によって別役の人間のとらえかた、社会のとらえかたを考えてみたい。

アンデルセンの童話を日本の貧困で猥雑な戦後に移して劇に仕立てたものだが、細かいところから見ていくとして、冒頭は初老の夫婦のお茶の場面。二人はティーポット、カップ、スプーン、ジャムのビン、バター、ビスケット、香料のビン、木の実などを次から次へとテーブル一杯に並べながら、こんな会話を交わす。

男　いいかね、食卓のつくり方と云うのは微妙でね、ちょっとした並べ方ひとつで、しなびたレモンにもツヤが出る……。

妻　おむかいではね、におい消しの次に粉ホーレン草を置くんですって……。
男　ふん、何の洒落だい？
妻　そう、私もそう云ってやりましたの。一体、何の洒落ですって……。そうしたら、云うことがいいじゃありませんか、うちにはうちのユキカタがありますって……。
男　ユキカタがね、そうさ。しかし、いいかね、モノにはドウリがある。ユキカタにはコンキョがなくてはならない。
妻　そうです。私もそう云いましたの。コンキョがなくてはって……。
男　おい、そいつは何だい？
妻　にんにくよ。
男　にんにくは朝だよ。夜のお茶ににんにくなんて聞いたことがない。
妻　でもさっき夕焼けを見たわ。あなたいつもおっしゃるじゃありませんか、夕焼けのにんにくって……。
男　朝焼けのにんにくだよ。夕焼けのタマネギさ。
妻　そうだったかしら、じゃ、タマネギね。
男　でも、あれはやめよう。

別役実

妻　何故？

男　匂うよ。

妻　匂いますよ、もちろん。でも一体匂わないものなんてあるかしら。

（『別役実　戯曲集　マッチ売りの少女／象』三一書房、一九六九年、五―六ページ）

ありきたりのせりふのやりとりだが、この夫婦と向かいの家との齟齬らしきものは見てとれるし、夫婦も夫唱婦随のように見えて、相手に簡単に同調しない頑《かたくな》さも備わっている。それが別役劇の登場人物たちの基本型といってよい。どの人物も他人にたいし、また世界にたいし、なにほどかの違和感ないし疎外感をもって生きているのだ。

食べものをめぐる夫婦の会話がもう少し続いたところに一人の若い女があらわれる。

女　（静かに）こんばんは。

男　おや。

女　こんばんは。

妻　こんばんは。

女　夜のお茶ですの？

男　まあね、これでなんとか……。

妻　欠かせないんですのよ、うちではね。昔っからなんです。

女　うちでもそうでしたわ、昔っから……。
男　どうでしょう、せっかくですから、ごいっしょに……？
女　ええ、ありがとうございます。
妻　そうなさい。お茶は夜に限らず、にぎやかな方が楽しいのよ。昔はうちもとてもにぎやかでした……。
男　さあ、どうぞ。
　三人、それぞれ、椅子に着く。男は、それぞれのカップにお茶を注ぐ。（同右、七ページ）

活字を読んでいる限り、この三人の会話とその前の夫婦の会話とのあいだに、さほどの調子の変化があるとは思えない。いや、芝居はまだ始まったばかりだ。観客席にいても、いま大きな変化が起こっているとも、これから起こるとも感じられはしないだろう。のちになって、あそこがそうだったかと合点の行く仕組みだが、事件らしきものをさりげなく日常世界に埋めこむのは、別役の作劇の常套手段の一つなのだ。いまの場面でも夫婦と女とはたがいにまったく未知の間柄で、しかも女はなんの予告もなくやってきて、いつのまにか部屋に上がり、お茶をふるまわれている。日常に静かな揺らぎが生じているのだが、舞台上の人物たちはそれに気づいているのかいないのか。ともあれ劇は進行していく。

　とりとめのない会話は、女の謎めいたことばによってあらぬほうへと逸れていく。女は戦後の飢えた街で七歳の自分はマッチを売っていたと言う。ただのマッチ売りではない。相手がマッチを一本すってそれが消えるまでのあいだ、スカートをもち上げてなかの暗闇を見せていた、と。話のどぎつさに夫婦はあわて、相手を慰めにかかる。そういう時代でしたよ、恥ずかしいことではない、早く忘れることです、などと言って。

女は引き下がらない。さらに前に出てくる。男に向かって言う。七歳の少女がスカートの奥を見せるなんて考えるはずがない、だれかに教えられたんだ、教えたのはあなたですか、と。

女のせまりかたは尋常の域をはるかに超えている。以下、二人のやりとりはこんなところにまで進んでいく。

女 私に覚えがありませんか？

男 あなたに？

女 私、あなたの娘です。

男 あなたが……。

女 ええ。

男 まさか。

女 間違いないのです。私、いろいろ調べてみました。市役所でもそう云って下さいました。本当なのです。

男 そんなことはない。……私には娘なんかいないのです。もちろん、一人居るには居ましたがね、死んだのです。死んでしまったのですよ。

女　私は、私にあんなことをさせたからって、決してうらんではいません。……でも、知りたいのです。……何故あんなことをしたのか。誰かが教えてくれたのだとすれば、それは誰なのか……？

男　でも、私じゃない。私の娘は死んだのです。電車にひかれてね。私は見たんですよ、私の娘が、私の目の前でひかれて死ぬのを……。

女　お父様……。

男　やめて下さい。……その話は間違いです。

（同右、一八ページ）

初老の夫婦の日常が見も知らぬ女性の登場によって大きく侵蝕される場面だが、日常が侵蝕されていると観客が思うのは、舞台上の夫婦のお茶の時間が日常的な安定を保ち、いまのやりとりについていえば、娘は一人いたが電車にひかれて死んだ、という男のことばが日常の事実を述べたものだと思っているからだ。

ところが、別役の劇の提示する日常の秩序はそれほど安定してはいないし、堅固でもない。見も知らぬ女が、「私、あなたの娘です」と言いかけてきたとき、法外な話を蹴とばして静かに前へ進む、というふうには行かない。いまのやりとりは妻が席を外したときの男と女の会話だが、妻がもどってくると話は次のように続いていく。

妻　どうなさいました、あなた。

男　いや、ちょっとビックリしてね、この方が私の娘だなんて云われるもんだから。
妻　あら本当？
女　本当です。
男　馬鹿だな、うちの娘は死んだじゃないか。うちの娘は電車にひかれて死んだよ。
妻　それはそうですよ。でも、生きていればちょうどこの子くらい……。
女　生きていたのです。本当です。
男　私はね、見てるんですよ。私のこの目で……。私の目の前の、すぐこの辺でやられたのです。
……
妻　でもあなた、この子がうちの娘でないって誰が断言出来ます？
男　私が断言するよ。
妻　何故？
男　見たんだからね、私は……。
妻　私も見ました。でも、考えてみる必要はありますよ。
……
女　私を……覚えておりません？
妻　（じっと見つめて、それから低く）この子だわ。
男　違うよ。

妻　でも、そんなことってあるかしら……。
女　私なのです。
妻　ちょっと、立ってごらんなさい。

（同右、一八―一九ページ）

夫婦を比較すれば、妻のほうが気が弱く、お人好しで、人の言を信じやすいたちだとはいえようが、別役のねらいは性格の描き分けにあるのではない。日常の揺らぎが人びとの生きる論理と倫理をなりたたせなくすることこそが問題なのだ。

女が立ってみたところで、かの女が娘であるかどうか明らかになるわけではない。仕方なく、三人は平穏な日常にもどろうとする。

妻　坐りましょう。坐ってお話しましょう。
男　まあ、坐りましょう。立ってたって始まらない。せっかくお茶もあったまったんだし
……。
妻　そうそう、お茶を入れましょう。そうして久し振りの親子ダンランといきましょう。
　三人、再びそれぞれの座につき、お茶を飲み始める。やや楽しい。
男　まあね。似ていることは似ていますよ。年も、生きていればちょうどあなたくらいだし
……。
妻　生きていたのですよ。私はどうもそんなふうな気がしてなりません。

男　しかしお前、冗談にしてもそう軽率にものを云ってはいかんよ。この方にしてみれば真剣なんだから……。
女　お父様もお母様もお元気で何よりですわ。
妻　まあ、わたし、そんなふうなことを云ってもらいたいと、何度考えたでしょう。
男　しかしねえ、あなた。云っておきますが、これは、間違いなんですよ。

（同右、二〇ページ）

男と妻は平穏な日常にもどりたいが、その日常が浮游している。しかも、日常の基本をなす親子関係の不確定が浮游の原因である以上、日常の安定は容易に求むべくもない。日常にもどろうとすれば、もどろうとする男と妻が浮游する。

浮游して女との親子関係に釈然としない思いを懐く夫婦の前に、女の弟があらわれる。「お母様、こんばんは」「お父様、こんばんは」、と言って。夫婦の戸惑いは深くなる。二人は自分たちに男の子はいなかったというもともとの事実に即《つ》こうとするが、浮游した日常を安定させることはできない。お母様はぜんそくだった、という弟の発言をきっかけに、会話はこんなふうに続く。

弟　僕が背中をさすってさしあげると、お母様はとても気持良さそうに、お寝みになりました……。

妻　まあ、そうだったかしら……。
男　お前はゼンソク病みだったかい？
妻　いいえ。
男　じゃ今の話はおかしいね。
妻　でも、風邪をひけばセキくらいすることはあるわ。
女　きっと、そうです。お母様は風邪をひいてらして、その時のことを覚えているのです。
……もう一つ頂きますか？（ビスケットを弟の方へ差し出す）
弟　いいえ、いいです。
女　遠慮はしなくてもいいのです。このうちは、私達のおうちですよ。
弟　いただきます。（ひとつとる）
（同右、二二三ページ）

細かいことのようだが、女が弟にビスケットを差し出すところなど、客人というより家族の一員のごとくにふるまっているのが印象的だ。日常の揺らぎが日常的な動きのなかでさりげなく生じていることが、かえって目を引く。劇の流れとしては、見も知らぬ女の登場をきっかけに揺らぎが生じているのだが、日常的な動きのなかにも揺らぎの影が見てとれるとなると、夫婦の日常は女の登場以前から揺らいでいたかもしれないと思えもするのだ。

ビスケットは姉弟の尋常ならざる関係を示す大切な小道具で、姉はお茶の場で弟の食べたビスケットの数に神経質にこだわり、約束した数より一、二枚多く食べたと分かると、弟の腕をねじ上げたり頭を床に打ちつけたりして夫婦に詫びさせようとする。非日常的な暴力行使だ。夫婦は必死にとめようとするがとまらない。やがて発作がおさまるような具合に姉は静かになる。

幕切れは、「マッチをすらないで」という女の声が遠くに響き、弟が「毎夜、お父様はマッチをお買いになった」と言う。男が「そんなことはない」と強くそれを否定し、弟が「僕は〈お父様を〉責めません」と続けたあと、死んだマッチ売りの少女が昇天する。そして、アンデルセン童話の最後のことばがどこからともなく聞こえてきて幕が下りる。

アンデルセン童話からの引用で劇にはなんとかおさまりがついたように見えるが、夫婦のお茶の席に若い女とその弟が登場することで生じた日常の揺らぎは、少しも元の安定を取りもどしてはいない。幕が下りたあとの夫婦の日々を想像すれば、そこには以前と変わらぬ日常が続くと考えるしかないが、と同時に、かれらが劇中で感じた揺らぎ、または浮游感は、これまた消えずに残ると考えるしかない。揺らぎ、ないしは浮游感は、けっして心地よいものではなく、夫婦の日常に傷跡のようなものとして残ると考えられる。そして、ひりひりするようなその傷跡を容易に消えそうもないものとして舞台上に表現するところにこそ劇作家別役の独特の時代感覚があった。

その時代感覚は、あなたたちの娘です、息子です、といって入りこんでくる姉と弟の人物設定によくあらわれている。この姉弟は、迎える夫婦にとって得体の知れない他人だが、観客にとっても得体の知れない人物たちだ。そんな他人が自分たちの日常に入りこんでくるのは、思えば現代にあってはそう珍しいことではない。そんな場合、まあ適当にやり過ごすというのが生活の知恵というものだろう。それでうまく行く場合も少なくない。が、それでうまく行かない場合もあって、別役の『マッチ売りの少女』はそれを大写しにした劇だ。他人の得体の知れなさは容易に解消せず、揺らぐ日常ないし浮游する日常は容易には回復の見こみが立たない。

そんな日常のなかで人を信じることがむずかしくなる、――別役はそのことに時代の本質的な問題を感じとった劇作家だった。

初老の夫婦は、あなたたちの娘です、息子です、という姉弟の言を信じてはいない。が、姉弟の幼いころの苦労については信じる気がなくはない。とはいえ、茶を飲みながら話を続けていても、相手を信じるほうへと気持ちが傾くことはない。不信の念は持続している。ややお人好しで、相手に口を合わせようとする妻も、そこは変わらない。そのうち、夫婦のあいだにも相手をすぐには信じられないような気持ちが起こってくる。

では、姉と弟はどういう気持ちでいるのか。そこはよく分からない。自分の主張を頑《かたくな》に押し通そうとする姿勢は二人に共通していて、その姿勢からすると人への不信の念が強そうだが、それがどの程度なのかははっきりしない。ただ、姉一人のときも、のちに弟がやってきても、夫婦との距離はちぢまるようには見えず、姉弟のあいだも姉の暴力行為などからすると信頼の糸で結ばれているとは思えない。

となれば、四人の登場人物の作り出すのは人への不信感を容易に払拭できぬ荒涼たる世界といってよさそうだが、その一方、そこにかろうじて日常の安らかさが感じられなくもない。揺らぎ浮游する別役劇の日常は、人を信じにくい苦々しさを内部にかかえつつ、その日常性を維持しているもののごとくだ。それが別役のとらえた時代のすがただ。かれは飾り気のない質素な舞台空間上に、あちこち亀裂の生じるわたしたちの日常のすがたをくりかえし表現しようとしたのだった。

4　つげ義春と高畑勲と宮崎駿

漫画やアニメは六〇年代以降、日本の文化に確固たる位置を占めて現在に至っているが、戦後一〇年くらいは、アニメーション（動画）はいまだ制作の緒に就かず、漫画もおとな向けの一コマから数コマの風刺コマ漫画と、ユーモアや娯楽を主とする子ども向けの物語漫画が、新聞や雑誌の片隅に載るというにすぎなかった。

それが、手塚治虫の『鉄腕アトム』や『火の鳥』などの長編漫画が広く読まれるころから、漫画の読まれかたも作られかたも大きく様変わりする。手塚治虫の新しさとして、コマ割りの自在さ、映画的手法を取り入れた視点の大胆な移動、話の筋の意表を衝く転換、人生観や世界観に及ぶ主題のスケールの雄大さ、等々が挙げられるだろうが、そういう新しさを盛りこんだ長大なストーリー漫画が圧倒的な人気を博することによって、漫画の概念そのものが変わったのだった。子どもが気軽に手に取る、おもしろおかしく他愛のない絵物語だったものが、多彩な登場人物たちの喜怒哀楽をたっぷりかかえこんだ、思いもかけぬ決断や行動や運命に、子どももおとなも胸おどらせ、次なる展開を熱く思いめぐらし待ちうける活劇として、漫画は多くの人びとに受けとめられた。読み手の変化は書き手を変えずにはおかない。漫画家たちは自分の思いや意思やもののとらえかたや生きかたを漫画によって表現する方向へと大きく歩みを進めていった。

数ある漫画家のなかでここではつげ義春を取り上げる。戦後日本の漫画史の大きな流れからすればその漫画は傍流ないし支流でしかないが、そういう傍流ないし支流の存在に戦後という時代の精神史の一面がよく見てとれるからだ。見ていくのは、六七年から六八年にかけて月刊漫画雑誌「ガロ」に発表された『峠の犬』『海辺の叙景』『ねじ式』の三作品である。

「ガロ」の創刊は六四年、二年後の六六年には週刊の「少年マガジン」が一〇〇万部を突破しているが、「ガロ」の売れ行きは芳しくなく、小中学生や大学生の愛読者が少しずつふえてなんとか先の見通しが立つようになった程度だったという。

『峠の犬』は行商をしながら山の村の一軒家に暮らす老人と、隣家の飼犬（五郎）との淡い交流を描いたものだ。六七年といえば高度経済成長のまっただなか、東京オリンピック開催、東海道新幹線開通などのあとを受けて都市化の波が全国に広がる時期に当たっている。『峠の犬』はそんな波には背を向けて山村の風景と暮らし、人びとの心の動きを静かに追っていく。最初の数コマには農家の物置、土間、板の間、米俵、備中鍬、桶、壺、下駄などがリアルに描かれて懐かしさを誘う。犬は左耳が立ち、右耳は垂れ下がったままのいささか不恰好な造形だが、首輪のないことと合わせて田舎の情景にふさわしく感じられる。

つげ義春［共同通信イメージズ］

　老人と隣家のその犬との間柄は、馴れ馴れしくはないが、相手を警戒するところはなく、気心の知れたつき合い相手だ。犬は怒った飼い主に下駄をぶつけられたときには、老人の家に逃げてきて床下に寝そべっている。老人が行商の旅に出るときには街道の辻までついてくる。ここでお別れという場面が二コマに描かれるが、どちらの絵にも相手への気づかいが滲《にじ》み出て、読んでいて心がかすかに波立つ。前の絵は老人と犬が目を合わせて別れを確認する場面、あとの絵はたがいに背を向けてむこうと右方向に離れていく場面だが、とくに後者は、老人の荷物を背負ったうしろ向きのすがたと犬の横向きのすがたに相手への思いが影のようにまといつき、切ない。二本の道はやや広く、老人の行く手の左側はむき出しの岩山が続き、犬の通り道には一〇個あまりの大石が横に並び、そのむこうに石の地蔵が置かれる。見なれた山道の風景が絵の抒情性を強めている。

　話の筋はこうだ。

　山の村で一年ばかり隣り合って暮らしたころ、老人は行商の旅からの帰りに犬へのおみやげとして、近所の子どもの釣ったへらぶなを分けてもらう。犬におみやげをもって帰るのは初めてのことだ。ところが犬は一〇日前から行方不明になっていて、おみやげは宙に浮く。老人は「いままで考えもしなかったことを思いついたりしたから、いけなかったのです」と反省する。

いかにも古風な理屈のつけようだ。壁に廃材の立てかけられた古い木造瓦屋根の家の前に立つ、老人の寂しげなすがたとその古風な心の動きがふしぎに照応して、読むほうとしては慰めのことばの一つもかけたい気持ちになる。

老人の心の動揺も小さくなかったもののごとくで、翌年の春に旅に出たときには、街道の別れ道で、いつもとちがう、行商に不向きな右の道へと行ってしまう。その道は、行商に不向きなだけでなく、その昔、乞食が西に向かって合掌したまま息絶えたため、合掌峠と名づけられた不吉な峠に通じてもいるのだ。

峠に向かう老人の頭のなかには、仏門を捨てて乞食になった男が、岩山のてっぺんで合掌するすがたが思い浮かびもするが、実際に峠の茶屋で見たのは右の耳が動かない犬の五郎だった。老人は勇んで声をかけるが犬は近づきも遠ざかりもしない。以前と変わらず、地面を這うてんとう虫の動きをじっと見つめたり、宙を舞う蝶を追っかけたりするばかりだ。

老人はその夜は峠の宿に泊まり、もと来た道を引き返すことに決める。「引き返さなければならない理由はなにもないのだが」と思いつつ。

夜が明けると、外はザーザー降りの雨。犬は犬小屋に寝そべっている。老人がそばを通りかかってもなんの反応も示さない。

最後のページの三コマには、雨のなか編笠をかぶり簑を着た老人がゆっくりと峠を去っていくすがたが描かれ、最終一コマには合掌する地蔵菩薩が正面こちら向きに描かれて話が締めくくられる。

一〇ページほどの短い漫画の話の筋を丁寧に追ったのは、ストーリーらしいストーリーのないこの漫画の特色を分かってもらいたかったからだ。白熱する物語の展開が読者をぐいぐい引っ張っていく長編ストーリー漫画の競合によって漫画界が異常なまでに活況を呈しているなかにあって、つげ義春の行きかたは時代の傾向を大きくはみ出すものだった。しかし、視点を変えてみれば、大衆文化の異常な活況なるものは、正統を外れた異端をあちこちに生み出し、それらを呑みこむようにして前へと進むものだったとも考えられる。

つげ義春はまちがいなく異端として時代を生きようとする漫画家だった。

人と犬との交流を、しかも近づくのでも遠ざかるのでもない中途半端な交流を、絵とことばで表現しようとするのが作品『峠の犬』だ。関係はどうおさまるのか、はっきりしないままに話が終わることに読者は煮え切らぬ思いを懐かせられるが、ひょっとして作者も同じ思いで描き終えたのではないか。そんなふうに思わせるほど、老人と犬との中途半端な関係は作者の心の奥底に深く根づいているようなのだ。

山の村には静かな時が流れる。老人も犬も騒がしく生きようとはしない。静かな時の流れに満足しているかどうかはよく分からないが、そう生きるしかないと思い定めてそのように生き、そういう生きかたを作者は読者に提示する。

動きがあるとすれば、外界の事件や出来事の動きというより心のなかの動きだ。老人は自分と犬との関係に中途半端ながらにあれこれ関心を懐き、その心のつぶやきが文字として画面に表現される。犬の思いは当然ながら文字に表現されることはないが、老人のつぶやきと、犬の表情や体の動きを通して、犬は犬なりに老人との関係を意識していることが知られる。

そういう老人と犬との中途半端な心の交流の外に出ないこと、出ていこうとしないことが、漫画家つげの漫画思想だと思える。この漫画には語り手の老人以外に釣った魚を老人に所望される二人の子どもと合掌峠の茶屋の老主人とが出てくるが、その三人は老人と犬の交流に入りこむことはない。むしろ入りこむことで交流が変質することのないよう配慮されているもののごとくだ。

外界との関係が稀薄になれば勢い内面の動きが活性化しがちだが、『峠の犬』はそうはならない。老人の犬への気づかいは並一通りではないが、老人はその思いにのめりこみはせず、なるようにしかならないところにとどまっている。終幕のうしろすがたがその心根をはっきりと映し出していて、ここでは老人の自己抑制力が画面を抒情的にしている。そして、時代とのかかわりでいえば、中途半端にとどまる老人の——また、作者の——抑制心は、ひたすら前へと進む高度経済成長下の社会の動きにたいする、不抜の抵抗姿勢を示すものだと思える。つげはその資質からしてめまぐるしい動きを好む人とは思えないが、それと外れたところで自分なりの孤独を生き、孤独の想念を一つの世界として表現するのは容易なことではない。目に見えぬ時代とのたたかいに耐えていくその精神力には、敬意を表さないではいられない。

『峠の犬』の一月後に月刊「ガロ」に発表されたのが、『海辺の叙景』である。

海水浴客でにぎわう夏の海水浴場を舞台とする、若い二人の男女の物語だ。海には波が立ち、海岸では多くの老若男女が波に打たれて遊んでいる。砂浜にはボート小屋やら大きなビーチパラソルやらが立ちならび、人びとは思い思いに立ったり坐ったり寝ころんだりしている。海の風景は、波の逆巻きが上空へと向かう白い飛沫と、動きまわる人間たちの黒い影との対比が目に心地よいし、浜辺のにぎわいからは集う人びとの大小さまざまな声がこちらに響いてくる。画家の絵筆は気軽に動き、それが画面を明るくしている。

浜辺の、人の群れからやや外れたところに、ズボンをはいた上半身は裸の男がシーツに坐るすがたがうしろ向きに描かれる。次の二コマでは、この男にねらいを定めるようにそのうしろすがたが大きく描かれ、次の三コマでは正面からの描写になって、男がサングラスをかけ煙草を喫っていることが知られる。

坐る男のそばを水着の女が通りすぎ、近くのシーツにうつぶせに寝そべり、やがて仰向けに向きを変える。男は見るともなしにそちらを見ている。女は男の視線に気づいているようだが、気にするふうではない。

と、麦わら帽子をかぶった小肥りの男が女に近づき、女に頼まれて日焼け用のオリーブ油を背中に塗ってやる。親しげな二人のようすを見てサングラスの男はその場を去る。

男と女の関係が始まると、海水浴場のにぎわいは消えていく。二人のあいだでことばが交わされることはないが、表情や視線の動きや姿勢の変化が男と女の微妙な心の動きを伝えていて、それを読みとろうとすると、まわりのざわめきは遠くに押しやられる。作者にとっては、ぽつんぽつんとある二人の人間がたがいにたがいを意識する、その複雑玄妙な関係こそがやはり漫画制作の本領なのだと思える。

しばらく時が経ち、男と女は同じ海岸の、砂浜ではなくごつごつした岩場に、たぶん偶然に来合わせて近くに坐る。男は水玉模様のシャツを着、女は横縞のワンピースを着ている。二人はやや離れて、気安い感じで前方を見つめ坐っている。その目の前で、はるか高い崖に立って釣竿を構えていた釣人の糸に大きな魚がかかるが、引き上げる途中で糸が切れ、魚は海に落下する。それを見て、「アア……おしいわね」と女がことばを発し、そこから二人の会話が速くも遅くもないテンポでよどみなく進んでいく。話題も身辺のこと、家族のこと、かつてこの海岸にきたときのことなど無理なく広がる。初めてことばを交わすにしては、二人の表情に落ち着きがある。

二人が岩場を歩きながら話をしていると、さきほどの魚が水面に横向きになって流されてくる。その瀕死のすがたを見て、男は、かつてこの岬で漁船の網に母と子の死体がかかった話をする。母は鼻や口にびっしり藻がつまり、子どもは体の半分が骨になっていた、と。気持ちが落ちこむような暗く怖い話だが、二人の心に広がるほのぼのとした気分はどうにか保たれて、その日の別れ際には「あしたも来る?」「うん」と言いつつ二人はそれぞれに宿に帰っていく。

翌日は雨。

早く来た男がだれもいない貸ボート小屋で煙草を喫ったり、浜辺に立って海鳥を眺めたり、砂浜の石を海に放り投げたりして待っていると、女が雨よけのタオルを頭にかぶってやってくる。貸ボート小屋に並んで腰を下ろして、「だあれもいないね」「かえって静かでいいわ」とことばを交わすあたりから、きのうの続きのような落ち着いた二人の世界が出来上がる。が、それだけにとどまらない。きょうの二人にはきのうの状態をぬけ出してもっと先に行きたい思いがある。つげの作品には珍しい青春の純一無雑な向日性の発露だ。

男の思いは女へのおみやげにミツマメをもってくるという形で示される。宿にしている親戚の伯母さんの家からこっそりもってきたものだ。六〇歳になる伯母さんはいまも海女の仕事をしていて、ミツマメには伯母さんの採ったテングサを煮て作った心太《ところてん》が入っているという。女は「磯の香りがするみたい」と言いつつミツマメを食べる。

女が用意してきたのは、ビキニスタイルの水着だ。「これで一度泳いでみたかったの」という女のことばには、あなたに見せたかったという思いが言外に匂う。恥ずかしがる二人だが、恥ずかしさに引きこもらず、「よく似合うよ」「すごくきれいだよ」「すごく」と男が言い、「あなたいい人ね」と女が応じる。顔の表情もすっきりと爽やかだ。

やがて、男にいっしょに泳ぎたいという気持ちが高まってくる。ビキニの女と水着の男が海に向かって勢いよく駆け出していく。二人だけの海に波は大きくうねり、空には海鳥がにぎやかに鳴き交わしながら群れ飛んでいる。心も体も解放された男と女は二人の世界を存分に楽しむ。

男は泳ぎがうまい。女にそのことをほめられてうれしくなる。しかし、家にこもりがちのこのごろは体力がなく、いまも息が苦しく唇が蒼くなっている。が、泳ぎをやめる気はない。「カゼひくからあがりましょ」と言われても、「もう一度ちゃんと泳いでみせるよ」と、両腕を前へ伸ばし、背筋を立て、張り切った答えを返す。ならば、と、女は「こう行って、こう……」と海岸線に平行に行ったり来たりする泳ぎのコースを指示する。

ジャボッと音を立てて男の体が海に突っこみ、最後の泳ぎが始まる。そこから漫画の終わるまでの七コマはすべて右から左、左から右へと力一杯の泳ぎを見せる男のすがたが描かれる。勢いみなぎる男の泳ぎには、これまで二日間の女との心の交流がここで最高潮に達したことが見てとれるし、最終三コマに傘をさしたビキニ姿で描かれ、「あなたすてきよ」「いい感じよ」と男に声をかける女も、男に劣らぬ充実感に浸っているように見える。その点で、孤独や疎外や中途半端に執着するつげの漫画にしては、一貫した話の筋道を大団円によって締めくくるという、定石にかなった珍しい終わりかたになっている。とくに見開き二ページを使った最終コマは、文句なくこれで終わりと告げる堂々たるものだ。

『海辺の叙景』についてはそう読んでいい、解放感を胸に本を閉じていい、と思いつつ、その一方、なにかしら胸苦しさのようなものが心に残るのもまた事実だ。直前の六コマが明るいのに比べて最終コマが雨足の長い、やや暗い場面に描かれているのが一因ではあろうが、もとを糺《ただ》せば、感情的な高まりを見せた二人の交流の、その先が見通せないことが胸苦しさのよって来たるところだ。心の交流が最高潮に達して話が終わるとわたしは書いたが、最高潮のその上が見通せないのは当然として、そこからどう下降してどこにどう着地するのかも見通しにくい。ために、最後の七コマをくりかえし眺めていると、女の励ますこの泳ぎがいつまでも続くように錯覚されて、それが胸苦しい。海岸線を往復する永久運動は観念的に想像できなくはないが、生身の肉体に可能なことではない。が、ひょっとして男女の感情の高揚が永久運動へと二人を引っ張っていくかもしれない。そういう想像へと読者を導くことからすると、つげの漫画は、いかにもまとまりのよい『海辺の叙景』にしても、社会の秩序を踏み破る怖さを内に秘めていると言わねばならないように思える。

『峠の犬』『海辺の叙景』に続いて最後に『ねじ式』を取り上げる。

リアルで、澄明で、硬質な絵の美しさに支えられた、孤独で、内省的で、古風で、狷介な物語の展開するのがつげの漫画世界だとすれば、それに荒唐無稽の要素が侵入し、物語の雰囲気に目の眩むような変化が生じたのが『ねじ式』である。後々まで記憶に残るという点では、つげの漫画作品中、一、二を争うような特異な作品だ。

書き出しから読者に得体の知れない思いをさせる漫画だ。

最初の一コマには、中央手前に海を背にした少年が描かれる。上半身は裸、下半身は長ズボンのきつい顔の男の子で、右手を曲げて左の二の腕を押さえている。海のやや沖合いに数十本の杭《くい》が不揃いの高さで立ちならび、空には大きなジェット機が近くを飛び、「まさかこんな所にメメクラゲがいるとは思わなかった」「ぼくはたまたまこの海辺に泳ぎに来てメメクラゲに左腕を噛まれてしまったのだ」という二組のことばが空の左右に記される。ことばの主が少年であるのはすぐに分かるが、杭と飛行機は無愛想にそこに置かれて、それが読者にざらつく印象をあたえる。

次のコマには「当然静脈は切断された」「真赤な血がとめどもなく流れだした」ということば

が記され、枯れ枝に人骨らしきものがはさまった絵が配される。ここでも文字と絵はしっくりつながらない。三コマ目は、「ぼくは出血多量で死ぬかもしれない、一刻も速く医者へ行かなければならないのだ」ということばがあって、T字形の十数本の物干し竿に雑多な洗濯物の吊された絵が配される。少年が村へと向かうのは分かるが、死の危険とだらりと下がる洗濯物とのちぐはぐさは拭えない。

ことばと絵のちぐはぐさは尋常ではないが、少年が村に入ると、少年と村人たちとの心の通わなさもそれに劣らず甚《はなは》だしい。たがいに別世界に住んでいる人のようなのだ。どうしてそんなことに、と疑念が募《つの》るなか、追い打ちをかけるように場面の不意の急転換を見せつけられて夢へと連想が及び、そうか、夢を漫画にしたものか、と新しい光のもとで物語を追うことになる。少年が地面に身をかがめ両手で両耳をふさいで「ねッおしえて下さい、イシャはどこだ！」と叫ぶ横を四人組の楽隊の黒い影が通りすぎていくところなど、いかにも夢にありそうな情景だ。

夢を土台に絵を追っていくとなると、荒唐無稽さに筋道をつけるよりも、荒唐無稽さそのものを楽しみたくなる。少年がよれよれに曲がりくねった鉄道線路を歩きながら、「なんて歩きづらい道なんだろう」と嘆く場面では、くねくねと進む線路の曲線を楽しみ、合わせてまわりに広がる野原や湿地帯の風景をゆっくり眺めたくなるし、線路がまっすぐになった上を蒸気機関車が煙を出してやってくるのを見ると、風景もさることながら、次になにが起こるかと期待に胸がふくらんでくる。この蒸気機関車は、やがて少年を乗せて走るすがたが真横から大きく描かれ、最後はもとの村の、線路のない、民家の並ぶ道路のあいだを走ってきて、ゴッゴゴゴと停止する。

機関車を降りた少年は改めて医者を探すが、目につくのは眼医者ばかりだ。金太郎飴を売るおばあさんに医者のことを尋ねるときには、少年の頭もおかしくなってきたのか、「どんな医者を？」と問い返されて、「産婦人科です、できたら女医が絶対必要なのです……そしてビルの一室で開業していたらなお好都合なのです」などとわけの分からぬことを言う。そのあと少年とおばあさんは、金太郎飴をポキンと折って見せ合う遊びのようなことをし、そのあとで少年は教えられた産婦人科へと向かう。

最後は、腕の手術と、夢にありがちなエロティシズムとが交錯する場面だ。産婦人科の女医に、「ここは男のくる所ではありません」と言われた少年は、力ずくで女医の服を脱がせ、腕の手術を要求する。女医は「お医者さんごっこをしてあげます」と言って少年をふとんに誘い入れ、切れた静脈を蛇口つきのパイプに左右から差しこみ、スパナで締め上げる。かくて手術は完了。ねじのついた血管という希代《きたい》なものが出来上がり、題名「ねじ式」の謎が解けて話は終わる。最終コマでは夢から醒めたような少年がモーターボートに乗っているが、かれは本当に醒めたのかどうか。

『ねじ式』が夢の荒唐無稽さを大胆に活用し、想像力ゆたかにイメージをふくらませた比類のない傑作であるのは疑いを容れない。わたしたちの経験する夢のなかのイメージは、ここに見るような明確な像を結ぶことはめったにないが、『ねじ式』の場合、潑剌《はつらつ》たる絵筆の動きが作者の目を明確な像へと導くこともあったのだろうか。

荒唐無稽な夢の専横を抑える力として、一貫性をゆるがせにしない知的配慮が働いていたことを見落とすわけにはいかない。少年が初めから終わりまで左腕をかばいつづけているのは典型的な例だ。脈絡のないさまざまな風景、さまざまな人物、さまざまな場面に出会いながら、少年は静脈の出血にこだわりつづけている。左腕の傷は生死のあわいをさまよう少年の命の一貫性にかかわるもので、最後の手術によって出血が止まり一命が取りとめられたことは、漫画に夢とはちがう時間がひそかに流れていたことを告知してもいるのだ。夢のイメージの玄妙さを追いかけることによって、漫画家の想像力は未踏の領域を切り拓くことになったが、しかし、想像力の鮮やかな跳梁のなかでも世界にまとまりをあたえる知性は堅持されていて、そうした想像力と知性の絶妙な均衡が『ねじ式』の自在で、のびやかな表現を生んだということができよう。

＊＊＊

高畑勲は、戦後の高度経済成長期に大衆的人気を博したアニメーション映画の制作によって、社会の動きに鋭い批判の目を向け、時代に抵抗しつづけた映画監督である。ここでは、高畑の制作活動の集大成ともいうべき晩年の大作『かぐや姫の物語』（二〇一三年）を取り上げる。

映画は題名から容易に推測されるように、日本最古の作り物語たる『竹取物語』を下敷きにしている。竹取の翁が竹から得て大事に育てたかぐや姫が、長じて五人の貴公子から求婚されるが、それぞれに難題をふっかけて五人すべてを斥け、さらには帝の招きにも応ぜず、八月の十五夜に月の世界に帰る、という話の大筋を踏まえた、二時間を超す大作である。

が、平安初期にできた古典文学の筋道を忠実に、丁寧に、追いかけるのが趣意ではない。高畑は古き物語におのれの自然観、生命観、人間観を大胆に注ぎ入れようとする。そして、そのために必要ならば思い切って原作に変更を加える。映画が始まったばかりのところで早くも大きな変改がなされている。

竹林に生えてきた竹の根もとにかわいい女の子を見つけておじいさんは大喜び。大事に腕にかかえて家にもって帰ると、おばあさんも大喜び。赤ん坊は驚くほど成長が速く、しばらく抱いていると重たくなったのが感じられる。床に置くと大声で元気よく泣き、寝返りを打ち、そこらを這いまわり、目につくものをなんでも手に取ろうとする。

家の庭にはいつのまにか近所の腕白小僧どもがやってきて、赤ん坊の動きを興味深そうに眺めている。木に登って見物する子も何人かいる。赤ん坊はその賑わいに気づき、そちらに目をやる。おじいさんとおばあさんが目を離した隙に赤ん坊は床を這い、子どもの群れに近づこうとして縁側から地面に落下する。まわりはびっくりするが、赤ん坊はけがもせず、そのままゆらりと立ち上がる。そして、おぼつかない足取りで一歩二歩と歩き始める。やんちゃな子どもたちはうれしくなって「たーけのこ」「たーけのこ」とはやし立てる。成長の速さと動きの土臭さを見ての、はやしことばだ。赤ん坊の雅びさに心奪われている翁は土俗のはやしことばが気に入らず、「ひーめ」「ひーめ」と声を張り上げて悪童どもに対抗する。

かぐや姫の生涯の原点をなすような、生命力に溢れた、素朴で、にぎやかな場面だ。ここに近所のいたずらっ子どもが登場し、赤ん坊を自分たちの仲間として受け容れることは映画にとって決定的に重要なのだが、原作には村の子どもたちはまったく登場しない。かぐや姫の幼少期の田舎暮らしは、高貴の姫というのちの境遇にふさわしからぬものとして、原作では、避けて通るような書きぶりなのだ。

高畑はそこはまったくちがった。田舎の風物と田舎の暮らしをかぐや姫の人物像の核をなすものとして造形したかったのだ。そのためには自然とともに生きる質朴でやんちゃで腕白な子どもたちを一つの集団として登場させ、かぐや姫をその集団に組みこみ、集団の一員として生きさせねばならなかった。

村童の群れが、立って歩く赤ん坊をはやし立てた場面に続いて、村の子どもの一人として仲間といっしょに野山を駆けまわり、まくわ瓜をもぎ、ナイフで切って実を食べるかぐや姫のすがたが描かれる。成長の速い姫は日も経たぬうちに、村の自然の風景によくなじむ元気一杯の野性的な女の子に育つ。切り立つような崖を伝い降りしようとして滑り落ち、年長の捨丸にいちゃんに助けられたりもする。餓鬼大将の捨丸の気遣いと、その統率ぶりに信頼を置く活発なかぐや姫との間柄には、土にまみれて生きる自然児の初々しさがある。

野山を夢中で駆けまわる子どもたちの耳に雉《きじ》の鳴き声が聞こえる。子どもたちの動きがとまる。雉の声だと分かると、皆の気持ちが鳥をつかまえようとする方向へと一斉に動く。何人もの子が物音を立てないようにして雉のあとを追う。捨丸は地面にぴったり身を伏せて待ちうける。雉が低空飛行で体すれすれのところを飛び過ぎようとする瞬間、少年はぱっと身を躍らせて鳥に飛びつく。着地したとき地面にしたたかに体をぶつけるが、雉はしっかりつかんだままだ。みんなは大喜びだ。帰り道で、さきほど姫が滑った崖の一角に大きなきのこを見つけ、「あしたは雑なべを作って食べよう」と子どもたちの気分は盛り上がる。

すでに述べたように、村の子どもの出てくる場面は原作にはまったくなく、高畑の創作だ。深く、切実な思いのこめられた創作だ。自然に近いところでその日その日を過ごす田舎の子どもたちの、大らかで素朴な暮らしを、高畑は、人間がこの世を生きるゆたかさと喜びの基本の形として表現したかったのだと思える。近代に至っていよいよ文明の発達は加速し、自然が、田舎が、子どもの世界が遠ざけられ、片隅に押しやられるなかにあって、高畑は文明とは縁遠いかに見える自然や田舎や子どもの世界のうちにかえって人間が個人として、また集団として生きる上で本質的なものを見てとろうというのだ。映画で主題歌のように歌われる「わらべ唄」に高畑の思いがはっきりあらわれている。

まわれ　まわれ　まわれよ　水車《みずぐるま》まわれ
まわって　お日さん　呼んでこい
まわって　お日さん　呼んでこい
鳥　虫　けもの　草　木　花
春　夏　秋　冬　連れてこい
春　夏　秋　冬　連れてこい

右の歌に引っかけて言えば、水車、お日さま、鳥、虫、けもの、草、木、花、春、夏、秋、冬に囲まれ、それらとともに生きる子どもの世界こそが、高畑にとって、生きるゆたかさと喜びを育《はぐく》む土壌にほかならない。

が、その土壌に生きることは映画のかぐや姫には許されない。村童たちといっしょに雉なべを囲むことはかなわず、姫は翁《おきな》と嫗《おうな》に連れられて都へと向かう。竹のなかに見つかった黄金《こがね》をもとに姫を上流の貴族に仕立てようとする翁の意向にもとづく生活の組み替えだ。

衣食住は質素ながら、体だけは思う存分に動かす土まみれの田舎暮らしを捨て、飾り立てた立派な邸で何人もの侍女に見守られ傅《かしず》かれ、格式だの礼法だのに縛られた都会の上流生活に乗り替えることは、都会など見たこともなく、上流・下流の区別も知らぬかぐや姫には容易なことではなかった。これまでとは天と地ほどにもちがう境遇のなかでどう生きていくのか、かぐや姫の戸惑いは大きく、悩みは深い。

しかし、かぐや姫は新生活にただただ反発するというのではない。新生活が自分の性格に合わず、自分の意に染まないものであることは意識しつつも、生活の組み替えをいうならば遊びふうにおもしろがるところがあって、たとえば宮中からやってきた行儀作法の指南役の仕こむ優雅なふるまいや言葉遣いは、またたくまに習得する。若さと利発さのあらわれだ。そうやって日が経ち、上流の生活にも少しずつなじんでいく。

だが、子ども時代に経験した生命力溢れる田舎暮らしの記憶は消えることがない。きまりきった制度やしきたり、事こまかな作法に従う生活は、内面からいのちの湧き出るようなのびやかな日々とはやはりちがう。心の奥にわだかまる不満は不意に爆発する。

姫を正式に世に披露する儀式として、名づけの祝いが催される。高名な学者に頼んで「なよ竹のかぐや姫」と名づけてもらい、大勢の有力者を招いて祝賀は三日間に及ぶ。そのあいだ、当のかぐや姫は設《しつら》えの部屋に静かに坐っているだけだ。ときに無礼な客に部屋をのぞきこまれたり、無遠慮な陰口が聞こえてきたりもする。

宴席の冗談めかした手ひどい悪口に、かぐや姫の顔が大きく歪む。手にしていた皿が割れて着物の裾に散らばる。かぐや姫はそのまま立ち上がり、体ごとぶつかって几帳を撥ね飛ばし、部屋の扉も次々と撥ね飛ばして長い廊下を疾走し、廊下の端の大扉にも体ごとぶつかって外の回廊へと出ていく。さらに勢いを増して回廊を進むうち、着ていた色とりどりの衣が一枚一枚かぐや姫の体を離れ、地面に落ちかかって縦長の列を作っていく。まっすぐ伸びる衣の長いつらなりは、かぐや姫の怒りを象徴するかのようだ。最後は、上半身が白、下半身が赤の服をまとっただけの姫が、その悲壮なすがたで都の外に出ていき、冬の野原を走りに走る。

ついに力尽きて姫は道に倒れこむ。やがて、ゆっくりと立ち上がる。服はあちこちが擦り切れている。そのみすぼらしいなりで山道を歩き始める。足はいつしか子ども時代を仲間と過ごした村に向かっている。村はかつての面影はなく、住む人も見知らぬ母子と炭焼きのじいさんばかり。「村は死ぬの?」という姫の問いにじいさんは答える。「十年もしたら緑が蘇り、人が帰ってくる、冬の木々が春に蘇るようにね」と。安堵した姫は雪野原に身を横たえ、静かに眠る。目を覚ますと、そこは邸の几帳のなか。宴はもう終わっている。姫の表情に怒りはなく、むしろ戸惑いが見てとれる。爆発するような怒りが自分の心に秘められていることに、自分が戸惑っているように見える。

ともあれ、激越な疾走シーン以降、かぐや姫のふるまいは作法に則った穏やかなものになった、と語り手は告げる。

とはいっても、幼少期の記憶が消えてなくなるわけではないし、勝気で天真爛漫な性格が急激に変化するわけでもない。それらが人を驚かしたり誤解を招いたりしないよう自制心がいっそう働くようになったというにすぎない。実際、これまた語り手の告げるところによれば、その後のかぐや姫は高貴な女性としての評判も高まり、美しさにもいよいよ磨きがかかって、一目会いたい、縁を得たいと思う男が引きも切らず邸に押しよせたという。が、姫はその代表格ともいうべき、五人の貴公子の求婚に心を動かされることはまったくなく、儀礼的にもせよ喜ぶそぶりを見せたりはしない。ひきかえ、たまたま往来を車で通りかかったとき、「捨丸」と叫ぶ声を耳にし、あわてて車の簾《すだれ》を上げ外の騒ぎに目を凝らす。盗みを働いた捨丸にいちゃんが二人の男に打擲《ちょうちゃく》されるのをちぢこまるようにして見るそのさまには、かぐや姫がなにを心の支えとして生きていたかが鮮やかに表現されている。(原作に村の子どもへの言及はなく、したがって捨丸は原作には登場せず、この場面も純粋に高畑の創作した情景なのだが。)

おもてむきは上流社会のしきたりや規範に合わせて生きていこうとするかぐや姫だから、そこに働く自制心ないし分別心ゆえに、都の大きな邸での暮らしは平穏無事に推移するかに見える。が、おもてむきとは裏腹に、かぐや姫の心のなかにある、身分相応の生きかたに従う気持ちと生命力の昂揚を求める気持ちとの分裂と葛藤は、終幕に向かって深刻の度を加えていく。女御として自分に仕えるようにとの帝の申し出も、月から迎えの使者がやってくるという逃れようのない運命《さだめ》も、分裂と葛藤を深めるばかりだ。かぐや姫のふとしたつぶやきには、自然らしく設えられた邸の庭はにせもの、特別の場で特別な日々を送るわたし自身がにせもの、といった苦い感想が混じる。自然とじかに触れ、鳥、虫、けもの、草、木、花、まわりの子どもたちを友とし、思いのままに動きまわった田舎の日々と、人の羨《うらや》む立派な邸に住み、美しい衣を身に着け、特有のふるまいや言葉遣いを習得し、そうやって下層の人びとを威圧しないではいない都会の上流生活とのちがいを、若いかぐや姫が身に沁みて感じとるようになったのだ。

月に帰る日が近づくにつれて、二色《ふたいろ》の生活経験のちがいはいよいよ明確に認識されるようになり、「わらべ唄」にこめられた田舎暮らしのゆたかさに一段と心ゆさぶられるようになる。上流生活の人工的な味気なさに慣れ親しむようになったために、自然とともにある生きもの本来のゆたかさを十分に味わってこなかったのではないかと悔やむ気持ちが湧く。この世にまもなく別れを告げる若い女性が自分の胸一つにかかえこむには苦しすぎる思いだ。

かぐや姫は胸の苦しい思いを翁と媼にぽつりぽつりと語り始める。幼い娘を強引に都へと連れ出した二人だが、ことに媼には田舎暮らしの素朴な心地よさは懐かしい思い出としていまも残っている。二人は姫を連れてかつて暮らした村へと帰っていく。

村に帰ったかぐや姫の前に、ちょうど何年かぶりに村へ帰ってきた捨丸にいちゃんが、旅すがたのままあらわれる。相手のすがたを認めた途端に二人は駆けよって強く抱き合い、喜びを全身で表現する。抱き合ったまま二人は空中に飛び上がり、手をつないで舞い踊り、懐かしい村を眼下にしながら大空を高く、また低く悠々と泳ぎまわる。地上に降り立つとたがいに力をこめて抱き合い、地面に寝転がり、立って草木のあいだを全力で駆けまわる。少し前に、虫やけもののように自然のただなかで生きるために生まれてきたのに、それができなかった、と悔やんでいたかぐや姫が、その負い目を償うかのように、力のかぎりこの世に生きる喜びを味わおうとしている。

しかし、月に帰るという運命《さだめ》はどう動かしようもない。この世で思いのままに、のびのびと、十分に生きてこなかったと思うかぐや姫は、帰りたくないと痛切に思う。月からの迎えが仏教の聖衆来迎図の形を取るのは、高畑が月への帰還をかぐや姫の死ととらえていることを意味してもいよう。『かぐや姫の物語』は、死を前にして、自分は自分の生をそのゆたかさと喜びにおいて十分に生きてこなかったのではないか、と自省する、健気な、聡明な女の物語なのだ。

見終わって、自然とともに素朴にのびのびと生きるとはどういうことか、いのちを全《まっと》うするとはどういうことか、という問いが残る。問いをたぐり寄せたかぐや姫は、明確な答えは手にしえないままこの世に別れを告げねばならなかったが、問いを残されたわたしたちにも明確な答えは見つかりそうにない。

高畑にも明確な答えがあったとは思えない。ただ、「わらべ唄」に歌われたようなめぐり来る季節も、鳥、虫、けもの、草、木、花も、その多くが過去のものとなりつつある文明世界にあって、観念的にもせよ、それらを思いつつ生きるのは価値のある生きかただと高畑が信じていたことは疑えない。都会生活になじんで人間らしい暮らしの喜びから遠ざかることを悔やむかぐや姫の苦悶の表情にも、映画の終わりに流れる歌「いのちの記憶」にくりかえされる、

いまのすべては　過去のすべて

……

いまのすべては　未来の希望

という文言にも、わたしたちは高畑の人間観と生命観の露頭を読みとることはできるだろう。

＊　＊　＊

高畑勲に続いて、宮崎駿監督の二つのアニメーション映画作品を取り上げる。見終わって爽やかな満足感に浸ることのできる『となりのトトロ』（一九八八年）と、自然と人間との相克に目を据えた『もののけ姫』（一九九七年）だ。

『となりのトトロ』は巨大なぬいぐるみかゴム人形のようなお化けが、トトロの名で登場する。そんなお化けがこの世に存在するはずがないことは子どもでも分かるが、一見こわそうなのに悪いことはせず、主人公の二人の少女サツキ（小学四年）とメイ（四歳）がお化けと知った上で興味をもち、少しずつ親しくなっていくのを見ると、こういうお化けがいたらいいな、いるかもし

れないな、と思えてくる。昔なつかしい農村の美しい風景とユーモラスなお化けのすがたを違和感なく共存させた、アニメーション画像の力量の程を示す作品だ。

陽気で活動的なサツキとメイが、父さんに連れられて、田んぼの広がる農村の古い家に引っ越してくるところから映画は始まる。二人の女の子が裏口の戸を開け、薄暗い廊下に足を踏み入れると、無数の黒い煤《すす》の小さな塊が群れをなして壁を伝って逃げていく。メイは「あっ、まっくろくろすけだ」と叫んで大喜びであとを追いかける。これはこれで古家に巣くうお化けだろうが、子どもたちに恐れるようすはまったくない。締め切った家の戸や窓を開け放ち、風呂場やら物置やら階段やらを探険していると、こつんと音がして天井からなにかが落ちてくる。どんぐりの実だ。射しこむ日に照らされて茶色が美しい。木の精がさまよい出たかのような色艶だ。メイとサツキに加えて、大学に勤める父さんもお化けや精霊に親しみを覚える人で、そういう三人が越してきたことに魔ものたちもうれしがっているような場面の流れだ。

しばらく空家だった田舎の一軒屋は汚れや埃《ほこり》やひび割れが目立ち、お化けや魔ものの登場にいかにもふさわしいが、家の近くに巨大な樟《くすのき》がそびえ、まわりに大小の樹木が密生し、蔦《つた》がからまり、中にもぐりこむとトンネル状の薄暗い道がうねる、こんもりとした藪《やぶ》があるのも、野や森の精の登場にふさわしい。メイが最初にトトロに出会ったのもこの藪のなかだし、サツキが最後にトトロの助けを求めて赴くのも同じ藪のなかだ。木や蔦のからみ具合といい、射しこむ光の微妙な陰影といい、背景担当者の腕の見せどころだ。

さて、述べてきた父娘三人には実は母がいて、目下、入院療養中だ。だから、姉のサツキは朝早く起きて三人分の弁当を作らねばならないし、妹のメイを保護する気持ちももっている。妹がやんちゃで自由奔放なのと対照的に、姉は活発ながらしっかり者のいい子でもある。

母のいない暮らしは楽ではないのだが、ちょっと離れたところに住む隣家の婆ちゃんがそれとなく気遣ってくれることもあって、三人は明るく元気に日々を送っている。村全体に静かな落着きがあり、新参者に冷たい目を向ける人はいない。昼間、家に一人残された四歳のメイが寂しくなってサツキの学校に来たとき、事情を察した担任の女教師がサツキの隣にメイを坐らせて授業を進める、といったそんな気風の村なのだ。

隣家にはカンタという名の孫息子がいる。サツキの同級生で、いかにも田舎育ちの、ぶきっちょな男の子だ。サツキのことが気にかかりながら面と向かうと口がきけない。雨でサツキとメイの二人が道端で濡れて立っているのを見ると、怒ったような顔をして黙って自分の傘をそちらに突き出す。二人が怪訝《けげん》な顔で見つめ返すと、傘を投げ出して雨のなかを走って逃げていく。そんな少年が少しずつ口をきけるようになるところに農村共同体の温かさがひかえ目に映し出されている。観客にとって、カンタも魅力的だが、共同体も魅力的だと感じられる場面だ。

穏やかな村の生活環境のもと姉妹とトトロとの超現実的・幻想的な、しかしこれまた穏やかな交流が続くなかで、後半に入って事件が起こる。妹のメイが行方不明になるのだ。

今度の土曜日に一時帰宅してよいとの通知が病院からあって姉妹が喜んでいると、追っかけるように病院から電報が来て、すぐ電話するようにとの指示。あいにく父は大学で勤務中のため、サツキが近隣の大きな農家に行き、そこの電話を借りて父の研究室にかけ、母が体調不良のため土曜日の一時帰宅が取りやめになったことが分かる。何回かの電話のやりとりのあと畑の婆ちゃんのところへ帰ってみると、そのあたりにいたはずのメイのすがたが見えず、大騒ぎになる。サツキとカンタは心当たりの場所を手分けして探しまわる。婆ちゃんは近所の人びとに捜索協力を頼み、大勢で探しまわるが見つからない。村の大きな池に女の子のサンダルが片方だけ浮いていて、池のなかにまで捜索が及ぶ。やってきたサツキが「これはメイのサンダルじゃない」と明言してみんなはほっと息をつくが、メイはやはり見つからない。

だんだん日が傾いてくる。

村の人びとの心配をよそに、夕焼け空はえもいわれぬ美しさだ。村にはどんなにつらいとき、苦しいときにも変わらぬ自然があり、静かな共同体があると告げるような美しさだ。

ふと、サツキの脳裡にトトロのすがたが思い浮かぶ。元気の出たサツキは一散に樟《くすのき》の藪へと走っていく。のんびりと話を聞いていたトトロは事情を呑みこむと猫バスに合図を送り、猫バスは超特急でサツキのもとへやってくる。サツキが乗りこむと行き先が「メイ」と表示され、バスは歩き疲れて道端に休むメイのもとへと飛んでいく。道中の風景も美しい。元気になったメイが車中ではしゃぐなか、バスは母の病院へと向かう。病院には父が来て母と話している。父は大学から直接ここに来てメイの失踪事件は知らないから、話しぶりは穏やかそのものだ。そのようすを窓の外の庭からサツキとメイが見ている。姉妹は病室には入らないで、窓のところに持参のとうもろこしをそっと置いて去っていく。両親は人の気配を感じるが、窓のとうもろこしを見つめるだけで静かに映画は終わる。

終わりかたもそうだが、『となりのトトロ』は見ていて身も心も安まる秀作だ。幻想の世界と現実の世界が子どもの心を媒介に明るく生き生きとつながり、共同体の安定した、温もりのある暮らしが二つの世界を包みこんでゆったりと時を刻んでいる。そして、風景の美しさ。経済成長が尊ばれ、競争に勝つことが求められる時代に、反時代的な小さな静かなユートピア世界の可能性を探ろうとしたのが『となりのトトロ』だった。

『となりのトトロ』の九年後（一九九七年）に制作されたアニメーションが『もののけ姫』である。

心安まる明るく落ち着いた村の暮らしとは打って変わって、戦闘に次ぐ戦闘の展開する激しく血腥い映画だ。

霧のなかに大きな樹木が一本また一本と並び立つ雄大な森の風景が映し出されたあと、高い物見櫓の立つ村へと場面が移り、まずは主人公の少年アシタカが大カモシカ（ヤックル）に乗って登場し、次いで三人の村娘があらわれる。早くもあたりに異様な気配が漂う。やがて、体じゅうに蛇のようにぬるぬるした黒紐の生えた、気味の悪い魔物があらわれる。火矢に撃たれた猪が、断末魔の苦しみと怒りのなかでタタリ神に変じたものという。そのタタリ神が村娘を襲う。それを救おうとアシタカが得意の矢を放つ。タタリ神を倒すことはできたが、アシタカは、右腕に蛇の黒紐が巻きつき、それが死の呪いとなる。村の老女の語るところによれば、西の国で不吉なことが起きている、そこに赴き、曇りのない目でものごとを見定めれば、その呪いを断つ道が見つかるかもしれぬ、という。

人間と自然との神話的な闘いを象徴する幕開きだ。

アシタカはヤックルに乗ってただ一人、西の国に向かって出発する。武力には自信のあるアシタカだが、楽な旅ではない。西の国のシシ神の森の近くで谷川に転落した二人の男を助け、森の妖精コダマに導かれて、「タタラ場」のある集落まで二人を送りとどける。途中、人語を解する犬神モロに育てられた少女サンが、山野を歩きまわるのに出会う。森を破壊し、森のけものを殺す人間を憎むサンは、初めて会ったアシタカにも「去れ」と拒絶のことばを投げつける。

タタラ場と呼ばれるのは、山を切り拓いて作られた城のように頑丈な製鉄工場だ。多くの男女が集団生活をし、高熱の炉に砂鉄と木炭を交互に投入し、吹子《ふいご》で風を送り純度の高い鉄を精製している。吹子で送風するには三昼夜連続してタタラを踏まねばならないが、この重労働を女たちが交替で担っている。タタラ場の奥には別の仕事場が設けられ、体じゅうに白い布を巻きつけた病人たちが石火矢《いしびや》と呼ばれる鉄砲の製造に取り組んでいる。

この集団を率いるのが、エボシ様と呼ばれる凜とした剛毅な女だ。売られた女たちを買いとってタタラ踏みの仕事をあたえたのも、人びとの忌避する奇病人たちを同じ人として扱ったのもエボシの心の寛さを示していて、タタラ場の男女の信任は厚い。

が、砂鉄を集めるには山を掘りくずさねばならず、木炭を作るには木を切らねばならない。生産の拡大・発展は自然環境の破壊をもたらし、そこに住む生きものたちの生活条件の悪化をもたらす。そのことに気づいてもいるエボシだが、かの女はそれをどうしようもないことと受けとめた上でさらなる鉄の生産へと向かう。

だが、森に暮らし、環境破壊に苦しむ生きものたちの気持ちが痛いほどに分かるサンは、人間たちの所業を心から憎み、とりわけエボシにたいしては憎しみが深い。同じ憎しみはサンを育てた犬神モロにもそっくり共有されている。サンにもモロにもエボシは倒さないでは済まない敵対者だ。エボシはエボシでこれまた不倶戴天の敵としてサンとモロに向き合っている。

アシタカが初めてタタラ場を訪れたその日の夜に、サンが単身タタラ場に乗りこんでくる。エボシの指揮のもと、ただちに迎撃態勢が敷かれる。サンは四方八方に警戒の目を配りつつ、飛び上がり身をかがめ縦になり横になり転がり、屋根の上を、地面を、壁の隙間を、目にもとまらぬ速さで動きまわる。あちこちから鉄砲玉や小爆弾が飛んでくるが、それを巧みによけ、当たっても敏捷な動きはさほどに鈍らない。アシタカはあちこち移動しつつ目を凝らしてサンの動きを追っている。

庭で指揮するエボシの至近距離に、サンが屋根上から大きく弧を描いて飛び下りてくる。女二人が短剣をぬいて激しく切り合う。剣さばきも身のこなしもいずれ劣らぬ見事さだ。

その切り合いのなかにアシタカが割りこんでくる。右腕には死の呪いが蛇の青い炎となって渦巻き、それがアシタカの動きに弾みをつけるかのごとくだ。アシタカは二人の女に次々と当て身をくらわせ、エボシは仲間の女たちの手に委ね、サンは自分の肩にかついでタタラ場を出ていく。アシタカの不可思議な力を目の前にして男も女もなす術《すべ》を知らない。

タタラ場での戦闘で銃弾を受けたアシタカは、森に入ってしばらくすると気を失って倒れ、何日も生死のあいだをさまよう。瀕死のアシタカにシシ神が自然の生命を授け、元気を回復したサンが手厚く介護する。目覚めたアシタカとサンのあいだにはぽつりぽつりとことばが行き交い、二人は少しずつ心を開いていく。

アシタカが元気を取りもどしヤックルを乗りまわせるようになるのと同時に、タタラ場と森と湖とを舞台とする大乱戦の幕が切って落とされる。

森には鎮西（九州）に住む長老の猪神がはるばる遠征してくる。各地の猪を召集し、一大群団をなして人間に襲いかかり、タタラ場を潰滅させ、シシ神の森を生き返らせようというのだ。サンと犬神たちも同じ戦列で戦おうとしている。迎え撃つのはエボシ配下の諸部隊だ。鉄砲隊を要所に配し、地面には爆薬を仕掛け、崖の上からも爆薬を投げ下ろし、けものたちの全滅を策している。なかにジコ坊という謎の人物が混じる。唐傘連という集団を率いるこの男は、けものと戦うエボシに加勢するとともに、不老不死の力をもつシシ神の首を手に入れようとねらっている。エボシ配下の部隊はけものを相手とするだけではない。タタラ場で作られる鉄は農機具や刀や鉄砲の材料として需要が高まり、近隣の領主アサノを始め、地侍や野武士たちも虎視眈々と略奪の機会をねらっている。それに備えて、タタラ場では女たちの部隊が鉄砲を手に警護に当たっている。

けものと人が入り混じり、部隊がどこにいてどう動くか見当もつかない乱戦の構図のもと、アシタカは戦闘をなんとか小さくおさめ、犠牲を少なくしようとヤックルに乗って奔走する。が、いきり立つ戦闘獣・戦闘者たちは闇雲に前へと進むばかりだ。しかも、一帯はシシ神の森だ。シシ神がなにを思い、どう動くか、それがまた未知数なのだ。

次々と描き出される戦闘場面は破壊と殺傷の広がりと深まりを示して余すところがない。これまで登場してきた動物たち、人間たち、精霊たちのうち、破壊と殺傷の危険にさらされない存在はだれ一人、なに一つないといってよい。人びとのうちにも、動物たちのうちにも、精霊たちのうちにも、生きのびようとする意志は強く働いているが、それを上まわる破壊と殺傷の力が働くのが最後の長い戦闘場面なのだ。

破壊と殺傷の行くつく果てに、森の生きものたちから光り輝く聖なる存在として崇められてきたシシ神が、タタラ場の統率者エボシによって首を撃ち落とされる。シシ神が夜のすがたであるディダラボッチに変身するさなかの出来事で、シシ神は首のない巨大なディダラボッチとしてあたりを徘徊し、これまでまわりにあたえていた命を、まわりから奪いとろうとする。命を奪いとるディダラボッチの怒りと憎しみの所業は、さらに大規模な破壊と殺傷となってあらわれ、タタラ場は炎上し、山は崩れ、木々は枯死する。

そうなってようやくサン（もののけ姫）とアシタカに積極的な役割があたえられる。商工業が発達し、正規の武士団や地侍や野武士による戦乱があちこちに起こる文明世界においては、人びとはシシ神やディダラボッチを遠い昔の伝説的存在と考えるしかないが、けものの世界に親近感をもつサンや、森とタタラ場の共存を願うアシタカは、シシ神やディダラボッチの生きる神話的世界に共感する心をもっているからだ。二人はジコ坊とその配下がシシ神の首を輿《こし》に載せてもち去ろうとするのを奪い返し、ディダラボッチにもどそうとする。サンとアシタカにしか思い浮かばない行為だし、二人にしか実行できない行為だ。曲折を経て首はディダラボッチのもとにもどる。首のもどったディダラボッチは夜明けとともにすがたを消し、生き残ったタタラ場の男女が気を取り直すようにして周辺のありさまを眺めわたすなか、戦闘はやみ、破壊と殺傷とはちがう世界の訪れが予感される。土くれのむき出す荒れはてた山肌が背丈の低い緑の野へと変わり、生命の蘇りが感じられる。

宮崎監督はサンとアシタカに最後の思いを託す。二人はこんな会話を交わす。

「アシタカは好きだ。でも人間を許すことはできない。」
「それでもイイ。サンは森で私はタタラ場で暮らそう。共に生きよう。」

歯切れの悪い終わりかただ。が、自然環境の破壊が地球規模で問題となるほどに自然と人間とのあいだの矛盾と亀裂が深まった現代にあって、矛盾と亀裂を克服する歯切れのよい回答など容易に見つかりそうもないことは、神話や伝承の世界に分けいってまで自然と人間の関係を見つめ続けてきた宮崎のよく知るところだった。自然と人間との矛盾と亀裂ゆえに生じた破壊と殺傷を身をもって経験したサンとアシタカが、一方は森に、他方は生産現場に生きる覚悟を固め、せめて人間同士のあいだだけでも「共に生きよう」と決意するのは、矛盾と亀裂に耐え、矛盾と亀裂を多少なりとも克服していく、ぎりぎりの選択だったと思える。

その意味で、『もののけ姫』の歯切れの悪い幕切れは宮崎の時代にたいする誠実さを示すものにほかならなかった。宮崎はアニメーション映画の制作を通じて、時代を指導するのでも時代に同調するのでもなく、時代とともに生きようとしたのだった。

（了）

おわりに

一九九四年に青森県で見つかった三内丸山縄文遺跡から、江戸時代晩期の鶴屋南北『東海道四谷怪談』に至る大きな文化の流れを追う『日本精神史』において、わたしは同好の士の集う市井の読書会や勉強会での疑問点の指摘や、賛意と批判と異論の提示を通じて自分の思考を広げ、論を深め、表現を修正することができたと思うが、後を継ぐ幕末・維新から二〇世紀末に至るこの『日本精神史　近代篇』においては、前作以上の支援と協力を得ることができた。論の対象となる時代が近づくにつれ、見えてくる社会や個人の精神のすがたをどうとらえ、どう評価するか、思い悩み、考えあぐねることも多かったが、親しい友人・知人とのことばのやりとりは思考の息苦しさを和らげ、筆を前へと進める大きな力となった。

わたしのほうから感想や意見を引き出そうともした多くの人びとの名を挙げるのは、紙幅からして無理だ。代わりに、長く続く読書会ないし勉強会の名だけでも挙げておきたい。

わが塾に通う子どもの母親たちを中心にした、五〇年近く続く「児童文学の読書会」、そこから派生した古今東西の文学（おもに小説）をテキストとする「土曜の夜の読書会」、四〇年以上にわたってヘーゲルの著作・講義をドイツ語で読み進む「ヘーゲルを読む会」、美術を論じた英文のテキストを読み進む「美術史勉強会」、思想書と芸術書のあいだを行ったり来たりして議論を楽しむ「美学の会」、そして、日本近代の文学書および思想書をやや系統的に読む「近代を考える会」、――ほぼ月一回の割合で一〇人前後の人が集まるこうした会は、いまではわたしの日々の生活に自然に組みこまれるものとなっていて、それらなくしては日本精神史をめぐる自分の思考がどう展開したのか、想像もできないほどだ。

前作に比べて自分のほうから多少とも積極的に働きかけて感想や意見を求めるところがあったから、応じてくれた人への感謝の念も大きく、場面場面での会話の密度も濃くなっていったように思う。わたしの思索を世界へと、また時代へと開いてくれた仲間にたいし、心底からありがとうと言いたい。かれらの思いがけぬものの見かたや考えかたはわたしの議論に新たな光を当て、新たな方向性を示唆してくれるとともに、そこに、ものごとに真摯に向き合い、納得の行くまで考えつづけようとする誠実な思索の人がいることを思わせて、ともに考えていこうとする気合いと気迫をあたえてくれたのだった。

こういう人びととの存在が信じられるかぎり、わたしは今後も世界と向き合い、時代と向き合って沈着冷静にものを考えていくことができるように思う。

長谷川　宏

二〇二三年八月一三日

主要参考文献

辞典・年表・図録

国史大辞典編集委員会編『国史大辞典』（全十五巻）吉川弘文館、一九七九—九七年
新村出編『広辞宛 第四版』岩波書店、一九九一年
日本国語大辞典 第二版 編集委員会・小学館国語辞典編集部編『日本国語大辞典 第二版』（全十三巻）小学館、二〇〇〇—〇二年
諸橋轍次『大漢和辞典 縮写版』（全十二巻）大修館書店、一九六六—六八年
白川静『字通』平凡社、一九九六年
林達夫編『哲学事典』平凡社、一九七一年
『新潮世界美術辞典』新潮社、一九八五年
大島建彦・薗田稔・圭室文雄・山本節編『日本の神仏の辞典』大修館書店、二〇〇一年
佐々木毅・鶴見俊輔・富永健一・中村政則・正村公宏・村上陽一郎編『戦後史大辞典』三省堂、一九九一年
歴史学研究会編『日本史年表』岩波書店、一九六六年
岩波書店編集部編『近代日本総合年表』岩波書店、一九六八年
児玉幸多編『日本史年表・地図』吉川弘文館、一九九五年
滝沢博和・橋詰洋司・馬場信義・桃林聖一編『日本史総覧』東京法令出版、一九九五年
詳説日本史図録編集委員会編『山川詳説日本史図録 第3版』山川出版社、二〇一〇年

中村政則・森武麿編『年表 昭和・平成史 新版』岩波ブックレット、二〇一九年
吉田精一編『現代日本文学全集 別巻2 現代日本文学年表』筑摩書房、一九五八年

第一章 近代の始まり

青木茂・酒井忠康校注『美術』岩波・日本近代思想大系17、一九八九年
泉三郎『誇り高き日本人 国の命運を背負った岩倉使節団の物語』ＰＨＰエディターズ・グループ、二〇〇八年
歌田真介『油絵を解剖する 修復から見た日本洋画史』ＮＨＫブックス、二〇〇二年
歌田真介編『高橋由一油画の研究 明治前期油画資料集成』中央公論美術出版、一九九四年
久米邦武編・田中彰校注『特命全権大使 米欧回覧実記』（全五冊）岩波文庫、一九七七―八二年
久米邦武編『現代語訳 特命全権大使 米欧回覧実記（普及版）第1巻 アメリカ編』（水沢周訳）慶応義塾大学出版会、二〇〇八年
久米邦武編『現代語訳 特命全権大使 米欧回覧実記（普及版）第2巻 イギリス編』（水沢周訳）慶応義塾大学出版会、二〇〇八年
小西四郎『日本の歴史19 開国と攘夷』中央公論社、一九六六年
坂本一道編『高橋由一』新潮日本美術文庫23、一九九八年
佐藤道信『〈日本美術〉誕生』講談社選書メチエ、一九九六年
高階秀爾『原色日本の美術27 近代の洋画』小学館、一九七一年
田中彰『岩倉使節団『米欧回覧実記』』岩波現代文庫、二〇〇二年
田中彰『明治維新と西洋文明――岩倉使節団は何を見たか――』岩波新書、二〇〇三年
坪内逍遥『小説神髄』筑摩・明治文学全集16、一九六九年

沼田次郎・松村明・佐藤昌介校注『洋学〔上〕』岩波・日本思想大系64、一九七六年
芳賀徹『絵画の領分　近代日本比較文化史研究』朝日選書、一九九〇年
古田亮ほか編『近代洋画の開拓者　高橋由一』読売新聞社、二〇一二年
正岡子規『病牀六尺』岩波文庫、一九八四年
正岡子規『仰臥漫録』岩波文庫、一九八三年
松沢弘陽『近代日本の形成と西洋経験』岩波書店、一九九三年
山梨絵美子『明治の洋画――高橋由一と明治前期の洋画』至文堂・日本の美術第349号、一九九五年

第二章　啓蒙思想の転変

家永三郎編『大井憲太郎・植木枝盛・馬場辰猪・小野梓集』筑摩・明治文学全集12、一九七三年
伊藤彌彦『維新と人心』東京大学出版会、一九九九年
大久保利謙編『明治啓蒙思想集』筑摩・明治文学全集3、一九六七年
鹿野政直『資本主義形成期の秩序意識』筑摩書房、一九六九年
『近代日本思想史講座1　歴史的概観』筑摩書房、一九五九年
『近代日本思想史講座4　知識人の生成と役割』筑摩書房、一九五九年
田畑忍『加藤弘之』吉川弘文館・人物叢書、一九五九年
遠山茂樹『福沢諭吉――思想と政治との関連』東京大学出版会、一九七〇年
中江兆民『三酔人経綸問答』（桑原武夫・島田虔次訳・校注）岩波文庫、一九六五年
中江兆民『三酔人経綸問答』（鶴ヶ谷真一訳）光文社古典新訳文庫、二〇一四年
なだ いなだ『TN君の伝記』福音館文庫、二〇〇二年

萩原延壽『馬場辰猪』中公文庫、一九九五年
林茂『近代日本の思想家たち』岩波新書、一九五八年
林茂編『中江兆民集』筑摩・明治文学全集13、一九六七年
樋口覚『三絃の誘惑』人文書院、一九九六年
ひろたまさき『福沢諭吉研究』東京大学出版会、一九七六年
福沢諭吉『西洋事情』岩波・福沢諭吉全集第一巻、一九五八年
福沢諭吉『文明論之概略』『通俗民権論』『通俗国権論』岩波・福沢諭吉全集第四巻、一九五九年
福沢諭吉『福翁自伝』岩波・福沢諭吉全集第七巻、一九五九年
福沢諭吉『時事新報論集』岩波・福沢諭吉全集第八巻、一九六〇年
福沢諭吉『学問のすゝめ』岩波文庫、一九七八年
福沢諭吉著・松沢弘陽校注『文明論之概略』岩波文庫、一九九五年
松浦寿輝『明治の表象空間』新潮社、二〇一四年
丸山真男『「文明論之概略」を読む』（上・中・下）岩波新書、一九八六年
安川寿之輔『福沢諭吉と丸山真男』高文研、二〇〇三年

第三章　近代文学者の苦闘

伊藤信吉『現代詩の鑑賞〔上〕』新潮文庫、一九五二年
伊藤整『日本文壇史』講談社文芸文庫、一九九五年、第2・3・4巻
稲垣達郎編『坪内逍遥集』筑摩・明治文学全集16、一九六九年
色川大吉『日本の歴史21　近代国家の出発』中央公論社、一九六六年

色川大吉『明治の文化』岩波書店、一九七〇年
色川大吉『明治精神史』（上・下）、講談社学術文庫、一九七六年
色川大吉『北村透谷』東京大学出版会、一九九四年
小田切秀雄『二葉亭四迷』岩波新書、一九七〇年
勝本清一郎編『透谷全集』岩波書店、一九五〇—五五年、第一、二、三巻
鹿野政直『資本主義形成期の秩序意識』筑摩書房、一九六九年
北川透『北村透谷試論』（Ⅰ、Ⅱ、Ⅲ）冬樹社、一九七四—七七年
塩田良平『樋口一葉研究』中央公論社、一九六八年
『島崎藤村集』筑摩・現代日本文学全集8、一九五三年
島崎藤村『破戒』新潮文庫、二〇〇五年
『坪内逍遥・二葉亭四迷集』筑摩・現代日本文学全集1、一九五六年
坪内祐三編『明治の文学』筑摩書房、二〇〇〇年、第5・17巻
十川信介『島崎藤村』筑摩書房、一九八〇年
中村光夫『日本の近代小説』岩波新書、一九五四年
中村光夫『二葉亭四迷伝』講談社文芸文庫、一九九三年
中村稔『樋口一葉考』青土社、二〇一二年
野口碩編『全集樋口一葉別巻　一葉伝説』小学館、一九九六年
『樋口一葉』新潮日本文学アルバム3、一九八五年
『二葉亭四迷全集』岩波書店、一九六四—六五年、第一・四・五巻
前田愛『樋口一葉の世界』平凡社選書、一九七八年

前田愛編『全集樋口一葉』（全四巻）、小学館、一九七九年
松浦寿輝『明治の表象空間』新潮社、二〇一四年
三好行雄『島崎藤村論』筑摩書房、一九八四年
『森鷗外全集　第七巻』筑摩書房、一九六〇年
山室静『藤村論考』山室静著作集第六巻、冬樹社、一九七三年

第四章　美術表現の近代性

青木茂・酒井忠康校注『美術』岩波・日本近代思想大系17、一九八九年
朝倉彫塑館編『彫塑余滴　朝倉文夫文集』台東区芸術・歴史協会、一九八三年
朝倉彫塑館編『朝倉彫塑館』台東区芸術文化財団、二〇一八年
アサヒグラフ別冊　美術特集　日本編51『菱田春草』朝日新聞社、一九八七年
アサヒグラフ別冊　美術特集　日本編53『青木繁』朝日新聞社、一九八八年
阿部信雄編『青木繁』新潮日本美術文庫32、一九九七年
大岡信『岡倉天心』朝日新聞社、一九七五年
岡倉覚三『新訳　茶の本』（木下長宏訳・解説）明石選書、二〇一三年
尾崎正明編『菱田春草』新潮日本美術文庫29、一九九七年
河北倫明『原色日本の美術26　近代の日本画』小学館、一九七二年
木下長宏『岡倉天心――物ニ観ズレバ竟ニ吾無シ――』ミネルヴァ書房、二〇〇五年
神代雄一郎・本間正義・前田泰次『原色日本の美術28　近代の建築・彫刻・工芸』小学館、一九七二年
高階秀爾『原色日本の美術27　近代の洋画』小学館、一九七一年

『彫塑 朝倉文夫』平凡社、一九六六年
中村屋サロン美術館編『生誕140年・開館5周年記念 荻原守衛展 彫刻家への道』中村屋サロン美術館、二〇一九年
仁科惇『碌山・32歳の生涯』三省堂選書、一九八七年
土方定一『日本の近代美術』岩波文庫、二〇一〇年
平凡社編『世界美術全集25 日本Ⅳ』平凡社、一九五一年

第五章 日清・日露戦争――ナショナリズムの嵐

青木保ほか編『戦争と軍隊』岩波・近代日本文化論10、一九九九年
荒畑寒村『谷中村滅亡史』新泉社、一九七〇年
伊藤整『日本文壇史8 日露戦争の時代』講談社文芸文庫、一九九六年
大山梓編『山県有朋意見書』原書房、一九六六年
河上徹太郎編『内村鑑三集』筑摩・明治文学全集39、一九六七年
黒岩比佐子『日露戦争 勝利のあとの誤算』文春新書、二〇〇五年
『詳説 日本史図録 第3版』山川出版社、二〇一〇年
隅谷三喜男『日本の歴史22 大日本帝国の試煉』中央公論社、一九六六年
多木浩二『天皇の肖像』岩波新書、一九八八年
徳富猪一郎『蘇峰自伝』中央公論社、一九三五年
中村隆英著、原朗・阿部武司編『明治大正史〔上・下〕』東京大学出版会、二〇一五年
成田龍一『近現代日本史と歴史学』中公新書、二〇一二年

原田敬一『シリーズ 日本近現代史③ 日清・日露戦争』岩波新書、二〇〇七年
平塚らいてう『わたくしの歩いた道』新評論社、一九五五年
福沢諭吉『時事新報論集 七』岩波・福沢諭吉全集第十四巻、一九六一年
陸奥宗光『新訂 蹇蹇録――日清戦争外交秘録』(中塚明校注)岩波文庫、一九八三年
横手慎二『日露戦争史』中公新書、二〇〇五年
横山源之助『日本の下層社会』岩波文庫、一九八五年
与謝野光・新間進一編『与謝野晶子選集 第5 晶子随想集』春秋社、一九六八年
『与謝野寛・与謝野晶子・石川啄木・北原白秋集』筑摩・現代日本文学全集15、一九五四年

第六章 森鷗外と夏目漱石――近代的知性の面目

石川淳『森鷗外』岩波文庫、一九七八年
伊藤整『日本文壇史』講談社文芸文庫6・8・9・10・14、一九九五―九七年
江藤淳『漱石とその時代』(第一部～第五部)新潮選書、一九七〇―九九年
篠田一士『日本の近代小説』集英社、一九八八年
寺田透『作家論集 理智と情念(上)』晶文社、一九六一年
永井荷風『鷗外先生――荷風随筆集』中公文庫、二〇一九年
中野重治『鷗外 その側面』筑摩叢書、一九七二年
中村光夫『日本の近代小説』岩波新書、一九五四年
夏目鏡子『漱石の思ひ出』(松岡譲筆録)角川文庫、一九六六年
夏目漱石『三四郎 それから 門』岩波・漱石全集第四巻、一九六六年

『夏目漱石』新潮日本文学アルバム2、一九八三年
三好行雄編『漱石文明論集』岩波文庫、一九八六年
『森鷗外全集』筑摩書房、一九五九―六二年、第一巻、第三巻、第四巻
『森鷗外』新潮日本文学アルバム1、一九八五年
森まゆみ『鷗外の坂』新潮社、一九九七年

第七章　韓国併合と大逆事件

池田浩士編・解説『逆徒「大逆事件」の文学』インパクト出版会、二〇一〇年
海野福寿編『日韓協約と韓国併合――朝鮮植民地支配の合法性を問う』明石書店、一九九五年
外務省外交史料館日本外交史辞典編纂委員会『新版　日本外交史辞典』山川出版社、一九九二年
外務省編『日本外交文書』第三八巻第一冊、一九五八年
外務省編『日本外交年表並主要文書〔上〕』原書房、一九六五年
姜在彦『新訂　朝鮮近代史』平凡社選書、一九八六年
熊野新聞社編『大逆事件と大石誠之助――熊野100年の目覚め――』現代書館、二〇一一年
黒岩比佐子『パンとペン　社会主義者・堺利彦と「売文社」の闘い』講談社、二〇一〇年
堺利彦『文章速達法』講談社学術文庫、一九八二年
塩田庄兵衛・渡辺順三編『秘録・大逆事件』（上・下巻）春秋社、一九五九年
隅谷三喜男『日本の歴史22　大日本帝国の試煉』中央公論社、一九六六年
田中伸尚『大逆事件――死と生の群像』岩波書店、二〇一〇年
西尾陽太郎『幸徳秋水』吉川弘文館・人物叢書、一九五九年

山辺健太郎『日韓併合小史』岩波新書、一九六六年

第八章　民俗への視線、民芸への視線――柳田国男と柳宗悦

寿岳文章『柳宗悦と共に』集英社、一九八〇年
高崎宗司『朝鮮の土となった日本人――浅川巧の生涯』（増補三版）草風館、二〇〇二年
鶴見俊輔『柳宗悦』平凡社選書、一九七六年
『定本　柳田国男集』（新装版）第四巻、筑摩書房、一九六七年
『定本　柳田国男集』（新装版）第九巻、筑摩書房、一九六九年
『定本　柳田国男集』（新装版）第一〇巻、筑摩書房、一九六九年
『定本　柳田国男集』（新装版）第一六巻、筑摩書房、一九六九年
『定本　柳田国男集』（新装版）第二五巻、筑摩書房、一九七〇年
中見真理『柳宗悦――「複合の美」の思想』岩波新書、二〇一三年
日本民芸協会編『琉球の人文　柳宗悦選集Ｖ』春秋社、一九五四年
橋川文三『柳田国男論集成』作品社、二〇〇二年
別冊太陽『柳宗悦の世界』平凡社、二〇〇六年
『柳宗悦全集』第六、一六巻、筑摩書房、一九八一年
柳宗悦『民芸四十年』岩波文庫、一九八四年
柳宗悦『南無阿弥陀仏　付　心偈』岩波文庫、一九八六年
『柳田国男』新潮日本文学アルバム5、一九八四年
柳田国男『故郷七十年』講談社学術文庫、二〇一六年

『柳田国男全自序集』Ⅰ・Ⅱ、中公クラシック、二〇一九年

第九章　言語表現への熱情

天沢退二郎編『新編　宮沢賢治詩集』新潮文庫、一九九一年
大岡信『萩原朔太郎』筑摩・近代日本詩人選10、一九八一年
河上徹太郎編『萩原朔太郎詩集』新潮文庫、一九五〇年
菅野昭正『詩学創造』集英社、一九八四年
西郷信綱『斎藤茂吉』朝日新聞社、二〇〇二年
『斎藤茂吉集』筑摩・現代日本文学全集23、一九五三年
斎藤茂吉『万葉秀歌』（上・下）岩波新書、一九六八年
『斎藤茂吉』新潮日本文学アルバム14、一九八五年
柴生田稔『斎藤茂吉伝』新潮社、一九七九年
柴生田稔編『斎藤茂吉歌論集』岩波文庫、一九七七年
塚本邦雄『茂吉秀歌『赤光』百首』文藝春秋、一九七七年
塚本邦雄『茂吉秀歌『あらたま』百首』文藝春秋、一九七八年
塚本邦雄『茂吉秀歌『白桃』『暁紅』『寒雲』『のぼり路』百首』文藝春秋、一九八五年
那珂太郎『萩原朔太郎詩私解』小澤書店、一九七七年
中野重治『斎藤茂吉ノート』講談社文芸文庫、二〇一二年
中村稔『斎藤茂吉私論』朝日新聞社、一九八三年
『萩原朔太郎全集』（全五巻）新潮社、一九五九―六〇年

『萩原朔太郎』新潮日本文学アルバム15、一九八四年
見田宗介『宮沢賢治 存在の祭りの中へ』岩波現代文庫、二〇〇一年
『宮沢賢治全集』8、9、10、筑摩書房、一九六七―六八年
『宮沢賢治』新潮日本文学アルバム12、一九八四年
山口茂吉・柴生田稔・佐藤佐太郎編『斎藤茂吉歌集』岩波文庫、一九五八年

第十章　絵における美の探究

アサヒグラフ別冊 美術特集 日本編44『岸田劉生』朝日新聞社、一九八六年
アサヒグラフ別冊 美術特集 日本編61『村上華岳』朝日新聞社、一九八九年
河北倫明『村上華岳』中央公論美術出版、一九六九年
『岸田劉生全集』第二巻、岩波書店、一九七九年
岸田劉生『美の本体』講談社学術文庫、一九八五年
酒井忠康編『岸田劉生随筆集』岩波文庫、一九九六年
佐藤康邦『絵画空間の哲学』三元社、一九九二年
東京国立近代美術館編『村上華岳展』日本経済新聞社、一九八四年
富山秀男『岸田劉生』岩波新書、一九八六年
富山秀男編『岸田劉生』至文堂・近代の美術第8号、一九七二年
日本経済新聞社編『没後80年 岸田劉生 肖像画をこえて』日本経済新聞社、二〇〇九年
土方定一『岸田劉生』（改訂新版）日動出版部、一九八六年
土方定一『日本の近代美術』岩波文庫、二〇一〇年

村上華岳『画論』中央公論美術出版、一九八九年
『村上華岳』新潮日本美術文庫39、一九九七年

第十一章　軍国ファシズム下における表現の可能性

朝日晃『松本竣介』日動出版部、一九七七年
アサヒグラフ別冊　美術特集　日本編34『松本竣介』朝日新聞社、一九八三年
今井清一『日本の歴史23　大正デモクラシー』中央公論社、一九六六年
宇佐美承『求道の画家　松本竣介』中公新書、一九九二年
潮見俊隆『治安維持法』岩波新書、一九七七年
大内力『日本の歴史24　ファシズムへの道』中央公論社、一九六七年
思想の科学研究会編『共同研究転向』（全三巻）平凡社、一九五九—六二年
谷崎潤一郎『細雪』河出書房新社・カラー版日本文学全集14、一九七〇年
『谷崎潤一郎』新潮日本文学アルバム7、一九八五年
東京国立近代美術館編『松本竣介展』下関市立美術館、一九八六年
中村智子『横浜事件の人びと』（増補版）田畑書店、一九八〇年
中村光夫『谷崎潤一郎論』河出文庫、一九五五年
林茂『日本の歴史25　太平洋戦争』中央公論社、一九六七年
『舟越保武全随筆集　巨岩と花びら　ほか』求龍堂、二〇一二年
平凡社編『松本竣介　線と言葉』平凡社コロナ・ブックス、二〇一二年
『松本竣介』新潮日本美術文庫45、一九九六年

松本竣介『人間風景』中央公論美術出版、一九八二年
『みづゑ』一九四一年一月号（434号）・一九四一年四月号（437号）、日本美術出版

第十二章　中野重治――持続する抵抗と思索

潮見俊隆『治安維持法』岩波新書、一九七七年
大内力『日本の歴史24 ファシズムへの道』中央公論社、一九六七年
竹内栄美子『戦後日本、中野重治という良心』平凡社新書、二〇〇九年
『定本版 中野重治全集』第一巻、第二巻、筑摩書房、一九九六年
遠山茂樹・今井清一・藤原彰『昭和史〔新版〕』岩波新書、一九五九年
『中野重治集』筑摩・新選 現代日本文学全集7、一九六〇年
『中野重治集』新潮・日本文学全集35、一九六一年
中野重治『わが国わが国びと』新潮社、一九七五年
『中野重治詩集』岩波文庫、一九七八年
中野重治『わが生涯と文学』筑摩書房、一九七九年
『中野重治』ちくま日本文学全集39、一九九二年
中野重治『村の家・おじさんの話・歌のわかれ』講談社文芸文庫、一九九四年
中野重治『歌のわかれ・五勺の酒』中公文庫、二〇二一年
松下裕『評伝中野重治』筑摩書房、一九九八年
山城むつみ『転形期と思考』講談社、一九九九年
林淑美『中野重治 連続する転向』八木書店、一九九三年

林淑美編『中野重治評論集』平凡社ライブラリー147、一九九六年
林淑美『昭和イデオロギー――思想としての文学』平凡社、二〇〇五年

第十三章　敗戦後の精神――貧困と混乱のなかで

アサヒグラフ別冊　美術特集　日本編17『加山又造』朝日新聞社、一九七九年
鮎川信夫『鮎川信夫詩集』思潮社・現代詩文庫9、一九六八年
梅崎春生『桜島・日の果て』新潮文庫、一九六七年
加山又造・岩崎吉一『現代の日本画11　加山又造』学習研究社、一九九一年
加山又造・瀧悌三『現代日本画全集17　加山又造』集英社、一九八〇年
坂口安吾『白痴』新潮文庫、一九四八年
坂口安吾『堕落論』新潮文庫、二〇〇〇年
『佐藤忠良　The Sculpture of Churyo Sato』現代彫刻センター、一九八二年
『佐藤忠良　彫刻七十年の仕事』講談社、二〇〇八年
佐藤忠良『つぶれた帽子――佐藤忠良自伝』中公文庫、二〇一一年
佐藤忠良・舟越保武『対談　彫刻家の眼』講談社、一九八三年
『椎名麟三　野間宏　梅崎春生集』筑摩・現代日本文学全集82、一九六七年
静岡市立芹沢銈介美術館監修『芹沢銈介の静岡時代』静岡新聞社、二〇一六年
静岡市立芹沢銈介美術館編『芹沢銈介の作品』静岡市立芹沢銈介美術館、二〇一〇年
ジョン・ダワー『敗北を抱きしめて』（上・下）（三浦陽一・高杉忠明・田代泰子訳）岩波書店、二〇〇一年
菅原克己『菅原克己詩集』思潮社・現代詩文庫49、一九七二年

田村隆一『田村隆一詩集』思潮社・現代詩文庫1、一九六八年
中村光夫『日本の現代小説』岩波新書、一九六八年
ベアテ・シロタ・ゴードン『1945年のクリスマス　日本国憲法に「男女平等」を書いた女性の自伝』（平岡磨紀子構成・文）、朝日文庫、二〇一六年
別冊太陽　日本のこころ185『染色の挑戦　芹沢銈介　世界は模様に満ちている』平凡社、二〇一一年
本多秋五『物語戦後文学史』新潮社、一九六六年
本多秋五『戦後文学史論』新潮社、一九七一年
三上満良・茂木功編『生誕一〇〇年　彫刻家・佐藤忠良展』美術出版社、二〇一二年
水尾比呂志編『芹沢銈介作品集〔一〜五〕』求龍堂、一九七八—八〇年
三好豊一郎『三好豊一郎詩集』思潮社・現代詩文庫37、一九七〇年

第十四章　戦後の大衆文化

荒木田隆子『子どもの本のよあけ——瀬田貞二伝』福音館書店、二〇一七年
井上和男編『小津安二郎全集〔下〕』新書館、二〇〇三年
大橋鎭子『「暮しの手帖」とわたし』暮しの手帖社、二〇一〇年
黒沢明『蝦蟇の油　自伝のようなもの』岩波現代文庫、二〇〇一年
酒井寛『花森安治の仕事』朝日新聞社、一九八八年
佐藤忠男『黒沢明の世界』三一書房、一九六九年
佐藤忠男『溝口健二の世界』筑摩書房、一九八二年
佐藤忠男『日本映画と日本文化』未来社、一九八七年

佐藤忠男『日本映画３００』朝日文庫、一九九五年
新藤兼人『ある映画監督――溝口健二と日本映画――』岩波新書、一九七六年
瀬田貞二『幼い子の文学』中公新書、一九八〇年
瀬田貞二『落穂ひろい――日本の子どもの文化をめぐる人びと』（全二巻）福音館書店、一九八二年
瀬田貞二『絵本論――瀬田貞二 子どもの本評論集』福音館書店、一九八五年
瀬田貞二『児童文学論――瀬田貞二 子どもの本評論集』（上・下）福音館書店、二〇〇九年
『全集黒沢明 第四巻』岩波書店、一九八八年
追悼文集編集委員会編『旅の仲間 瀬田貞二追悼文集』私家版、一九八〇年
津野海太郎『花森安治伝――日本の暮しをかえた男』新潮社、二〇一三年
花森安治『暮しの眼鏡』中公文庫、二〇〇八年
堀川弘道『評伝黒沢明』毎日新聞社、二〇〇〇年
依田義賢『溝口健二の人と芸術』田畑書店、一九七〇年
『依田義賢シナリオ集』映人社、一九七八年

第十五章 高度経済成長下の反戦・平和の運動と表現

青木保ほか編『戦争と軍隊』岩波・近代日本文化論10、一九九九年
大内兵衛・有沢広巳・脇村義太郎・美濃部亮吉・内藤勝『日本経済図説（第四版）』岩波新書、一九六七年
大江志乃夫『昭和の歴史 第3巻 天皇の軍隊』小学館、一九八二年
大岡昇平『野火』新潮文庫、一九五四年
大岡昇平『俘虜記』新潮文庫、一九六七年

大岡昇平『ミンドロ島ふたたび』中央公論社、一九六九年
大岡昇平『レイテ戦記』（全四巻）中公文庫、二〇一八年
大西巨人『神聖喜劇』（全五巻）文春文庫、一九八二年
大西巨人『日本人論争 大西巨人回想』左右社、二〇一四年
岡村幸宣『《原爆の図》全国巡回 占領下、100万人が観た！』新宿書房、二〇一五年
小沢節子『「原爆の図」描かれた〈記憶〉、語られた〈絵画〉』岩波書店、二〇〇二年
香月泰男『画家のことば』新潮社、一九七四年
菅野昭正『小説の現在』中央公論社、一九七四年
菅野昭正『小説家 大岡昇平』筑摩書房、二〇一四年
篠田一士『日本の現代小説』集英社、一九八〇年
竹内好『不服従の遺産』筑摩書房、一九六一年
立花隆『シベリア鎮魂歌——香月泰男の世界』文藝春秋、二〇〇四年
テツオ・ナジタ、前田愛、神島二郎編『戦後日本の精神史——その再検討』岩波書店、一九八八年
寺田透『無名の内面』河出書房新社、一九七六年
日高六郎編『一九六〇年五月一九日』岩波新書、一九六〇年
丸木位里『丸木位里画文集 流々遍歴』岩波書店、一九八八年
丸木位里・赤松俊子『画集普及版 原爆の図』青木文庫、一九五二年
丸木位里・俊『鎮魂の道——原爆・水俣・沖縄』岩波グラフィックス26、一九八四年
丸木俊『女絵かきの誕生』朝日新聞社、一九七七年
安井雄一郎『香月泰男 凍土の断層「シベリア・シリーズ」を読み解く』東京美術、二〇一七年

山口県立美術館監修『香月泰男シベリア画文集』中国新聞社、二〇〇四年
吉田裕『日本軍兵士――アジア・太平洋戦争の現実』中公新書、二〇一七年
ヨシダ・ヨシエ『丸木位里・俊の時空――絵画としての『原爆の図』』青木書店、一九九六年

第十六章　時代に抗する種々の表現

荒川章二監修『全集　日本の歴史　第16巻　豊かさへの渇望』小学館、二〇〇九年
石牟礼道子『椿の海の記』朝日新聞社、一九七六年
石牟礼道子『新装版　苦海浄土――わが水俣病』講談社文庫、二〇〇四年
内田洋一『風の演劇　評伝別役実』白水社、二〇一八年
大江健三郎『芽むしり仔撃ち』新潮文庫、一九六五年
大江健三郎『万延元年のフットボール』講談社、一九六七年
叶精二『宮崎駿全書』フィルムアート社、二〇〇六年
『唐十郎全作品集　第二巻　戯曲Ⅱ』冬樹社、一九七九年
『木下順二集　1』岩波書店、一九八八年
黒川創『日高六郎・95歳のポルトレ　対話をとおして』新宿書房、二〇一二年
阪倉篤義校訂『竹取物語』岩波文庫、一九二九年
扇田昭彦『日本の現代演劇』岩波新書、一九九五年
高畑勲『アニメーション、折りにふれて』岩波書店、二〇一三年
高畑勲・田辺修・百瀬義行・佐藤雅子・笹木信作・橋本晋治『かぐや姫の物語』徳間書店、スタジオジブリ絵コンテ全集20、二〇一三年

竹内オサム『手塚治虫——アーチストになるな——』ミネルヴァ書房、二〇〇八年
『つげ義春作品集 現代漫画の発見①』青林堂、一九六九年
つげ義春・山下裕二・戌井昭人・東村アキコ『つげ義春 夢と旅の世界』新潮社、二〇一四年
長井勝一『「ガロ」編集長——私の戦後マンガ出版史』筑摩書房、一九八二年
中上健次『岬』文春文庫、一九七八年
中上健次『枯木灘』河出文庫、一九八〇年
中上健次『鳳仙歌』新潮文庫、一九八二年
中上健次『地の果て 至上の時』新潮社、一九八三年
原田正純『水俣病』岩波新書、一九七二年
日高六郎『戦後思想を考える』岩波新書、一九八〇年
日高六郎『私の平和論』岩波新書、一九九五年
日高六郎『戦争のなかで考えたこと——ある家族の物語』筑摩書房、二〇〇五年
日高六郎『私の憲法体験』筑摩書房、二〇一〇年
藤田省三『精神史的考察——いくつかの断面に即して——』平凡社選書、一九八二年
藤田省三『全体主義の時代経験』みすず書房、一九九五年
藤田省三『戦後精神の経験 Ⅰ・Ⅱ』影書房、一九九六年
藤原マキ『私の絵日記——つげ義春夫人が遺した一家の記録』学研M文庫、二〇〇三年
『別役実 戯曲集 マッチ売りの少女／象』三一書房、一九六九年
堀田善衛『若き日の詩人たちの肖像』新潮社、一九六八年
堀田善衛『スペイン断章——歴史の感興——』岩波新書、一九七九年

堀田善衛『歴史の長い影』筑摩書房、一九八六年
堀田善衛『方丈記私記』ちくま文庫、一九八八年
堀田善衛『バルセローナにて』集英社、一九八九年
宮崎駿『となりのトトロ』徳間書店、スタジオジブリ絵コンテ全集3、二〇〇一年
宮崎駿『もののけ姫』徳間書店、スタジオジブリ絵コンテ全集11、二〇〇二年
宮本憲一編『公害都市の再生・水俣』筑摩書房、一九七七年
守安敏司『中上健次論――熊野・路地・幻想』解放出版社、二〇〇三年
ユージン・スミス、アイリーン・スミス『写真集・水俣』（中尾ハジメ訳）三一書房、一九八〇年

長谷川　宏（はせがわ・ひろし）
一九四〇年生まれ。東京大学大学院哲学科博士課程修了。大学闘争に参加後アカデミズムを離れ、学習塾を開くかたわら、在野の哲学者として活躍。とくにヘーゲルの明快な翻訳で高く評価される。主な著書に、『ヘーゲルの歴史意識』（紀伊國屋新書）、『同時代人サルトル』『ことばへの道』（以上、講談社学術文庫）、『新しいヘーゲル』『丸山眞男をどう読むか』（以上、講談社現代新書）、『初期マルクスを読む』（岩波書店）など。なお新刊に『日本精神史』（講談社学術文庫）がある。またヘーゲルの翻訳として、『哲学史講義』（河出文庫）、『美学講義』『精神現象学』（レッシング翻訳賞、日本翻訳大賞）『法哲学講義』（以上、作品社）などがある。

JASRAC 出 230558-301号

le livre

日本精神史《にほんせいしんし》　近代篇《きんだいへん》（下《げ》）

二〇二三年一〇月一〇日　第一刷発行
二〇二四年　一月二六日　第二刷発行

著者　長谷川《はせがわ》　宏《ひろし》

発行者　森田浩章
発行所　株式会社 講談社
東京都文京区音羽二丁目一二―二一　〒一一二―八〇〇一
電話（編集）〇三―五三九五―三五一二
（販売）〇三―五三九五―五八一七
（業務）〇三―五三九五―三六一五

KODANSHA

装幀者　森 裕昌
本文データ制作　講談社デジタル製作
本文印刷　株式会社 新藤慶昌堂
カバー・表紙印刷　半七写真印刷工業 株式会社
製本所　大口製本印刷 株式会社

ISBN978-4-06-533332-7　Printed in Japan　N.D.C.104　499p　19cm

世界樹

もとは北欧神話に出てくる世界を支える樹。
宇宙樹ともいう。
世界の中心に幹を伸ばし、枝葉は世界を覆う。
根は三本あり、それぞれ人間界、巨人界、冥界に伸びている。
根のそばの泉で神々が毎日集い、様々なことを協議し、審判を下す。
生と叡智、思惟の象徴。

le livre

フランス語で「本」を意味する《livre》に定冠詞《le》をつけた
「ル・リーヴル」は、講談社選書メチエの中に新たに設けられた
特装版シリーズです。従来の講談社選書メチエの枠を超える形式
やテーマを試みたり、物質としての本の可能性を探ったりします。
今あらためて「本というもの」を問い直すために――。

講談社選書メチエの再出発に際して

講談社選書メチエの創刊は冷戦終結後まもない一九九四年のことである。長く続いた東西対立の終わりはついに世界に平和をもたらすかに思われたが、その期待はすぐに裏切られた。超大国による新たな戦争、吹き荒れる民族主義の嵐……世界は向かうべき道を見失った。そのような時代の中で、書物のもたらす知識が一人一人の指針となることを願って、本選書は刊行された。

それから二五年、世界はさらに大きく変わった。特に知識をめぐる環境は世界史的な変化をこうむったとすら言える。インターネットによる情報化革命は、知識の徹底的な民主化を推し進めた。誰もがどこでも自由に知識を入手でき、自由に知識を発信できる。それは、冷戦終結後に抱いた期待を裏切られた私たちのもとに差した一条の光明でもあった。

その光明は今も消え去ってはいない。しかし、私たちは同時に、知識の民主化が知識の失墜をも生み出すという逆説を生きている。堅く揺るぎない知識も消費されるだけの不確かな情報に埋もれることを余儀なくされ、不確かな情報が人々の憎悪をかき立てる時代が今、訪れている。

この不確かな時代、不確かさが憎悪を生み出す時代にあって必要なのは、一人一人が堅く揺るぎない知識を得、生きていくための道標を得ることである。

フランス語の「メチエ」という言葉は、人が生きていくために必要とする職、経験によって身につけられる技術を意味する。選書メチエは、読者が磨き上げられた経験のもとに紡ぎ出される思索に触れ、生きるための技術と知識を手に入れる機会を提供することを目指している。万人にそのような機会が提供されたとき初めて、知識は真に民主化され、憎悪を乗り越える平和への道が拓けると私たちは固く信ずる。

この宣言をもって、講談社選書メチエ再出発の辞とするものである。

二〇一九年二月　　野間省伸